Grundzüge der Öffentlichen Betriebswirtschaftslehre

Von
Universitätsprofessor
Dr. Helmut Brede
Georg-August-Universität Göttingen

2., überarbeitete und verbesserte Auflage

R. Oldenbourg Verlag München Wien

Bibliografische Information Der Deutschen Bibliothek

Die Deutsche Bibliothek verzeichnet diese Publikation in der Deutschen
Nationalbibliografie; detaillierte bibliografische Daten sind im Internet
über <http://dnb.ddb.de> abrufbar.

© 2005 Oldenbourg Wissenschaftsverlag GmbH
Rosenheimer Straße 145, D-81671 München
Telefon: (089) 45051-0
www.oldenbourg.de

Gedruckt auf säure- und chlorfreiem Papier
Gesamtherstellung: Druckhaus „Thomas Müntzer" GmbH, Bad Langensalza

ISBN 3-486-57731-X

Inhaltsverzeichnis

Vorwort zur 1. Auflage

Öffentliche Verwaltungen und öffentliche Betriebe (Unternehmen)[1] werden von ihren Trägern - in der Regel Gebietskörperschaften - eingesetzt, um öffentliche Aufgaben zu erfüllen oder an der Erfüllung mitzuwirken. Die Zweckbestimmung verschafft den öffentlichen Verwaltungen und Betrieben einen eigenen Charakter; darin unterscheiden sie sich von den nicht-öffentlichen Einzelwirtschaften.

Die aus der Besonderheit erwachsenden Probleme kommen in drei Fragen zum Ausdruck: Wie können öffentliche Verwaltungen und Betriebe so gesteuert und kontrolliert werden, dass sie ihrer instrumentellen Funktion entsprechen, also ihre Aufgaben im Sinne der Träger erfüllen? Wie wirken sich Auflagen, Vorgaben, Eingriffe und Kontrollen in den öffentlichen Verwaltungen und Betrieben aus? Wie reagieren die Betroffenen auf die Einflussnahme der Träger? - Man erkennt unschwer, dass es sich um typische institutionenökonomische Probleme (Principal-Agent-Beziehungen) handelt.

Die öffentlichen Aufgaben selbst und deren Zustandekommen sind kein Gegenstand der Betriebswirtschaftslehre. Öffentliche Aufgaben haben ihren Ursprung in der Auffassung der Vertretungskörperschaft (Parlament, Rat), die betreffende Aufgabe sei als Obliegenheit der öffentlichen Hand zu verstehen. Erst die Verwirklichung einer gegebenen öffentlichen Aufgabe fordert die Betriebswirtschaftslehre heraus.

Damit ist der Leitfaden vorgegeben, dem ein Lehrbuch der Öffentlichen Betriebswirtschaftslehre folgen muss. Letztlich geht es darum darzustellen, wie öffentliche Verwaltungen und Betriebe öffentliche Aufgaben zu erfüllen suchen, welche Probleme dabei auftreten und inwieweit Problemlösungen existieren.

Aber nicht alle Probleme sollen hier behandelt werden. In einem Lehrbuch der Öffentlichen Betriebswirtschaftslehre interessieren nur die bereits erwähnten Besonderheiten öffentlicher Betriebe und Verwaltungen gegenüber nicht-öffentlichen Wirtschaftssubjekten, insbesondere privaten Unternehmen. So wird der Leser z. B. nichts zum Ungewissheitsproblem oder zur Standortfrage finden. Auf diesen und manchen anderen Feldern sind für öffentliche Betriebe und Verwaltungen keine Besonderheiten auszumachen. Besonderheiten resultieren allein aus der Eigenschaft öffentlicher Betriebe und Verwaltungen, *Instrumente ihrer Träger* zu sein.

Im Vordergrund stehen die in öffentlichen Betrieben und Verwaltungen zu erfüllenden (betriebswirtschaftlichen) Funktionen. Das entspricht der Tradition im akademischen Unterricht. Die institutionelle Seite des Faches bleibt weitgehend ausgespart. Um sich über Aufbau und Struktur der öffentlichen Verwaltungen und der öffentlichen Wirtschaft in Deutschland zu informieren, sollte auf gute Nach-

---

[1] In diesem Buch wird ein sehr weiter Betriebsbegriff verwendet. Er umfasst alle produktiven Einzelwirtschaften, die marktgängige Güter und Dienstleistungen erstellen. Um einer einfachen Ausdrucksweise willen wird auf alternative Begriffe - z. B. „Unternehmen" - weitgehend verzichtet.

schlagewerke zurückgegriffen werden. Dieses Lehrbuch richtet sich mehr auf die hinter den Fakten steckende Problematik.

Das Lehrbuch beschränkt sich auf „Grundzüge". Daher sind umfassende Darstellungen nicht zu erwarten. Ferner gibt es verhältnismäßig wenige Literaturangaben. Das erscheint in Zeiten elektronischer Medien vertretbar: Das Internet hält Literaturrecherche-Systeme bereit, die besser als ein ausführlicher Quellenapparat Hinweise für die vertiefende Lektüre liefern.

Von „Grundzügen" zu sprechen empfiehlt sich auch aus einem anderen Grund. Die Öffentliche Betriebswirtschaftslehre ist eine junge Disziplin. Ihre Anfänge liegen in den frühen 70er Jahren (Brede 1984, 657-659). Deshalb steckt die Theorieentwicklung noch in den Kinderschuhen. Bei diesem Stand wäre es abwegig, ein Lehrbuch zu erwarten, das fertige Ansätze oder sogar Vollständigkeit beanspruchte. Hinzu kommt die dem Buch zugedachte Rolle, als Begleittext von Lehrveranstaltungen zu dienen. Auch dies verlangt eine Anpassung; begrenzte Studienzeit und zunehmende Stofffülle machen eine Beschränkung auf Wesentliches bzw. ein Lernen am Beispiel unausweichlich. Was freilich als wesentlich angesehen wird, ist subjektiv bestimmt. Der Kenner der Materie wird in diesem Buch manches vermissen, z. B. Aspekte der Leistungserstellung, des Qualitätsmanagements, der Lagerhaltung, der Besteuerung öffentlicher Betriebe, der Verwaltungsinformatik und des Kommunikationswesens. Dennoch besteht die Hoffnung, dass die getroffene Stoffauswahl in den Augen des Fachmanns akzeptabel erscheint.

Erstaunen könnte die Tatsache, dass ein eigenes Kapitel über die Steuerung öffentlicher Betriebe und Verwaltungen fehlt und dass die Abschnitte zu den Themen Entscheidung und Kontrolle sehr kurz ausfallen. Der Grund ist einfach. Entscheidung, Steuerung und Kontrolle von und in öffentlichen Betrieben und Verwaltungen bilden einen Komplex, der alle Bereiche der Öffentlichen Betriebswirtschaftslehre durchzieht. Er tritt vor allem im Zusammenhang mit der Operationalisierung gemeinwohlorientierter Ziele auf. Die diesbezüglichen Fragen begegnen uns immer wieder in verändertem Gewande und unter verschiedenem Etikett, so dass auf den ersten Blick der Eindruck aufkommen kann, das Buch habe ihre Behandlung ausgespart.

Das vorliegende Buch ist in zwei Teile aufgeteilt, einen kleineren Teil mit „Grundlagen" und einen umfangreicheren Teil, mit „Funktionen" überschrieben.

In dem zuerst genannten Teil werden vor allem jene Themen behandelt, die - aus der Sicht des Handelnden in der öffentlichen Verwaltung oder des öffentlichen Betriebes - gegebene Sachverhalte betreffen: die Rechtsordnung, die Struktur und die Aufgaben der öffentlichen Wirtschaft, die Grenzziehung (bzw. etwaige -verschiebungen) zwischen dem öffentlichen und dem nicht-öffentlichen Sektor sowie die Wettbewerbssituation.

Der den Funktionen gewidmete Teil beginnt mit einem Kapitel zum Thema Controlling. Damit wird die Tatsache berücksichtigt, dass Controlling als führungsunterstützende Funktion auch in öffentlichen Betrieben und Verwaltungen eine immer weiterreichende Bedeutung erlangt (1. Kapitel). Controlling wird hier als Aufgabe eines die gesamte Verwaltung oder den ganzen Betrieb erfassenden Systems verstanden. Das 2. Kapitel behandelt organisatorische Fragen. Dazu wird auch die Rechtsform-Wahl gezählt. Ausgeklammert bleibt das Thema „Ablauforganisation", sie weist in öffentlichen Einzelwirtschaften gegenüber nicht-öffentlichen kaum Besonderheiten auf. Mit dem 3. Kapitel „Finanz- und Haushaltswesen" wird noch einmal ein Funktionsbereich dargestellt und untersucht, der in hohem Maße die Struktur des öffentlichen Betriebes oder der öffentlichen Verwaltung bestimmt. Dass erst mit dem 4. Kapitel „Personalwesen" der Mensch - als Mitarbeiter im öffentlichen Dienst - in den Blickpunkt rückt, bedeutet keine Zurücksetzung, sondern ist einfach auf die Gewohnheit zurückzuführen, Fragen, die weniger strukturprägend sind, nachrangig zu behandeln. Das gilt denn in gleicher Weise auch für die weiteren Kapitel 5 - 11 mit den Schwerpunkten „Planung", „Entscheidung", „Kontrolle", „Information und Kommunikation", „Rechnungswesen", „Preis- und Gebührenpolitik" und „Beschaffung".

Der Aufbau des Zweiten Teils ist also von finanzwirtschaftlichen, personalwirtschaftlichen, angebotspolitischen und ähnlichen Gesichtspunkten geprägt. Wo Bedarf besteht, wird als zusätzliches Raster die Einteilung öffentlicher Betriebe und Verwaltungen nach Branchen oder Typen verwendet.

Zum Entstehen des Buches haben über Jahre hinweg Studenten, Assistenten und Fachkollegen mit Diskussion und Kritik beigetragen. Ihnen allen schulde ich Dank. Namentlich Margit Christiansen, Ingrid Conrad, Alexandra Denzel-Trensch, Andrea Eickemeyer, Lutz Klostermann, Jörg Koschate, Petra Ott, Christian Rahe, Dr. Berit Sandberg und Saskia Vormfelde haben mich sehr engagiert und geduldig unterstützt. Ihnen möchte ich besonders herzlich danken.

Göttingen   Helmut Brede

Vorwort zur 2. Auflage

Neben den unvermeidlichen redaktionellen Korrekturen, die bei jeder Neuauflage fällig sind, wurden nur zwei wesentliche Änderungen vorgenommen:

Seitdem sich im Zuge erhöhten Wettbewerb in Europa immer mehr Private an der Erfüllung öffentlicher Aufgaben beteiligen, konnten die Begriffe „öffentlicher Betrieb" und „öffentliche Verwaltung" nicht mehr wie bisher mit der Ausstattung der Einzelwirtschaft mit Eigenkapital usw. durch die öffentliche Hand verknüpft bleiben. Deshalb wurden die beiden grundlegenden Definitionen geändert. Davon betroffen ist logischerweise der Geltungsbereich der Aussagen des gesamten Buches. Er erstreckt sich jetzt auch auf Non-Profit-Organisationen und andere gemeinwohlorientierte Einrichtungen.

Die zweite wichtige Änderung betrifft die Bedeutung des Subsidiaritätsprinzips. Konnte noch beim Erscheinen der vorigen Auflage davon ausgegangen werden, dass die staatliche Wirtschaftstätigkeit im wesentlichen allein vom Subsidiaritätsprinzip begrenzt wird, ist infolge der europäischen

Marktöffnung nun der erhöhte Wettbewerb mit nichtstaatlichen (privaten) Betrieben als zweite, nicht zu unterschätzende Restriktion hinzugetreten. Es war nötig, den Text auch dieser Veränderung der Wirklichkeit anzupassen.

Göttingen   Helmut Brede

Erster Teil: Grundlagen

1. Kapitel: Rahmenbedingungen für öffentliche Betriebe und Verwaltungen

A. Die Rechtsordnung der Bundesrepublik Deutschland

Die öffentlichen Betriebe und Verwaltungen hängen von vielen Rahmenbedingungen ab, die sie wie konzentrische Kreise umgeben (s. Abb. 1). Zu nennen sind in erster Linie

- das die grundsätzlichen Beziehungen zwischen öffentlicher und nicht-öffentlicher Wirtschaftstätigkeit regelnde Subsidiaritätsprinzip und

- die von außen vorgegebenen Ziele und Aufgaben des einzelnen öffentlichen Betriebs oder der einzelnen öffentlichen Verwaltung.

Diese Bedingungen entspringen sämtlich der Rechtsordnung. Für öffentliche Betriebe und Verwaltungen sind vor allem folgende Teile maßgebend:

- der staatliche Aufbau der Bundesrepublik Deutschland,

- das Haushaltsrecht,

- das Recht des öffentlichen Dienstes,

- das Abgabenrecht.

- das Wettbewerbsrecht in Europa

Die Rahmenbedingungen (im engeren und weiteren Sinne) werden im folgenden erläutert. Wir beginnen mit den relevanten Bereichen unserer Rechtsordnung.

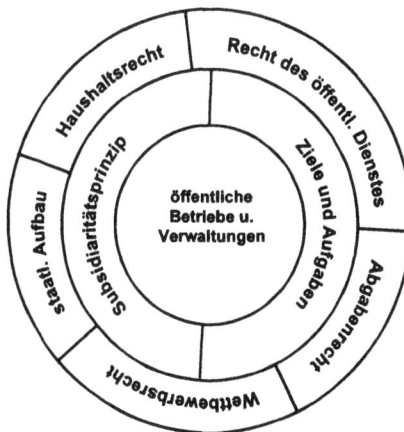

Abb. 1: Rahmenbedingungen der öffentlichen Betriebe und Verwaltungen

Der **staatliche Aufbau** der Bundesrepublik Deutschland ist durch drei Ebenen gekennzeichnet: durch die Ebene der Städte, Gemeinden und Gemeindeverbände, die Ebene der Bundesländer und die Ebene des Bundes. Bund und Länder sind **staatliche Gebietskörperschaften**, die übrigen werden als **Kommunen** bezeichnet. Vielleicht muss man künftig von vier Ebenen des staatlichen Aufbaus sprechen. In zunehmendem Maße wird die überstaatliche Ebene, die Ebene der Europäischen Union, bedeutsam - auch für die öffentlichen Betriebe und Verwaltungen.

Für betriebswirtschaftliche Untersuchungen ist der Unterschied zwischen staatlichem und kommunalem Recht wichtig. Zum Beispiel lassen sich Aussagen zum kommunalen Haushaltsrecht nur selten unverändert auf staatliche Gebietskörperschaften übertragen. Wichtig ist auch, die **kommunale Selbstverwaltung** zu beachten (vgl. Art. 28 Abs. 2 GG). Die der staatlichen Verwaltung zuzurechnenden Bezirksregierungen (Regierungspräsidenten) üben zwar die Rechtsaufsicht über die Kommunen aus, müssen aber respektieren, dass die kommunalen Gebietskörperschaften die eigenen und die ihnen übertragenen Wirkungskreise selbständig verwalten (Wohnungsbau, Versorgung und Entsorgung, Verkehrswegeführung, Bildungsstätten, Sport, kulturelle Einrichtungen und Sozialwesen). Neuerdings kommt es durch kommunale Zusammenarbeit und Regionalisierungstendenzen zu einer erheblichen Einschränkung der kommunalen Selbstverwaltung.

Der beschriebene Staatsaufbau hat für die öffentliche Wirtschaft eine wichtige Konsequenz. Anders als in Zentralstaaten, wie z. B. Frankreich, gibt es in der Bundesrepublik keine zentrale Steuerung der öffentlichen Wirtschaft. Dementsprechend wäre es verfehlt, in der Gesamtheit der öffentlichen Betriebe einen einzigen, übermächtigen Wettbewerber zu erblicken. Der Wirklichkeit entspricht eher das Bild von Wirtschaftseinheiten, die weitgehend unabhängig voneinander handeln bzw. im Wettbewerb miteinander stehen.

Auch wenn sich das **Haushaltsrecht**[2] von Bund, Ländern und Gemeinden voneinander unterscheidet, können doch ein paar Hinweise auf seine generell rahmensetzende Bedeutung gegeben werden:

Vor allen sind die strengen Vorgaben des Haushaltsrechts für die Verwaltungsleitungen und die Leitungen (vieler) öffentlicher Betriebe zu beachten. Die Bindung äußert sich u. a. in der Verpflichtung, die im Haushaltsplan veranschlagten Einnahmen möglichst nicht zu unterschreiten sowie die im Haushaltsplan veranschlagten Ausgaben nur für die vorgesehenen Zwecke zu tätigen und nicht zu überschreiten. Darüber hinaus gilt das **Jährlichkeitsprinzip** (Wiesner 1997, 80-86, 100-103), d. h. die Vorgaben des Haushaltsplans sind - abgesehen von Ausnahmefällen - in der betreffenden Rechnungsperiode zu erfüllen (s. S. 113).

Für die enge Bindung der Führung öffentlicher Einzelwirtschaften an die Haushaltsplanung gibt es gute Gründe. Es ist aber auch verständlich, dass die Bindung u. a. einen Grund für die „Flucht" öf-

---

[2] Zum Haushaltsrecht zählen vor allem das Haushaltsgrundsätzegesetz als Rahmenordnung für alle Gebietskörperschaften, ferner die für Bund, Länder und Gemeinden erlassenen Haushaltsordnungen sowie jene Vorschriften, die die Kassenführung, Buchführung, Rechnungslegung, Rücklagenwirtschaft und das Prüfungswesen regeln.

fentlicher Verwaltungen und Betriebe in privatrechtliche Rechtsformen bildet, die dem Haushaltsrecht nicht unterworfen sind.

Eine ähnlich zwiespältige Beurteilung erfährt - aus betriebswirtschaftlicher Sicht - das **Recht des öffentlichen Dienstes**.[3] Zahlreiche Besonderheiten dieser Rechtsmaterie (gegenüber dem für privatwirtschaftlich Beschäftigte geltenden Arbeitsrecht) werden als sinnvoll und notwendig anerkannt. Das trifft z. B. für Abweichungen im Streikrecht zu, die bis zum Streikverbot für Beamte reichen. Ebenso herrscht Verständnis für die Forderung, die Bediensteten sollten bei ihrer Tätigkeit persönliche Interessen außer acht lassen - was materiellen und immateriellen Leistungsanreizen im Wege steht. Damit erscheint das Recht des öffentlichen Dienstes zugleich als Ursache geringer Motivation weiter Teile des Personals. Dementsprechend braucht es nicht zu verwundern, wenn gerade jüngere Angehörige des öffentlichen Dienstes, die sich im Beruf engagiert haben, mit der Zeit resignieren. Also übt auch das Recht des öffentlichen Dienstes auf öffentliche Betriebe und Verwaltungen eine prägende Wirkung aus.

Das **Abgabenrecht** wurde als weiteres rahmenbildendes Element der Rechtsordnung erwähnt. Von Bedeutung ist hier vor allem die Möglichkeit der öffentlichen Hand, Abgaben zu erheben, um auf diese Weise einen erheblichen Teil ihres Finanzbedarfs zu decken. Die Befugnis, Abgaben zu erheben, gilt für die öffentliche Hand allerdings nur in bestimmten Grenzen. Vor allem in den Grenzen kommt der rahmensetzende Einfluss des Abgabenrechts für öffentliche Betriebe und Verwaltungen zum Ausdruck.

Das noch relativ junge **Europäische Wettbewerbsrecht** erweist sich immer stärker als Bestimmungsfaktor für den Wirkungsbereich für öffentliche Betriebe und Verwaltungen. Wie sehr sich der Wettbewerb im öffentlichen Sektor bemerkbar macht und welche effizienzsteigernden, aber auch gemeinwohlgefährdenden Folgen daraus erwachsen, wird im 4. Kapitel (S. 57 ff.) erörtert.

B. Das Subsidiaritätsprinzip

Das Grundgesetz gibt der Bundesrepublik Deutschland zwar keine bestimmte Wirtschaftsordnung vor (Püttner 1985, 94 f.), aber es besteht weitgehend Einigkeit darüber, dass sich angesichts der im Grundgesetz verankerten Grundrechte nur eine Soziale Marktwirtschaft mit unserer Verfassung vereinbaren lässt. Analysiert man die wesentlichen Merkmale dieser Wirtschaftsordnung, tritt ein Prinzip in Erscheinung, das für die Existenz öffentlicher Betriebe (öffentliche Verwaltungen spielen in diesem Zusammenhang keine Rolle) von entscheidender Bedeutung ist: **das Subsidiaritätsprinzip.**

Der Ausdruck Subsidiaritätsprinzip entstammt der katholischen Soziallehre und wurde von Oswald v. Nell-Breuning (1890-1991) im Zusammenhang mit der Sozialenzyklika Pius' XI. „Quadragesimo

---

[3]   Mit „Recht des öffentlichen Dienstes" sind gemeint das Arbeits- und Tarifrecht der Arbeiter und Angestellten öffentlicher Betriebe und Verwaltungen sowie das Beamtenrecht (insbes. Laufbahn- und Besoldungsrecht).

anno" (1931) verwendet. Danach ist es dem Staat oder einer übergeordneten Gemeinschaft geboten, dem Einzelnen oder einer untergeordneten Gemeinschaft beizustehen. Hilfe zur Selbsthilfe soll vor allem die Eigeninitiative stärken (von Nell-Breuning 1962; Becker 1994). Inzwischen hat das Prinzip jedoch allerlei Umdeutungen erfahren.

Heute werden dem Subsidiaritätsprinzip mindestens vier verschiedene Inhalte beigelegt (vgl. Döring 1994):

- Die Europäische Union als übergeordnete Einheit im Staatsaufbau darf (oder darf sie nur?) auf solchen Politikfeldern tätig werden, die die Einzelstaaten allein nicht bewältigen können.

- Soweit kleinere, schwächere oder untergeordnete Einheiten in Staat und Gesellschaft Aufgaben selbst bewältigen können, genießen sie Vortritt vor größeren, stärken oder übergeordneten Einheiten. Die zuletzt genannten sind also nur befugt, unterstützend oder ersatzweise aktiv zu werden. (Diese Interpretation soll den Föderalismus und die kommunale Selbstverwaltung stärken.)

- Die öffentliche Hand hat die Privatwirtschaft dadurch zu unterstützen, dass sie die nötige Infrastruktur bereitstellt.

- Im Zweifel genießt die private Erfüllung öffentlicher Aufgaben Vortritt vor der Erfüllung in staatlicher Regie. Staatliche Unternehmen dürfen nur subsidiär, d. h. unterstützend oder ersatzweise eingesetzt werden.

Die vier Deutungen widersprechen einander nicht; sie sind nur auf unterschiedliche Anwendungsbereiche gemünzt. Für die Rolle, die den öffentlichen Betrieben in der Sozialen Marktwirtschaft zukommt, hat die zuletztgenannte Interpretation die größte Bedeutung. Sie markiert die Grenze zwischen zulässiger und unzulässiger wirtschaftlicher Betätigung der öffentlichen Hand; sie markiert den Grenzverlauf zwischen privater und staatlicher Wirtschaft.[4]

Das Subsidiaritätsprinzip in dieser Deutung ist vor allem im Haushaltsrecht verankert: Für Bundes- und Landesbetriebe schreibt § 65 der Bundes- oder Landeshaushaltsordnung (BHO/LHO) vor, dass sich die Gebietskörperschaft an der Gründung eines Unternehmens oder an einem bestehenden Unternehmen nur beteiligen soll, wenn „ein wichtiges Interesse" der Gebietskörperschaft vorliegt und sich der „angestrebte Zweck nicht besser und wirtschaftlicher auf andere Weise erreichen lässt". Nach überwiegender Meinung ist die „andere Weise" als Aufgabenerfüllung in *privater (nicht-staatlicher)* Regie zu verstehen (Badura 1998, 818-821). Bemerkenswerterweise wird sogar die Auffassung vertreten, die öffentliche Hand unterliege keiner „Funktionssperre", wenn sie genauso leistungsfähig sei wie ein Privater (Moraing 1998, 227). - Ähnliche Bestimmungen finden sich auch im Kommunalrecht.

---

[4] Wir verwenden hier die Adjektive „öffentlich" und „staatlich" (wie auch die Gegenstücke „nicht-öffentlich" und „nicht-staatlich" bzw. „privat") noch ohne nähere Abgrenzung. Sie kann erst später (s. S. 25 – 28) erfolgen. Wohl aber werden schon jetzt die begrifflichen Unterschiede bei der Wortwahl beachtet.

Mit dem Subsidiaritätsprinzip wird zweierlei bewirkt. Zum einen wird die Priorität privater Wirtschaftstätigkeit gegenüber der öffentlichen (Strittmatter 1997; Badura 1998; Dohmen 1998; Köster 1998; anderer Auffassung: Moraing 1998, 224) festgeschrieben; damit wird zugleich das Privateigentum vor Beeinträchtigungen geschützt, die aus der Tätigkeit staatlicher Betriebe erwachsen könnten.[5] Zum anderen regt das Subsidiaritätsprinzip zum Handeln auf Feldern an, die von der Privatwirtschaft nicht besetzt sind oder private Aktivitäten nur zu unzulänglichen Ergebnissen führen.

Ausdrücklich sei vermerkt, dass das Subsidiaritätsprinzip nicht die Frage betrifft, *welche* Aufgaben die öffentliche Hand als *öffentliche* Aufgaben ansieht. Es geht nur um deren *Erfüllung*.

Die Darstellung des Subsidiaritätsprinzips macht deutlich: Privatwirtschaft und staatliche Wirtschaft sind keine Gegensätze. Vielmehr ist die Soziale Marktwirtschaft darauf angelegt, dass ein Wirtschaftsbereich den anderen ergänzt; wir haben es mit einer dualen Wirtschaftsordnung zu tun (Thiemeyer 1986, 84). Statt von einer dualen ist mitunter auch von einer gemischten Wirtschaftsordnung die Rede (Becker/Potthoff/Zweig 1988). Die Ausdrücke besagen dasselbe: Unsere Gesellschaft stützt sich nicht nur auf die Privatinitiative, neben der Privatwirtschaft gibt es auch noch eine umfangreiche staatliche Wirtschaft. Auf keinen Sektor sollte verzichtet werden.

Diese Sichtweise wird freilich nicht von jedermann geteilt. Immer wieder wird die Forderung laut, staatliche Unternehmen soweit wie möglich zurückzudrängen („Weniger Staat, mehr privat!"). „Privatisierung" heißt dann die Parole. Wir werden weiter unten (s. S. 39-55) zeigen, dass das Privatisierungsthema eine subtilere Behandlung verdient.

Der Begriff **„Privatwirtschaft"** lässt den Eindruck aufkommen, als stünden hinter privaten Betrieben ausschließlich profitsuchende Kapitaleigner. Das ist aber nicht der Fall. Zur Privatwirtschaft - genauer, aber weniger griffig wäre der Ausdruck „nicht-staatliche Wirtschaft" - zählen auch gemeinwohlorientierte Betriebe, die nicht dem öffentlichen Sektor angehören. Das gilt z. B. für die (nicht gewerblichen) Betriebe von privatrechtlichen Stiftungen, Vereinen und Verbänden (z. B. karitative Einrichtungen). *„Privat" wird hier also mit „nicht-staatlich" gleichgesetzt* (Eichhorn 1986, 15).

Anmerkung

Wir verwenden hier und im folgenden aus Gründen sprachlicher Vereinfachung einen weiten Staatsbegriff, sofern aus dem Zusammenhang nichts anderes hervorgeht. Er umfasst auch die Kommunen. Zur näheren Erklärung, wie der aus dem Staatsbegriff abgeleitete Terminus „staatlicher Betrieb" zu verstehen ist, siehe S. 26.

---

[5]   Wie nötig dieser Schutz ist, erfährt man z. B. anhand von Gerichtsentscheidungen. So hat der Bundesgerichtshof ein Urteil des Oberlandesgerichts Hamm (indirekt) bestätigt, nach dem der Stadt Gelsenkirchen untersagt wurde, in einem Annexbetrieb Privat-Aufträge anzunehmen. Die Stadt wollte auf diese Weise, nachdem sie den Betrieb von vornherein zu groß dimensioniert hatte, „Rote Zahlen" vermeiden (o. V. 1998 h). Derselbe Tenor findet sich auch in einem Urteil des Oberlandesgericht München vom 20.4.2000 (o. V. 2000 a).

Der Streit um die Grenze zwischen staatlicher und privater Wirtschaftstätigkeit beruht auf zwei grundverschiedenen Einstellungen:

- Wer einer liberalen Wirtschaftsordnung zuneigt, betrachtet staatliche Aktivitäten mit Vorbehalt. Er vermutet, dass die Eingriffe des Staates effizienzmindernd wirken, also beispielsweise das Wirtschaftswachstum dämpfen oder die Geldentwertung fördern. Sein Wunsch lautet, den Sektor der staatlichen Wirtschaft so klein wie möglich zu halten.[6]

- Wer dem paternalistischen Staat zuneigt, nimmt die Fälle des Marktversagens zum Anlaß, eine ausgedehnte staatliche Wirtschaft zu propagieren. Mögliche Effizienzverluste sind ihm weniger wichtig als der Gewinn an Versorgungssicherheit und „sozialer Wärme".

Das Subsidiaritätsprinzip stellt einen Kompromiß zwischen beiden Grundeinstellungen dar. **Mehr noch - ohne den im Subsidiaritätsprinzip verankerten Schutz der Privatwirtschaft vor einer ausufernden staatlichen Wirtschaft wäre die Existenz staatlicher Betriebe nicht zu befürworten.** Das Subsidiaritätsprinzip sorgt dafür, dass der staatliche Eingriff in das Wirtschaftsgeschehen minimal bleibt. Mit dem Subsidiaritätsprinzip wird weder der einen radikalen These gefolgt, nur der Markt könne zur optimalen Ressourcenallokation führen, noch der ebenso radikalen Gegenthese, die optimale Verteilung könne nur aus intensiver staatlicher Wirtschaftstätigkeit erwachsen.

Die Existenzberechtigung (oder gar Notwendigkeit) der staatlichen Wirtschaft und das Subsidiaritätsprinzip sind nicht voneinander zu trennen. Sie bilden zusammen das Fundament, auf dem die staatliche Wirtschaft als Säule der dualen Wirtschaft ruht.[7]

Was beides, Existenzberechtigung (bzw. Notwendigkeit) und Subsidiaritätsprinzip genau heißt, ist interpretationsbedürftig. Jede Generation muss erneut festlegen, was sie darunter versteht und wo sie die Grenze zwischen staatlicher Wirtschaft und Privatwirtschaft zieht.

---

[6] Selbst der gänzliche Verzicht auf staatliche Betriebe und die Privatisierung der öffentlichen Verwaltung sind denkbar. Aber wäre ein Land z. B. ohne vom Staat unterhaltene Theater, Verkehrsmittel und Polizeidienste wünschenswert?

[7] Die dialektische Beziehung zwischen der Existenzberechtigung staatlicher Betriebe und dem Subsidiaritätsprinzip gleicht der zwischen der unternehmerischen Freiheit und der Rechtsordnung. So wie die Rechtsordnung (insbes. Art. 14 GG, Wettbewerbsrecht, kollektives Arbeitsrecht und Umweltrecht) die unternehmerische Freiheit gewährleistet, indem sie deren Mißbrauch verhindert, schützt das Subsidiaritätsprinzip die staatliche Wirtschaft, indem es den Staat in die Schranken weist. Das einzige Problem besteht darin, dass der Staat die Einhaltung des Subsidiaritätsprinzips selbst überwacht.

C. Ziele und Aufgaben öffentlicher Betriebe und Verwaltungen

1. Der öffentliche Auftrag

Die oberste Aufgabe, die einem öffentlichen Betrieb oder einer öffentlichen Verwaltung gesetzt ist (= öffentliche Aufgabe), entspringt letztlich der Einstellung der Vertretungskörperschaft (Parlament). Man spricht von der öffentlichen Aufgabe oder dem öffentlichen Auftrag, wenn die Vertretungskörperschaft zu der Auffassung gelangt, sie müsse sich einer bestimmten Aufgabe in besonderer Weise annehmen: z. B. durch Gründung eines staatlichen Betriebes, durch den Vorbehalt von Eingriffsrechten, durch Regulierung u. ä. Was öffentliche Aufgabe ist, liegt also nicht in der Natur der Sache, sondern hängt von der Haltung der Parlamentsmehrheit ab (Gaentsch 1992, 12; Eichhorn/Noll 1983, 41).

Dies heißt nicht, dass die öffentliche Hand die Aufgabe in eigener Regie erledigen muss. Es haben sich auch andere Formen der Aufgabenerfüllung herausgebildet, die den Interessen des Gemeinwesens (dem **„öffentlichen Interesse"**; Ryffel 1968, 1361; Thiemeyer 1980, 263; Bekker/Potthoff/Zweig 1988, 49-52) entsprechen. Das Thema wird noch einmal im Zusammenhang mit der Privatisierungsproblematik erörtert (s. S. 40-45).

Was bewegt Politiker, eine bestimmte Aufgabe zur Sache des Staates oder der Kommune zu machen? Warum besteht in bestimmten Fällen Konsens, dass sich die öffentliche Hand einer bestimmten Aufgabe annehmen muss? Was sind die tieferen Beweggründe für einen öffentlichen Auftrag?

Schauen wir uns in der Welt der öffentlichen Betriebe und Verwaltungen um, stellen wir einige scheinbare Paradoxien fest: Der Staat richtet allgemeinbildende und berufsbildende Schulen ein. Warum aber bleiben Fahrschulen der Privatinitiative überlassen, obwohl doch heute der Führerscheinerwerb zur Notwendigkeit für jedermann geworden ist? Bäckereien versorgen uns mit dem täglichen Brot, einer elementaren Lebensgrundlage. Gleichwohl kümmert sich der Staat - abgesehen von der Gewerbeaufsicht - nicht um Art, Umfang, Qualität dieser Versorgungsaufgabe. Wieso wird hier, anders als etwa bei der Versorgung mit Wasser (ebenfalls ein lebenswichtiges Gut), keine öffentliche Aufgabe gesehen?

Die Antwort liefern zwei Erklärungen, die einander ergänzen:

1. Grund: Bestimmte Güter und Dienstleistungen gelten als nicht marktgängig.

Nicht-marktgängige Güter und Dienstleistungen sind so beschaffen, dass sie (a) nicht auf dem Markt gehandelt werden können, oder (b) nicht auf dem Markt gehandelt werden sollen.

Zu (a): Zu den Gütern und Dienstleistungen, die nicht auf dem Markt gehandelt werden *können*, zählen z. B. die Beleuchtung der Straßen und Plätze in unseren Städten, der Schutz, den die Ordnungskräfte vermitteln, oder die Erholungsmöglichkeit, welche öffentliche Grünanlagen bieten. Bei Gütern und Dienstleistungen dieser Art kann niemand von der Inanspruchnahme ausgeschlossen werden bzw. es würde keinen Sinn machen, jemanden von der Inanspruchnahme fernzuhalten. Manchmal wäre der Ausschluss nur mit unvertretbar hohem Aufwand zu bewerkstelligen. Man denke z. B. an die Benutzung einer Brücke, die mit Maut belegt werden könnte, deren Erhebung sich aber als nicht rentabel erweist. Die Güter oder Dienstleistungen stehen allen Bürgern zur Verfügung. Doch zugleich schadet es dem einzelnen nicht, wenn das Güter- und Dienstleistungsangebot auch noch von anderen in Anspruch genommen wird: Der Nutzen, den der einzelne aus den Gütern und Dienstleistungen ziehen kann, wird dadurch nicht geringer (Oettle 1984; Musgrave/Musgrave/Kullmer 1990, 6 f.; Rosen/Windisch 1992, 128 f.). Die Güter und Dienstleistungen sind durch Nichttrivialität im Konsum gekennzeichnet. Solche Güter und Dienstleistungen werden **öffentliche Güter und Dienstleistungen** (i. e. S.) genannt.

Fehlt von vornherein die Möglichkeit, Güter oder Dienstleistungen zu vermarkten, finden sich auch keine Unternehmen, die bereit wären, diese Gegenstände in das Produktions- oder Leistungsprogramm aufzunehmen - es sei denn, sie würden entsprechend subventioniert. Damit zeigt sich, dass die Bereitstellung nicht-marktgängiger Güter und Dienstleistungen zunächst einmal eine Aufgabe öffentlicher Verwaltungen darstellt. Sie haben die Möglichkeit, die Kosten durch Abgaben zu decken, womit ein Ersatz für die fehlende Finanzierung über den Markt zur Verfügung steht. (Ob sich Verwaltungen zur Erfüllung ihrer Aufgabe öffentlicher oder nicht-öffentlicher Betriebe bedienen, die sie durch Zuschüsse entschädigen, steht auf einem anderen Blatt. Auf Zuschüsse werden wir an anderer Stelle - s. S. 223-227 - noch näher eingehen.)

Zu (b): Zu den Gütern oder Dienstleistungen, die auf dem Markt nicht gehandelt werden *sollen*, zählen z. B. Reisepässe, Baugenehmigungen oder Hygiene-Testate für das Gaststättengewerbe. Der Markt könnte die Versorgungsaufgabe zu akzeptablen Bedingungen nicht leisten; man spricht deshalb von **Marktversagen** (Baumol 1952; Brümmerhoff 1996, 37; Rosen/Windisch 1992, 7-13). Auch hier ist klar, dass die Bereitstellung solcher Güter oder Dienstleistungen Aufgabe vor allem öffentlicher Verwaltungen sein muss. Nur so lässt sich die Finanzierung sichern. Wiederum ist es denkbar, dass sich die öffentlichen Verwaltungen zur Erfüllung dieser Aufgaben öffentlicher oder nicht-öffentlicher Betriebe bedienen.

2. Grund: Andere Güter und Dienstleistungen verdienen nach Auffassung der dafür politisch Verantwortlichen (insbesondere der Vertretungskörperschaft) eine besondere Förderung durch den Staat i. w. S. Würde die Versorgung mit diesen Gütern und Dienstleistungen den Marktkräften *allein* überlassen, kämen unerwünschte Ergebnisse heraus. Das beste Beispiel liefert der Personennahverkehr. Bliebe es den Entscheidungen nicht-öffentlicher Anbieter ganz überlassen, welches Angebot an Verkehrsleistungen unterbreitet würde oder wie dieses Verkehrsangebot im einzelnen aussähe, könnte man sich leicht vorstellen, dass viele Strecken in die Außenbezirke einer Stadt nicht bedient würden, dass es Liniendienste nur in den Stoßzeiten gäbe und dass die Fahrpreise wesentlich höher lägen, als wir es gewöhnt sind. Die allokativen Ergebnisse wären mit den Prinzipien einer Sozialen Marktwirtschaft nicht vereinbar. Wiederum spricht man von **Marktversagen**. Im Grunde genommen spiegelt sich in diesem Schlagwort nur wider, was schon im Zusammenhang mit dem Subsidiaritätsprinzip angesprochen wurde (s. S. 9-12). - Güter und Dienstleistungen, die der besonderen Förderung des Staates i. w. S. bedürfen, werden als **meritorische Güter und Dienstleistungen** bezeichnet (Musgrave/Musgrave/Kullmer 1990, 63-65).

Meritorische Güter und Dienstleistungen sind durchaus marktgängig. Das bedeutet, dass sich vor allem aus dem zweiten Erklärungsmuster Gründe für die Existenz öffentlicher *Betriebe* ableiten. Betrachten wir unter diesem Aspekt noch einmal die weiter oben aufgeworfenen Fragen:

Fahrschulen und Bäckereien können sehr wohl dem freien Spiel der Marktkräfte überlassen werden. Anders als bei allgemein- und berufsbildenden Schulen besteht bei Fahrschulen Freiwilligkeit, kann der Bürger von dem Leistungsangebot Gebrauch machen, muss es aber nicht unbedingt. Nur Güter und Dienste, die der Bürger in Anspruch nehmen *muss*, verdienen es, von der öffentlichen Hand gefördert zu werden.

Warum es nicht-öffentliche Bäckereien, aber öffentliche Wasserwerke gibt, erklärt sich aus der Tatsache, dass die Wasserversorgung leitungsgebunden ist. Dementsprechend ist sie - anders als die Versorgung mit Brot - weitgehend monopolisiert und in öffentliche „Obhut" genommen worden. Genauer:

Weil sich die Errichtung paralleler Netze nicht lohnt, liegt die Wasserversorgung in *einer* Hand („technisch wirtschaftliche Monopole"; Sharkey 1982; Windisch 1987). Allerdings wird mehr und mehr versucht, solche leitungsnetzbedingten Monopole mit Hilfe von Durchleitungsrechten aufzubrechen (s. S. 61-64). Monopole bergen die Gefahr des Mißbrauchs in sich. Deshalb zog es die öffentliche Hand bislang meist vor, die Bürger mit Wasser selbst zu versorgen. Bäckereien können dagegen ganz der Privatinitiative überlassen bleiben.

Öffentliche Aufgaben stehen nicht auf Dauer fest. Die Vertretungskörperschaft von morgen kann sich bezüglich dessen, was sie als öffentliche Aufgaben ansieht, anders entscheiden als die Vertretungskörperschaft von heute. Die Arbeitsvermittlung ist z. Z. noch eine öffentliche Aufgabe, die weitgehend von der öffentlichen Hand selbst erfüllt wird. Nicht-öffentliche Vermittlungsagenturen haben noch geringe Marktanteile. Aber können wir sicher sein, dass es nicht in wenigen Jahren ausschließlich nicht-öffentliche Vermittlungsbüros gibt? Öffentliche Aufgaben wandeln sich auch in ihrer Bedeutung. So können wir beobachten, dass die Wirtschaftsförderung, welche Städte und Gemeinden betreiben, einen immer höheren Stellenwert bekommt. Außerdem kommen ständig neue öffentliche Aufgaben hinzu. Ein typisches Beispiel ist die Entwicklungshilfe, eine Aufgabe, die bis zum Zweiten Weltkrieg allenfalls von Missionaren wahrgenommen wurde, nun jedoch von den entwickelten Ländern als öffentliche Aufgabe begriffen wird.

2. Die Besonderheiten öffentlicher Ziele

Öffentliche Betriebe und Verwaltungen sind auf das Gemeinwohl ausgerichtet. Sie verfolgen **gemeinwohlorientierte Ziele**. Mitunter werden die Betriebe und Verwaltungen auch als „**gemeinwirtschaftliche**" Einrichtungen bezeichnet. Gemeinwohlorientierte Ziele können z. B. sein „Sicherheit im Straßenverkehr" (als Ziel einer Straßenbaubehörde), „Schutz vor Straftaten" (als Ziel der Polizei) oder „flächendeckendes, preiswertes Verkehrsangebot" (als Ziel eines städtischen Busbetriebes). Gemäß dieser Ausrichtung steht - anders als in der nicht-öffentlichen Wirtschaft - der Zweck, die Aufgabe, das „Sachziel" im Vordergrund; „Formalziele", wie z. B. Kostendeckung oder Renditestreben, treten zurück.

Gemeinwohlorientierte Ziele verlangen uneigennütziges Handeln und damit eine besondere ethische Einstellung. Es geht immer um den Dienst an der Allgemeinheit („Dienstprinzip"; Oettle 1976 a, 15 ff.). Damit ist jedoch ein besonderes Problem verbunden; denn im allgemeinen bildet der Dienst im fremden Interesse - erst Recht der Dienst für die Allgemeinheit - eine schwächere Triebfeder als Tätigkeiten im eigenen Interesse. Deshalb muss nach Möglichkeiten gesucht werden, um das Handeln im Interesse des Gemeinwohls mit persönlichem Nutzen für den Handelnden zu verbinden. Mehr noch, benötigt werden Principal-Agent-Konzepte, die eine möglichst enge Beziehung zwischen dem erzielten Gemeinwohl und dem persönlichen Vorteil des Handelnden herstellen (zu institutionenökonomischen Ansätzen s. Budäus/Finger 1999, 335-339). Solange dieses Problem nicht gelöst ist, bleiben die gemeinwohlorientierten Ziele der Grund dafür, dass sich öffentliche Betriebe und Verwaltungen wesentlich schwerer steuern und kontrollieren lassen als nicht-öffentliche Einzelwirtschaften.

Der tiefere Grund liegt in der Tatsache, dass gemeinwohlorientierte Ziele Zielgrößen enthalten, die sich oft nur schwer definieren lassen und erst recht der unmittelbaren Messung entziehen. Folglich müssen zur Messung der Zielerreichung oder der -annäherung Ersatzgrößen, Indikatoren, verwendet werden. Indikatoren bilden das eigentlich zu Messende jedoch oft nur unzureichend ab. Eine weitere Schwierigkeit liegt darin, dass sich mitunter mehrere Indikatoren anbieten. Unter solchen Bedingungen lässt sich selten Verlässliches über die Zielerreichung aussagen. Die Güte des Verkehrsangebots eines städtischen Omnibusbetriebes kommt z. B. in der Frequenz der Verkehrsbedienung (z. B. 15-Minuten-Takt), der Höhe des Fahrpreises, dem Fahrzeugkomfort und der Dichte des Liniennetzes zum Ausdruck. Welcher Zustand entspricht nun der Zielsetzung „Gemeinwohl-Maximierung" besser: Verkehr im 10-Minuten-Abstand bei einem Fahrpreis von 1,25 € oder Verkehr im 20-Minuten-Abstand bei einem Fahrpreis von 0,75 € (um nur zwei Indikatoren zu verwenden)? Eine allgemeingültige Antwort gibt es nicht. Das Problem liegt in der - notwendigerweise - subjektiven Auswahl der Beurteilungskriterien (Brede 1989).

In der nicht-öffentlichen Wirtschaft herrschen bessere Bedingungen. Nicht-öffentliche Betriebe verfolgen beispielsweise die Maximierung des Einkommens, Gewinns, Vermögens oder Marktanteils. Zwar bedürfen auch solche Zielgrößen der Interpretation, aber trotz Meinungsverschiedenheiten über die genauen Begriffsinhalte liegen die Interpretationsmöglichkeiten relativ dicht beieinander. Mit anderen Worten, in der Privatwirtschaft lässt sich meist hinreichend verlässlich beurteilen, inwieweit ein Ziel erreicht wurde oder nicht.

Das Messproblem ist für öffentliche Betriebe und Verwaltungen aus zwei Gründen von besonderer Bedeutung:

Erstens werden, wie erwähnt, durch das Messproblem Steuerung und Kontrolle auf allen Ebenen des Organisationsaufbaus erschwert. Wie will man zielführende Vorgaben präzise formulieren und deren Einhaltung zuverlässig kontrollieren, wenn sich die Zielgrößen der eindeutigen Messung entziehen? Schon der Träger der öffentlichen Aufgabe, in der Regel die Gebietskörperschaft, hat Schwierigkeiten, der Institution, die die Aufgabe erfüllen soll, zielführende Vorgaben zu machen. Wenn aber Vorgaben keine befriedigende Steuerung bewirken, muss auch die Wirkung von Kontrollmaßnahmen unzureichend bleiben. Hier liegt ein zentrales Problem der Beziehungen zwischen dem Träger der öffentlichen Aufgabe und der mit der Durchführung betrauten Institution: Wie will man der Versuchung, sich der mit der Erfüllung öffentlicher Aufgaben verbundenen besonderen Pflichten zu entziehen, begegnen?

Zweitens müssen sich die Leiter öffentlicher Betriebe und Verwaltungen oft gegen das Vorurteil mangelnder Zielerfüllung oder unzureichender Effizienz zur Wehr setzen, ohne sich auf unangreifbare Zahlen stützen zu können. Selbstverständlich können sich unter dem Deckmantel schwer quantifizierbarer Ziele auch Schlendrian oder mangelhafte Pflichterfüllung breitmachen. Aber wenn gar das Gegenteil, also der Erfolg besonderer Anstrengung, ohne Beachtung bleibt oder fehlgedeutet wird, ist die Situation demotivierend. Unter solchen Fehldeutungen haben vor allem die Manager jener öffentlichen Betriebe zu leiden, die im Interesse gemeinwohlorientierter Ziele defizitär arbeiten *müssen*. Wenn ihre Betriebe mit gewinnbringenden privatwirtschaftlichen Betrieben verglichen werden - was häufig geschieht -, wie wollen sie nachweisen, dass sie doch erfolgreich gewirtschaftet haben? Wir werden beide Schwierigkeiten noch ausführlicher erörtern.[8]

Beachtung sollte die Tatsache finden, dass gute und schlechte Erfüllung gemeinwohlorientierter Ziele häufig nicht anders erklärt werden kann als mit der Persönlichkeitsstruktur der maßgeblichen Führungskräfte. Das heißt, genauso wie in der Privatwirtschaft scheinen über Erfolg oder Mißerfolg einer öffentlichen Verwaltung oder eines öffentlichen Betriebes letztlich die Strukturen der verantwortlichen Personen zu entscheiden. Falls die These stimmt, sind die aus dem Charakter gemeinwohlorientierter Ziele resultierenden Schwierigkeiten der Steuerung und Kontrolle gar nicht so wichtig. Wichtiger ist es dann, Führungskräfte zu finden, die motiviert werden können, sich im Interesse der Allgemeinheit zu engagieren.

Auf weitere Einzelheiten, insbesondere der Zielbildung und Messung der Zielerfüllung, gehen wir im Zusammenhang mit der Nutzwertanalyse (s. S. 172f., 175-177, 268-270) ein.

Anmerkung

Schon jetzt sei darauf aufmerksam gemacht, dass sich das Problem schwieriger Messbarkeit gemeinwohlorientierter Zielerfüllung an vielen Stellen und unter verschiedenen Etiketten bemerkbar macht, insbesondere bei Privatisierungsentscheidungen (s. S. 47-50), beim Anreizproblem (s. S. 163 - 165), bei der Bemessung von Haushaltsmitteln bzw. der Projektbewertung (s. S. 171) und bei den Themen Kontrolle/Evaluation s. S. 187) und Wirkungsrechnung (s. S. 207 - 210). Die Schwierigkeiten mit der Messung gemeinwohlorientierter Zielerfüllung machen eines der wichtigsten Probleme der Öffentlichen Betriebswirtschaftslehre aus.

---

[8]   Auf die Beziehungen zwischen der Motivation und den Möglichkeiten der Ergebnismessung wird im Zusammenhang mit Anreizmöglichkeiten eingegangen (s. S. 161-166). Die aus den Messschwierigkeiten resultierenden Steuerungs- und Kontrollprobleme durchziehen das ganze Buch.

3. Der Zusammenhang zwischen Zielen und Aufgaben

Üblicherweise wird die Beziehung zwischen Zielen und Aufgaben als Mittel-Zweck-Beziehung verstanden. Danach bilden Aufgaben das Mittel, um ein Ziel zu erreichen. Gängige Definitionen (z. B. Brede 1989, 1867; Diederich 1989, 1856) lauten

Ziel = angestrebtes (Ereignis, Zustand oder ähnliches)

Aufgabe = Verpflichtung zu zielgerichtetem Handeln.

So dient z. B. die Pflicht der Arbeitsverwaltung (= Aufgabe) zur Arbeitsvermittlung (= Handeln) der größtmöglichen Senkung der Arbeitslosenzahlen (= Ziel).

Ziele, Aufgaben und die aus den Aufgaben resultierenden Handlungen werden nur selten begrifflich voneinander getrennt. Gerade in amtlichen Schriftstücken finden sich häufig Vermischungen. Sie können jedoch als weitgehend unschädlich betrachtet werden. Niemand würde sich z. B. daran stören, wenn erklärt würde, eine der wichtigsten Aufgaben der Arbeitsverwaltung sei die Arbeitsvermittlung oder: der Arbeitsverwaltung sei die Aufgabe gestellt, für die Senkung der Arbeitslosigkeit zu sorgen. Was macht es schon, wenn man Ziele oder Handlungen als Aufgaben bezeichnet? Was macht es schon, wenn nur die Arbeitsvermittlung, nicht aber die *Verpflichtung* zur Arbeitsvermittlung als Aufgabe bezeichnet wird? Auch in der bloßen Etikettierung einer Handlung als Aufgabe kommt schon der Imperativ zum Ausdruck. Wichtig ist letzten Endes, dass man sich der logischen Unterschiede zwischen Zielen, Aufgaben und Handlungen bewußt bleibt und nicht etwa den Weg schon als Ziel ansieht. Die begrifflichen Unterschiede werden vor allem dann gebraucht, wenn über neue Leitbilder (= Ziele) nachzudenken ist oder wenn geprüft werden muss, ob das herkömmliche Aufgabenverständnis einer Institution noch zu den gesteckten Zielen führt.

Verwirrend kann auch die häufig in der Literatur vorzufindende Übung sein, Aufgaben als Sach*ziele* zu bezeichnen. Der Sprachgebrauch hat seinen Grund in der Tatsache, dass viele Aufgaben mit Maximierungs-, Minimierungs- oder Optimierungs-Pflichten verbunden sind. Für die Bundesanstalt für Arbeit lautet die Aufgabe, Arbeit zu vermitteln, d. h. Arbeitslose auf dem Arbeitsmarkt unterzubringen. Sachziele beantworten: *„Was* wird von der Einzelwirtschaft verlangt, welche Leistungen sind gefordert?" Von den Sachzielen sind die *Formalziele* zu unterscheiden (zu den Begriffen Sach- und Formalziel s. Kosiol 1968, 261). Sie stellen die Antwort auf die Frage dar: *„Wie,* d. h. nach welchen betriebswirtschaftlichen Prinzipien, sind die Leistungen zu erstellen?" Formalziele für öffentliche Verwaltungen sind z. B. die Grundsätze der Wirtschaftlichkeit und Sparsamkeit. - Um Verwirrung zu vermeiden, sollen im weiteren die Begriffe „Sach-" und „Formalziel" möglichst nicht verwendet werden. Statt von „Sachzielen" wird von „Aufgaben" die Rede sein.

Ziele und Aufgaben sind aus der Sicht öffentlicher Betriebe und Verwaltungen zunächst als *exogene* Größen zu betrachten. Sie sind in öffentlichen Einzelwirtschaften von außen vorgegeben. Aber dem steht nicht entgegen, dass sich öffentliche Einzelwirtschaften auch selbst Ziele und Aufgaben setzen können. Dann jedoch muss es sich bei solchen *endogenen* Zielen und Aufgaben um abgeleitete handeln, abgeleitet aus den exogenen Zielen.

Exogene Ziele öffentlicher Betriebe und Verwaltungen kommen durch den Willen des jeweiligen Trägers zustande, also in der Regel durch Beschluss einer staatlichen oder kommunalen Vertretungskörperschaft. Träger z. B. der Bundesanstalt für Arbeit ist der Bund. Dementsprechend müssten sich eigentlich Aussagen zur Zielsetzung der Bundesanstalt für Arbeit in dem vom Bundestag beschlossenen Gesetz zur Errichtung dieser Bundesanstalt finden. Der Gesetzgeber hat jedoch darauf verzichtet, seine die Bundesanstalt betreffenden Ziele explizit zu formulieren, und sich statt dessen - wie so häufig - damit begnügt, in dem Errichtungsgesetz nur die Aufgaben der Anstalt festzulegen. Natürlich können Aufgaben nur aus Zielen erwachsen; insofern sind die Ziele doch fixiert worden - freilich nur unausgesprochen.

Der Verzicht auf die explizite Benennung von Zielen hat u. a. sprachliche Gründe. Es fällt leichter, statt der Ziele einfach die sich daraus ergebenden Aufgaben zu benennen - zum einen weil es oft weniger pathetisch klingt, zum anderen weil die Aussagen konkreter werden.

Beispiele

„Hebung des Bildungstandes auf dem Gebiet beruflicher Kenntnis und Fähigkeiten" (Ziel) vs. „Einrichtung und Betrieb einer Berufsschule" (Aufgabe) oder „zusätzliche Erkenntnisse über die Verhältnisse in den oberen Schichten der Erdatmosphäre" vs. „Bau eines Forschungssatelliten".

Hinzu kommt die Furcht von Politikern, mit ihren Taten an den hehren Zielvorgaben gemessen zu werden. So lässt man die Ziele lieber aus dem Spiel und beschränkt sich auf die Vorgabe von Pflichten („Aufgaben"), die andere, nämlich die öffentlichen Betriebe und Verwaltungen, zu erfüllen haben. Die Verantwortung für eventuelles Versagen gegenüber dem gesteckten Ziel wird auf diese Weise verschleiert und abgewälzt.

Da eine Mittel-Zweck-Beziehung zwischen Zielen und Aufgaben besteht, kann, wie eben gezeigt, die Aufgabe aus dem Ziel abgeleitet oder umgekehrt aus einer Aufgabe auf das übergeordnete Ziel geschlossen werden. Häufig ergeben sich aus Aufgaben weitere Ziele, so dass ein Ableitungsprozess in Gang kommt, der zu immer neuen, nunmehr untergeordneten Aufgaben und Zielen führt. Ein Beispiel mag dies verdeutlichen:

Wie schon erwähnt, kann ein Ziel der Bundesanstalt für Arbeit in der größtmöglichen Senkung der Arbeitslosenzahlen gesehen werden. Als eine Aufgabe ergibt sich daraus die Pflicht zur Arbeitsvermittlung. Soll nun diese Aufgabe in Taten umgesetzt werden, sind erneut Leitideen, d. h. Ziele, erforderlich, aber nunmehr konkretere Ziele, als sie der Bundesanstalt als Ganzes von außen vorgegeben sind. Jetzt ist die Bundesanstalt selbst gefordert, Ziele zu entwickeln und daraus Aufgaben abzuleiten, nun ist der Übergang von exogenen Zielen und Aufgaben zu endogenen erforderlich. Ein selbstgestecktes, endogenes Ziel könnte z. B. lauten, dafür zu sorgen, dass alle Jugendlichen, die dies wünschen, eine Lehrstelle erhalten. Eine sich daraus ergebende Aufgabe könnte beispielsweise eine Aufklärungsaktion über Ausbildungsberufe sein.

Ein solcher Prozess der Herausbildung von Zielen aus Aufgaben bzw. von Aufgaben aus Zielen setzt sich gewöhnlich bis auf die unterste Durchführungsebene der Organisationshierarchie fort. Das ist einleuchtend; denn sinnvolles Handeln ohne Aufgaben ist ebensowenig denkbar wie die Gestaltung einer Aufgabe ohne Ziel. Gleichwohl sei noch einmal daran erinnert, dass Ziele und Aufgaben nicht immer explizit formuliert werden. Mitunter bleiben die Ziele im Bereich des nur unbewußt Wahrgenommenen.

Aus dem geschilderten Zusammenhang zwischen Zielen und Aufgaben ergibt sich, dass jede Einzelwirtschaft gleichsam von einem Netz miteinander verwobener Ziele und Aufgaben überzogen ist bzw. sein sollte. Das Netz entspricht dem hierarchischen Aufbau des Organisationsgefüges, es besitzt eine baumartige Struktur, beginnend mit der obersten Zielsetzung und der obersten Aufgabe. Nur das Ziel und die Aufgabe im Ausgangspunkt sind von außen vorgegeben, zählen also zu den hier zu behandelnden Rahmenbedingungen öffentlicher Einzelwirtschaften; die nachfolgenden Ziele und Aufgaben sind endogen begründet. Letztere stehen im Zentrum der Öffentlichen Betriebswirtschaftslehre.

Zum Schluss sei noch einmal in einem Schema zusammengestellt, welche Beziehungen zwischen öffentlichen Aufgaben und den übrigen Stichworten bestehen, die bisher in diesem Kapitel behandelt wurden (Abb. 2).

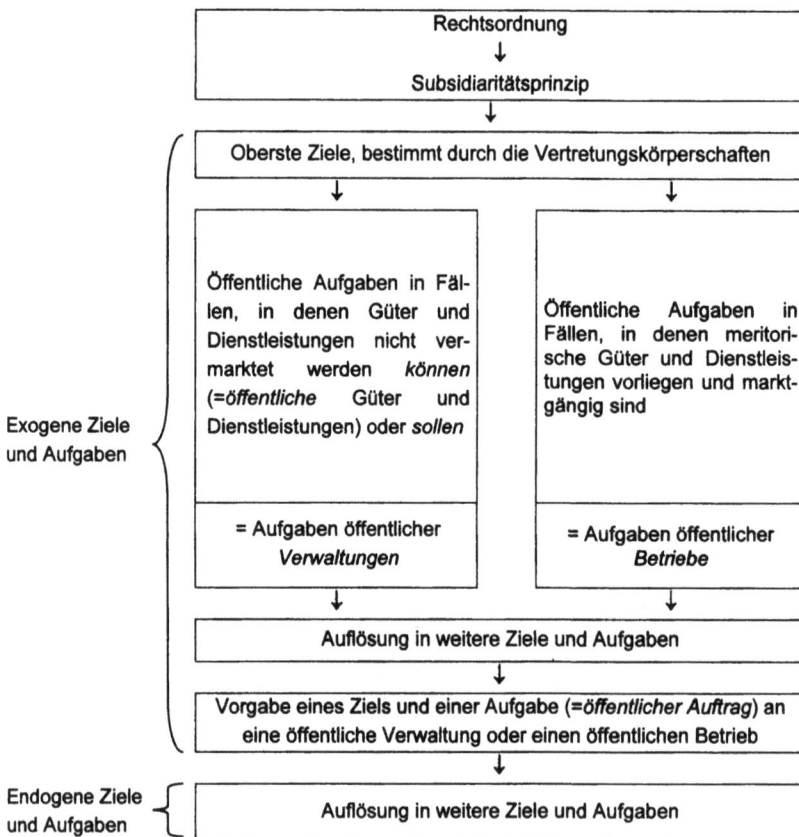

Abb. 2: Ziele und Aufgaben öffentlicher Betriebe und Verwaltungen

4. Organisatorische Möglichkeiten zur Erfüllung öffentlicher Aufgaben

Eine öffentliche Aufgabe kann durchgeführt werden durch

(1) eine Verwaltung,

(2) einen staatlichen (genauer: staatlichen oder kommunalen) Betrieb,

(3) einen nicht-staatlichen Betrieb (oder Haushalt),

(4) einen gemischtwirtschaftlichen Betrieb.

Erläuterungen:

Zu (1): Das typische Beispiel der Erfüllung einer Aufgabe durch die öffentliche Verwaltung bildet die Zulassung von Kraftfahrzeugen.

Zu (2): In vielen Fällen haben Gebietskörperschaften zur Erfüllung ihrer öffentlichen Aufgaben eigene Betriebe eingerichtet. Sie dienen den Gebietskörperschaften als Instrumente (**„Instrumentalthese"**, s. Thiemeyer 1990, 6, ders. 1991, bes. 128 f.) zur Erfüllung ihrer Aufgaben.

Die Gebietskörperschaften fungieren als **Träger** ihrer Betriebe. Die unmittelbare Trägerfunktion üben Verwaltungen (Behörden, Ämter) aus.

In der Beziehung zwischen Verwaltung als Träger und Betrieb kommt die schon erwähnte Tatsache zum Ausdruck, dass die oberste Zielsetzung bzw. Aufgabe eines öffentlichen Betriebes stets aus übergeordneten Zielen und Aufgaben abgeleitet ist. Außerdem verbirgt sich dahinter die gesamte Principal-Agent-Problematik der öffentlichen Wirtschaft (Picot/Wolff 1994; Greiling 1996, 105-195; Budäus/Finger 1999, 335-339) - z. B. die immer wieder zu beobachtenden Versuche öffentlicher Betriebe, sich vom Träger zu emanzipieren.

Begründet wird der Vorzug der Aufgabenerfüllung durch einen Betrieb statt durch eine Verwaltung mit der Tatsache, dass sich für bestimmte Aufgaben Betriebe besser eignen als Verwaltungen. Letztlich liegt der Grund in der Natur der nach den öffentlichen Aufgaben zu erstellenden Güter oder Dienstleistungen. Sofern sie marktgängig sind, erst recht wenn sie tatsächlich vermarktet werden, empfiehlt es sich, die Aufgabe im Rahmen eines Betriebes statt einer Behörde oder eines Amtes zu erfüllen.

Zu (3): Der Private kann sich an der Erfüllung der öffentlichen Aufgabe auf verschiedene Weise beteiligen. In Frage kommen z. B. vertragliche Verpflichtungen (Dienst-, Werk- oder Konzessionsverträge u. ä.) oder Verpflichtungen auf der Grundlage eines Gesetzes (Greiling 1996, 39-43).

Gesetzliche Vorschriften, die nicht-staatliche (wie staatliche) Betriebe auf eine bestimmte Form der Erfüllung öffentlicher Aufgaben festlegen, führen zur sog. **„öffentlichen Bindung"** oder **„Regulierung"** (Thiemeyer/Böhret/Himmelmann 1983).

Beispiele: nicht-staatliche Krankenhäuser wirken an der Erfüllung öffentlicher Aufgaben mit und müssen genauso wie staatliche Krankenhäuser bestimmten Auflagen des Gesetzgebers gehorchen.

Im Extremfall, wenn sich der nicht-staatliche Betrieb oder Haushalt der Erfüllung der öffentlichen Aufgabe nicht entziehen kann - wenn es also nicht nur um die *Art und Weise* der Aufgabenerfüllung geht -, spricht man von **„Indienstnahme"**. Beispiele: Grundstücksbesitzer sind verpflichtet, öffentliche Gehwege, die an ihrem Grundstück vorbei führen, von Schnee und Eis zu befreien; Bezirksschornsteinfeger müssen Abgasuntersuchungen vornehmen; Notare haben Urkunden zu beglaubigen (s. dazu Greiling 1996, 45 f.).

Es ist auch möglich, dass Private zur Erfüllung öffentlicher Aufgaben mit hoheitlichen Rechten **beliehen** werden Beispiel: Ausstattung eines Bewachungsunternehmens mit polizeilichen Befugnissen (s. dazu Erichsen/Martens 1983, 556; Greiling 1996, 44).

Sonderfälle vertraglicher Erfüllung öffentlicher Aufgaben sind das Betreibermodell und der Betriebsführungsvertrag. Beim **Betreibermodell** (Kirchhoff/Müller-Godeffroy 1996, 95-102) bedient sich die öffentliche Hand zur Erfüllung ihrer eigenen gesetzlichen Verpflichtungen - z. B. zur Abwasserbeseitigung - eines privaten „Sub-Unternehmers", der die Kläranlage plant, finanziert, baut, betreibt und dafür von der Gebietskörperschaft aus dem Beitrags- und Gebührenaufkommen honoriert wird. Beim **Betriebsführungsvertrag** holt sich die öffentliche Hand einen privaten Unternehmer in den von ihr bereits errichteten Betrieb. In beiden Fällen erfüllt der Private für die öffentliche Hand die gestellte Aufgabe, tritt jedoch nach außen nicht in Erscheinung. - Das Betreibermodell ist vor allem zur Mobilisierung privaten Kapitals für öffentliche Projekte entwickelt worden (s. auch S. 42, 102).

Erfreulicherweise bedarf es zur Erfüllung öffentlicher Aufgaben durch Private gar nicht immer des „Heranziehens". Häufig werden öffentliche Aufgaben auch freiwillig übernommen. Hier ist vor allem der (neben dem staatlichen und dem nicht-staatlichen) sog. Dritte Sektor zu nennen, die Non-Profit-Organisationen („NPOs"). Das sind zumeist karitative Einrichtungen der Kirchen und Wohlfahrtsverbände, aber auch manche Stiftungen und Selbsthilfeeinrichtungen, die Alten- und Pflegeheime, Krankenhäuser, Kindergärten, Museen u. ä. betreiben. Wer wollte bezweifeln, dass sie sich - die öffentliche Hand ergänzend oder ersetzend - an der Erfüllung öffentlicher Aufgaben beteiligen (Weisbrod 1988; Wilkens 1999).

Mitunter wirken auch Genossenschaften an der Erfüllung öffentlicher Aufgaben mit. Zu denken ist z. B. an Wohnungsgenossenschaften, die dem sozialen Wohnungsbau dienen, oder an genossenschaftliche Kreditinstitute (Volks- und Raiffeisenbanken), die - wie die öffentlichen Kreditinstitute - als wesentliche Elemente des Gruppenwettbewerbs in dieser Branche gelten.

Die Beteiligung nicht-öffentlicher Einzelwirtschaften an der Erfüllung öffentlicher Aufgaben wird vom Staat gefördert.

Zu (4): Beteiligt sich die öffentliche Hand an einem **gemischtwirtschaftlichen Betrieb,** muss mit der Höhe der Kapitalbeteiligung dafür gesorgt werden, dass sie einen maßgeblichen Einfluss auf die wichtigsten unternehmerischen Entscheidungen behält. In organisatorischer Hinsicht reicht es der öffentlichen Hand gewöhnlich aus, dass sie im Aufsichtsorgan vertreten ist. Die Auswahl der Unternehmensleitung (Vorstand oder Geschäftsführung) überlässt sie dann der privaten Kapitalseite.

Hinweis

Die Durchführung öffentlicher Aufgaben ist von der Kontrolle (s. dazu S. 184-187) zu trennen. Daraus ergibt sich, dass die öffentliche Hand (oder eine übergeordnete Verwaltungseinheit) in jedem Falle Steuerungs- und Kontrollaufgaben behält, welche Form der Durchführung einer öffentlichen Aufgabe auch immer gewählt wird. Steuerung und Kontrolle entfallen erst dann, wenn die öffentliche Aufgabe selbst nicht mehr besteht.

2. Kapitel: Begriffliche Abgrenzungen, Einteilung und Bedeutung öffentlicher Betriebe und Verwaltungen

A. Begriffliche Abgrenzungen

Öffentliche Betriebe und Verwaltungen werfen ein zweifaches Abgrenzungsproblem auf. Sie sind erstens von den nicht-öffentlichen Einzelwirtschaften[9] zu unterscheiden, und zweitens bedarf es der Abgrenzung der Betriebe von den Verwaltungen.

Ältere Literatur (von van Aubel 1959 bis Eichhorn 1991, 600) bevorzugte als Abgrenzungskriterium für „öffentlich/nicht-öffentlich" die Kapitalbeteiligung bzw. Ausstattung durch die öffentliche Hand. Die erforderliche Höhe der Kapitalbeteiligung war allerdings immer strittig. Heute wird gefordert, die *Aufgabenstellung* zum Abgrenzungskriterium zu wählen. In der Tat sprechen dafür gewichtige Gründe. Es ist die besondere Aufgabenstellung, die zur Schaffung öffentlicher Betriebe und Verwaltungen führt, und es sind die Besonderheiten der Aufgabenstellung oder Zielsetzung, die nach anderen Problemlösungen rufen, als wir sie von Unternehmen mit Ausrichtung auf privatwirtschaftliche Interessen her kennen. Außerdem werden öffentliche Kapitalbeteiligungen mehr und mehr aufgegeben.

Was liegt da näher, als auch die Definition des öffentlichen Betriebes mit der Erfüllung öffentlicher Aufgaben zu verbinden? Aber bei näherer Prüfung zeigt sich, dass es zu absonderlichen Ergebnissen führte, wählte man als – einziges - konstitutives Merkmal des Begriffs „öffentlicher Betrieb" oder „öffentliche Verwaltung" die Erfüllung einer öffentlichen Aufgabe. So müssten z. B. private Landschaftsgärtnereien, die beauftragt sind, städtische Grünanlagen zu pflegen, ebenso dazu gezählt werden wie Betriebe des Dualen Systems, obwohl in beiden Fällen bewußt nicht-öffentliche Betriebe eingesetzt werden sollen.

Abhilfe schafft erst ein zusätzliches, zweites Abgrenzungskriterium: die – dauerhafte – Dominanz von Sachzielen gegenüber Formalzielen. Für die private Landschaftsgärtnerei oder den privaten Recyclingbetrieb brauchen selbstverständlich Gemeinwohlinteressen nicht im Vordergrund zu stehen. Anders sieht es im Falle der Stadtgärtnerei aus, die ebenfalls städtische Grünanlagen zu pflegen hat. Für sie haben im Zweifel Formalziele, wie das Erwerbsstreben, zugunsten ihrer im Gemeinwohlinteresse liegenden Sachaufgaben zurückzutreten. Sie – und nicht die private Landschaftsgärtnerei – ist in unserem Sinne ein öffentlicher Betrieb.

Ebenfalls zu den öffentlichen Betrieben im beschriebenen Sinne zählen die **gemischtwirtschaftlichen Betriebe**, sofern sie öffentliche Aufgaben erfüllen und die öffentliche Hand die Sachzieldo-

---

[9] Als **Einzelwirtschaft** wird eine Wirtschaftseinheit bezeichnet, die relativ selbständig über knappe Ressourcen verfügen kann. Einzelwirtschaften können Teile komplexer Betriebs- oder Verwaltungskörper sein. Es sind also auch Abteilungen, Dezernate, Ämter als „Betriebe" oder „Verwaltungen" anzusehen. Näheres durch die nachfolgenden Definitionen.

minanz durchzusetzen vermag. Die Kennzeichnung als „gemischtwirtschaftlicher Betrieb" bezieht sich auf die gemeinsame Kapitalbeteiligung der öffentlichen Hand und der privaten Seite. (Gemischtwirtschaftliche Betriebe dürfen nicht mit **gemischt-öffentlichen** verwechselt werden, also solchen, an denen mehrere öffentliche Träger – aber nur öffentliche – beteiligt sind. Ein Flughafen mit den Trägern Stadt, Land und Bund wäre dafür ein Beispiel.)

Selbstverständlich gibt es Betriebe, die gänzlich von der öffentlichen Hand mit Eigenkapital ausgestattet sind. Wir nennen sie der sprachlichen Einfachheit halber **staatliche Betriebe,** wohl wissend, dass das Eigenkapital von einer Kommune aufgebracht sein kann. Das Gegenstück, also Betriebe, an denen allein Private kapitalmäßig beteiligt sind, werden hier als **nicht-staatliche Betriebe,** mitunter auch kurzerhand als private bezeichnet.

Schließlich ergibt sich aus den beiden Abgrenzungskriterien „Erfüllung einer öffentlichen Aufgabe" und „Sachzieldominanz", dass auch sog. **Universaldienste** zu den öffentlichen Betrieben gehören. Universaldienste sind solche Infrastrukturbetriebe, die vom Staat – unabhängig davon, wer sie mit Eigenkapital ausgestattet hat – zu einem flächendeckenden Leistungsangebot zu genau festgelegten Mindeststandards verpflichtet sind. Beispiele für Universaldienste sind die Post- und die Telekommunikationsbetriebe (s. dazu u. a. Kirchner 2002 a, Kirchner 2002 b, 133).

Für die Unterscheidung zwischen öffentlichen *Betrieben* und öffentlichen *Verwaltungen* gibt es nur *ein* taugliches Kriterium: die Marktgängigkeit der erstellten Güter oder Dienstleistungen. Öffentliche *Betriebe* sind danach solche, deren erstellte Güter oder Dienstleistungen marktgängig sind, öffentliche *Verwaltungen* solche, auf die das Kriterium nicht zutrifft. Marktgängigkeit heißt nicht, dass die erstellten Güter oder Dienstleistungen auf dem Markt tatsächlich angeboten werden. Es reicht schon aus, dass nach herrschender Konvention nichts dagegen spräche, sie als Ware oder Dienstleistung auf dem Markt gegen Entgelt anzubieten. Somit definieren wir:

Ein **öffentlicher Betrieb („öffentliches Unternehmen")** *ist eine Einzelwirtschaft, die öffentliche Aufgaben erfüllt, für die Sachziele dauerhaft vor Formalzielen rangieren und deren erstellte Güter oder Dienstleistungen marktgängig sind.*

Eine **öffentliche Verwaltung** *ist eine Einzelwirtschaft, die öffentliche Aufgaben erfüllt, für die Sachziele dauerhaft vor Formalzielen rangieren und deren erstellte Güter oder Dienstleistungen nicht marktgängig sind.*

Hinsichtlich des Betriebs- oder Verwaltungscharakters von Einzelwirtschaften gibt es ein Kontinuum. Es reicht von Einzelwirtschaften, die eindeutigen Betriebscharakter haben, bis zu Einzelwirtschaften, die eindeutig Verwaltungen darstellen. Dazwischen liegen Mischformen. Wird z. B. die Feuerwehr gerufen, um eine verirrte Katze vom Baum zu holen, leistet sie Dienste, wie sie auch ein zur Privatwirtschaft gehörendes Unternehmen anbieten könnte. Das sieht beim vorbeugenden Brandschutz oder bei der aktiven Brandschutz anders aus, wenn die Feuerwehr von hoheitlichen Befugnissen Gebrauch macht und ihre Leistungen mit Eingriffen und Weisungen verknüpft. Die Feuerwehr ist also Betrieb und Verwaltung zugleich. Ob der Betriebs- oder der Verwaltungscharakter dominiert, hängt von der Zusammensetzung der Leistungspalette und dem Ausmaß der hoheitlichen Befugnisse ab.

Der Mischcharakter zahlreicher öffentlicher Einzelwirtschaften wird im weiteren nicht stören. **Sofern nichts anderes gesagt ist, beziehen sich die (theoretischen) Ausführungen auf Einzelwirtschaften reinen Typs.** Wir gehen also im weiteren von folgenden Fallgruppen aus:

Einteilung nach Kapital-beteiligung oder Ausstattung	Einteilung nach der Beteiligung an öffentlichen Aufgaben		
	Öffentliche Einzelwirtschaften	Mischformen	nicht-öffentliche Einzelwirtschaften
staatliche Einzelwirtschaften	1	2	3
Mischformen	4	5	6
nicht-staatliche Einzelwirtschaften	7	8	9
Beispiele:	1 Stadtgärtnerei, Stadtsparkasse 2 staatliches Museum mit florierendem Museumsshop 3 Staatliche Porzellanmanufaktur Meißen 4 Verkehrsgesellschaft des öffentlichen Nahverkehrs (gemischtwirtschaftlich) 5 „Badelandschaft" (auch für Schulklassen und Sportvereine zugäng-lich, gemischtwirtschaftlich) 6 Hotel (gemischtwirtschaftlich) 7 privater Briefdienst (Universaldienst) 8 privater Omnibusbetrieb mit den Schwerpunkten Schülertransport und Kaffeefahrten 9 Landschaftsgärtnerei, privates Kreditinstitut		

Die nunmehr getroffenen Definitionen befriedigen nicht ganz. Vor allem: dauerhafte „Dominanz von Sachzielen" ist ein „weiches" Abgrenzungskriterium, das im konkreten Fall zum Streit einlädt, ob es erfüllt ist oder nicht. Und es gibt eine Grauzone, gebildet z. B. von Subventionsempfängern, die nach den getroffenen Definitionen infolge harter Auflagen des Subventionsgebers unter die öffentlichen Betriebe subsumiert werden müssen, obwohl sie im Alltag sicherlich nicht dazu zählen. Aber für die Theorie sind die Definitionen tauglich, und sie passen weitgehend zum Sprachgebrauch.

Anmerkungen

*Mit der Abgrenzung der öffentlichen Betriebe und Verwaltungen von den privaten Unternehmen ist zugleich der **Gegenstandsbereich der Öffentlichen Betriebswirtschaftslehre** beschrieben.*

*Auch andere Disziplinen befassen sich mit den öffentlichen Betrieben und Verwaltungen, hauptsächlich das Öffentliche Recht, die Politikwissenschaft, die Finanzwissenschaft und die Verwaltungssoziologie. Sie bilden zusammen mit der Öffentlichen Betriebswirtschaftslehre den Kreis der sog. **Verwaltungswissenschaften**, vereint durch denselben Gegenstandsbereich. In den Fragestellungen und Erkenntniszielen unterscheiden sich die Disziplinen allerdings deutlich voneinander (Schmidt 1995, 31-33).*

Die **Öffentliche Betriebswirtschaftslehre** sieht ihren Zweck vor allem darin, die betriebswirtschaftlichen Phänomene und Probleme zu behandeln, die mit der Erfüllung öffentlicher Aufgaben verbunden sind, oder einfach: zur Steigerung von Effizienz und Effektivität öffentlicher Betriebe und Verwaltungen beizutragen.

Instrumente und Verfahren, die für die nicht-öffentliche Wirtschaft entwickelt wurden, sind dementsprechend auf ihre Übertragbarkeit hin zu prüfen, ggf. zu modifizieren oder durch gänzlich neue zu ersetzen.

B. Einteilung und Bedeutung öffentlicher Betriebe und Verwaltungen

1. Einteilungsmöglichkeiten für öffentliche Betriebe und Verwaltungen

a) Einteilungsmöglichkeiten für öffentliche Verwaltungen

Öffentliche Verwaltungen weisen - wie öffentliche Betriebe - eine Vielfalt auf. Dies verlangt nach Einteilung. Dadurch werden Unterschiede zwischen den einzelnen Formen sichtbar. Außerdem erlaubt die Typenbildung, die Bedeutung einzelner Gruppen von Verwaltungen oder Betrieben erkennbar zu machen.

Für öffentliche Verwaltungen gibt es mindestens zwei Einteilungsmöglichkeiten (Erichsen/Martens 1983, 12-32; Maurer 1999, 6-9). Danach können Verwaltungen eingeteilt werden gemäß

(1) ihrer Funktionen und

(2) der staatsrechtlichen Zugehörigkeit.

Zu (1): Bei der Einteilung öffentlicher Verwaltungen nach *Funktionen* werden unterschieden: Eingriffsverwaltungen, Leistungsverwaltungen und Bedarfsverwaltungen.

Eingriffsverwaltungen sind befugt, in die Rechte der Bürger einzugreifen. Eingriffsverwaltungen können Genehmigungen erteilen oder verweigern, bestimmte Handlungen oder Unterlassungen erzwingen, Eigentumsrechte und die Bewegungsfreiheit des Bürgers beschneiden. Freilich sind dafür stets genau definierte gesetzliche Grundlagen erforderlich. Eingriffsverwaltungen verkörpern die hoheitliche Gewalt des Staates, sind also mit Hoheitsrechten ausgestattet. Verwaltungen dieser Art werden auch *Hoheitsverwaltungen* genannt. Typische Beispiele bilden Polizeibehörden und Ordnungsämter.

Leistungsverwaltungen werden solche Behörden und Ämter genannt, die den Bürger mit ihren Leistungen unterstützen und fördern sollen. Von den Diensten kann der Bürger Gebrauch machen, muss es aber nicht. Eingriffsrechte sind mit dem Leistungsangebot nicht verbunden. Typische Beispiele sind Sozialbehörden und Kulturämter.

Bedarfsverwaltungen dienen der Eigenversorgung der öffentlichen Hand. Typische Beispiele sind Beschaffungsämter.

Die vorstehende Einteilung bezieht sich nur auf reine Typen. Oftmals kommen jedoch Mischtypen vor, z. B. Verwaltungen, die mit bestimmten Elementen der Leistungsverwaltung und mit anderen Elementen der Eingriffsverwaltung zugerechnet werden können. Ein Beispiel bildet die Kriminalpolizei, die einerseits mit Eingriffsrechten ausgestattet ist, um Verbrechen aufzuklären, andererseits auch vorbeugende Verbrechensbekämpfung betreibt und in diesem Zusammenhang der Bevölkerung Beratung anbietet.

Zu (2): In staatsrechtlicher Hinsicht ergibt sich für öffentliche Verwaltungen eine Einteilung in

- staatliche Verwaltungen
    - Verwaltungen der Bundesrepublik Deutschland
    - Verwaltungen der Bundesländer
- Kommunalverwaltungen, d. h. Verwaltungen der Städte, Gemeinden, Landkreise und sonstigen Gemeindeverbände
- Verwaltungen der Parafisci, d. h. Sozialversicherungen, Kirchen, Kammern u. ä.

Sämtliche öffentlichen Verwaltungen stellen administrative Einrichtungen von Körperschaften dar. Bei den Körperschaften handelt es sich zumeist um *Gebiets*körperschaften (Bundesrepublik Deutschland, Bundesländer, Kommunen). Aber der Verweis auf die Parafisci zeigt, dass es auch öffentliche Verwaltungen gibt, die von *Personal*körperschaften getragen werden.[10]

Die Unterschiede in der staatsrechtlichen Zugehörigkeit spielen für öffentliche Verwaltungen in haushaltsrechtlicher Hinsicht eine Rolle. Zum Beispiel haben Kommunalverwaltungen etwas andere haushaltsrechtliche Vorschriften zu beachten als staatliche Verwaltungen.

---

[10] **Gebietskörperschaften** werden durch die Bürger eines *Territoriums* gebildet, **Personalkörperschaften** durch die Mitglieder eines Berufsstandes, einer Institution oder eines auf andere Weise definierten *Personenkreises*. Beispiel: Die Stadt Göttingen, eine Gebietskörperschaft, wird durch die Gesamtheit der Bürger definiert, die auf ihrem Gebiet leben. Vgl. zu „Gebietskörperschaft = *Bürger* eines Territoriums" den Begriff „Kirchengemeinde"!

b) Einteilungsmöglichkeiten für öffentliche Betriebe

Für öffentliche Betriebe bieten sich mindestens fünf Einteilungsmöglichkeiten an. Öffentliche Betriebe können eingeteilt werden nach der

(1) Funktion

(2) Branchenzugehörigkeit

(3) haushaltsrechtlichen Stellung

(4) Zuschussbedürftigkeit

(5) Rechtsform.

Die fünfte Möglichkeit, die Einteilung nach der Rechtsform, wird hier nur erwähnt. Sie soll an anderer Stelle ausführlicher behandelt werden (s. S. 79-84). Die Rechtsformen stellen für öffentliche Betriebe ein wichtiges Steuerungs- und Kontrollmittel dar. Deshalb ist es sinnvoll, sie im Zusammenhang mit den organisatorischen Gestaltungsmöglichkeiten für öffentliche Betriebe und Verwaltungen zu erörtern.

Zu (1): Zur Einteilung der öffentlichen Betriebe nach Funktionen bieten sich gleich zwei Möglichkeiten an:

Die *erste* Typologie bezieht sich auf das bereits erläuterte (s. S. 9-12) Subsidiaritätsprinzip und die damit zusammenhängende Versorgung des Bürgers mit öffentlichen bzw. meritorischen Gütern und Dienstleistungen (Oettle 1976 b, 58; Thiemeyer 1986 mit weiteren Nachweisen; von Loesch 1997, 290-295). Die *zweite* Typologie knüpft an eine Einteilung der öffentlichen Verwaltung an, die schon vorgestellt wurde (s. S. 28 f.; Püttner 1985, 51-59); sie hat etwas damit zu tun, dass öffentliche Betriebe von den Trägern der Aufgaben instrumentell genutzt werden - Instrumentalthese (s. S. 21).

Nach der *ersten* funktionsorientierten Typologie können wir unterscheiden:

- Betriebe mit einer **Lückenfüller-Funktion**

  Öffentliche Betriebe treten dort auf, wo nicht-öffentliche Wirtschaftstätigkeit (allein) ein bestimmtes Sachgüter- und Dienstleistungsangebot nicht oder mit nur unbefriedigenden Ergebnissen, insbesondere unbefriedigender Qualität, erbrächte. (Beispiel: Öffentlicher Personennahverkehr)

- Betriebe mit einer **Monopolbewirtschaftungs-Funktion**

  In manchen Bereichen unserer Wirtschaft sind Monopole oder ähnliche Gebilde aus technisch-wirtschaftlichen Gründen zweckmäßig - etwa dort, wo parallele Leitungsnetze unwirtschaftlich wären. In solchen Fällen ist es sinnvoll, das Leistungsangebot durch öffentliche Betriebe in einem regulierten Markt erbringen zu lassen. Dies beugt dem Mißbrauch wirtschaftlicher Macht vor. (Beispiele: Versorgungsunternehmen)

- Betriebe mit einer **Konkurrenzierungs-Funktion**

Manchmal fehlt es auf bestimmten Märkten an ausreichendem Wettbewerb oder es bestehen Konzentrationstendenzen. In solchen Fällen kann versucht werden, mit öffentlichen Betrieben den Wettbewerb zu beleben oder wenigstens ausreichenden Wettbewerb aufrechtzuerhalten. (Beispiel: Sparkassen)

Die Typologie zeigt, dass alle drei Funktionen darauf gerichtet sind, die allokativen und distributiven Ergebnisse der Sozialen Marktwirtschaft zu verbessern. Daran wird erneut deutlich: **Öffentliche Betriebe sind kein Fremdkörper, sondern ein unverzichtbarer Bestandteil der marktwirtschaftlichen Wirtschaftsordnung sozialer Prägung.**

Nach der *zweiten* funktionsorientierten Typologie sind zu unterscheiden (Püttner 1985, 51-59):

- Betriebe mit hoheitlichen Befugnissen („Hoheitsbetriebe")
- Betriebe, deren Güter oder Dienstleistungen Angebotscharakter haben („Angebotsbetriebe"),
- erwerbswirtschaftliche Betriebe
- Annexbetriebe
- Betriebe mit industrie-, innovations- oder regionalpolitischer Funktion.

Betriebe mit hoheitlichen Befugnissen („Hoheitsbetriebe") sind mit dem Recht ausgestattet, gegenüber dem Bürger einen Abnahme-, Anschluss- oder Benutzungszwang auszuüben. Solche hoheitlichen Befugnisse finden sich z. B. in der Versorgungs- und Entsorgungswirtschaft, wo der Bürger gezwungen wird, sein Haus an das Versorgungs- bzw. Entsorgungsnetz anzuschließen oder seinen Hausmüll durch die Kommune entsorgen zu lassen. Der Zwang zum Anschluss an ein Versorgungs- oder Entsorgungsnetz ergibt sich aus der Notwendigkeit, die hohen Investitionskosten durch Verteilung auf eine möglichst große Zahl von Benutzern erträglich zu machen. Der Zwang zur Inanspruchnahme des kommunalen Entsorgungsbetriebes hat seine Begründung im Umweltschutz.

Anmerkungen

Hoheitliche Befugnisse lassen sich politisch oder ökonomisch rechtfertigen. Es darf aber nie die damit verbundene Beschränkung individueller Freiheitsrechte übersehen werden. So kann es dem Bürger kaum gefallen, wenn ihn die Gemeinde zwingt, sich der Fernwärmeversorgung anzuschließen.

Hoheitliche Befugnisse erklären sich nicht allein aus der Natur der Sache. Zum Beispiel überlässt es das Landesrecht den Kommunen, ob sie den Bürger bei der Wasserversorgung einem Anschlusszwang unterwerfen.

Bei **Betrieben, deren Güter oder Dienstleistungen Angebotscharakter haben** - kurz: bei **Angebotsbetrieben**-, gibt es keinen Anschluss-, Benutzungs- oder Abnahmezwang. Dem Bürger werden Angebote unterbreitet, von denen er Gebrauch machen kann, aber nicht muss. Dass ihm Angebote gemacht werden, hat seine Ursache im Subsidiaritätsgedanken (s. S. 9-12). Die Angebote drücken die „Daseinsvorsorge" (Forsthoff 1959, 32; Oettle 1976, 247) aus, zu der sich der Staat gegenüber den Bürgern verpflichtet fühlt. Die Gruppe der Angebotsbetriebe ist sehr heterogen zusammengesetzt. Dazu gehören u. a. Verkehrsbetriebe, Theater, Kindergärten, Sportstätten und Kreditinstitute.

Erwerbswirtschaftliche Betriebe werden aus fiskalischen Gründen in öffentlicher Regie geführt. Sie sollen für die öffentliche Hand Einnahmen erzielen. Typische Beispiele sind Lotteriegesellschaften. (Bei diesen kommt hinzu, dass der Staat in dem etwas problematischen Wirtschaftszweig möglichst kein privatwirtschaftliches Erwerbsstreben zulassen will.)

In früheren Zeiten war das Interesse an der Einnahmenerzielung mittels öffentlicher - genauer: staatlicher - Betriebe wesentlich größer. Es sei nur daran erinnert, dass die Feudalstaaten ihre Ausgaben ganz oder zum größten Teil aus den Erträgen finanzierten, die sie aus Bergwerken, Domänen und Manufakturen erzielten. Das Rollenverständnis des Staates hat sich inzwischen gewandelt. Das Subsidiaritätsprinzip gebietet dem heutigen Staat große Zurückhaltung in wirtschaftlichen Aktivitäten, und so kommt es, dass öffentliche Betriebe nur noch eine bescheidene erwerbswirtschaftliche Rolle spielen.

Annexbetriebe dienen der Eigenversorgung der öffentlichen Hand. Typische Beispiele sind Hausdruckereien, Kantinen, Stadtgärtnereien und ähnliches. Ihre Güter und Dienstleistungen werden nicht auf dem Markt angeboten. Daraus ergeben sich wichtige Konsequenzen für die interne Leistungsverrechnung (s. S. 211). Vor allem auf diesem Gebiet wird ständig versucht, die Zahl der öffentlichen Betriebe durch Privatisierungen zu vermindern.

Betriebe mit industrie-, innovations- oder regionalpolitischer Funktion treten vermehrt in Erscheinung. Betriebe dieser Art sollen der Erhaltung, Wiederherstellung oder Stärkung der Wirtschaftskraft einer Region oder des ganzen Landes (Brede 1995) dienen. Typische Beispiele waren Betriebe in den neuen Bundesländern, die in der Obhut einer der Treuhand-Nachfolgeanstalten (z. B. der Bundesanstalt für vereinigungsbedingte Sonderaufgaben, BvS) gehalten wurden. Sie sollten sämtlich privatisiert oder stillgelegt werden, was als groß angelegte *Sanierungs*maßnahme für die Wirtschaft in den neuen Bundesländern gedeutet werden konnte. Anders gelagert sind Fälle, in denen die öffentliche Hand Innovationsprozesse zu fördern versucht, indem sie dafür öffentliche Betriebe einsetzt (Brede 1988 a). Nochmals anders gelagert ist z. B. die Beziehung des Landes Niedersachsen zur Volkswagen AG. Die (indirekte) Kapitalbeteiligung Niedersachsens wird vor allem vom Wunsch bestimmt, auf die Geschicke des größten Arbeitgebers in der Region Wolfsburg, Braunschweig und Hannover Einfluss zu nehmen. Fiskalpolitische Gründe - das Land Niedersachsen finanziert aus den Beteiligungserträgen (über die Volkswagenstiftung) einen erheblichen Teil seiner Investitionen im Hochschulbereich - spielen eine untergeordnete Rolle.

Anmerkung

Betriebe mit industrie-, innovations- oder regionalpolitischer Funktion sind stets von der Sorge begleitet, sie könnten zu strukturellen Verkrustungen oder protektionistischer Abschottung führen. Aber so wenig man dem Genesenden nach dem Beinbruch die Krücke verweigern darf, weil er sich daran gewöhnen könnte, so wenig kann auf staatliche Unterstützung bei Verfolgung industrie-, innovations- oder regionalpolitischer Ziele verzichtet werden. Und zu einer solchen Unterstützung gehört auch die Einrichtung rein staatlicher bzw. gemischtwirtschaftlicher Betriebe speziell zu diesem Zweck. Allerdings sollte die Unterstützung wegen der Ge-

wöhnungsgefahr stets zeitlich begrenzt werden. Außerdem ist sie immer wieder auf ihre Notwendigkeit hin zu überprüfen.

Zu (2): Die Einteilung der öffentlichen Betriebe nach Branchen zeigt die Spannweite der öffentlichen Wirtschaft. Die wichtigsten Gruppen sind die folgenden:

Branche	Beispiele
Verkehrsbetriebe	Deutsche Bahn AG Personennahverkehrsbetriebe Hafen- und Flughafenbetriebe Fährbetriebe Speditionen
Betriebe des Post- und Telekommunikationswesens	Deutsche Post AG Deutsche Telekom AG
Kreditinstitute	Sparkassen Landesbanken und Girozentralen Deutsche Postbank AG Kreditanstalt für Wiederaufbau
Versorgungsbetriebe	Betriebe der Elektrizitätsversorgung Betriebe der Gasversorgung Betriebe der Fernwärmeversorgung Betriebe der Wasserversorgung Vorratslager
Entsorgungsbetriebe	Müllabfuhr Mülldeponien Müllverbrennungsanlagen Recycling-Anlagen Abwasserbetriebe Abdeckereien
Krankenhäuser und Sozialeinrichtungen	Krankenhäuser Sanatorien Kureinrichtungen Rehabilitationskliniken Alten- und Pflegeheime Erholungsheime Kindergärten
Bildungseinrichtungen	Schulen Hochschulen Forschungsanstalten Bibliotheken Zoologische Gärten Botanische Gärten Lehrwerkstätten
Kulturbetriebe	Theater Opernhäuser Orchester Museen Kinos Rundfunkanstalten

Industriebetriebe	
Land- und forstwirtschaftliche Betriebe	Landwirtschaftliche Betriebe Molkereien Forstbetriebe Weinbaubetriebe Gärtnereien
Sonstiges	Versicherungen Wohnungsunternehmen Handelsbetriebe Lagerhäuser Versuchs- und Prüfanstalten Sportstätten Messe- und Ausstellungsgesellschaften Auktionshäuser Druckereien Bauhöfe, Instandsetzungsbetriebe Planungsgesellschaften Entwicklungsgesellschaften Beratungsunternehmen Datenverarbeitungszentralen Spielbanken Lotteriegesellschaften Hotels Gaststätten Brauereien Schlachthöfe

Demnach gibt es wohl keinen Wirtschaftszweig, in dem keine öffentlichen Betriebe zu finden sind.

Zum Stichwort „Industriebetriebe" ist anzumerken, dass die staatlichen Betriebe dieser Art durch Privatisierungen stark abgenommen haben.[11]

Zu (3): Wird die haushaltsrechtliche Stellung als Einteilungskriterium verwendet, sind zwei Kategorien zu unterscheiden: Brutto- und Nettobetriebe.

Bruttobetriebe sind dadurch gekennzeichnet, dass ihre Einnahmen und Ausgaben im Haushaltsplan des Trägers im einzelnen aufgeführt, d. h. unsaldiert, erscheinen. Sie werden haushaltsrechtlich wie öffentliche Verwaltungen behandelt. Das ist auch gerechtfertigt, denn sie sind von der öffentlichen Verwaltung ihres Trägers nur in organisatorischer Hinsicht abgesondert. Die Rechtsform, sofern überhaupt von einer Rechtsform gesprochen werden darf, ist die des Regiebetriebes (s. S. 79). Typische Beispiele sind Stadtgärtnereien, Museen, Kindergärten, Schulen oder Bauhöfe.

Nettobetriebe hingegen sind im Haushaltsplan des Trägers nur mit einer Saldogröße vertreten, dem abzuführenden Gewinn oder dem abzudeckenden Verlust. Typische Beispiele sind die kommunalen Eigenbetriebe, z. B. zahlreiche Stadtwerke.

---

[11] Die bekanntesten Beispiele solcher Privatisierungen bilden der Preussag- und der Viag-Konzern.

Selbstverständlich hat die Art der Behandlung im Haushaltsplan Auswirkungen auf die Steuerung und Kontrolle der öffentlichen - genauer: staatlichen - Betriebe. Mit der Einrichtung des Netto- anstelle des Bruttobetriebs gewinnt die Betriebsleitung größere Verfügungsmacht über ihre Ressourcen. Der Übergang vom Brutto- zum Nettobetrieb erleichtert die Steuerung und Kontrolle des Betriebes durch die *Betriebsleitung*, erschwert aber die Steuerung und Kontrolle für den *Träger*.

Zu (4): Bei der Einteilung der öffentlichen Betriebe nach der Zuschussbedürftigkeit geht es um die Frage, ob und inwieweit die öffentliche Aufgabe den Betrieben erlaubt, ihre Ausgaben durch selbsterwirtschaftete Einnahmen zu decken. Wir können drei Fälle unterscheiden:

- **Fall 1**: Die öffentliche Aufgabe erlaubt dem öffentlichen Betrieb, eine Preispolitik zu betreiben, die grundsätzlich auf Gewinnerzielung angelegt ist („Gewinnbetrieb").

  Erläuterung: Der Betrieb erzielt normalerweise Gewinn. In diesem Fall ist er auf Zuschüsse zur Sicherung seiner Existenz nicht angewiesen. Der Gewinn wird an den Träger (Staat, Kommune u. ä.) abgeführt, der den Betrieb, umgekehrt, mit Eigenkapital versorgt. Verluste werden, soweit nötig, vom Träger ausgeglichen. Beispiele: Öffentliche Kreditinstitute.

- **Fall 2**: Die öffentliche Aufgabe erlaubt es dem öffentlichen Betrieb, eine unbedingt kostendeckende Preispolitik zu betreiben. Gewinnerzielung ist nicht erlaubt, Zuschüsse sind nicht erforderlich.

  Erläuterung: Der Betrieb muss mit der (Eigenkapital-)Ausstattung auskommen, die ihm der Träger gewährt. Seine Preise lassen sich gegenüber dem Bürger durchsetzen, weil der Betrieb keine Konkurrenz hat oder der Bürger die Leistungen des öffentlichen Betriebes in Anspruch nehmen muss (lebenswichtiges Gut und/oder Anschluss-, Benutzungs- oder Abnahmezwang). Beispiel: Abwasserbetriebe.

- **Fall 3**: Die öffentliche Aufgabe erlaubt dem öffentlichen Betrieb nicht, mit den Preisen die Kosten zu decken („Defizitbetrieb").

  Erläuterung: Würde der Betrieb höhere, kostendeckende Preise verlangen, wären viele Nachfrager überfordert (soziale Gründe) oder sie verzichteten aus anderen Gründen, das Angebotene anzunehmen. Die öffentliche Aufgabe verlangt jedoch große Leistungsmengen bei niedrigem Preis oder kostenlose Leistungsabgabe. Um die öffentliche Aufgabe zu erfüllen, sind Zuschüsse durch den Träger nötig. Beispiele: Nahverkehrsbetriebe, Museen, Theater.

2.   Die Bedeutung öffentlicher Betriebe und Verwaltungen

a)   Statistische Angaben über öffentliche Verwaltungen

Es ist schwer, Umfang und Bedeutung öffentlicher Verwaltungen sichtbar zu machen. Vielleicht helfen aber einige statistische Angaben über die Personalstärke des öffentlichen Dienstes i.e.S.

Am 30.6.2003 zählte der unmittelbare öffentliche Dienst im Bundesgebiet rund 2,92 Mio. Vollzeit-beschäftigte (Internet 2004a). Sie gehörten zu den Kernbereichen von Bund, Ländern und Kommu-nen. Was diese Zahl bedeutet, wird klar, wenn man sie der Gesamtzahl der im Inland beschäftigten Erwerbstätigen gegenüberstellt. Sie betrug in 2003 rd. 36,2 Mio. (Internet 2004b). Das heißt, 8 % aller Erwerbstätigen waren im Kernbereich des öffentlichen Dienstes beschäftigt.

Nimmt man noch hinzu die Teilzeitbeschäftigten sowie die Bediensteten des mittelbaren öffentlichen Dienstes (dazu gehören nach obiger Abgrenzung die Sozialversicherungsträger unter Aufsicht des Bundes bzw. der Länder, die Träger der Zusatzversorgung des Bundes bzw. der Länder, die rechtlich selbständigen Anstalten, die Körperschaften und die Stiftungen des öffentlichen Rechts mit Dienst-herrenfähigkeit sowie die Bundesanstalt für Arbeit und die Deutsche Bundesbank), stellt man fest, dass 2003 mit 4,76 Mio. knapp 13 % aller Erwerbstätigen im Inland auf den Lohn-, Gehalts- und Bezügelisten der öffentlichen Hand standen (Internet 2004a).

b) Statistische Angaben über öffentliche Betriebe

Auf alle möglichen öffentlichen Betriebe einzugehen ist ausgeschlossen, dafür ist die Zahl zu groß, und die Erscheinungsformen sind zu vielfältig. Es ist nicht einmal möglich, Angaben zu jeder Bran-che zu machen. Selbst das scheitert an der großen Vielfalt. Aber auch wenn man dieses Problem be-wältigte, gäbe es noch ein statistisches. Es liegt einfach zu wenig statistisches Material über die öf-fentliche Wirtschaft vor. Gleichwohl ist es schon aufschlussreich genug, wenn man sich Zahlen eini-ger Branchen vor Augen führt. Es ist ja auch gar nicht so wichtig, den Marktanteil der öffentlichen Bergbahnen zu kennen oder zu wissen, dass sämtliche Flughäfen öffentliche Betriebe mit staatlicher Kapitalbeteiligung sind, sondern man muss eher wichtige Daten auf dem Gebiet der *Post - und Tele-kommunikationsdienste*, der *Versorgungs-, Verkehrs-, Krankenhaus-* und *Kreditwirtschaft* kennen. Das sind, wie sich gleich zeigen wird, wesentliche Bereiche der öffentlichen bzw. staatlichen Wirt-schaft. Früher gab es noch umfangreichen Industriebesitz der öffentlichen Hand, aber dieser ist bis zur Bedeutungslosigkeit abgebaut worden.

Zuerst wieder die Zahl der Beschäftigten aller öffentlichen Betriebe (genauer: Unternehmen mit öf-fentlicher Mehrheitsbeteiligung). Laut Auskunft der Gesellschaft für öffentliche Wirtschaft, Berlin, betrug sie 2001 rd. 2,64 Mio. – also ungefähr genauso viel wie in der öffentlichen Verwaltung. Nun die Sektoren:

Im Jahre 2003 hatten die drei ehemaligen **Postunternehmen** (Post, Telekom und Postbank) rd. 350.000 Vollzeitbeschäftigte (eigene Erhebung). Mit rd. 352.000 Beschäftigten hatte der Postdienst den größten Personalbestand, mit rd. 8.700 Beschäftigten die Postbank den geringsten.

1998 erreichte die **Netto-Stromerzeugung** 448 Mio. Kilowattstunden. Davon entfielen auf die öf-fentliche Stromversorgung mehr als 87 %. Dabei handelte es sich zu 61 % um Unternehmen der öf-fentlichen Hand (95 % und mehr Kapitalbeteiligung des Bundes, der Länder, Gemeindeverbände und Gemeinden) und zu 26 % um gemischtwirtschaftliche Unternehmen (hier: weniger als 95 % öffentli-che und weniger als 75 % private Kapitalbeteiligung. VDEW 1999, 75).

Dass die Deutsche Bahn AG in Deutschland den größten Teil des **schienengebundenen Personen- und Güterverkehrs** abwickelt, ist allgemein bekannt. Deshalb braucht darauf nicht näher eingegangen zu werden. Interessanter ist die Tatsache, dass 2002 rd. 94 % des gesamten Fahrgastaufkommens im öffentlichen Personennahverkehr von öffentlichen Verkehrsunternehmen befördert wurden (Verband Deutscher Verkehrsunternehmen 2003, 16). Wir haben es also auch hier mit einem hohen Versorgungsgrad durch öffentliche Unternehmen zu tun.

Dasselbe gilt für die **Krankenhauswirtschaft**. Wenn wir Krankenhäuser, Vorsorge- und Rehabilitationseinrichtungen zusammenfassen, ergibt sich, dass 2001 rd. 41 % aller Betten von öffentlichen Trägern vorgehalten wurden. Rund 31 % aller Betten gehörten freigemeinnützigen Trägern, also den Kirchen und Wohlfahrtsverbänden, und rd. 23 % waren in privater Hand (Internet 2004c).

Die bisher genannten Zahlen zum Post- und Telekommunikationswesen, zu den Versorgungs- und Verkehrsunternehmen sowie zur Krankenhauswirtschaft bieten dem aufgeklärten Zeitgenossen keine Überraschungen. Ganz anders sieht es aus, wenn man die **Kreditwirtschaft** betrachtet. Wer erwartet schon, dass die öffentlichen Banken (d. h. Sparkassen, Landesbanken/Girozentralen usw.) 2001 mit 35,8 % den zweitgrößten Marktanteil unter den Bankengruppen hatten. Zum Vergleich: die privaten Banken erreichten einen Marktanteil von rd. 52,7 % und die Genossenschaftsbanken einen Marktanteil von rd. 11,4 % (Internet 2004d).

Diese Zahlen mögen genügen. Sie belegen, dass die öffentlichen Unternehmen nicht nur einen wesentlichen Teil der Gesamtwirtschaft ausmachen, sondern auch - als Infrastruktureinrichtungen - das Rückgrat unserer Volkswirtschaft bilden.

Zahlenspiegel		
2003	Anteil des öffentlichen Dienstes an allen Erwerbstätigen:	rd. 13 %
2003	Vollzeitbeschäftigte der Nachfolgeunternehmen der Deutschen Bundespost (Post, Telekom, Postbank) davon bei der Deutschen Post AG	rd. 350.000 rd. 352.000
1998	Anteil der öffentlichen Stromerzeugung	rd. 87 %
2002	Anteil des von öffentlichen Verkehrsunternehmen beförderten Fahrgastaufkommens im Nahverkehr	rd. 94 %
2001	Anteil der von der öffentlichen Hand bereitgestellten Krankenhausbetten	rd. 41 %
2001	Marktanteil der öffentlichen Banken	rd. 36 %

3. Kapitel: Privatisierung und Public Private Partnership

A. Vorbemerkung

Entscheidungen über Privatisierungen oder Public Private Partnership (PPP) gehören zu den grundlegenden Festlegungen, die in einem staatlichen Betrieb oder einer öffentlichen Verwaltung zu treffen sind. Entscheidungen über Privatisierungen und Public Private Partnership sind Entscheidungen über eigene oder fremde Aufgabenwahrnehmung bzw. über Beibehaltung oder Verzicht von Steuerungs- und Kontrollmöglichkeiten der öffentlichen Hand. Insgesamt können sie die Grenze verändern, die zwischen Staat und Privatwirtschaft verläuft. Daraus folgt, dass es sich um besonders wichtige Entscheidungen handelt. Wir wollen sie unter drei Fragestellungen behandeln:

- Welche Formen von Privatisierung und Public Private Partnership gibt es? Wie unterscheiden sie sich voneinander?

- Welche Motive, Erwartungen und Befürchtungen beherrschen die Diskussion?

- Wie ist - aus der Sicht der öffentlichen Verwaltung - im Zusammenhang mit Privatisierungen zu verfahren?

B. Formen von Privatisierung und Public Private Partnership. Darstellung und Diskussion

Privatisierung kann definiert werden als eine durch Einfluss- oder Aufgabenverlagerung bewirkte Grenzverschiebung zwischen öffentlicher Hand und privater Wirtschaft zugunsten der Privatwirtschaft.

Bei einer *formellen* Privatisierung wird lediglich die Rechtsform des Betriebes geändert. An die Stelle einer öffentlich-rechtlichen tritt eine privatrechtliche Rechtsform (GmbH oder AG). Die Eigentumsverhältnisse bleiben unverändert. Die formelle Privatisierung mündet also in die Eigengesellschaft. Demgegenüber ändern sich bei der *materiellen* Privatisierung zugunsten Privater Besitz- oder Eigentumsverhältnisse, finanzieren Private anstelle der öffentliche Hand öffentliche Projekte oder übernehmen Private andere Aufgaben, die die öffentliche Hand bislang selbst wahrgenommen hatte. Materielle Privatisierung bedeutet, dass die öffentliche Hand nicht einfach in das Rechtskleid zivilrechtlicher Rechtsformen schlüpft, sondern sich tatsächlich zurückzieht und das Feld der privaten Seite überlässt. Die Grenze zur Privatwirtschaft verschiebt sich in materieller Hinsicht (Brede 1988 b, 13-15).

Public Private Partnership (PPP) bezeichnet jede Form des arbeitsteiligen Zusammenwirkens von öffentlicher Hand und Privatwirtschaft zwecks gemeinsamer Erfüllung einer öffentlichen Aufgabe (Tettinger 1996, 746 f.; Budäus/Grüning 1997, 48-55; Eichhorn 1997, 200; Gottschalk 1997, 154).

Anders als Public Private Partnership setzt Privatisierung voraus, dass die öffentliche Hand (materiell oder formell) etwas aus ihrem Handlungs- oder Kompetenzbereich an die Privatwirtschaft *abgibt*. Mit anderen Worten, es findet eine Grenz*verschiebung* zwischen dem öffentlichen und dem privaten Sektor statt. Zugleich gibt es Privatisierungsformen, die nicht in Partnerschaft zwischen öffentlicher Hand und Privatwirtschaft enden. Privatisierung und Public Private Partnership haben zwar einen erheblichen Überschneidungsbereich, weisen aber auch Formen auf, die mit dem jeweils anderen Begriff nichts gemein haben.

In der folgenden Übersicht (Abb. 3) sind alle wesentlichen Formen von Privatisierung und Public Private Partnership zusammengefasst.

Die in Abb. 3 aufgeführten Formen von Privatisierung und Public Private Partnership (Brede/Püttner 1988; Eichhorn 1995; Greiling 1996, 40-43; Tettinger 1996, 765 f.) bedürfen der Kommentierung und Diskussion. Wir behandeln sie in alphabetischer Reihenfolge.

Erläuterungen

Arbeitsgemeinschaft: In neuer Zeit kommt es häufig vor, dass Ämter und Bürgerinitiativen zusammenarbeiten, z. B. ein Jugendprojekt gemeinsam tragen. Diese Arbeitsgemeinschaften lassen sich als informelle Form der Public Private Partnership ansehen.

Aufhebung eines staatlich bewirtschafteten Monopols: Mit dem Stichwort ist die Aufhebung einer Marktzugangsbeschränkung für Private gemeint. Beispiele sind die Aufhebung des alleinigen Rechts der Deutschen Post, Briefe zu befördern, oder das alleinige Recht der Telekom, Telefonnetze zu betreiben. Zum einen besteht die Hoffnung, dass der entstehende Wettbewerb dem Verbraucher bessere und günstigere Leistungen beschert. Zum anderen ist aber zu befürchten, dass die flächendeckende Versorgung der Bevölkerung auf der Strecke bleibt, falls die Anbieter irgendwie die Möglichkeit erhalten, sich auf die lukrativsten Geschäftszweige und Absatzgebiete zu konzentrieren („Rosinenpicken").

Aufnahme privater Kapitaleigner: Gemeint sind die Schaffung oder der Ausbau eines gemischtwirtschaftlichen Unternehmens (s. S. 22 f.). In Frage kommen auch Stille Beteiligungen. Gemischtwirtschaftliche Unternehmen sind mit der Hoffnung verknüpft, dass das private Management Effizienz und Effektivität stärkt. Allerdings kann das öffentliche Interesse unter den Renditeinteressen privater Kapitaleigner leiden (siehe dazu ausführlich Witte/Hauschildt 1966; Schneyer 1997).

Beratung durch Private: Welche Form der Beratung eines öffentlichen Betriebes stattfindet - ob durch ein Beratungsunternehmen, durch den Wirtschaftsprüfer, den Steuerberater, einen Wissenschaftlichen Beirat o. ä. - in jedem Falle begründet die Beratung eine Partnerschaft zwischen der öffentlichen und der privaten Seite und wird deshalb zur Public Private Partnership gezählt. Privatisierung ist damit nicht verbunden.

Formen von Privatisierung und Public Private Partnership (PPP)

Formelle Privatisierung

Materielle Formen der Privatisierung und Public Private Partnership

Änderung der Besitz-, Eigentums- oder Finanzierungsverhältnisse

- Veräußerung des Betriebes oder wesentlicher Betriebsteile[12]
- Verpachtung des Betriebes oder wesentlicher Betriebsteile
- Veränderung der Kapitalverhältnisse zugunsten Privater
  - Aufnahme privater Kapitaleigner
  - Verzicht auf die Teilnahme an einer Kapitalerhöhung
  - Fusion mit einem privaten Unternehmen
  - Veräußerung von Kapitalanteilen[12]
- Finanzierung öffentlicher Aktivitäten durch Private
  - Leasing, ggf. in Verbindung mit einer Objektgesellschaft
  - Schaffung eines geschlossenen Immobilienfonds
  - Betreibermodell[13]
  - Sponsoring

Verzicht auf Durchführungs- oder Kontrollaktivitäten

- Stillegung des Betriebes oder wesentlicher Betriebsteile[12]
- Verzicht auf bisher erbrachte Leistungen, evtl. verbunden mit der Indienstnahme Privater[14]
- Contracting out
- Aufhebung eines staatlich bewirtschafteten Monopols[12]
- Betriebsführungsvertrag
- Betreibermodell[13]
- Outsourcing[12]

Sonstiges

- Beratung durch Private[15]
- Verstärkte Einflussnahme privater Gläubiger
- Arbeitsgemeinschaft[15]

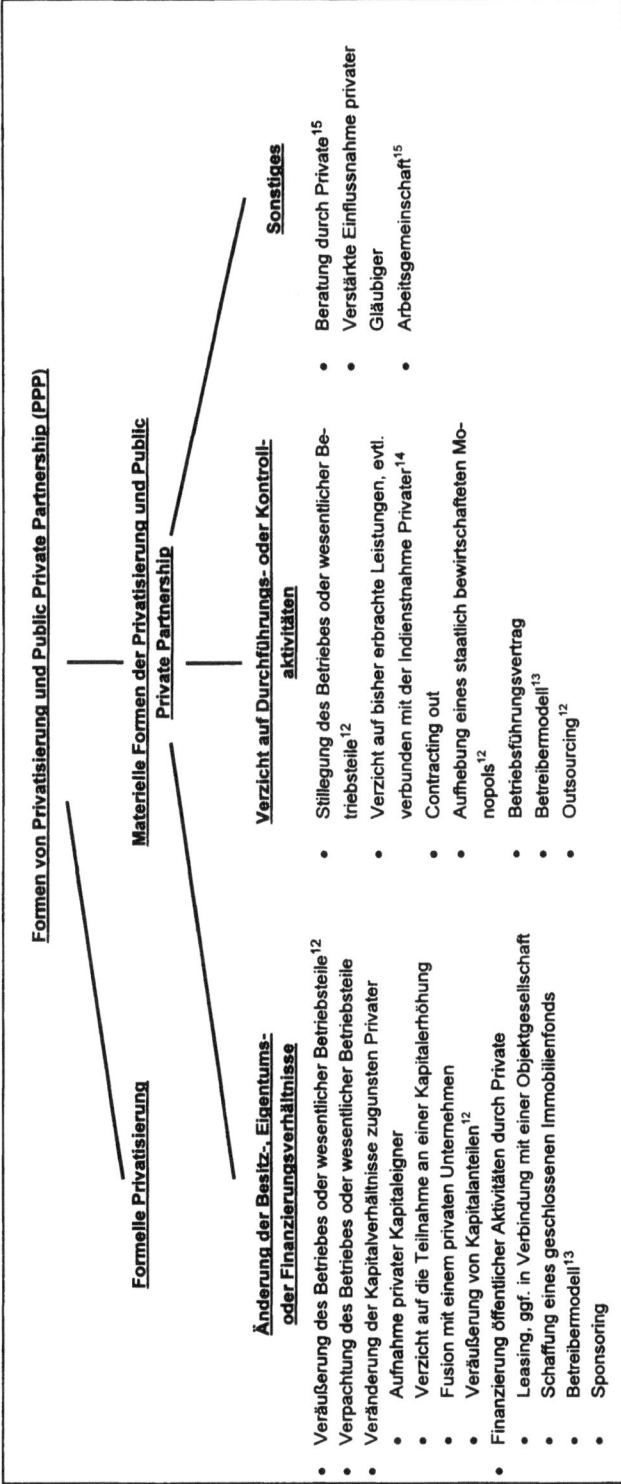

Abb. 3: Formen von Privatisierung und Public Private Partnership (PPP). Darstellung aus Sicht der öffentlichen Hand

---

12 Privatisierung, aber nicht Public Private Partnership.

13 Das Betreibermodell wird auch noch in einer anderen Gruppe geführt, da der Private nicht nur das Betreiben der Anlage, sondern auch die Anschaffungs- oder Herstellungsfinanzierung übernimmt.

14 Privatisierung liegt nur dann vor, wenn die Leistungen tatsächlich von privater Seite übernommen werden.

15 Public Private Partnership, aber keine Privatisierung.

Betreibermodell: *Beim Betreibermodell finanziert, errichtet und betreibt ein Privater einen Betrieb anstelle der öffentlichen Hand. Zumeist handelt es sich um Kläranlagen. Die Dienste des Privaten werden von der öffentlichen Hand aus dem Gebührenaufkommen entgolten. Daraus wird ersichtlich, dass als Leistungsanbieter die öffentliche Hand fungiert; sie zieht auch die Gebühren ein. Der Betreiber verhält sich wie ein Subunternehmer und tritt gegenüber dem Bürger nicht unmittelbar in Erscheinung. Der Private steckt gewissermaßen in einer öffentlichen „Hülse" („Hülsenkonstruktion"). Mit dem Betreibermodell wird nicht nur privates Kapital, sondern auch Know-how mobilisiert. Aber möglicherweise wird die öffentliche Hand mit der Zeit von der privaten Seite abhängig, da sie auf ihn - falls es sich als nötig erweisen sollte - normalerweise nicht so schnell verzichten und ihn durch einen anderen Betreiber ersetzen kann.*

Betriebsführungsvertrag: *Im Unterschied zum Betreibermodell behält sich die öffentliche Hand Finanzierung und Errichtung des Betriebes selbst vor, nur die Leistungserstellung wird dem Privaten übertragen. Sonst ändert sich gegenüber dem Betreibermodell nichts.*

Contracting out: *Im Zusammenhang mit Public Private Partnership ist heute oft von Contracting out die Rede. Gemeint ist nichts anderes als die klassische Übertragung der Leistungserstellung für den Bürger auf Private. Zugleich liegt eine Form der Privatisierung vor, sofern die Leistungen zuvor von der öffentlichen Hand selbst erstellt wurden. Anlaß für Contracting out sind der zunehmende Rationalisierungsdruck und die Sparzwänge, denen sich die öffentliche Hand ausgesetzt sieht. Mit Contracting out hofft die öffentliche Hand, die Leistungserstellung zu verbilligen oder Mittel freizusetzen, die sich anderweitig besser verwenden lassen. Es werden also eigene Beratungsdienste geschlossen, eigene Forstämter abgeschafft, eigene Sozialstationen aufgegeben usw.*

*In manchen Fällen ist es zweckmäßig, die Leistungserstellung unter einen Genehmigungsvorbehalt zu stellen. So wäre es wenig sinnvoll, jedermann freizustellen, einen Liniendienst im öffentlichen Personennahverkehr aufzunehmen. Unter anderem wäre kaum eine einheitliche, aufeinander abgestimmte Strecken- und Fahrplangestaltung der verschiedenen Anbieter zu erwarten. Darum ist es in solchen Fällen üblich, die Betätigung in bestimmten Wirtschaftszweigen von einer behördlichen Genehmigung (**Konzession**) abhängig zu machen. Gerade auf Gebieten, aus denen sich die öffentliche Hand zurückzieht (insbesondere Nahverkehr, Versorgung, Entsorgung) empfiehlt es sich, die privaten Unternehmen durch Konzessionsverträge auf eine dem öffentlichen Interesse entsprechende Art der Aufgabenerfüllung zu verpflichten.*

Contracting out muss deutlich von Outsourcing unterschieden werden: Bei Contracting out werden Dritte vertraglich verpflichtet, Verwaltungsaufgaben zu erfüllen und z. B. den Bürger mit spezifischen Verwaltungsleistungen zu versorgen; Outsourcing ist ein Instrument der Bedarfsverwaltung, dient also der Eigenversorgung der öffentlichen Hand.

Finanzierung öffentlicher Aktivitäten durch Private: *Viele Gebietskörperschaften sind an den Grenzen ihrer Verschuldungsmöglichkeit angelangt. Auch die Grenze der Belastbarkeit der Bürger mit Abgaben ist erreicht. Deshalb können öffentliche Investitionen oftmals nur noch mit Hilfe privaten Kapitals getätigt werden. Die wichtigsten Formen sind Leasing, Schaffung eines geschlossenen Immobilienfonds und das Betreibermodell (Kirchhoff/Müller-Godeffroy 1996). Der große Vorteil dieser Finanzierungsmöglichkeiten liegt in der Tatsache, dass Investitionsobjekte früher genutzt werden können, als es mit konventioneller Kreditfinanzierung möglich wäre. Nachteilig sind die privaten Finanzierungsformen, wenn es nicht gelingt, die Finanzierungskosten auf das Niveau konventioneller Kreditfinanzierung zu drücken.*

Formelle Privatisierung: *Die formelle Privatisierung wurde bereits weiter oben erläutert. Hier nur noch eine Ergänzung: Unter das Stichwort „formelle Privatisierung" ist auch eine Erscheinung zu fassen, die gelegentlich als „Flucht aus der öffentlichen Verwaltung" bezeichnet wird. Bei diesem Vorgang werden Verwaltungsaufgaben ausgegliedert und in eine neu gegründete - privatrechtliche - Eigengesellschaft, regelmäßig eine GmbH, eingebracht. Man verspricht sich von der damit einhergehenden Befreiung vom öffentlichen Haushalts- und Personalrecht ein flexibleres, kostengünstigeres Wirtschaften.*

In das Reich der formellen Privatisierung gehören bei genauer Betrachtung ferner Vorgänge, die sich in den letzten Jahren mehrfach in Niedersachsen ereignet haben. Verfolgen wir einen solchen Vorgang. Da besitzt das Land Beteiligungsvermögen, das es in seiner Finanznot „versilbern" möchte, ohne auf den mit dem Beteiligungsbesitz verbundenen Einfluss zu verzichten. Der „Trick", beide Ziele zugleich zu verwirklichen, besteht darin, eine landeseigene Hannoversche Beteiligungsgesellschaft (GmbH) zu gründen, die das Beteiligungsvermögen des Landes mit aufgenommenen Krediten vom Land erwirbt. Der Schuldendienst belastet die Beteiligungsgesellschaft, aber das Land kommt in den Genuß des Veräußerungserlöses, ohne seine Verschuldung erhöhen zu müssen. Außerdem erspart die permanente Verlustsituation der Beteiligungsgesellschaft - die Kreditzinsen übersteigen die Beteiligungserträge - Steuerzahlungen. Das große Manko der Lösung aus der Sicht des Bürgers besteht darin, dass nun ein sogenannter Schattenhaushalt neben dem eigentlichen Landeshaushalt existiert und auf diese Weise Vorschriften über die Begrenzung der Verschuldung des Landes umgangen werden.

*Übrigens, dasselbe Instrumentarium kam im Januar/Februar 1998 zum Einsatz - allerdings für einen genau entgegengesetzten Zweck, nämlich für eine **Verstaatlichung**. Damals übernahm das Land Niedersachsen die Preussag Stahl AG - unter Einschaltung seiner eigenen Beteiligungsgesellschaft und der Nord/LB, und das heißt unter Schonung seiner Landeskasse (o. V. 1998 a; o. V. 1998 b; o. V. 1998 c). Dass die nachfolgende materielle Privatisierung - nach der Börseneinführung der Salzgitter-Aktien - ziemlich schiefgelaufen ist, steht auf einem anderen Blatt (o. V. 1998 i; o. V. 1998 j; o. V. 1998 f).*

Bemerkenswerterweise hat das Bundesverfassungsgericht im September 1998 durch einstweilige Anordnung den Versuch der schleswig-holsteinischen Landesregierung gestoppt, es Niedersachsen gleichzutun und Liegenschaften an die landeseigene Immobilienbank zu verkaufen, um sie dann zurückzumieten (o. V. 1998 g).

Fusion mit einem privaten Unternehmen: *Die Fusion eines staatlichen Betriebes mit einem nicht-staatlichen privaten Unternehmen schafft entweder ein neues gemischtwirtschaftliches Unternehmen oder baut die gemischtwirtschaftliche Beteiligung aus. Was zu diesem Thema unter dem Stichwort „Aufnahme privater Kapitaleigner" weiter oben gesagt wurde, gilt auch hier.*

Leasing: *Bei Leasing werden der öffentlichen Hand Investitionsobjekte, vornehmlich Gebäude, mietweise zur Nutzung überlassen. Nähere Einzelheiten s. S. 106.*

Materielle Privatisierung: *Das Stichwort wurde schon weiter oben erläutert (s. S. 39 f.).*

Outsourcing *bedeutet vor allem **Auftragsvergabe (Kauf-, Werk- oder Dienstverträge)**, soweit der Sinn darin besteht, zur Eigenversorgung fremde Ressourcen anstelle eigener zu nutzen. Anders ausgedrückt, Outsourcing bedeutet immer eine Make-or-Buy-Entscheidung zugunsten des „Buy". Allerdings liegt in Verbindung mit Outsourcing eine Privatisierung nur dann vor, wenn der „Fremdbezug" eine zuvor erfolgte „Selbsterstellung" ablöst. Beispiele: Die Hausdruckerei, die nicht ausgelastet war, wird stillgelegt. Statt dessen werden die Druckaufträge an private Druckereien gegeben. Oder: Ein Betreibervertrag wird vor allem geschlossen, um vom Know-how des Privaten zu profitieren.*

Outsourcing liegt also nicht vor, wenn eine Behörde einfach Bürobedarf einkauft, sondern nur dann, wenn - wie schon erwähnt - der Sinn darin besteht, anstelle eigener Ressourcen fremde zu nutzen.

Zur Abgrenzung von Outsourcing gegenüber Contracting out s. S. 42.

__Schaffung geschlossener Immobilienfonds:__ Geschlossene Immobilienfonds sind Kapitalsammelstellen mit dem Zweck, eine oder mehrere Immobilien zu errichten. Nähere Einzelheiten auf S. 105.

__Sponsoring:__ Besonders im Kulturbereich und bei wissenschaftlichen Projekten profitiert die öffentliche Hand vom Sponsoring, das ihr Zugang zu privaten Ressourcen verschafft. Darin kommt die Privatisierung zum Ausdruck. Zugleich wird eine Partnerschaft zwischen öffentlicher Hand und privater Seite begründet.

__Stillegung des Betriebes oder wesentlicher Betriebsteile:__ Dass die öffentliche Hand staatliche Betriebe oder wesentliche Betriebsteile stillegt und es offenlässt, wie der Bürger mit den Leistungen versorgt wird, die bislang die öffentliche Hand erstellt hatte, kommt nicht selten vor. Das typische Beispiel sind die Streckenstillegungen und die Schließung von Bahnhöfen im öffentlichen Personen- und Güterverkehr. Von Privatisierung ist deshalb die Rede, weil die bisher von der öffentlichen Hand angebotenen Transportleistungen nunmehr von privaten Unternehmern oder von den privaten Haushalten selbst übernommen werden müssen.

__Veräußerung des Betriebes oder wesentlicher Betriebsteile:__ Kommt es zum Verkauf des staatlichen Betriebes oder wesentlicher Betriebsteile, setzt der Erwerber die Leistungserstellung gewöhnlich unter gleichen oder ähnlichen Bedingungen fort. Beispielsweise bekommen die Autobahntankstellen und -raststätten einen privaten Eigentümer oder die Bundesanstalt für vereinigungsbedingte Sonderaufgaben (BvS) verkauft eine ehemals volkseigene Maschinenfabrik in Sachsen an einen westdeutschen Maschinenbau-Konzern.

Für die öffentliche Hand liegt der Vorteil dieser Privatisierungsform darin, dass die Veräußerungserlöse die aktuelle Haushaltssituation verbessern. Auf Dauer bedeutet die Veräußerung freilich den Verzicht auf Gewinn - sofern es sich um einen rentierlichen Betrieb handelt. Ob der Vorteil in diesem Fall den Nachteil ausgleicht, muss sorgfältig geprüft werden. Es kann auch sein, dass sich die öffentliche Hand mit dem Verkauf von Ballast befreit.

Der Bürger kann nicht immer sicher sein, dass ihm diese Privatisierungsform am Ende nützt. Es besteht die Gefahr, dass der Betrieb einen Tages vom Privaten stillgelegt wird oder dass sich das Leistungsangebot verschlechtert. Die Gefahr kann die öffentliche Hand - sofern ein öffentliches Interesse über den Privatisierungszeitpunkt hinaus fortbesteht - allerdings durch vertragliche Bindungen des Privaten zu begegnen suchen. Wir sprechen von einer Veräußerung unter Bedingungen (Brede/Püttner 1988, 270-272). In diesem Falle ergibt sich für die öffentliche Hand eine neue Aufgabe, nämlich das sogenannte Vertragsmanagement (s. S. 52). Dieser Aufgabe sollte sich die öffentliche Hand keinesfalls entziehen. Der private Unternehmer wird nur zu leicht versucht sein, sich der auferlegten Verpflichtung zu entziehen, und Veräußerungen lassen sich nun einmal nicht rückgängig machen.

__Veräußerung von Kapitalanteilen:__ Zieht sich die öffentliche Hand aus einem rein öffentlichen oder gemischtwirtschaftlichen Unternehmen ganz oder teilweise zurück, ergeben sich dieselben Effekte, wie sie im Zusammenhang mit der Veräußerung eines Betriebes oder wesentlicher Betriebsteile genannt wurden.

Diese Privatisierungsform kann haushaltsrechtlich erzwungen sein - dann nämlich, wenn eine Prüfung z. B. im Zusammenhang mit § 65 BHO/LHO ergibt, dass die Beibehaltung der öffentlichen Kapitalbeteiligung an einem Unternehmen nicht mehr zu rechtfertigen ist.

Verpachtung des Betriebes oder wesentlicher Betriebsteile: *Die Verpachtung hat für die öffentliche Hand gegenüber der Veräußerung den Vorteil, dass die Privatisierung wieder rückgängig gemacht werden kann. Das kann sich schnell als nötig erweisen - z. B. wenn sich der Betreiber der Krankenhauswäscherei als nicht zuverlässig herausstellt, ein anderer privater Interessent aber nicht in Sicht ist. In diesem Falle bleibt der öffentlichen Hand nichts anderes übrig, als die Wäscherei wieder in eigener Regie zu betreiben. Hätte man zuvor die Einrichtung verkauft, käme noch das Problem hinzu, für neue Anlagen sorgen zu müssen. Gefährlich ist die Verpachtung, weil sie den Pächter unter bestimmten Bedingungen reizt, den Betrieb bis zum Ende der Vertragszeit „auszuschlachten". Sinnvolle Vertragsgestaltung, d. h. Verpachtungen mit Bedingungen (Brede/Püttner 1988, 272-275), vermag das Problem zumindest abzuschwächen.*

Aus mittelständischer Sicht bietet die Verpachtung öffentlicher Betriebe oder wesentlicher Betriebsteile den Vorteil, dass sie die Gründung einer selbständigen Existenz ohne nennenswerten Kapitaleinsatz erlaubt. Landwirtschaftliche Betriebe kommen dafür besonders in Frage. Gerade unter dem mittelstandspolitischen Aspekt ist es zu bedauern, dass die öffentliche Hand von dieser Form der Privatisierung (und Public Private Partnership) wenig Gebrauch macht. Sie zieht statt dessen die Veräußerung von Vermögen oder Kapitalanteilen vor, um mit den Erlösen ihre Finanznot zu mildern.

Verstärkte Einflussnahme privater Gläubiger: *Auch dann, wenn private Gläubiger eines staatlichen Betriebes verstärkten Einfluss gewinnen, kann von Privatisierung bzw. Public Private Partnership gesprochen werden. Solcher Einfluss kann beispielsweise Art und Umfang der Erfüllung öffentlicher Aufgaben verändern. Unter solchem Einfluss wäre es z. B. denkbar, dass eine Fördergesellschaft die Förderung einer Innovationsmaßnahme kürzt.*

Verzicht auf bisher erbrachte Leistungen, evtl. verbunden mit der Indienstnahme Privater: *Dieser Fall unterscheidet sich von der Stillegung des Betriebes oder wesentlicher Betriebsteile nur darin, dass der Rückzug der öffentlichen Hand keinen ganzen Betrieb oder keine wesentlichen Betriebsteile betrifft. Die Maßnahme ist dementsprechend weniger auffällig; es wird einfach eine Leistung eingestellt oder eingeschränkt. Beispiele: Nach dem Fahrplanwechsel verkehren die Omnibusse eines öffentlichen Nahverkehrsbetriebes an Sonntagen nicht mehr viertel-, sondern nur noch halbstündlich. Die Stadtreinigung stellt eines Tages die halbjährliche kostenlose Sperrmüllabfuhr ein. Der Briefkasten an der Straßenecke wird von der Post abmontiert; der Bürger hat nunmehr einen längeren Weg zum nächsten Briefkasten in Kauf zu nehmen.*

Es kommt gelegentlich sogar vor, dass die öffentliche Hand den Bürger verpflichtet, bisher von ihr erbrachte Leistungen selbst zu übernehmen. In der Rechtssprache heißt das, der Bürger wird „in Dienst genommen". Aber solches Vorgehen ist unpopulär. So haben die meisten Städte noch nicht auf den eigenen Reinigungsdienst verzichtet, und es gibt dementsprechend noch keine wöchentliche Pflicht der Hausbesitzer, die Straße vor ihrem Grundstück zu kehren.

Verzicht auf die Teilnahme an einer Kapitalerhöhung: *Verzichtet die öffentliche Hand darauf, sich an der Kapitalerhöhung eines gemischtwirtschaftlichen Unternehmens zu beteiligen, verringert sich der öffentliche Kapitalanteil. Macht und Einfluss verschieben sich zugunsten der privaten Kapitalseite. Da auch weiterhin ein gemischtwirtschaftliches Unternehmen vorliegt, handelt es sich sowohl um eine Form der Privatisierung als auch um eine Veränderung im Rahmen der Public Private Partnership.*

Für den Verzicht kann es verschiedene Gründe geben. Zum einen kann es darum gehen, den öffentlichen Haushalt zu schonen, zum anderen aber auch den Beteiligungsbesitz der öffentlichen Hand auf das vom Subsidiaritätsprinzip gebotene Maß zurückzuführen.

C. Die allgemeine Problematik von Privatisierung und Public Private Partnership

1.   Die mit Privatisierungen und Public Private Partnership verbundenen Motive und Erwartungen

An einer Privatisierung oder an Public Private Partnership sind verschiedene Kreise interessiert, die öffentliche Verwaltung, die private Wirtschaft, die Bürger als Steuerzahler und Abnehmer von Leistungen staatlicher Betriebe und Verwaltungen, die Politiker, die Gewerkschaften, das Personal der fraglichen Betriebe und Verwaltungen. Sie verknüpfen mit einer Privatisierung bzw. Public Private Partnership die verschiedensten Erwartungen und Befürchtungen, und sie fördern oder bekämpfen eine Privatisierung aus den verschiedensten Motiven (Himmelmann 1988; Knauss 1988). Die wichtigsten seien kurz aufgezählt:

Der Bürger als Steuerzahler sieht Privatisierungen und Public Private Partnership häufig mit „gemischten Gefühlen" entgegen. Zunächst erhofft er sich von der Übertragung öffentlicher Aufgabenerfüllung auf Private oder der Partnerschaft zwischen öffentlicher Hand und Privatwirtschaft eine Entlastung des öffentlichen Haushalts - und daraus folgend: geringere Abgaben. Das ist eine oft berechtigte Hoffnung. Der Private unterliegt nicht den engen Bindungen des öffentlichen Haushalts- und Personalrechts und kann deshalb leichter als die öffentliche Hand rationalisieren und Mittel einsparen. Die Hoffnung des Bürgers auf - dauerhafte - Entlastung des öffentlichen Haushalts erfüllt sich aber dann nicht, wenn eine Privatisierung rentierlicher Objekte erfolgt. In diesem Fall schneidet sich die öffentliche Hand durch die Privatisierung von späteren Gewinneinnahmen ab; sie erzielt mit der Privatisierung nur einen vorübergehenden Entlastungseffekt. Der Bürger als Abnehmer öffentlicher Leistungen muss außerdem eine qualitative und quantitative Senkung des Leistungsniveaus befürchten. Weil der Private unter einer anderen Zielsetzung als die öffentliche Hand wirtschaftet, ist immer damit zu rechnen, dass sich der Private etwaiger Gemeinwohlverpflichtungen entzieht. Ein gutes Beispiel für eine aus Sicht des Bürgers mißlungene Privatisierung stellen die britischen Eisenbahnen dar (vgl. o. V. 1998 l). Das Ärgernis wurde so groß, dass die Regierung erwog, einzelne Strecken vorübergehend wieder staatlich zu betreiben.

Die Politiker unterscheiden sich in ihrer Haltung zu Privatisierung und Public Private Partnership gemäß der Wählerschaft, die sie hauptsächlich vertreten. Stehen sie der Privatwirtschaft nahe, stellen sie sich durchweg als der Privatisierung und Public Private Partnership zugeneigt dar. Vertreten sie vornehmlich Arbeitnehmer- und Umweltinteressen, ist ihre Haltung eher durch Reserviertheit oder Ablehnung gekennzeichnet.

Die Haltung der Politiker wird natürlich in erster Linie bestimmt durch die erwarteten Auswirkungen ihrer Entscheidungen auf das Wählerverhalten. Es spielen aber auch die Haushaltsnöte eine Rolle, also die Versuche, durch Privatisierung bzw. Public Private Partnership dank der freiwerdenden oder hinzugewonnenen Ressourcen wieder Spielraum für Politikgestaltung zu erlangen. Hinzu kommt noch die ordnungspolitische Grundfrage: Mehr oder weniger Paternalismus/Liberalismus? Schließlich darf das Machtmotiv nicht übersehen werden. Jede Privatisierung und jede Form der Partnerschaft mit der Privatwirtschaft verändern die Macht und den Einfluss der öffentlichen Hand. Mitunter steht sie am Ende als ziemlich machtloser Partner da. Diese Gesichtspunkte überlagern und kompensieren sich und lassen im Licht konkreter Fälle die Haltung der Politiker in Sachen Privatisierung und Public Private Partnership gelegentlich widersprüchlich erscheinen.

Die öffentlichen Verwaltungen werden zu Privatisierungsschritten oder zur Public Private Partnership entweder von Dritten gedrängt oder ergreifen selbst die Initiative - selbstverständlich aus Rationalisierungsgründen. Je nach Lage des Objekts, um das es geht, verspricht sich die öffentliche Verwaltung von der Maßnahme zusätzliche Einnahmen (z. B. bei Veräußerungen), Haushaltsentlastungen (z. B. bei der Privatisierung defizitärer Betriebe), sinkende Ausgaben (z. B. bei Public Private Partnership mit einer privaten Pflegeheimgesellschaft) oder steigenden Kontrollaufwand (z. B. bei Aufhebung eines bislang von der öffentlichen Hand bewirtschafteten Monopols). Die öffentlichen Verwaltungen sehen also den Maßnahmen meist mit Hoffnungen, mitunter auch mit Sorge entgegen.

Für die private Wirtschaft besteht nur Anlaß zu Hoffnungen. Sie verspricht sich von Privatisierungen und Public Private Partnership vor allem lukrative Geschäfte. Anderenfalls besteht an derartigen Maßnahmen wenig Interesse.

Beim betroffenen Personal lösen Privatisierungen häufig Furcht vor Arbeitsplatzverlust aus, beruhend auf der Einschätzung, dass ein privater Arbeitgeber konsequenter als die öffentliche Hand rationalisiert und Arbeitsplätze einspart. Public Private Partnership - ohne Privatisierung - berührt hingegen die Interessen des Personals nicht, zumindest nicht unmittelbar. Privatisierungen sind ferner mit erweiterten Mitbestimmungsrechten verbunden (s. S. 168). Ob das allerdings ausreicht, um die Härten eines strengeren Regiments oder die Gefährdung des Arbeitsplatzes auszugleichen, muss bezweifelt werden.

Privatisierungen führen darüber hinaus in vielen Fällen zur Zuständigkeit einer anderen Gewerkschaft. Diese Tatsache nutzen manche Gewerkschaftsmitglieder, sich aus jeglicher gewerkschaftlicher Bindung zu verabschieden. Deshalb sind Gewerkschaften, verständlicherweise, keine Befürworter von Privatisierungen. Gewerkschaftsmitglieder erlangen bei Privatisierungen die günstige Gelegenheit zum „Ausstieg", weil beim Übertritt von einer Gewerkschaft in eine andere die Mitgliedsbücher gewechselt werden müssen und dabei unterlassen werden kann, sich in der anderen Gewerkschaft wieder anzumelden.

2. Die Privatisierungsformel

Privatisierungsprozesse werden auf unterschiedliche Weise ausgelöst. In der Vergangenheit waren Privatisierungen zumeist von vermögens- oder ordnungspolitischen Motiven bestimmt (von Loesch 1987, Kapitel I). Heute steht am Anfang eines Privatisierungsprozesses der Wunsch, auf diese Weise die Haushaltslage zu verbessern. Dementsprechend machen sich für Privatisierungen meist die Finanzminister oder Kämmerer stark und nicht die Parlamente oder die Öffentlichkeit - letzteres schon deshalb nicht, weil Objekte, die für eine Privatisierung in Frage kommen, mittlerweile gesucht werden müssen.

Ist der Ruf nach Privatisierung laut geworden, bedarf es der Prüfung, ob das Vorhaben im konkreten Fall vorteilhaft bzw. opportun ist. Mit dieser Prüfung wird regelmäßig die zuständige Verwaltung beauftragt. Gewöhnlich erledigen Verwaltungskräfte diese Aufgabe selbst, was freilich nicht ausschließt, dass sie sich durch Gutachten außenstehender Experten unterstützen lassen. Die Beurteilung mündet in die Empfehlung ein, die Privatisierung vorzunehmen oder zu unterlassen.

Wer auch immer die Beurteilung vornimmt - benötigt wird in jedem Falle eine sogenannte Privatisierungsformel.

Das Thema „Privatisierungsformel" umschließt die Frage, wann, d. h. unter welchen Umständen, sich für ein Privatisierungsobjekt die Privatisierung empfiehlt.[16] Die Frage stellt sich normalerweise unabhängig von der Entscheidung, ob die Privatisierung tatsächlich erfolgen soll oder nicht. Das hängt damit zusammen, dass die *Vorteilhaftigkeit* einer Privatisierung üblicherweise zunächst vom einzelnen Individuum zu *beurteilen* ist, ehe die Privatisierungs*entscheidung* im Rahmen einer Abstimmung der Vertretungskörperschaft oder eines anderen Gremiums kollektiv getroffen wird.

Die Antworten auf die eingangs gestellte Frage fallen sehr verschieden aus - nicht nur weil Individuen ein und denselben Gegenstand verschieden zu beurteilen pflegen, sondern auch weil die Literatur sehr unterschiedliche formale Konzepte kennt, um die Vorteilhaftigkeit einer Privatisierung zu bestimmen (einige Beispiele in Brede 1983 b, 101). Wir nennen ein Konzept zur Bestimmung der Vorteilhaftigkeit einer Privatisierung eine **Privatisierungsformel**.

Die umfassendste Privatisierungsformel lautet: Eine Privatisierung ist vorteilhaft, wenn der damit bewirkte soziale Nutzen größer als der angerichtete soziale Schaden ist (Brede/Püttner 1988, 268). Aus logischer Sicht ist gegen die Formel nichts einzuwenden. Alle denkbaren positiven und negativen Folgen einer Privatisierung sind eingeschlossen; die Formel berücksichtigt die Wirkungen auf allen Gebieten, auf den öffentlichen Haushalt, die öffentliche Verwaltung, die Bürger, die Arbeitnehmer, die Gewerkschaften, und sie berücksichtigt alle Wirkungen in der Zukunft. Aber in diesem Versuch, alle Wirkungen zu berücksichtigen, d. h. alle positiven und negativen Effekte einer Privatisierung gegeneinander abzuwägen, liegt auch die Schwäche. Man kann sich einfach nicht vorstellen, wie es gelingen könnte, Wirkungen einer Handlung in all ihrer Komplexität und Ungewissheit zu erfassen bzw. entscheidungslogisch zu verarbeiten. Was soll man tun?

Eine Möglichkeit besteht in einer Stufenweisen Nutzwertanalyse, einem Beurteilungsverfahren, das hier nur kurz skizziert, in einem späteren Abschnitt aber ausführlich beschrieben werden soll (s. S. 270 f.). Die Stufenweise Nutzwertanalyse ist gekennzeichnet durch eine Vorab-Auswahl von Beurteilungskriterien, die ihrer Wichtigkeit entsprechend nach und nach in die Beurteilung einbezogen werden. Dabei zeigt sich, ob ein Beurteilungsergebnis stabil bleibt oder nicht; das Beurteilungsverfahren wird mit einer Sensibilitätsanalyse verbunden. Die Beschreibung macht vor allem eines

---

[16] In diesem Zusammenhang sei auf das nunmehr im Haushaltsrecht verankerte Recht Privater verwiesen, die Notwendigkeit der Aufgabenerfüllung in öffentlicher Regie im Verfahrensweg prüfen zu lassen und so die öffentliche Hand zur Legitimation zu zwingen. Vgl. dazu Schliesky 1996.

deutlich: Es wird von vornherein darauf verzichtet, in das Urteil über die Vorteilhaftigkeit einer Privatisierung sämtliche denkbaren Wirkungen einzubeziehen. Die Vorauswahl schränkt das Beurteilungsfeld u. U. drastisch ein.

Selbstverständlich darf das Verfahren nicht zur Willkür führen. Das heißt, es sollte stets auf „höherer Ebene" per Richtlinie festgelegt werden, wie nachgeordnete Stellen Beurteilungsvorgänge gleicher Art oder gleichen Umfangs zu behandeln haben, insbesondere welche Kriterien, ausgewählt aus einer größeren Menge, anzulegen sind. Im Falle von Privatisierungen heißt das, es muss von der Vertretungskörperschaft geregelt sein, wie die zuständige Verwaltung die Stufenweise Nutzwertanalyse anzuwenden hat, so dass der Verwaltung in verfahrenstechnischer Hinsicht keine Spielräume verbleiben.

Es ist denkbar, dass die Verwaltung ihr Privatisierungsurteil z. B. zu stützen hat auf:

- die durch die Privatisierung voraussichtlich zu erreichenden Haushaltsentlastungen und -belastungen der nächsten drei Jahre,

- die durch die Privatisierung voraussichtlich eintretenden Wirkungen auf dem Arbeitsmarkt: Entlassungen und Neueinstellungen während der nächsten drei Jahre und

- die voraussichtlichen Wirkungen der Privatisierung auf die Wahlchancen der regierenden Partei(en).

Die Privatisierungsformel lautet dann: Eine Privatisierung gilt als vorteilhaft, wenn der dadurch bewirkte Nettoeffekt für den Haushalt, der Nettoeffekt auf dem Arbeitsmarkt und der Einfluss der Privatisierung auf die Wahlchancen ein insgesamt positives Bild vermitteln.

Wie die Zusammenfassung der drei Komponenten des Gesamturteils geschieht, ist nicht so wichtig. In Frage kommt ein formalisiertes Aggregationsverfahren (s. z. B. S. 269) oder einfach eine gefühlsmäßige Zusammenfassung („introspektive Amalgamation"). Problematisch bleibt die Zusammenfassung in jedem Falle; denn sie setzt immer eine Vergleichbarkeit der verschiedenen Wirkungen voraus, was auch die Möglichkeit zum Aufrechnen und Kompensieren einschließt.

Was dies bedeuten kann, sei an einem Beispiel klargemacht. Angenommen, bei Anwendung der o.g. Privatisierungsformel käme heraus, dass ein Privatisierungsfall (z. B. der Verkauf des städtischen Hallenbades) eine beachtliche Haushaltsentlastung verspräche, mittelfristig zehn Arbeitsplätze kostete und die Wahlchancen der regierenden Partei verbesserte. Nehmen wir ferner an, dass der Verlust von zehn Arbeitsplätzen für nicht so gravierend gehalten wird wie die beiden anderen Wirkungen, so dass am Ende das Privatisierungsvorhaben als vorteilhaft angesehen wird. In diesem Falle drängt sich doch die Frage auf (Rawls 1975), was denn eigentlich dazu berechtigt, die bedrohten Arbeitsplätze weniger wichtig zu nehmen als die beiden anderen Effekte.

Aber es geht wohl nicht anders, als dem Individuum solche Urteile zuzugestehen, vorausgesetzt sie werden in einem nachfolgenden Schritt relativiert. Dies geschieht dann, wenn die abschließende Beurteilung und die endgültige Entscheidung im Rahmen einer Abstimmung des dazu legitimierten Gremiums erfolgen. Wie schon erwähnt, kommt dafür im Falle einer Privatisierungsentscheidung die

Vertretungskörperschaft in Frage oder - bei weniger gewichtigen Privatisierungsfällen - ein von der Vertretungskörperschaft beauftragter Ausschuss o. ä. Am deutlichsten wird die Relativierung, wenn man sich den Abstimmungsprozess in einer Vertretungskörperschaft vorstellt: In der Abstimmung kommen alle möglichen Sichtweisen eines Privatisierungsfalls zur Geltung, und es kommt letztlich darauf an, welche Sichtweise die meisten Stimmen auf sich vereinigt. Dabei kann es sein, dass sich diejenigen durchsetzen, die die Haushaltsbelange und die Wahlchancen höher schätzen als die Belange der von der Privatisierung betroffenen Arbeitnehmer.

Die Beurteilung eines Privatisierungsfalls ist auch von der ins Auge gefassten Privatisierungsform abhängig. Beispiel: Die ersatzlose Stilllegung einer Strecke im öffentlichen Nahverkehr sieht anders aus als die Übergabe der Strecke an einen Konzessionär, der zudem noch verpflichtet wird, einen regelmäßigen Liniendienst aufrechtzuerhalten. Deshalb ist die Anwendung einer Privatisierungsformel normalerweise immer mit einem Szenario zu verbinden, in dem die Privatisierungsform näher beschrieben wird. Sinnvollerweise wird zuvor unter den in Frage kommenden Privatisierungsformen eine Auswahl getroffen - freilich unter Inkaufnahme auch einer gewissen Vorab-Gewichtung der erwarteten Privatisierungswirkungen.

Ob es zu einer Privatisierung kommen sollte, kann immer nur anhand persönlicher Werturteile festgestellt werden. Hier spielt hinein, in welchem Maße den verschiedenen Grundauffassungen von der Rolle des Staates - der liberalen oder paternalistischen - gefolgt wird (s. S. 12).

Es ist keineswegs ausgemacht, dass staatliche Betriebe *grundsätzlich* weniger effizient wirtschaften als vergleichbare private Unternehmen und deshalb zu privatisieren sind. Begründung:

- Soweit Effizienzdefizite staatlicher Betriebe behauptet wurden, zeigte sich in den meisten Fällen, dass die Unterschiede auf unterschiedlichen Vergleichsbedingungen beruhten, beispielsweise auf Unterschieden im Leistungsumfang oder im Ausmaß, mit dem externe Effekte berücksichtigt wurden (Budäus 1988; Kühne 1988).

- Auf einem Feld, auf dem ein einwandfreier Vergleich möglich war, nämlich bei börsennotierten Aktiengesellschaften, konnte zwischen rein privaten und gemischtwirtschaftlichen Unternehmen kein signifikanter Unterschied in den Unternehmenskennzahlen bzw. Börsenkursen festgestellt werden (Schneyer 1997).

Aus der zuletztgenannten Studie können zwei Schlüsse gezogen abgeleitet werden: Entweder verhalten sich staatliche bzw. gemischtwirtschaftliche Unternehmen wie private oder sie wirtschaften trotz Erfüllung des öffentlichen Auftrags genauso effizient wie ihre privatwirtschaftlichen Konkurrenten. Für die zuletztgenannte Interpretation spricht die Tatsache, dass sich zahlreiche staatliche Betriebe sehr erfolgreich betätigen. Natürlich gibt es auch weniger erfolgreiche oder schlechtgeführte staatliche Unternehmen. Ob aber - und das ist entscheidend - sich die relative Verteilung der guten oder schlechten Betriebe im öffentlichen Bereich von der in der Privatwirtschaft wesentlich unterscheidet, bleibt offen.

Überhaupt spricht vieles dafür, dass nicht die Art der Kapitalaufbringung bzw. -beteiligung - staatlich oder privat - über die Effizienz entscheidet, sondern die Motivation der Handelnden. Die These wird gestützt von der Beobachtung, dass der Einfluss der Kapitaleigner in einer privaten Publikumsgesellschaft ähnlich gering ist wie in einem staatlichen Unternehmen. Mit anderen Worten: tüchtiges, motiviertes Management führt zum Erfolg, ob es sich um ein privates oder ein staatliches Unternehmen handelt, und soweit es tatsächlich Effizienzdefizite staatlicher Unternehmen gibt, sind sie auf Motivationsmängel zurückzuführen. Hier ist zu allererst anzusetzen (s. dazu auch S. 161-166).

Bedenklich bleibt einzig die Tatsache, dass die öffentliche Hand selbst über die Frage „Privatisierung bzw. Public Private Partnership oder nicht?", mithin über die Anwendung des Subsidiaritätsprinzip, entscheidet. Sie ist in dieser Frage Partei. Deshalb wäre es erwägenswert, zu diesem Zweck neutrale Kommissionen zu schaffen, die sich mit strittigen Fällen zu befassen hätten.

3. Privatisierungsprozess und Vertragsmanagement

Wird die Durchführung der Privatisierung empfohlen und folgt der Entscheidungsträger der Empfehlung, wird die Vergabe des Privatisierungsobjektes an einen Privaten fällig, sofern sich die öffentliche Hand nicht einfach zurückzieht oder den staatlichen Betrieb stilllegt, ohne sich um die Folgen zu kümmern.

Von Vergabe war soeben die Rede. Mit Recht, denn die Übergabe des Betriebes, eines Betriebsteils oder Leistungsangebots an einen Privaten sollte denselben Regeln wie die Vergabe öffentlicher Aufträge folgen, d. h. es sollte eine Ausschreibung vorgenommen und unter den Bewerbern streng sachbezogen ausgewählt werden (zur Problematik: Hein 1998). Wiederum kann es sein, dass sich die dafür zuständige Behörde beraten lassen muss - z. B. bei der Gestaltung des Vertrags mit dem Privaten.

Gilt es auch in Zukunft öffentliche Interessen zu wahren, muss die öffentliche Hand u. a.

- sich Genehmigungen vorbehalten (z. B. für Tarifänderungen im öffentlichen Personennahverkehr),

- die Betriebspflicht, d. h. die Fortführung des Betriebes, sichern (z. B. durch die Verpflichtung des Privaten, das Schwimmbad der Öffentlichkeit zu erhalten und nicht in ein Therapiezentrum umzuwandeln),

- die Kontrahierungspflicht, d. h. die Zugänglichkeit der Leistungen für jedermann, erhalten (z. B. durch die Verpflichtung des Privaten, den Besuch des Schwimmbads auch Schwimmvereinen, Schulkindern und Kleinkindern zu erlauben),

- Kündigungsrechte, Instandhaltungspflichten und das Recht auf Schadensersatz regeln.

Werden hier Fehler gemacht, besteht Gefahr, dass die Privatisierung am Ende mehr schadet als nützt.

Hat die öffentliche Hand auch nach der Privatisierung über die Wahrung des öffentlichen Interesses zu wachen - was in der entsprechenden Gestaltung des Privatisierungsvertrags zum Ausdruck kommt -, entsteht für die öffentliche Hand eine Daueraufgabe. Möglicherweise erfüllen sich dadurch die Hoffnungen auf „weniger Staat", die gewöhnlich mit Privatisierungen verknüpft sind, nicht oder nicht im erwarteten Maße - was als deregulierende Maßnahme gedacht war, entpuppt sich als Quelle neuer Regulierung (Brede 1994 b, 71 f.).

In den 90iger Jahren hatte die Überwachungsaufgabe an Bedeutung gewonnen. Das hing mit der Tätigkeit der Treuhandanstalt und ihren Nachfolgeorganisationen, insbesondere der Bundesanstalt für vereinigungsbedingte Sonderaufgaben (BvS), zusammen. Diese Institutionen haben den größten Teil des volkseigenen Vermögens der DDR zurückerstattet oder veräußert. Viele Veräußerungen stellten Privatisierungen mit Auflagen dar - Auflagen, die die Erwerber noch auf Jahre hinaus banden. Zum Beispiel hatten sich die Bewerber verpflichten müssen, eine bestimmte Anzahl von Arbeitsplätzen zu erhalten oder sog. Altlasten zu beseitigen. Umgekehrt gab es auch Verpflichtungen der öffentlichen Hand. Beispielsweise konnten zahlreiche Unternehmen für eine Ansiedlung in den neuen Bundesländern nur gewonnen werden, wenn ihnen die Versorgung mit bestimmten Infrastruktureinrichtungen (Gleisanschlüsse u. ä.) zugesichert wurde. Selbstverständlich musste die Einhaltung vertraglicher Verpflichtungen ständig überwacht und, sofern nötig, auch durchgesetzt werden. Man kann sich vorstellen, dass die diesbezügliche Aufgabe - die Treuhand-Nachfolgerinnen sprechen von **Vertragsmanagement** - nicht nur umfangreich, sondern auch sehr vielschichtig war (Küpper/Mayr 1993; Friedrich/Feng 1995).

Der Ausdruck Vertragsmanagement ist recht anschaulich; er wird nicht nur auf die „Abwicklung" des volkseigenen Vermögens der DDR angewendet, sondern auf alle Fälle, in denen die öffentliche Hand gegenüber einem privatisierten Unternehmen vertraglich begründete Überwachungs- oder Eingriffsrechte besitzt.

4. Privatisierung und Public Private Partnership im Zuge der Verwaltungsreform

Zwei Erscheinungen prägen das gegenwärtige Bemühen um Verwaltungsreform in besonderer Weise: die große Mittelknappheit der öffentlichen Hand und die Erkenntnis, dass der öffentlichen Hand Dezentralisierung und Ausgliederung von Aufgaben gut bekommen. Beides hat die Suche nach Möglichkeiten für Public Private Partnership sehr begünstigt. Vor allem die Idee, die Erfüllung öffentlicher Aufgaben durch Kontrakte abzusichern, wird mehr und mehr genutzt. Wurden - nach dem Vorbild der holländischen Stadt Tilburg - Kontrakte zwecks Verselbständigung von Verwaltungseinrichtungen zunächst vor allem zwischen der Verwaltungsspitze und nachgeordneten Organisationseinheiten geschlossen (Wolters 1994; Wallerath 1997; s. dazu auch S. 97-99), bemüht man sich heute bevorzugt um Kontrakte mit Außenstehenden.

Die wichtigsten Stichworte in diesem Zusammenhang heißen Outsourcing und Contracting out. Diese Formen versprechen die größten Effizienzgewinne. Und darauf kommt es den öffentlichen Verwaltungen z. Z. besonders an.

Andere Formen von Privatisierung und Public Private Partnership, wie z. B. die Finanzierung öffentlicher Aktivitäten durch Private oder die Beratung durch Private, sind kein Ausdruck von Bemühungen um Verwaltungsreform.

Selbstverständlich ändert sich unter den auf Privatisierung und Public Private Partnership beruhenden Bemühungen um Verwaltungsreform das Erscheinungsbild der öffentlichen Verwaltung. Dass die Wirkungen aber auch viel weiter reichen, zeigen die folgenden Hinweise.

5. Privatisierung, Public Private Partnership und die Zukunft der Öffentlichen Betriebswirtschaftslehre

Mit Privatisierungen und fortschreitender Public Private Partnership erodiert der staatliche Bereich der öffentlichen Wirtschaft. Damit verringert sich auch der Gegenstandsbereich der Öffentlichen Betriebswirtschaftslehre, der bisher auf öffentlichem Eigentum, öffentlicher Kapitalbeteiligung bzw. Ausstattung mit Sachgütern, Personal- und Finanzmitteln durch die öffentliche Hand beruhte. Schwindet damit allmählich auch die Existenzberechtigung der Öffentlichen Betriebswirtschaftslehre?

Nein, denn das Wesentliche der Öffentlichen Betriebswirtschaftslehre ändert sich nicht: ihre Zweckbestimmung, die betriebswirtschaftlichen Phänomene und Probleme zu behandeln, die mit der Erfüllung öffentlicher Aufgaben verbunden sind (s. S. 28). Aber die Definition der Öffentlichen Betriebswirtschaftslehre hat sich ändern, nämlich dem veränderten (Erfahrungs-)Objektbereich anpassen müssen. Wenn künftig öffentliche Aufgaben mehr und mehr in privaten Unternehmen und im sog. Dritten Sektor, den Non-Profit-Organisationen, erledigt werden, muss sich die Öffentliche Betriebswirtschaftslehre auch mit diesen Einzelwirtschaften befassen (in diesem Sinne auch Eichhorn 1985; ders. 1997, 335). Siehe dazu die Ausführungen auf S. 25 - 28.

Und wie könnte die Zukunft des öffentlichen Bereichs aussehen?

Es ist durchaus angebracht, sich auszumalen, wohin die Erosion der staatlichen Betriebe und Verwaltungen führen kann. In diesem Zusammenhang sind Eindrücke und Reflexionen aufschlussreich, die Navid Kermani anlässlich einer Reise nach Karatschi veröffentlicht hat (Kermani 2000). Natürlich sind nicht unbedingt identische Entwicklungen zu erwarten, aber bemerkenswerte Hinweise ergeben die Beobachtungen doch.

Zunächst beschreibt der Verfasser, wie dicht in der pakistanischen Metropole Verfall und wohlgeordnete Verhältnisse beieinander liegen. „Ja, so könnte New York oder Berlin in fünfzig Jahren aussehen", schreibt er und fährt dann fort:

„Das Szenario ist nicht nur beängstigend. Das Aufregende an Karatschi und das Beispielhafte ist, zu beobachten, wie das Leben sich nach dem Verfall staatlicher Institutionen und Einrichtungen neu organisiert. Die Gesellschaft bricht nicht zusammen, findet aber neue, molekulare Versorgungsstrukturen, die auf den ersten Blick bisweilen archaisch wirken (so das Heer der zivilen, mit Maschinenpistolen ausgestatteten Wachleute vor Geschäften, Banken und Villen), aber in anderer Hinsicht durchaus zukunftweisend sind. Das Transportwesen zum Beispiel: Wo früher Linienbusse und Tramwagen des städtischen Unternehmens fuhren, wird der gesamte öffentliche Nahverkehr heute von 17.000 Privatbussen bewerkstelligt. Es existiert kein Unternehmen, keine Genossenschaft, keine Aufsicht oder Planung; jeder Bus gehört einem Einzelnen oder oft auch drei oder vier Fahrern zusammen. Unterliegt der Nahverkehr Prinzipien, so sind es jedenfalls keine festgeschriebenen, eher solche einer Ameisenkolonie. Dieses System beschert keinen hohen Komfort, aber es ist effektiv und für die Benutzer bezahlbar.

Ähnlich ist es im Güterverkehr. Vor vierzig Jahren liefen im Hafen von Karatschi jährlich Güter im Umfang von 2,6 Millionen Tonnen ein, und es fuhren Eisenbahnen, die sie im Land verteilten. Aber nicht überall kamen sie hin. Inzwischen sind es 28 Millionen Tonnen. Über ein Netz aus 32.000 Schwerlastwagen erreichen sie auch den abgelegensten Teil Pakistans. Alle diese Lastwagen sind im Privatbesitz...

Entsprechende Beobachtungen lassen sich in allen Bereichen machen. Das öffentliche Gesundheitswesen ist längst kollabiert, aber in den Straßen trifft man auf fahrende Zahnärzte, die ihre Dienste auf einem offenen Anhänger anbieten. Die öffentlichen Schulen stehen oft leer, weil die Lehrer zu schlecht bezahlt sind, als dass sie zum Unterricht erschienen, dafür florieren selbst in den Slums die Privatschulen, und mögen sie nur aus einem Zimmer unter einem Wellblechdach bestehen und nicht mehr als ein paar Rupien Schulgeld kosten. Manchmal verursachen die neuen Dienstleister Probleme, an die niemand denken konnte und die wiederum neue Berufszweige hervorbringen. Die fünftausend Tankwagen etwa, die statt der Stadtwerke viele Bewohner mit Wasser versorgen, sind zu schwer für Karatschis Straßen und verursachen allerorten Schlaglöcher und Risse. Aber zumindest in manchen besseren Vierteln sorgen die Bewohner dafür, dass die Schäden von neu entstandenen Kleinunternehmen ständig ausgebessert werden. Selbst in den ärmsten Gegenden gibt es Vereine, die sich auf die Fahnen geschrieben haben, die Mittellosen zu versorgen, praktisch aber einer rudimentären Bürgerselbstverwaltung gleichen und das Nötigste erledigen. Karatschi ist wie ein Kind, das sich selbst überlassen worden ist, sich aber weigert, deswegen zugrunde zu gehen."

,

4. Kapitel: Die Wettbewerbssituation in ausgewählten Bereichen

A. Wettbewerb für öffentliche Betriebe im Zeichen des europäischen Rechts. Überblick

(1) Wettbewerb ist das Lebenselixier einer Marktwirtschaft. Dementsprechend gilt es, den Wettbewerb, vor allem durch ein hochentwickeltes Wettbewerbsrecht, zu schützen und zu fördern.

Wettbewerb gehört auch zur öffentlichen Wirtschaft. Man braucht sich nur einmal die wichtigsten Branchen vor Augen zu führen. Die Energiewirtschaft kennt seit jeher die Konkurrenz unter den verschiedenen Energieträgern. Die Verkehrswirtschaft sieht sich dem Wettbewerb mit dem Individualverkehr ausgesetzt. Das öffentliche Kreditgewerbe steht im Gruppenwettbewerb mit den privaten Kreditinstituten und den Genossenschaftsbanken. Auf dem Markt für Post- und Telekommunikationsdienste gibt es zahlreiche, miteinander konkurrierende Anbieter. Der staatlichen Forstwirtschaft begegnet Konkurrenz in Gestalt der privaten und kommunalen Waldbesitzer. Selbst auf einem Gebiet, das bis vor wenigen Jahren noch fest in öffentlicher Hand war, der Stadtreinigung, ist der Wettbewerb entbrannt. Genug der Beispiele.

So wenig die Existenznotwendigkeit des Wettbewerbs in der Marktwirtschaft zu bestreiten ist, kann man leugnen, dass eine Marktwirtschaft, die das Attribut „sozial" verdient, Ausnahmebereiche benötigt, Bereiche, in denen der Wettbewerb zumindest gedämpft ist: Sofern Monopole oder monopolartige Strukturen existieren, werden sie, um Mißbrauch zu vermeiden, reguliert oder durch den Staat selbst verwaltet („Monopolbewirtschaftung", s. S. 30).

Es galt lange Zeit als unabdingbar, dass die Eisenbahn, die Sparkasse, das Elektrizitätswerk, das Wasserwerk, die Post (einschließlich des Telekommunikationswesens) und die Stadtreinigung - um noch einmal die obigen Beispiele aufzugreifen - öffentliche Betriebe mit einem mehr oder weniger ausgedehnten Schutz vor Wettbewerb sein müssten: Die Bundesbahn war unbestrittener Alleinanbieter im außerstädtischen schienengebundenen Verkehr. Die Sparkassen konnten sich unangefochten auf das Regionalprinzip stützen. Den Stromanbietern war es erlaubt, ihre Versorgungsgebiete gegeneinander abzugrenzen. Die Wasserversorgung lag ausschließlich in Händen staatlicher Monopolbetriebe. Die Post besaß bis vor wenigen Jahren ein umfassendes Beförderungsmonopol für Postsendungen sowie das Fernmeldemonopol, das sich auf jegliche Dienstleistungen in diesem Bereich bezog. Und dass die Stadtreinigung durch private Unternehmen erfolgen könnte, war indiskutabel.

(2) Diese Verhältnisse haben sich grundlegend geändert. Unter dem Schlagwort „Deregulierung" wird in Deutschland seit Mitte der 70er Jahre intensiv versucht, wettbewerbliche Schutzbereiche abzuschaffen. Wie dies in einzelnen Branchen der öffentlichen Wirtschaft aussieht und welche Folgen daraus erwachsen, wird im nächsten Abschnitt näher dargestellt.

Vorausgegangen war eine breite Deregulierungswelle in den USA, die dort vor allem das Transportgewerbe, den Luftverkehr, das Eisenbahnwesen und die Energiewirtschaft erfasst hatte. Bald schrieb auch die Europäische Gemeinschaft bzw. Europäische Union eine ausgeprägte Deregulierungspolitik auf ihre Fahnen.[17] Nicht nur der Binnenmarkt sollte für den Wettbewerb geöffnet werden, sondern möglichst auch jedes sonstige Wettbewerbshindernis fallen. Lange Zeit sah es so aus, als wolle die Europäische Kommission alle nationalen Unterschiede im Wettbewerbsrecht einebnen („Vorab-Harmonisierung" mit Hilfe von Richtlinien). Nunmehr scheint eine gewisse Neigung zu bestehen, es auf einen Wettbewerb der nationalen Wettbewerbssysteme ankommen zu lassen. Was letztlich für den Bürger besser ist, steht nicht fest. Beide Möglichkeiten sind mit Gefahren verbunden. „Vorab-Harmonisierung" kann zur Festlegung auf ein nicht-optimales Wettbewerbssystem führen; im Wettbewerb der Wettbewerbssysteme kann es sein, dass sich am Ende nicht das beste, sondern das schlechteste System - mit erheblichen Nachteilen für die Bürger gegenüber dem Status quo - durchsetzt.

Im Rahmen des geltenden europäischen Wettbewerbsrechts ist für öffentliche Betriebe vor allem Art. 86 des EG-Vertrags von Bedeutung. Er sei wenigstens auszugsweise wörtlich wiedergegeben:

Artikel 86 EG-Vertrag

„(1) Die Mitgliedsstaaten werden in bezug auf öffentliche Unternehmen ... keine diesem Vertrag und insbesondere dessen Artikeln 12 und 81 bis 89 [Errichtung des Binnenmarkts; Wettbewerbsregeln; H. B.] widersprechende Maßnahmen treffen oder beibehalten.

(2) Für Unternehmen, die mit Dienstleistungen von allgemeinem wirtschaftlichen Interesse betraut sind oder den Charakter eines Finanzmonopols haben, gelten die Vorschriften dieses Vertrags, insbesondere die Wettbewerbsregeln, soweit die Anwendung dieser Vorschriften nicht die Erfüllung der ihnen übertragenen besonderen Aufgabe rechtlich oder tatsächlich verhindert ..."

Vor allem der letzte Halbsatz hat weitreichende Folgen. Er erlaubt wettbewerbsrechtliche Ausnahmeregelungen erst dann, wenn sonst die Erfüllung einer öffentlichen Aufgabe verhindert - lies: stark behindert - würde.

Von erheblicher Brisanz ist auch der in Artikel 86 enthaltene Verweis auf Artikel 87 EG-Vertrag. Der Artikel verbietet, von wenigen Ausnahmen abgesehen, staatliche „oder aus staatlichen Mitteln gewährte Beihilfen gleich welcher Art", die „den Wettbewerb verfälschen oder zu verfälschen drohen". Das könnte Folgen für den Defizitausgleich öffentlicher Betriebe haben. Darüber besteht noch keine rechte Klarheit.

---

[17] Zur vertiefenden Lektüre sei vor allem verwiesen auf folgende Quellen: Gesellschaft für öffentliche Wirtschaft 1990; Gesellschaft für öffentliche Wirtschaft 1991 a und b; Gesellschaft für öffentliche Wirtschaft 1992 b; CEEP Europäischer Zentralverband der öffentlichen Wirtschaft. Deutsche Sektion 1996; Brede 2000 / 2001a.

Zum Glück sind von dem Verbot „Beihilfen für die Wirtschaft bestimmter durch die Teilung Deutschlands betroffener Gebiete der Bundesrepublik Deutschland" ausgenommen, „soweit sie zum Ausgleich der durch die Teilung verursachten wirtschaftlichen Nachteile erforderlich sind" (Artikel 87, Abs. 2, Buchst. c EG-Vertrag).

Artikel 86 Abs. 2 EG-Vertrag spricht nur von Unternehmen und auch nur von solchen, „die mit Dienstleistungen von allgemeinem wirtschaftlichen Interesse betraut sind". Offensichtlich werden auf diese Weise staatliche Betriebe mit nicht-staatlichen gleichgestellt. Somit kann die öffentliche Hand auf längere Sicht einer Form des Wettbewerbs ausgesetzt werden, die aus Sicht des Bürgers nicht unproblematisch ist (Brede 2003a). Man denke z. B. an Sozialeinrichtungen der öffentlichen Hand, die mit privaten Anbietern karitativer Dienste - welche selbstverständlich privatwirtschaftliche Ziele verfolgen - konkurrieren müssen oder an sicherheitsrelevante Bereiche der Infrastruktur, die unter Wettbewerbsdruck geraten.

Bemerkenswerterweise enthält der EG-Vertrag Bestimmungen, die das Wettbewerbsrecht der Europäischen Union für die öffentliche Wirtschaft in einem ganz anderen Licht erscheinen lassen können. Verwiesen sei in diesem Zusammenhang auf Art. 16, der ebenfalls wegen seiner Bedeutung auszugsweise wörtlich zitiert werden soll:

Art. 16 [Dienste von allgemeinem wirtschaftlichem Interesse]

„Unbeschadet der Artikel 73, 86 und 87 und in Anbetracht des Stellenwerts, den Dienste von allgemeinem wirtschaftlichem Interesse innerhalb der gemeinsamen Werte der Union einnehmen, ... tragen die Gemeinschaft und die Mitgliedsstaaten im Rahmen ihrer jeweiligen Befugnisse im Anwendungsbereich dieses Vertrages dafür Sorge, dass die Grundsätze und Bedingungen für das Funktionieren dieser Dienste so gestaltet sind, dass sie ihren Aufgaben nachkommen können."

Damit verfügen die Staaten der Union über eine weitgehende Ermächtigung, die Bedingungen für ihre öffentlichen Betriebe frei zu gestalten - vorausgesetzt, der Kreis der öffentlichen Betriebe deckt sich begrifflich mit den „Diensten von allgemeinem wirtschaftlichem Interesse". Freilich, die begriffliche Übereinstimmung ist nicht unbedingt gegeben, und von der Ermächtigung muss der Gesetzgeber auch Gebrauch machen: erst dann kann der Bürger erwarten, dass die Erfüllung öffentlicher Aufgaben seinen bisherigen Ansprüchen entspricht.

(3) Die besondere Förderung, die die Europäische Union dem Wettbewerb angedeihen lässt, gilt nicht nur den Absatz-, sondern auch den Beschaffungsmärkten. Das macht sich beim Beschaffungswesen der öffentlichen Hand bemerkbar (s. S. 256). Vor allem wirkt sich aus, dass das Vergaberecht für öffentliche Aufträge nunmehr vorschreibt, Aufträge (ausgenommen Bauaufträge), deren geschätzter Wert 200.000 € überschreitet, im Normalfall europaweit auszuschreiben.

(4) Es wäre verfrüht abzuschätzen, ob das Wettbewerbsrecht der EU die öffentliche Wirtschaft stärkt oder schwächt, ob sie dem Bürger mehr nützt oder mehr schadet. Dazu ist vieles noch im Fluss; noch passen sich die öffentlichen Betriebe an, noch versuchen sie sich mit den geänderten Verhältnissen zu arrangieren. Zum Teil sind die Konsequenzen von Marktöffnung und intensiverem Wettbewerb nicht absehbar, weil die rechtliche Klärung aussteht. Aber einige Erkenntnisse dürften sich bewahrheiten:

Wettbewerb birgt nicht nur Gefahren fürs Gemeinwohl, beeinträchtigt die soziale Komponente, die der Marktwirtschaft eigen sein sollte, und gefährdet nationale Interessen. Wettbewerb stiftet auch fruchtbare Unruhe, fördert die Antriebskräfte und stärkt die Verbraucherposition.

Diese zuletztgenannten positiven Tendenzen sind in einigen Bereichen der öffentlichen Wirtschaft deutlich zu erkennen: u. a. im Telekommunikationswesen, in der Energiewirtschaft und in der Kreditwirtschaft. Hier machen sich vor allem bemerkbar die Aufhebung des Fernmeldemonopols, die Berechtigung Dritter, fremde Leitungsnetze zu benutzen, und die Niederlassungsfreiheit im Binnenmarkt. Ohne auf Einzelheiten einzugehen - was erst im nächsten Abschnitt geschehen soll - sei darauf verwiesen, dass der Wettbewerb ganze Branchen in Aufbruchstimmung versetzt hat (z. B. die Telekommunikations-, die Strom- und die Gaswirtschaft) und dass der Verbraucher inzwischen vom zunehmenden Wettbewerb deutlich profitiert. Man denke etwa an die stark gesunkenen Telefonkosten. Diese Vorteile des Wettbewerbs zeigen sich auch und gerade in der öffentlichen Wirtschaft.

Der Preis heißt freilich in vielen Fällen: Einsatz neuer Regulierungsinstrumente; denn wo öffentliche Aufgaben auf liberalisierten Märkten zu erfüllen sind, bleibt die ordnende Hand des Staates meist unentbehrlich. Dabei gilt es aufzupassen, dass zuviel Regulierung nicht am Ende die ursprünglich beabsichtigte Liberalisierung und Entbürokratisierung ins Gegenteil verkehrt (Brede 1994 b, 71 f.). Außerdem werden die Kommunen durch das Zusammenwirken des verstärkten Wettbewerbs mit den Restriktionen des Subsidiaritätsprinzips „in die Zange genommen" und erleiden dadurch erhebliche finanzielle Einbußen (Brede 2004).

Insgesamt bleibt zu hoffen, dass per Saldo die groß angelegte europäische Wettbewerbspolitik auf Dauer positiv ausfällt.

B. Schaffung von Wettbewerb und Wettbewerbsförderung für öffentliche Betriebe und Verwaltungen

1. Wettbewerb für öffentliche Betriebe

a) Vorbemerkungen

Bestimmte öffentliche Betriebe stehen eo ipso im Wettbewerb. Andere öffentliche Betriebe werden als Instrumente einer bewußten Wettbewerbspolitik eingesetzt („Hechte im Karpfenteich"). Wieder andere öffentliche Betriebe werden durch Betriebsvergleich oder die Forderung nach Privatisierung, nach Auflösung eines Querverbunds oder nach Abschaffung tatsächlich bestehender oder vermeintlicher Privilegien mit anderen Unternehmen verglichen, also einer künstlichen Wettbewerbssituation ausgesetzt.

Das ist alles nichts Neues, auch nicht, dass nunmehr der Betriebsvergleich, leicht erweitert, als „Benchmarking" daherkommt (Karloef/Oestblom 1994; Foltys-Schmidt 1995; Picot/Schwartz 1998).

Neu sind vielmehr das Aufbrechen öffentlicher Monopole, die Erschwernis bzw. Abschaffung von Beihilfen für öffentliche Betriebe und die Niederlassungsfreiheit in der Europäischen Union. Ihnen gelten die weiteren Ausführungen, wobei wir uns auf die Bereiche konzentrieren, die von der Monopolaufhebung bzw. von der Niederlassungsfreiheit besonders betroffen sind: die Verkehrs- und Versorgungswirtschaft, die Telekommunikationsdienste, die Postdienste, die Kreditinstitute und die öffentlichen Versicherungen (Berger 1996; Berger/Knauth 1996; Lang 1996; König/Benz 1997; Schwalbach 1997; Böwing 1998; Bohne 1998; Bozem 1997; Immenga/Lübben/Schwintowski 1998). Die Untersuchung soll aber nicht für die einzelnen Branchen getrennt vorgenommen werden. Das würde zu viele Wiederholungen bedingen. Hauptsächlich konzentrieren wir uns auf

- die Auswirkungen des Netzzugangs für Dritte
- das flächendeckende Angebot
- die Zuständigkeit von Aufsichtsämtern.

b) Der Netzzugang für Dritte und seine Auswirkungen

Der Bau von Schienennetzen für die Eisenbahn, Leitungsnetzen für Versorgungsunternehmen und stationären Fernmeldenetzen ist so teuer, dass praktisch nirgendwo parallele Netze entstanden sind; sie würden sich nicht rentieren. Die Eigentümer solcher Netze erlangten also aus technisch-wirtschaftlichen Gründen Monopolstellungen („natürliche Monopole").

Da aber Monopole aus ordnungspolitischer Sicht unerwünscht sind, wurde nach besseren Lösungen gesucht und im Netzzugang für Dritte ein passabler Hebel zum Aufbrechen der natürlichen Monopole gefunden.

Der erzwungene Netzzugang für Dritte („Third Party Access") ist nicht nur ein geeignetes Mittel, um Monopole aufzubrechen, sondern auch ein erstaunliches - die meisten davon betroffenen Unternehmen sind zwar öffentliche Unternehmen in unserem Sinne (s. S. 25-27), doch aufgrund ihrer privatrechtlichen Rechtsform zugleich Rechtspersönlichkeiten des Privatrechts. Man kann also den von der Europäischen Union erzwungenen Netzzugang durchaus als schwerwiegenden Eingriff in private Verfügungsrechte ansehen. Man stelle sich einmal vor, eine Reederei würde gezwungen, auf ihrem Fährschiff auch Passagiere der Konkurrenz zu befördern, oder der Ziegeleibesitzer würde verpflichtet, seinen Brennofen auch Fremden zur Verfügung zu stellen, oder dem Hotelier bliebe verwehrt, das hoteleigene Hallenbad für Hotelgäste zu reservieren, usw.

Aber es ist beim erzwungenen Zugang zu den Schienen- und Leitungsnetzen an Art. 14 Abs. 2 GG zu denken: „Eigentum verpflichtet. Sein Gebrauch soll zugleich dem Wohle der Allgemeinheit dienen." Dies gilt sicherlich besonders bei Gegenständen von so großer Bedeutung, wie dem nationalen Eisenbahnnetz und den lebenswichtigen Leitungsnetzen der Versorgungswirtschaft. Sie können nicht mit dem Fährschiff, dem Brennofen der Ziegelei oder dem Hallenbad des Hotels gleichgesetzt werden. Das Thema des von der Europäischen Union verfügten Third Party Access ist nun einmal der möglichst freie Zugang zu Infrastruktureinrichtungen.

Tatsächlich gab es auf dem Gebiet der Transport- und Übermittlungswege - die zu den wichtigsten Infrastruktureinrichtungen einer Volkswirtschaft überhaupt gehören - große Ungleichheit. Die Straßen- und Wasserwege waren frei zugänglich, die Schienenwege und Leitungsnetze nicht. Das führte immer wieder zur Klage der Eisenbahn, sie sei gegenüber dem Straßengüterverkehr und der Binnenschiffahrt benachteiligt, sie könne im Wettbewerb nicht mithalten. Auch die Tatsache, dass in der Vergangenheit der Straßenverkehr viel stärker als der Schienenverkehr gewachsen ist, zwang dazu, die Eisenbahnpolitik zu revidieren.

Nun wird erwartet, dass der Wettbewerb alle Mängel heilt:

- Die Möglichkeit privater Eisenbahnunternehmen oder ausländischer Staatsbahnen, das vorhandene Schienennetz mitzubenutzen, soll dem Nachfrager Wahlmöglichkeiten zwischen verschiedenen Angeboten eröffnen, soll das öffentliche Unternehmen zwingen, effizienter zu werden, soll insgesamt verbesserte Angebotsbedingungen erbringen.

- Ähnliches gilt für die Versorgungswirtschaft und die Telekommunikation. Auch hier besteht die Hoffnung, dass das Recht eines Unternehmens, ein fremdes Netz zur Durchleitung („Transit", „Common Carriage") zu benutzen, zu verbesserten Angebotsbedingungen auf dem Markt, insbesondere niedrigen Preisen, führt.

Tatsächlich haben sich manche Hoffnungen erfüllt. Zum Beispiel haben sich die Preise in der Telekommunikation seit der Marktöffnung kräftig nach unten bewegt. Aber es ist noch nicht ausgemacht, dass die neue Situation unproblematisch bleibt. Die wichtigsten Probleme seien kurz angeschnitten.

An erster Stelle ist das Sicherheitsproblem zu nennen. Es macht einen großen Unterschied, ob der Netzbetreiber sein Schienen- oder Leitungsnetz allein benutzt oder ob es auch von anderen in Anspruch genommen wird. Der Koordinationsaufwand wird größer. Außerdem fällt es schwer, die Zugangsberechtigung mit ständigen Sicherheitskontrollen zu verknüpfen. Um was es geht, kann man sich klarmachen, wenn man an vergleichbare Probleme denkt, insbesondere an den mitunter beängstigenden Zustand ausländischer Kraftfahrzeuge auf unseren Straßen oder an die Sicherheitsmängel, die von Zeit zu Zeit an ausländischen Flugzeugen mit hiesigen Landerechten entdeckt werden. Auch in der Telekommunikation spielt Sicherheit eine Rolle, allgemein die Sicherheit vor fremdem Zugriff auf übermittelte Informationen. Weshalb wohl lag in der Vergangenheit die Beförderung und Übermittlung von Nachrichten in staatlicher Hand?

Übrigens, das Beispiel Flughafen zeigt, wie die Technik aussieht, um eine Infrastruktur-Einrichtung von konkurrierenden Unternehmen gemeinsam nutzen zu lassen: Die Nutzungsrechte („Slots") werden verkauft, am besten sogar versteigert.

In diesem Punkt zeigt sich eine weitere Problematik. Die zwischen dem Netzbetreiber und den Benutzern auszuhandelnden Zugangsbedingungen können dazu mißbraucht werden, Nutzer fernzuhalten (vgl. o. V. 1998 o; o. V. 1998 p). Soll dies verhindert werden, sind entweder freiwillige Vereinbarungen gefragt oder es ist eine starke Regulierungsbehörde nötig. Hier wird erneut sichtbar, dass Deregulierung u. U. neuen Regulierungsbedarf schafft. Regulierung ist ohnehin keine perfekte Lösung. Die regulierte Branche wird – völlig legitim – immer wieder die Vorschriften zu unterlaufen suchen, so dass die Beziehungen zwischen Reguliertem und Regulierer oft denen von Hase und Igel gleichen (vgl. z. B. Hamel 1998).

Die Elektrizitätswirtschaft hat sich zu Vereinbarungen durchgerungen und hofft, dass auf diese Weise eine Regulierungsbehörde entbehrlich bleibt (o. V. 1998 n). Die Gaswirtschaft folgt dem Beispiel. Neuerdings entstehen in allen europäischen Ländern Strombörsen, und man kann beobachten, wie ausländische Stromanbieter auf den neuen offenen Markt vordringen. Das erzeugt eine ungewohnte Dynamik: Strom ist eine Ware wie jede andere geworden.

Dazu wird auch die Nachfrageseite berührt. Zunächst bringt die Marktöffnung gewerblichen Großabnehmern Vorteile. Sie können leicht unter den verschiedenen Anbietern auswählen. Danach schließen sich Stadtwerke zu Einkaufsverbänden zusammen, um ebenfalls von den Vorteilen des liberalisierten Stromhandels zu profitieren, und schon kommen auch die privaten Verbraucher in den Genuß sinkender Strompreise. Gleichwohl - Wettbewerb bringt nicht immer Vorteile mit sich, wie das folgende Zitat zeigt: „Insbesondere kann es nicht sein, dass die kommunalen Versorgungsunternehmen nach Bundesrecht den Wettbewerb privater Unternehmen auf 'ihrem' Gebiet hinnehmen müssen, demgegenüber nach Kommunalrecht aber nicht in der Lage sind, jenseits der Gemeindegrenzen Wettbewerb zu treiben und sich damit einen Ausgleich für entgangenen Absatz im Gemeindegebiet zu schaffen. Ebenso wenig kann es sein, dass Stadtwerke im Gegensatz zu ihren privaten Konkurrenten daran gehindert werden, den neuen Marktgegebenheiten ... durch eine Ergänzung der Angebotspalette Rechnung zu tragen" (Moraing 1998, 223). - Ob sich allerdings diese Klagen mit dem Subsidiaritätsprinzip (s. S. 9-12) vertragen, ist sehr zweifelhaft (Brede 2003a).

In der Verkehrswirtschaft fällt auf, dass noch wenig fremde Züge auf deutschen Gleisen fahren bzw. dass es auf unseren Bahnhöfen nur selten Schalter fremder Anbieter gibt (Ausnahmen: o. V., 2003). Hat also Third Party Access nicht „gegriffen"? Bei inländischen Privatbahnen ist die Zurückhaltung wohl mit dem hohen Kapitalbedarf und den derzeit herrschenden geringen Renditechancen zu erklären. Es lohnt sich noch zu wenig, in Eisenbahnen für den Personenverkehr zu investieren. (Im Güterverkehr sieht dies schon anders aus). Das könnte sich bei zunehmender Verkehrsdichte auf den Straßen ändern. Für die Zurückhaltung mancher ausländischer Staatsbahnen ist auch ein technischer Grund verantwortlich. In Europa herrschen unterschiedliche Stromspannungen. Lokomotiven können nicht einfach auf eine andere Spannung umgestellt werden. Deshalb gibt es noch keinen durchgehenden Zuglauf von Kopenhagen bis Palermo. Die Zugmaschinen müssen ausgetauscht werden. Ausgetauscht wird auch das Personal. Die Verkehrsbedingungen sind zu unterschiedlich, als dass deutschen Lokführern und Zugbegleitern der Dienst z. B. auf einer italienischen Strecke zugemutet werden könnte. Dementsprechend gibt es auch noch keine Aufnahme von Passagieren seitens der Deutschen Bahn in Bozen, Mailand oder Rom. Auf längere Sicht werden wir aber wohl erleben, dass z. B. in der römischen Statione Termini neben dem Schalter der FS (italienischen Staatsbahn) auch Schalter der Deutschen Bahn, der SBB (schweizerischen Bundesbahn), der SNCF (französischen Staatsbahn) usw. zu finden sind. Wir kennen Vergleichbares von den Flughäfen.

Zu befürchten ist allerdings, dass der Eisenbahnkunde größere Schwierigkeiten bekommt. Man denke nur daran, wie schwer es fällt, Fahrpläne unter Konkurrenten aufeinander abzustimmen, eine zusammenfassende Fahrplanübersicht herauszugeben oder eine umfassende Fahrplan-Auskunft zu organisieren.

Das Fazit, das aus all den Einschätzungen und Erwartungen gezogen werden kann, erscheint erst am Ende des Abschnitts (S. 66).

c) Das flächendeckende Angebot

Infrastruktureinrichtungen verlangen ein flächendeckendes Angebot. Anderenfalls verdienen sie ihre Bezeichnung nicht.

Allerdings war schon in Zeiten des staatlichen Monopols die flächendeckende Versorgung nicht immer sichergestellt. Zu denken ist hier vor allem an Streckenstillegungen und -rückstufungen im Eisenbahnverkehr. Dazu muss man wissen, dass die staatliche Eisenbahn in Deutschland zwei Zielsetzungen verpflichtet war, nicht nur der flächendeckenden Versorgung, sondern auch der Kostendeckung. Die beiden Zielsetzungen waren jedoch nicht zugleich zu verwirklichen. Wenn die erwerbswirtschaftliche Zielsetzung gegenüber der gemeinwohlorientierten dominierte - was in der Spätzeit der Deutschen Bundesbahn immer stärker der Fall war -, wurden häufiger Strecken stillgelegt oder von Haupt- zu Nebenstrecken zurückgestuft.

Für die (formell) privatisierte Bahn, die Deutsche Bahn AG, steht die erwerbswirtschaftliche Zielsetzung im Vordergrund. Die Konzentration auf die Magistralen ist unverkennbar, so dass von einem flächendeckenden Angebot keine Rede mehr sein kann. Erst recht nicht, wenn man „flächendeckend" nicht nur in einem raum-, sondern auch zeitbezogenen Sinne gebraucht. Man sehe sich einmal die Fahrpläne im Hinblick auf die Verkehrsdichte in ländlichen Gebieten an Wochenenden an. Zur Infrastruktur gehört eigentlich, ein Verkehrsangebot als räumlich und zeitlich dicht verteiltes Netz zur Verfügung zu stellen. Soweit dies nicht der Fall ist, bleibt das bevorzugte Verkehrsmittel das eigene Auto. Wer z. B. von Clausthal-Zellerfeld im Harz nach Köln reisen will und Mühe hat, in Göttingen oder Kreiensen einen günstigen Anschluss an die Ost-West-Verbindung zu bekommen, wird die Fahrt nach Köln gleich ganz mit dem eigenen PKW zurücklegen.

Ähnliche Gefahren bestehen für das Postwesen und die Telekommunikation. Verstärkter Wettbewerb bedeutet auch verstärkte Ausrichtung auf die erwerbswirtschaftliche Zielsetzung und verstärkte Konkurrenz des staatlichen Betriebs durch private Mitanbieter. Beides zusammen bewirkt selbstverständlich eine Bevorzugung der renditeträchtigen Märkte, d. h. der Ballungsgebiete, der Geschäfts- und Großkunden. Das lässt sich auch nicht gänzlich durch gemeinwohlverpflichtende Auflagen („Universaldienste") verhindern.

Die Folge kann eine Ausdünnung des Angebots sein: Postämter werden geschlossen, Schalteröffnungszeiten gekürzt, Briefkästen seltener geleert, Post wird weniger oft zugestellt, Entgelte werden nach Entfernungen gestaffelt (d. h. die **„einheitliche Tarifierung im Raum"**[18] - zu diesem Begriff: Thiemeyer 1975, 65 f. - wird aufgegeben), und die Kostenunterschiede zwischen dem Kabelanschluss und der eigenen Fernseh„schüssel" auf dem Dach nehmen weiter zu. Zumindest der Haushalt auf dem Lande hat das Nachsehen.

Die Situation hat sich allerdings insofern verbessert, als nun Fernmeldesatelliten die völlige Abhängigkeit von der *leitungsgebundenen* Nachrichtenübermittlung aufgehoben haben. Doch „Handy" und Satellitenantenne sind noch kein vollwertiger Ersatz für den Anschluss z. B. jedes Gebäudes an ein Glasfasernetz.

Auch die Sparkassen haben im Zuge des verstärkten Wettbewerbs ihr Filialnetz ausdünnen müssen. Der verstärkte Wettbewerb im Kreditgewerbe hat, wie schon erwähnt, mit der Öffnung des Binnenmarktes begonnen. Sichtbares Zeichen ist die derzeitige Fusionswelle, die zu immer mächtigeren Kreditinstituten bzw. Finanzdienstleistungsunternehmen führt. Das zwingt die Sparkassen dazu, stärker als bisher Renditeinteressen vor Gemeinwohlinteressen zu beachten, und das kann schnell zu Schmälerungen des Angebots führen.

d) Die Zuständigkeit von Aufsichtsämtern für Kreditinstitute und Versicherungsunternehmen

Ein weiterer Aspekt der neuen Wettbewerbssituation ist der Verbleib der Zuständigkeit für ausländische Kreditinstitute und Versicherungsunternehmen bei ihren nationalen Aufsichtsämtern. Eröffnet z. B. die britische Barclays Bank in Düsseldorf eine Geschäftsstelle, untersteht sie nicht dem deutschen Bundesaufsichtsamt für das Kreditwesen, sondern der entsprechenden Behörde im Vereinigten Königreich.

Das hat Konsequenzen, da für Kreditinstitute und Versicherungen in den Ländern der Europäischen Union unterschiedliche Spielregeln gelten. In Deutschland sind die Regeln, unter denen Kreditinstitute und Versicherungsunternehmen betrieben werden dürfen, vergleichsweise streng. Das heißt, solange es in der Europäischen Union noch kein harmonisiertes Aufsichtswesen für die Kredit- und Versicherungswirtschaft gibt, sind hiesige Nachfrager gefährdet, sofern sie an Anbieter geraten, die in ihrem Heimatland unter weniger strenger Aufsicht stehen. Außerdem, der „normale" Bank-,

---

[18] Mit der „einheitlichen Tarifierung im Raum" soll die Preis- und Gebührenpolitik öffentlicher Betriebe zur Schaffung einheitlicher Lebensverhältnisse im ganzen Land beitragen.

Sparkassen- oder Versicherungskunde hierzulande lebt im Bewußtsein, dass „sein" Kreditinstitut bzw. „seine" Versicherungsgesellschaft mit Recht Vertrauen genießt; er käme gar nicht auf den Gedanken, dem ausländischen Unternehmen weniger Vertrauen als dem deutschen entgegenzubringen.

e) Fazit

Die vorausgehende Darstellung sollte deutlich gemacht haben: Wettbewerb ist auch für öffentliche Betriebe wichtig - gerade für öffentliche Betriebe, die aufgrund ihrer Gemeinwohlorientierung immer von Antriebsschwäche und Effizienzdefiziten gegenüber vergleichbaren privaten Unternehmen bedroht sind.

Schaffung und Verstärkung von Wettbewerb birgt aber gleichfalls Gefahren. Die eine Gefahr besteht darin, dass der Abbau von regulierenden Maßnahmen überkompensiert wird durch neuen Regelungsbedarf. Die andere Gefahr kann allgemein als Verlust an Gemeinwohl umschrieben werden. Ein solcher Verlust kann zum Ausdruck kommen in höheren Transaktions-(Informations- und Koordinations-)kosten, in einem geringeren Versorgungsgrad in reduzierten Sicherheitsstandards oder/und geringeren Einnahmen der Kommunen. Deshalb sei noch einmal wiederholt: Die zweifellos segensreichen Wirkungen des Wettbewerbs dürfen nicht allein gesehen werden, man muss bei öffentlichen Betrieben auch in Rechnung stellen, dass verstärkter Wettbewerb das öffentliche Interesse, die gemeinwohlorientierte Zielerfüllung, beeinträchtigen kann.

2. Wettbewerb in der öffentlichen Verwaltung

In den letzten Jahrzehnten wurde stärker als zuvor von einer breiten Öffentlichkeit registriert, welch fruchtbare Wirkungen Wettbewerb hervorbringen kann. Deshalb lag es nahe, darüber nachzudenken, ob nicht auch die öffentliche Verwaltung vom Wettbewerb profitieren kann.

Dabei kam zum Vorschein, dass Wettbewerb in der öffentlichen Verwaltung nie ein Fremdwort war. Man denke z. B. an das Vergabewesen, mit dem Wettbewerb zwischen verschiedenen Anbietern erzeugt wird (s. dazu Näheres auf S. 255 f.), an den Wettbewerb zwischen Prüfungskandidaten, an den Wettbewerb zwischen Bewerbern um eine freie Stelle, an den Wettbewerb zwischen Bewerbern um einen Zuschuss oder um ein Stipendium.

Es kamen aber auch neue wettbewerbsfördernde Instrumente zum Vorschein, die sich für den Einsatz in der öffentlichen Verwaltung eignen:

Eines der wichtigsten neuen Mittel zur Initiierung von Wettbewerb ist wohl der Verwaltungsvergleich. Dem altbekannten Betriebsvergleich nachgebildet, werden Verwaltungen gleicher Art an bestimmten Kennzahlen gemessen, beispielsweise an den Kosten der Aufgabenerfüllung. Sofern anschließend die beste unter den verglichenen Verwaltungen zum Vorbild und Maßstab erhoben wird, spricht man von **Benchmarking** (Hill 1993; Karloef/Oestblom 1994; Hill/Klages 1995).

Verwaltungsvergleiche versprechen vor allem dann Erfolg, wenn den Verwaltungsangehörigen Belohnungen winken. Deshalb ist es kein Zufall, dass nunmehr in der öffentlichen Verwaltung auch die Idee der leistungsbezogenen Entlohnung und Besoldung verfolgt wird. Allerdings soll diese Form des Wettbewerbs nicht nur den Beschäftigten Vorteile bringen. Stets verbindet sich damit die Hoffnung auch auf steigende Verwaltungseffizienz.

Dieselben Wirkungen verspricht man sich in der öffentlichen Verwaltung von weiteren Maßnahmen, der Evaluation, dem behördlichen Vorschlagswesen sowie der Auslobung von Preisen (Reichard 1998, 306 f.).

Wettbewerb wird in die öffentliche Verwaltung ferner durch das Neue Steuerungsmodell (s. S. 97 f.), vor allem aber durch die Einrichtung von Verantwortungszentren (s. S. 91) und durch Privatisierungen oder Public Private Partnership (s. S. 39-53) getragen. In jedem Fall soll die öffentliche Verwaltung veranlaßt werden, um knappe Ressourcen mit anderen zu konkurrieren und/oder die eigenen Angebotsbedingungen an denen anderer Anbieter zu messen.

Hinsichtlich der Bewertung des Wettbewerbs, soweit er öffentliche Verwaltungen betrifft, sind die traditionellen und die neuen Instrumente getrennt zu beurteilen.

Die Schwächen der traditionellen Instrumente, d. h. die Manipulations- und Korruptionsgefahr im Vergabewesen (Westhof 1989) sowie die problematischen Beurteilungsmaßstäbe und -prozeduren bei Prüfungen im Ausbildungswesen, bei der Personalauswahl usw., sind allgemein bekannt. Sie müssen hingenommen werden; denn an die Abschaffung dieser Formen des Wettbewerbs ist nicht zu denken.

Bei den neuen Instrumenten, welche Wettbewerb auslösen oder fördern sollen (Verwaltungsvergleich, leistungsbezogene Bezahlung, Evaluation, Vorschlagswesen, Neues Steuerungsmodell, Verantwortungszentren, Privatisierungen, PPP), zeigt sich vor allem das Problem, die Beiträge zur gemeinwohlorientierten Zielerreichung valide, reliabel und widerspruchsfrei zu messen (s. S. 209 f.). Solange dieses Problem Kopfzerbrechen bereitet, ist jeglicher Wettbewerb, der mit den Instrumenten initiiert oder gefördert wird, von Zweifeln umgeben. Insbesondere sollte nie übersehen werden, dass falsch oder einseitig verwendete Maßstäbe zur Fehlsteuerung führen. Wer in öffentlichen Verwaltungen z. B. nur auf die Kostengünstigkeit setzt, braucht sich nicht zu wundern, wenn etwa die Bürgerfreundlichkeit auf der Strecke bleibt. Eine gemeinwohlorientierte Zielsetzung ist immer eine multidimensionale Angelegenheit.

Zweiter Teil: Funktionen

1. Kapitel: Controlling

A. Vorbemerkungen

Das Kapitel über Controlling wird den anderen Funktionen gewidmeten Kapiteln vorangestellt. Das hat einen guten Grund. Wie heute allgemein üblich, wird auch hier Controlling als Instrument zur Unterstützung der Verwaltungs- oder Betriebsleitung bei ihrer Führungsaufgabe verstanden (allgemein: Küpper/Weber/Zünd 1990, 282; zu Controlling in der öffentlichen Verwaltung: Budäus 1987; Weber/Tylkowski 1989; Andree 1994; Haiber 1997; Brüggemeier 1998). Dies bringt es mit sich, dass das Controlling zwar selbst eine Funktion darstellt, aber zugleich mannigfaltige Bezüge zu den übrigen Funktionen aufweist. Am besten wird man der Wesensart gerecht, wenn man Controlling als eine „vor die Klammer" (der übrigen Funktionen) gezogene Funktion begreift. Nach diesem Begriffsverständnis umfasst Controlling alle Aktivitäten, die dazu dienen, „eine angemessene Rationalität der Führung sicherzustellen" (Weber 1998, 35).

Controlling wird gern mit der Tätigkeit des Steuerns in Verbindung gebracht. Man sagt, als eigenständige Funktion diene Controlling der Betriebs- oder Verwaltungsleitung wie ein Navigator dem Kapitän. Der Controller informiere über die aktuelle Position, überwache die Einhaltung des vorgegebenen Kurses und gebe den voraussichtlichen Kursverlauf an, so dass der Entscheidungsträger (Kapitän) über die Beibehaltung oder Korrektur des Kurses befinden kann. Das Bild ist sehr hilfreich.

B. Die organisatorische Gestaltung des Controlling

Controlling kann auf weit ausgreifende Ziele und Zwecke ausgerichtet sein: **strategisches Controlling**. Controlling kann aber auch heißen, die Betriebs- oder Verwaltungsleitung bzw. eine nachgeordnete Managementebene bei der Erledigung ihrer Alltagsgeschäfte zu unterstützen: **operatives Controlling**. Staatliche Einrichtungen begnügen sich häufig mit operativem Controlling. In öffentlichen Betrieben kann wie in nicht-öffentlichen ein Interesse am bereichsbezogenen Controlling bestehen (z. B. Personal-, Beschaffungscontrolling usw.). Öffentlichen Verwaltungen dürfte dieses Interesse meist fehlen. Eine Ausnahme besteht z. B. dort, wo Ministerien umfangreichen Beteiligungsbesitz zu verwalten haben; dort empfiehlt sich immer, sog. Beteiligungscontrolling zu installieren.

Die häufige Selbstbeschränkung auf das operative Controlling hat ihre Ursache zum einen in der wenig verbreiteten Kenntnis von Sinn und Zweck des strategischen Controlling und zum anderen in der ständig herrschenden Mittelknappheit. Ein weiterer Grund sind Schwierigkeiten im Informationswesen.

Zur Mittelknappheit sei nur festgestellt: Wenn öffentliche Betriebe und Verwaltungen auf strategisches Controlling verzichten und sich nur auf operatives Controlling beschränken, so ist das eine akzeptable Notlösung. Allerdings ist es nicht akzeptabel, wenn die mit Controlling verbundenen Aufgaben dem Träger einer anderen Funktion „draufgesattelt" werden. Das führt schnell zur Überforderung. Controlling verlangt, sich der Aufga-

be voll und ganz zu widmen. Das hängt nicht zuletzt mit der Tatsache zusammen, dass der Controller in hohem Maße kreativ sein und Eigeninitiative entfalten muss.

Mittelknappheit kann dazu zwingen, Controlling klein und bescheiden anzufangen. Das ist weniger nachteilig, als es klingt. Der „große Wurf" birgt das Risiko der großen Enttäuschung in sich. Die „kleine" Lösung erlaubt dem Controller hingegen, sich zu bewähren und mit dem Auf- und Ausbau seines Funktionsbereichs im Laufe der Zeit das notwendige Vertrauenskapital anzusammeln (ausführlich: Brückmann 1994).

Für die organisatorische Einbindung des Controlling bieten sich verschiedene Möglichkeiten an (auch Ossadnik 1993, 63 f.; Andree 1994, 68-73, 195-201). Einige seien im folgenden kurz vorgestellt.

(1) Controlling kann zentral und/oder dezentral betrieben werden. Die zentrale Lösung empfiehlt sich vor allem für strategisches Controlling, die dezentrale Lösung für operatives Controlling. So ist es angebracht, auf der obersten Ebene das strategische Controlling und auf der mittleren Managementebene je nach Bedarf mehrere Controllingbereiche für operatives Controlling anzusiedeln.

(2) Controlling kann in einer Stabsstelle bzw. -abteilung oder einer Organisationseinheit der Linienorganisation betrieben werden. Die Einrichtung einer Stabsstelle oder -abteilung entspricht der Beratungsfunktion des Controlling am besten.

(3) Controlling, insbesondere das operative, setzt Informationen voraus, die oft nur „vor Ort" gewonnen werden können. Zur erleichterten Informationsgewinnung ist es daher sinnvoll, Controllingmitarbeiter auf der Sachbearbeiterebene in den einzelnen Funktionsbereichen der Verwaltung oder des Betriebes zu beschäftigen. Problematisch bleibt freilich, wem diese Mitarbeiter zuzuordnen sind, dem jeweiligen Abteilungsleiter (Modell A) oder dem Chef-Controller (Modell B).

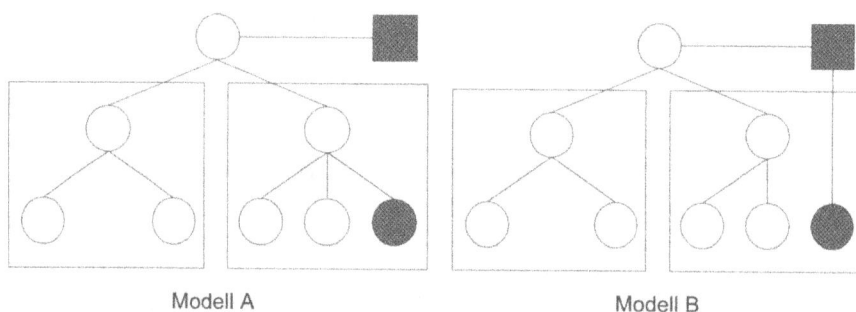

Modell A   Modell B

Abb. 4: Zwei organisatorische Gestaltungsmöglichkeiten des Controlling

Die schwarzen Kästchen und Kreise weisen auf die Controllingfunktion hin, die Einrahmungen markieren Abteilungen bzw. räumliche Zusammengehörigkeit.

Beide Modelle haben Vor- und Nachteile. Im Modell A hat der Controlling-Mitarbeiter auf der dritten Ebene zwar Zugang zu den relevanten Informationen. Aber ob der Controller auf der Leitungsebene davon profitiert, ist nicht sicher. Im Modell B sollte es um die Kommunikation zwischen den beiden Controller-Stellen besser bestellt sein, doch der Abteilungsleiter wird den seiner Abteilung zugeordneten Controlling-Mitarbeiter als Fremdkörper empfinden und behandeln. Welche Lösung bevorzugt werden sollte, hängt von den individuellen Bedingungen ab.

C. Operatives und strategisches Controlling in der öffentlichen Verwaltung

1. Möglichkeiten des operativen Controlling

Wenn in der Überschrift nur die öffentliche Verwaltung erscheint, handelt es sich um kein Versehen. Wir folgen dem Grundsatz, in der Öffentlichen Betriebswirtschaftslehre möglichst nichts anderes als die Besonderheiten öffentlicher Einzelwirtschaften gegenüber den nicht-öffentlichen zu behandeln. Und Besonderheiten des Controlling sind sehr wohl bezüglich öffentlicher Verwaltungen, nicht aber öffentlicher Betriebe festzustellen.

Wie die Führung selbst kann auch deren Unterstützung, also Controlling, verschiedenste Ausprägungen erfahren. Es wäre deshalb von vornherein abwegig, eine umfassende Beschreibung der Möglichkeiten anzustreben, die für operatives Controlling in der öffentlichen Verwaltung bestehen. Statt dessen wird versucht aufzuzeigen, wie dort, wo Controlling noch Fuß fassen muss, allmählich Terrain gewonnen werden kann.

Controller in der öffentlichen Verwaltung dürfen - besonders in der Einrichtungsphase des Controlling kaum mit präziser Aufgabenstellung rechnen. In diesem Falle muss sich der Controller seine Aufgaben suchen. Dabei sollte er die Aufgabe so wählen, dass sich seine Stellung über entsprechende Erfolge möglichst schnell festigt.

Unter diesem Aspekt ist es denkbar, dass der Controller einer Kommunalverwaltung im Rahmen des operativen Controlling sein erstes Augenmerk z. B. auf die Reform eines als umständlich empfundenen Beschaffungswesens lenkt. Oder er kann es für notwendig halten, Kostenvergleiche zwischen verschiedenen Verwaltungen gleicher Art anzustellen.

Aktivitäten in der Einrichtungsphase des operativen Controlling laufen gewöhnlich darauf hinaus, operative Ziele zu setzen bzw. zu vereinbaren, ferner Personal zu motivieren, Maßnahmen zu planen, die Durchführung zu kontrollieren und den Erfolg zu bestimmen. Meist sind die dafür nötigen Instrumente, wie etwa ein Zielsystem und eine aussagefähige Kosten- und Leistungsrechnung, erst einzurichten, zu entwickeln oder zu beschaffen.

Erst wenn sich das operative Controlling als effizienzsteigernder Faktor der öffentlichen Verwaltung etabliert hat und die nötigen Instrumente vorhanden sind, kann die Routine des operativen Controlling beginnen. Sie besteht in der öffentlichen Verwaltung vor allem in der Entwicklung und Auswertung von Kennzahlen aller Art und der darauf fußenden Entscheidungsvorbereitung.

2.   Notwendigkeit und Möglichkeiten des strategischen Controlling

a)   Strategische Maßnahmen für die Verwaltung im Wettbewerb

Man könnte vermuten, das ursprünglich für die strategische *Unternehmens*führung entwickelte Controlling hätte für öffentliche Verwaltungen keine Bedeutung. Aber das stimmt nicht. Strategisches Controlling erlangt in der öffentlichen Verwaltung einen wachsenden Stellenwert. So sind auch dort Situationen vorstellbar, in denen z. B. die Einschätzung der eigenen Stärke bzw. Schwäche gegenüber anderen Verwaltungen eine Rolle spielt. Beispiele bilden der

- Speyerer Qualitätswettbewerb um die Auszeichnung als reformfreudigste Kommunalverwaltung
- Standortwettbewerb zwischen Kommunen um die Ansiedlung von Unternehmen (z. B.: Ansiedlung der Airbus-Fertigung in Rostock oder Hamburg)
- Wettbewerb zwischen alternativen Veranstaltungsorten von Messen, Sportereignissen, Ausstellungen usw.
- Wettbewerb zwischen Hochschulen.

Im Grunde genommen handelt es sich um keine andere Situationen, als sie sich auch für jeden Waschmittelfabrikanten oder jeden Zigarettenhersteller darbieten. Es lässt sich dementsprechend in einer öffentlichen Verwaltung grundsätzlich dasselbe Controlling-Instrumentarium einsetzen wie in einem Unternehmen. Doch hinsichtlich der praktischen Anwendung hat die öffentliche Verwaltung größere Schwierigkeiten als die Unternehmung. Sie liegen in den Besonderheiten der öffentlichen Verwaltung hinsichtlich des Informationsmanagements: Öffentliche Verwaltungen sind auf das Gemeinwohl ausgerichtet. Ihre Zielgrößen sind kaum und nur selten operationalisierbar. Deshalb gibt es noch kaum wirklich aussagefähige Kennzahlensysteme, wie wir sie aus der Wirtschaft kennen.

Um die eigene Position im Wettbewerb zu bestimmen und zu stärken, heißt das Schlüsselwort zur Problemlösung Benchmarking. Doch ist Benchmarking in der öffentlichen Verwaltung, - solange die erforderlichen Informationen kaum verfügbar sind - schwer zu praktizieren. Der Zustand wird noch längere Zeit bestehen bleiben.

b)   Anpassung an sich ändernde Rahmenbedingungen

Nachdem der Pharao geträumt hatte, er sähe aus dem Nil sieben fette Kühe steigen, gefolgt von sieben mageren Kühen, und es wüchsen aus *einem* Halm sieben dicke Ähren, gefolgt von sieben dünnen Ähren, empfahl Joseph, Korn für bevorstehende Notzeiten einzulagern - was denn auch geschah und das ägyptische Volk vor einer Hungersnot bewahrte.

Wir können die biblische Geschichte als Bericht vom möglicherweise ersten Fall strategischer Verwaltungsführung nehmen. Sie bildet noch heute ein Beispiel dafür, wie sich die öffentliche Verwaltung darauf einrichten muss, Ankündigungen großer Veränderungen in Staat und Gesellschaft wahrzunehmen, in ihren Konsequenzen für das betreffende Gemeinwesen abzuschätzen und daraus strategische Pläne und Entscheidungen abzuleiten. Freilich sind heute keine Traumdeuter mehr, sondern Controller gefragt.

Dabei gilt es nicht, aus bereits offenkundigen Trends und sonstigen Hinweisen Konsequenzen zu ziehen, sondern die Vorboten großer Veränderungen *aufzuspüren* (Ossadnik 1993, 62 f.; Andree 1994, 92 ff.; Hauswirth 1994, 58 ff.). Das aktive Moment, d. h. das Bemühen, der künftigen Entwicklung zuvorzukommen, macht das strategische Verwaltungscontrolling aus. Dazu brauchen wir offenbar auch in der öffentlichen Verwaltung ein Frühwarnsystem, besser noch bezeichnet: ein System der Früherkennung.

Das gesellschaftliche oder politische Leben wird nur selten von dramatischen, gleichsam über Nacht eintretenden Ereignissen bestimmt. Ausnahmen in jüngerer Zeit waren der Fall der Mauer in Berlin und der Regierungswechsel von 1998. Die meisten Erscheinungen, die für die strategische Verwaltungsführung Bedeutung haben, kündigen sich dem aufmerksamen Beobachter schon lange vorher an. Man denke zum Beispiel an die Zunahme der Verkehrsdichte auf unseren Straßen und in den Innenstädten. Offenbar bedarf es „nur" des aufmerksamen Zeitgenossen, um solche Ankündigungen wahrzunehmen und zu analysieren. Allerdings muss er bereit und imstande sein, alle Wissensmärkte auszunutzen, d. h. alle verfügbaren Quellen auszuschöpfen.

Die bloße Wahrnehmung veränderungsträchtiger Informationen genügt noch immer nicht. Der Controller muss seine Beobachtungen auch selektieren, damit er nur die wichtig erscheinenden Beobachtungen näher analysiert.

Was das bedeutet, sei an einem Beispiel illustriert. In den letzten Jahren ist eine alarmierende Zunahme allergiebedingter Erkrankungen festzustellen. Hier müsste der Controller ansetzen und sich fragen, was daraus z. B. für die Gestaltung von Diensträumen folgen könnte. Der Controller könnte zu der Auffassung gelangen, dass es eines Tages analog der Asbestverordnung Vorschriften geben wird, Dienstgebäude soweit wie möglich von allergenen Stoffen freizuhalten. Das dürfte jedoch erst der Anfang seiner Überlegungen sein. Anschließend wären z. B. Szenarien zu entwickeln, und es wären die Eintrittswahrscheinlichkeiten abzuschätzen. Daneben müsste der Controller auch noch anderen Bezügen zu Verwaltungsaufgaben nachgehen. Zu denken ist insbesondere an die Herausforderungen, die sich für die Bau- und die Gesundheitsverwaltung oder die Personalwirtschaft der öffentlichen Hand ergeben.

Mit dem Beispiel soll auf die Schwierigkeiten hingewiesen werden, die in der nötigen Prognosearbeit liegen. An sich sind Prognoseschwierigkeiten etwas Alltägliches. Aber es ist zu berücksichtigen, dass der Controller in öffentlichen Verwaltungen, wo strategische Führung noch weithin ein Fremdwort ist, ein Akzeptanzproblem hat. In der Wirtschaft erlebt der Controller insofern günstigere Bedingungen, als von seiner Tätigkeit Gedeih und Verderb des Unternehmens abhängen können - und dies jedermann bewußt ist. Das verschafft seinen Aussagen von vornherein größeres Gewicht.

Hinsichtlich der Informationsbeschaffung darf man annehmen, dass die Anforderungen in großen Verwaltungen erfüllbar sind und auch erfüllt werden. In den obersten Bundes- und Landesbehörden bzw. in den großen Städten (Metropolen) gibt es Planungsstäbe, die über genügend qualifiziertes Personal verfügen und von denen auch die Aufgeschlossenheit für die strategische Aufgabe erwartet werden kann.

Ist nun das Aufspüren von Anzeichen für große Veränderungen eine Aufgabe, die jede Behörde, auch jede kleine und mittlere, angeht?

Im Einzelfall weiß man das erst im Nachhinein, also wenn es für die nötige Weichenstellung möglicherweise zu spät ist. Anders ausgedrückt, weil die Leitung der Kreisverwaltung, des Finanzamts oder des Staatshochbauamts nicht im voraus wissen kann, ob ein Trend oder ein sich abzeichnendes Ereignis langfristig eigene Aufgabenbereiche berührt, ist es grundsätzlich auch in jeder kleinen und mittleren Verwaltung nötig, möglichst frühzeitig alle wichtigen politischen und gesellschaftlichen Ereignisse bzw. Entwicklungstrends zu erkennen und in den Folgen abzuschätzen. Anderenfalls kann es zu schwerwiegenden Fehlplanungen und Versäumnissen kommen.

Im großen und ganzen darf davon ausgegangen werden, dass es strategische Verwaltungsführung im Sinne der Früherkennung sowie der Berücksichtigung von Vorboten künftiger Ereignisse und Entwicklungen bei Planungen und Entscheidungen in kleinen und mittleren Verwaltungen nicht gibt. Ein Grund ist fehlendes Problembewußtsein, ein anderer sind die fehlenden Mittel, anpassungsorientierte strategische Verwaltungsführung zu verwirklichen. Ein dritter Grund ist die schon erwähnte Neigung, dem operativen Geschäft Vorrang vor der strategischen Verwaltungsführung einzuräumen. Das Fehlen von Anreizen, etwa Prämien und verbesserte Aufstiegschancen für strategisch handelnde Behördenleiter, könnte ein weiterer Grund sein. Schließlich gibt es noch die Unzulänglichkeiten des Informationswesens. Darauf wollen wir im Weiteren näher eingehen.

Was tun kleinere und mittlere Verwaltungen zur Lösung von Aufgaben, die ihre eigenen Kräfte überfordern? Sie besinnen sich auf die Zusammenarbeit mit Nachbarn, die in derselben Lage sind. Ein Stichwort zur gemeinsamen Problemlösung heißt Zweckverband.

Warum sollte die Verbandsidee nicht auch die strategische Verwaltungsführung unterstützen können? Man braucht freilich nicht unbedingt einen Zweckverband zu gründen; schon der Einsatz der vorhandenen kommunalen Spitzenverbände auf Landes- oder Bundesebene bietet ein taugliches Mittel.

Tatsächlich ist der Gedanke im Ansatz bereits realisiert worden. Ein diesbezügliches Stichwort lautet „kikos". Dazu schreibt der Betreiber, die Kommunale Gemeinschaftsstelle KGSt: Das Kommunale Informations- und Kommunikationssystem (kikos) „bündelt das Wissen der Kommunen sowie der KGSt und stellt es den KGSt-Mitgliedern per Internet zur Verfügung" (o. V. 1999 a). Bis jetzt fehlt bei kikos aber noch der ausdrückliche Bezug zum strategischen Controlling.

Konkret kann z. B. die Lösung auch so aussehen, dass der Landkreistag allen Mitgliedern als Serviceleistung in regelmäßigen Abständen eine Übersicht über die wichtigsten Trends in Gesellschaft und Politik sowie über die wichtigsten sonstigen Vorboten künftiger Veränderungen bietet, die die Mitglieder befähigt, Folgerungen für das eigene Planen und Handeln zu ziehen. Diese Dienstleistung den Mitgliedern anzubieten sollte um so leichter fallen, als keine Konkurrenzbeziehungen stören. Damit ist übrigens auch das Qualifizierungsproblem vom Tisch, denn für die Aufgabe könnte besonders ausgebildetes Personal beschäftigt werden. Es muss sich ja nicht um Personal handeln, das aus der öffentlichen Verwaltung hervorgeht.

Allerdings kann man von einem solchen Verbandsservice nur eine grobe Übersicht erwarten. Die Feststellung des eigenen Planungsbedarfs und die Entwicklung eigener Pläne bleiben immer noch den Behörden erhalten. Auch das Prognose- und das Akzeptanzproblem verlieren ihre Brisanz nicht.

Denkbar ist ferner, dass sich private Informationsdienste für solche auf die öffentliche Verwaltung zugeschnittene Serviceleistungen entwickeln. Ob jedoch der gewöhnliche Behördenleiter geneigt wäre, für einen privaten Informationsdienst zu bezahlen, darf bezweifelt werden. Wir sollten deshalb auf die Verbandslösung setzen.

c) Bemühungen um Effizienz- und Effektivitätssteigerung

Mit Strategien zur Effizienz- und Effektivitätssteigerung in der öffentlichen Verwaltung sind Anstrengungen und Aktivitäten der weit ausgreifenden Art gemeint, gerichtet auf Ziele, die nur in langen Zeiträumen erreicht werden können. Anlaß könnte die angestrebte Umwandlung von Dienststellen, Regie- und Eigenbetrieben in Unternehmen sein. Strategien zur Effizienzsteigerung werden ferner benötigt, wenn z. B. eine Stadtverwaltung zu klären versucht, welche Leistungen langfristig dargeboten werden sollen und welche nicht. Strategische Pläne und Entscheidungen betreffen ferner die Schließung oder die Zusammenlegung von Behörden sowie den Standortwechsel.

Wie sieht es auf diesem Feld mit den Möglichkeiten und Grenzen der Informationsversorgung aus?

In jedem Falle macht sich bemerkbar, dass es - wie schon wiederholt bemerkt - noch kaum Systeme tauglicher Leistungskennzahlen und Leistungsvergleiche in der öffentlichen Verwaltung gibt. Also ist die Entwicklung leistungsfähiger Informationssysteme voranzutreiben. Ohne sie sind alle Versuche der Effizienzsteigerung, erst recht solche im Rahmen der strategischen Verwaltungsführung, müßig.

Auch an dieser Stelle wird erkennbar, wie wichtig es ist, die Voraussetzungen für ein leistungsfähiges Controlling in der öffentlichen Verwaltung zu schaffen - einer Institution, der ein fester Platz in unseren Behörden und Ämtern gebührt.

2. Kapitel: Organisation

A. Rechtsformen für staatliche Betriebe

1. Überblick

Rechtsformen sind rechtliche Gestaltungsmöglichkeiten. Interpretiert man den Begriff großzügig, kann man auch die Form des Regiebetriebs und die des Eigenbetriebs dazu rechnen, bei denen bewußt auf rechtliche Gestaltungselemente verzichtet wird, um Alternativen zu den Rechtsformen im engeren Sinne zu haben. Wir wollen großzügig verfahren und behandeln dementsprechend als *Rechtsformen für staatliche Betriebe* (Püttner 1985, 59-63; Schmidt 1995 109-116; Cronauge 1997):

- Regiebetrieb
- Eigenbetrieb
- Anstalt
- Stiftung öffentlichen Rechts

Rechtsformen des öffentlichen Rechts

- GmbH
- AG
- Stiftung bürgerlichen Rechts

Rechtsformen des Privatrechts

2. Regiebetrieb

Entwicklungsgeschichtlich gesehen, ist der **Regiebetrieb** die ursprünglichste Rechtsform im Bereich der öffentlichen Hand. Aus haushaltsrechtlicher Sicht stellen Regiebetriebe organisatorisch abgegrenzte Teile des öffentlichen Haushalts dar, z. B. Abteilungen. Von einer Verselbständigung kann keine Rede sein. Das Personal und das Vermögen gehören zum öffentlichen Haushalt, die Einnahmen und Ausgaben erscheinen im Haushalt des Trägers, unsaldiert. Auch sonst, etwa für die Art der Buchführung, die Haftung für Schulden und den Umfang der Leitungsbefugnisse, gelten die Regeln der öffentlichen Verwaltung. Regiebetriebe sind Bruttobetriebe (s. S. 34). Typische Beispiele finden wir in Gestalt vieler Museen, Theater, Stadtbüchereien, Stadtgärtnereien und Kindergärten.

3. Eigenbetrieb

Eigenbetriebe gibt es hauptsächlich in der Kommunalwirtschaft. Für *kommunale* Eigenbetriebe ist die Rechtsform in den Eigenbetriebsverordnungen geregelt, die zwar alle Bundesländer eigenständig erlassen haben, die jedoch weitgehend übereinstimmen. Auf Bundes- und Landesebene ist die Rechtsgrundlage § 26 der Bundes- bzw. Landeshaushaltsordnung. Oft werden die *staatlichen* Eigenbetriebe nicht als „Eigenbetriebe", sondern als „Betriebe nach § 26 BHO/LHO" bezeichnet. Im Weiteren wird ausschließlich auf die kommunalen Eigenbetriebe eingegangen; die Ausführungen treffen aber analog auch auf die staatlichen zu.

Eigenbetriebe besitzen organisatorische, aber keine rechtliche Selbständigkeit. Letzteres bedeutet, dass das Personal und das Vermögen noch immer Personal und Vermögen des Trägers ist. Allerdings hat eine Absonderung stattgefunden, um ein flexibleres Wirtschaften zu ermöglichen. Das Vermögen wird als Sondervermögen des Trägers behandelt, die Bücher werden getrennt von denen des Trägers geführt. Der Eigenbetrieb wendet die kaufmännische Buchführung an. Er stellt keinen Haushalts-, sondern einen Wirtschaftsplan auf. Und seine Einnahmen und Ausgaben schlagen sich im Haushaltsplan und den Büchern des Trägers nur mit einer Saldogröße (abzuführender Gewinn oder auszugleichender Verlust) nieder. Eigenbetriebe sind also Nettobetriebe (s. S. 34).

Die Rechtsform des Eigenbetriebs wird oft gewählt, wenn der Betrieb wächst und das Wachstum nach Verselbständigung verlangt. *Allerdings wird diese Rechtsformwahl auch vom Wunsch des Trägers bestimmt, den Betrieb „am kurzen Zügel" zu führen.*

Die enge Bindung des Betriebs an den Träger kommt in den Befugnissen zum Ausdruck, die das Eigenbetriebsrecht dem Träger (vertreten durch den Gemeindedirektor, Kreisdirektor, Zweckverbandsdirektor, Bürgermeister) und den Organen des Eigenbetriebs verleiht. Wie es sich bei einem unselbständigen Betrieb eigentlich von selbst versteht, kann der Träger der *Werksleitung* Weisungen erteilen. Selbst die Geschäftsverteilung innerhalb der Werksleitung wird vom Träger durch Dienstanweisung geregelt, und über alle wichtigen Angelegenheiten ist der Träger rechtzeitig zu unterrichten. Die Werksleitung ist also das für die laufende Geschäftsführung berufene Organ, hängt aber von den Vorgaben ab, die der Träger setzt. Daran ändert auch eine schöne Formulierung nichts, wie sie z. B. in der Niedersächsischen Eigenbetriebsverordnung unter der Überschrift „Selbständige Leitung durch die Werksleitung" zu finden ist: „Die Werksleitung ist für die wirtschaftliche Führung des Eigenbetriebs verantwortlich" (§ 3 nsEigBetrVO).

Ob für einen Betrieb die Rechtsform des Eigenbetriebs gewählt wird oder nicht, hängt ferner davon ab, wie die unterschiedlichen Folgen eingeschränkter Selbständigkeit vom Träger gewichtet werden:

Die eingeschränkte Selbständigkeit kann bei der Werksleitung zu Frustration führen; denn den Führungskräften wird immer ein Vergleich ihrer eigenen Bewegungsspielräume mit denen der Kollegen in einer GmbH oder Aktiengesellschaft naheliegen. Doch zugleich bietet die Regelung dem Träger eine hinreichende Gewähr dafür, dass der Betrieb tatsächlich die ihm zugedachte Rolle im Sinne der **Instrumentalthese** spielt.

Die Machtverteilung kann durchaus zugunsten der Werksleitung verschoben werden. Eine Handhabe dafür bietet die Ausgestaltung der Satzung. Von dieser Möglichkeit wird jedoch nur wenig Gebrauch gemacht; denn wenn schon der Werksleitung ein größerer Handlungsspielraum eingeräumt werden soll, geht man sinnvollerweise gleich zu einer anderen Rechtsform - am besten zur GmbH - über und erzielt noch weitere Vorteile gegenüber dem Eigenbetrieb, z. B. die weitgehende Befreiung vom öffentlichen Haushalts- und Personalrecht.

Dem Gemeindedirektor oder dem entsprechenden Vertreter einer anderen Gebietskörperschaft steht in Angelegenheiten, die den Eigenbetrieb betreffen, der *Werksausschuss* zur Seite. Der Werksausschuss wird gebildet aus Angehörigen der Vertretungskörperschaft (des Gemeinderats, Kreistages usw.) und evtl. hinzugewählten sachverständigen Dritten. Seinen Funktionen gemäß ist der Werksausschuss also ein Ausschuss der Vertretungskörperschaft, der für Angelegenheiten des Eigenbetriebs oder der Eigenbetriebe einer Gebietskörperschaft zuständig ist. Daher erscheint es kaum gerechtfertigt, vom Werksausschuss als einem *Organ* des Eigenbetriebs zu sprechen.

Als kommunale Eigenbetriebe werden viele Versorgungs-, Entsorgungs- und Verkehrsbetriebe geführt. Weitere Beispiele bilden zahlreiche Theater, Krankenhäuser und Zoologische Gärten. Die am häufigsten zu beobachtenden alternativen Rechtsformen sind der Regiebetrieb (sofern es sich um kleinere Betriebe handelt) und die GmbH oder Aktiengesellschaft (sofern die Größe nach stärkerer Verselbständigung verlangt).

Anmerkungen

(1) Vom Eigenbetrieb ist die Eigengesellschaft zu unterscheiden. Darunter versteht man einen Betrieb mit ausschließlich öffentlicher Kapitalbeteiligung in privatrechtlicher Rechtsform. Meist gehen Eigengesellschaften aus sich im Laufe der Zeit vergrößernden Eigenbetrieben hervor.

(2) Eigenbetriebe gibt es auch bei Zweckverbänden. Zweckverbände sind Körperschaften öffentlichen Rechts, die durch den Zusammenschluss von Städten, Gemeinden oder Landkreisen entstehen (an denen aber auch Private beteiligt sein können, was jedoch sehr selten vorkommt). Der Zusammenschluss soll die Kooperation auf einem bestimmten Sachgebiet, z. B. der Wasserversorgung oder dem Personennahverkehr, ermöglichen. Zweckverbände sind wie Gebietskörperschaften aufgebaut, d. h. es gibt einen Verbandsdirektor als leitenden Verwaltungsbeamten und eine Verbandsvertretung als Vertretungskörperschaft. Da sich der Verbandszweck häufig einzig und allein in dem Eigenbetrieb des Zweckverbands manifestiert und überdies Organe in Personalunion besetzt werden, kommt leicht der Eindruck auf, Zweckverband und Eigenbetrieb seien identisch, was jedoch, verwaltungsrechtlich gesehen, nicht zutrifft.

4. Anstalt

Es gibt rechtlich selbständige („rechtsfähige") und rechtlich unselbständige **Anstalten**.

Die rechtlich unselbständigen Anstalten ähneln den Eigenbetrieben, unterscheiden sich aber von ihnen vor allem durch die Art der Errichtung.

Bei rechtlich selbständigen Anstalten liegt der wesentliche Unterschied gegenüber Eigenbetrieben darin, dass es für jede von ihnen eine besondere gesetzliche Grundlage gibt, ein Errichtungsgesetz für die einzelne Anstalt oder ein Gesetz für alle Anstalten gleicher Art.

Im Falle der besonderen gesetzlichen Grundlage stellt der Gesetzgeber dem öffentlichen Betrieb gewissermaßen einen „Maßanzug" bereit, im anderen Fall ist es eine „Uniform".

„Maßanzüge", d. h. individuelle Rechtsformlösungen, wurden z. B. vielen öffentlichen Banken (Deutsche Ausgleichsbank, Deutsche Siedlungs- und Landesrentenbank), den Rundfunkanstalten und den Anstalten der Sozialversicherung verpaßt.

Die „Uniformlösung" wurde für die öffentlich-rechtlichen Sparkassen gewählt. Die Rechtsform ist hier durch die Sparkassengesetze der Länder geregelt.

Auch rechtlich unselbständige Anstalten verdanken ihre Existenz speziellen gesetzlichen Grundlagen, z. B. die Schulen den Schulgesetzen und die Justizvollzugsanstalten dem Vollzugsrecht. Wir haben es wieder mit „Uniformlösungen" zu tun.

Hinsichtlich der Anstalt verbieten sich Aussagen über strukturelle Eigenheiten. Der Gesetzgeber ist frei, wie er den Gestaltungsbedürfnissen entspricht. *Die Anstalt stellt sich somit als eine sehr flexible Rechtsform dar.*

Anmerkung

Eine kurze Erläuterung verdient der Begriff Anstaltslast. Damit ist die dem Träger einer öffentlich-rechtlichen Anstalt obliegende Verpflichtung gemeint, einmal eingerichtete Anstalten in ihrer Existenz zu sichern. Die Anstaltslast betrifft das Innenverhältnis zwischen dem Betrieb und seinem Träger. Davon zu unterscheiden ist die sog. Gewährträgerhaftung. Der Ausdruck besagt, dass der Träger, sollte seine Anstalt - speziell seine Sparkasse - eingegangene Zahlungsverpflichtungen nicht erfüllen können, für die Schulden einstehen muss. Es handelt sich also um Ausfallhaftung. Die Gewährträgerhaftung bezieht sich auf das Außenverhältnis von Betrieb und Träger gegenüber Dritten. Beides, Anstaltslast und Gewährträgerhaftung, werden vom EU-Recht ab 2005 nicht mehr ohne weiteres toleriert (Beihilferegelungen!).

5. Stiftung

Stiftungen sind zweckbestimmte Vermögen. Nachdem sie vom Stifter errichtet, d. h. mit Stiftungszweck, Vermögen und einer entsprechenden Organisation ausgestattet worden sind, „gehören" sie niemandem mehr. Damit dennoch der Stiftungszweck erfüllt wird (dies setzt insbesondere voraus, dass das Stiftungsvermögen erhalten bleibt), bedürfen Stiftungen der besonderen Kontrolle. Neben dem dafür bestimmten Organ, dem Stiftungsrat, obliegt diese Aufgabe der zuständigen staatlichen Aufsichtsbehörde.

Der Stiftungszweck kann in der Erfüllung einer öffentlichen Aufgabe liegen, z. B. in der Förderung von Kunst und Wissenschaft. Beispiele bilden die Stiftung Volkswagenwerk, die Deutsche Bibliothek, die Stiftung Preußischer Kulturbesitz oder die Fritz-Thyssen-Stiftung. Stiftungen dieser Art übernehmen Funktionen, die sonst mit öffentlichen Mitteln zu erfüllen wären (Sandberg 2001).

Stiftungen können unter dem Dach des Öffentlichen oder des Privatrechts entstehen. Manche vom Staat gegründete Stiftungen fallen unter das Öffentliche Recht, andere stellen Stiftungen Bürgerlichen Rechts dar.

Nun werden wir auch hierzulande Stiftungshochschulen haben. Sie werden sog. Zuwendungsstiftungen sein, d. h. auf Zuwendungen ihrer Träger angewiesen sein, d. h. nicht mit den eigenen Erträgen aus dem Vermögen auskommen können.

6. Gesellschaft mit beschränkter Haftung und Aktiengesellschaft

Außer Rechtsformen, die im Öffentlichen Recht geregelt sind, können für öffentliche Betriebe auch privatrechtliche Rechtsformen gewählt werden. Allerdings dürfen öffentliche Hände nur dann Unternehmensbeteiligungen eingehen, wenn die Haftung durch die Rechtsform auf die Kapitaleinlagen beschränkt wird (§ 65 Abs. 1 Nr. 2 BHO/LHO). Damit scheiden eine Reihe privatrechlicher Rechtsformen für staatliche Betriebe oder solche, an denen sich der Staat beteiligt, von vornherein aus. Praktisch bedeutsam sind vor allem zwei Rechtsformen, die **Gesellschaft mit beschränkter Haftung (GmbH)** und die **Aktiengesellschaft (AG)**. Auf nähere gesetzlich vorgeschriebene Einzelheiten der Organisationsstrukturen von GmbH und AG einzugehen erscheint hier überflüssig. Nur auf einige Umstände sei besonders hingewiesen.

Werden die GmbH oder die Aktiengesellschaft als Rechtsform für einen öffentlichen Betrieb gewählt, liegt der Grund meist darin, dass die Nutzung einer privatrechtlichen Rechtsform den Träger weitgehend von den Fesseln des öffentlichen Haushalts- und Personalrechts befreit. Die Einschränkung „weitgehend" verweist darauf, dass ein Betrieb mit staatlicher Kapitalbeteiligung immer auch noch *allgemeinen „öffentlich-rechtlichen Bindungen"* unterworfen bleibt, z. B. den Grundrechten, dem Gleichheitsgrundsatz und dem Grundsatz der Verhältnismäßigkeit (Ossenbühl 1989, 1737). Daraus folgt etwa die Pflicht, auf Wunsch mit jedermann Geschäfte zu tätigen (Kontrahierungspflicht), die Pflicht, den Betrieb aufrechtzuerhalten (Betriebspflicht), und - in bestimmten Fällen - die Pflicht, die Preise der angebotenen Leistungen in Tarifen festzulegen (Tarifpflicht). Solche öffentlichen Betriebe in privatrechtlicher Rechtsform stellen somit Subjekte eines Übergangsbereichs von Öffentlichem Recht und Privatrecht, des sog. Verwaltungsprivatrechts, dar. Dank der privatrechtlichen Rechtsform kann nach kaufmännischen Grundsätzen gewirtschaftet werden, es lässt sich ein kaufmännisches Rechnungswesen verwenden, und für das Personal können Verträge ausgehandelt werden, die der Lage auf dem Arbeitsmarkt Rechnung tragen.

Als Rechtsform für öffentliche Betriebe wird die Gesellschaft mit beschränkter Haftung immer beliebter. Darin spiegelt sich aus Sicht des Steuerungs- und Kontrollaspekts ein wichtiger Unterschied zwischen der GmbH und der AG wider: Die Geschäftsführung der GmbH kann von der Gesellschafterversammlung durch Weisungen auf eine bestimmte Geschäftspolitik festgelegt werden (§ 37 und § 46 Nr. 6 GmbHG); der Vorstand der Aktiengesellschaft hingegen führt die Geschäfte frei von Weisungen, d. h. eigenverantwortlich (§ 76 Abs. 1 AktG). Somit erlaubt das GmbHG dem Träger am besten, das öffentliche Interesse zur Geltung zu bringen. In der Aktiengesellschaft vermag der Träger seinen Einfluss nur über die Rechte des Gründers, Aktionärs oder Aufsichtsratsmitglieds auszuüben. Hinzu kommt, dass das GmbH-Recht weniger kompliziert als das der Aktiengesellschaft ist. Auch dies dürfte zu der wachsenden Beliebtheit beitragen.

Beispiele für öffentliche - genauer: staatliche - Betriebe in der Rechtsform der GmbH oder der Aktiengesellschaft bilden z. B. die Saar-Bergwerke AG, die Deutsche Bahn AG, die Frankfurter Siedlungsgesellschaft mbH oder das Deutsche Primatenzentrum in Göttingen, eine GmbH, und viele andere. Die z. Z. zu beobachtende Tendenz, die öffentliche Verwaltung zu dezentralisieren und Einrichtungen (formell) zu privatisieren, dürfte die Zahl der öffentlichen Betriebe in privatrechtlicher Rechtsform weiter ansteigen lassen.

Anmerkung

*Oft werden mehrere kommunale Betriebe unter dem Dach gemeinsamer Leitung miteinander verkoppelt. Man spricht von **Querverbund**, normalerweise von kommunalem Querverbund. Zwar handelt es sich um keine eigene Rechtsform, sondern um einen Zusammenschluss, also einen lediglich organisatorischen Sachverhalt.[19] Dennoch erscheint es angebracht, auf den Querverbund in sachlicher Nähe zu den Rechtsformen kurz einzugehen.*

Beim Querverbund werden z. B. die Wasser-, Gas- und Elektrizitätsversorgung sowie der Nahverkehr in einem Eigenbetrieb oder einer Eigengesellschaft vereinigt. Ein solcher Verbund hat verschiedene Vorteile, birgt aber auch einige Gefahren in sich (Braun 1988; Schauer 1989; Braun/Jacobi 1990):

Der Sinn liegt in Synergieeffekten, z. B. durch gemeinsames Management und gemeinsame Nutzung von Werkstätten oder Fuhrpark, in Finanzierungseffekten, z. B. in der Deckung des Defizits im Nahverkehr durch selbsterwirtschaftete Überschüsse der Versorgungsbetriebe, und manchmal in Steuervorteilen. Die „Quersubventionierung" verschafft dem Verbundbetrieb eine gewisse Unabhängigkeit vom Träger, birgt aber die Gefahr in sich, dass Mißwirtschaft verborgen bleibt. Außerdem besteht die Sorge, dass die im Querverbund begünstigten (Teil-)Betriebe aufgrund der gestärkten Marktstellung privaten Wettbewerbern keine Chance lassen (Monopolkommission 1986; s. auch S. 226).

Ob die Vorteile die möglichen Nachteile aufwiegen, ist umstritten. Auf alle Fälle sollte stets für größtmögliche Transparenz der Verhältnisse innerhalb des Verbundbetriebes gesorgt werden. Ein gewisses Mittel ist die sog. Trennungsrechnung, d. h. das getrennte interne Rechnungswesen der Verbund-Mitglieder.

B. Formen der Aufbauorganisation der öffentlichen Verwaltung

1. Vorbemerkungen

Wie schon an anderer Stelle folgen wir auch hier dem Grundsatz, in der Öffentlichen Betriebswirtschaftslehre nur die Besonderheiten öffentlicher Betriebe und Verwaltungen gegenüber nicht-öffentlichen Einzelwirtschaften zu behandeln, und da es bezüglich der Aufbauorganisation keine Besonderheiten bei öffentlichen Betrieben, allenfalls - leichte - Besonderheiten bei öffentlichen Verwaltungen gibt, bleiben im folgenden die öffentlichen Betriebe unbeachtet.

Die in der Praxis vorzufindenden Formen der Aufbauorganisation weisen durchweg ein „Stilgemisch" auf; die idealtypischen Formen sind selten. Das hängt damit zusammen, dass die meisten öffentlichen Verwaltungen bereits eine lange Entwicklungsgeschichte hinter sich haben, in denen sie ausgebaut und umgestaltet wurden, hat aber auch damit zu tun, dass jede idealtypische Form Schwä-

---

[19] Unbeschadet dessen muss selbstverständlich für die „Dachorganisation" eine Rechtsform gewählt werden. Meist fällt die Wahl auf eine Aktiengesellschaft.

chen aufweist, die durch die Kombination mit anderen Organisationsformen ausgeglichen werden sollen.

Am besten erörtern wir die wichtigsten idealtypischen Organisationsformen separat:

- Liniensystem
- Stab-Liniensystem
- Funktionssystem
- Matrixorganisation
- Verantwortungszentrum
- Teamorganisation
- Projektmanagement

2.   Liniensystem

Entwicklungsgeschichtlich steht das **Liniensystem** am Anfang aller öffentlicher Verwaltungen, soweit deren Ursprünge in vordemokratischer Zeit liegen. Was entspricht schon autoritärer Denkungsart besser als ein Liniensystem? Das Kennzeichen des Liniensystems ist die eindeutige Regelung von Weisungsbefugnis, Rechenschaftspflicht, Kontrollrechten, Kompetenz und Informationsversorgung. Jeder Mitarbeiter hat nur *einen* Vorgesetzten, jede Organisationseinheit[20] (von der Verwaltungsspitze abgesehen) ist nur *einer* anderen Organisationseinheit unterstellt (Fayol 1929). Außer den Organisationseinheiten auf der untersten Hierarchieebene haben sämtliche Organisationseinheiten Weisungsbefugnis gegenüber nachgeordneten. Der Informationsaustausch ist nur zwischen der nächst höheren und nächst niedrigeren Organisationseinheit zulässig. Was das alles bedeutet, erschließt sich am besten im Zusammenhang mit einem einfachen Organisationsschema (Abb. 5).[21]

Will der Sachbearbeiter F dem Sachbearbeiter L eine dienstliche Mitteilung zukommen lassen, muss strenggenommen der Weg aufwärts bis zum Gemeindedirektor und dann wieder abwärts bis zu seinem Kollegen auf der Sachbearbeiterebene zurückgelegt werden („Dienstweg"). Das kostet viel Zeit und ist mit der Gefahr verbunden, dass Informationen verlorengehen oder verstümmelt bzw. verzerrt ankommen. Allerdings sind Vorgesetzte in diesem System besser informiert als in jedem anderen.

---

[20]   Der Begriff **„Organisationseinheit"** kann im folgenden mit verschiedenem Inhalt verbunden sein: Organisationseinheit kann eine einzelne (Personal-)Stelle sein: aber auch ein Sachgebiet, ein Referat, eine Abteilung, ein Amt, ein Dezernat oder eine Behörde.

[21]   Die Kreise bezeichnen Organisationseinheiten, die Verbindungslinien die Kommunikations(„Dienst-")wege und Unterstellungsverhältnisse.

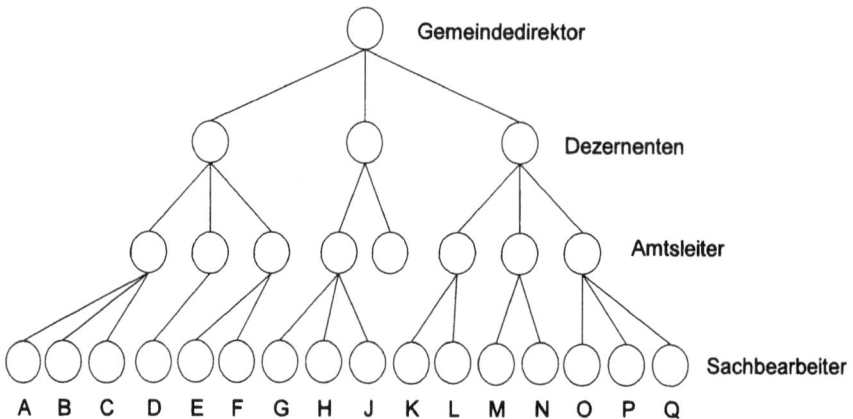

Abb. 5: Liniensystem

Die Fülle an Informationen, die die übergeordnete Organisationseinheit passieren, ist jedoch nicht nur Segen, sondern auch Fluch. Sämtliche Informationen, die die übergeordnete Organisationseinheit erreichen, wahrnehmen, verarbeiten und daraufhin prüfen muss, ob sie zu eigenen Aktivitäten Anlaß geben, erfordert viel Zeit und Kraft. Um wieviel besser sind Organisationsformen, in denen die Informationen gefiltert und der übergeordneten Organisationseinheit nur dann zugeleitet werden, wenn für diese ein eigenständiger Informations- oder Handlungsbedarf besteht.

Die übergeordnete Organisationseinheit ist gegenüber der nachgeordneten nicht nur weisungsbefugt, sondern auch verantwortlich. Das schließt die Allzuständigkeit für alle einschlägigen Entscheidungen ein - ein Umstand, der schnell zu Ineffizienz und Überlastung führen kann (Hill/Fehlbaum/Ulrich 1994, 209).

Wir kommen auf die kritischen Punkte - zeitraubender Dienstweg, Informationsverlust, Überlastung, Ineffizienz - noch einmal zurück. Sie sind Anlaß gewesen, über verbesserte Organisationsformen (s. die folgenden Abschnitte) nachzudenken oder in die informelle Organisation auszuweichen (s. S. 93-96).

3.   Stab-Liniensystem

Das **Stab-Liniensystem** stellt eine erste Antwort auf die Kritik am gewöhnlichen Liniensystem dar. Mit dieser Organisationsform wird versucht, die Effizienz der Vorgesetztentätigkeit durch Arbeitsteilung zu verbessern. Formal unterscheidet sich die Stab-Linienorganisation von der reinen Linienorganisation nur in einem Punkt. Bei dieser Organisationsform existieren auch Organisationseinheiten, die bloße „Zuarbeit" leisten und gegenüber anderen Organisationseinheiten keine Weisungs- und Kontrollrechte besitzen. Zur Verdeutlichung soll ein gegenüber Abb. 5 verändertes Beispiel dienen.

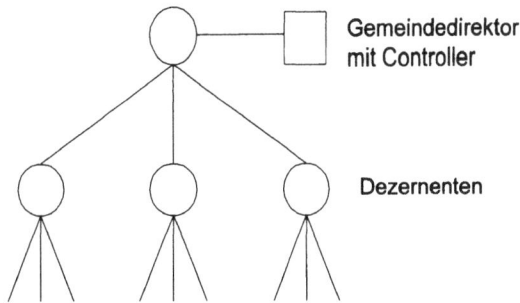

Abb. 6: Stab-Liniensystem (Ausschnitt)

Mit dem Kästchen, das in diesem Organisationsschema dem Gemeindedirektor zugeordnet ist, wird eine Stabsstelle bezeichnet, genauer: eine Organisationseinheit mit Stabsfunktion. Es könnte sich in unserem Beispiel statt des Controllers auch um den Persönlichen Referenten oder die Pressestelle handeln.

„Zuarbeit" heißt, dass der Gemeindedirektor nicht mehr selbst die Pressearbeit erledigen muss oder dass er nun in Gestalt des Persönlichen Referenten einen Mitarbeiter zur Verfügung hat, der ihm z. B. das Koordinieren der Tätigkeit der Dezernenten, die Vorbereitung von Entscheidungen, die Terminüberwachung, das Aufstellen von Sitzungsplänen u. ä. abnimmt oder dass der Controller an seiner Stelle Vorschläge für strategische Entscheidungen der Stadtverwaltung erarbeitet. Die Entscheidungen selbst bleiben allerdings weiterhin dem Gemeindedirektor vorbehalten. Aber er wird soweit wie möglich von delegierbarer Arbeit entlastet.

Stabsstellen treten in der öffentlichen Verwaltung in verschiedener Gestalt auf. Der Persönliche Referent, die Pressestelle und der Controller wurden schon genannt. „Stabsstellen" können auch Projektgruppen, Teams, Beiräte, Arbeitskreise, Kommissionen, Wissenschaftliche Dienste u. ä. sein. Wesentliches Kennzeichen ist immer die fehlende Weisungs- und Kontrollbefugnis gegenüber nachgeordneten Organisationseinheiten.

Eine Stabsstelle kann sehr vielgestaltig sein. Sie kann eine einzige Personalstelle umfassen, aber auch eine ganze Behörde, wie z. B. das Presse- und Informationsamt der Bundesregierung. Im zuletztgenannten Fall verbirgt sich hinter der Organisationseinheit „Stabsstelle" ein organisatorisches Gebilde, das seinerseits wiederum die Struktur z. B. eines Linien- oder eines Stab-Liniensystems aufweist. Unter die Lupe genommen, erkennt man z. B. das folgende Schema (Abb. 7):

Stabsstellen können auf fast jeder Hierarchieebene der öffentlichen Verwaltung vorkommen. Mitunter ist es nützlich, in einer Verwaltung mehrere „Stabsstellen" einzurichten, also z. B. nicht nur dem Gemeindedirektor, sondern auch jedem Dezernenten einen Persönlichen Referenten zuzubilligen.

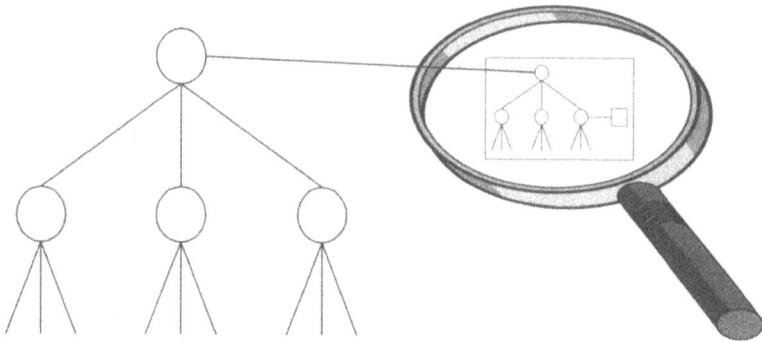

Abb. 7: Beispiel für die Binnenstruktur einer „Stabsstelle" (Ausschnitt)

Zum Schluss sei noch auf einen wichtigen Nebeneffekt hingewiesen. Wer zuarbeitet, erhält oftmals genaue Kenntnis vom Dienstgeschäft dessen, dem er dient. Dementsprechend lässt sich behaupten, dass viele „Zuarbeiter" auf ihren Stellen gewissermaßen eine „Lehrzeit" absolvieren, die sie befähigt, eines Tages in eine führende Position aufzusteigen. Neben dem Entlastungseffekt liegt hier ein weiterer Vorteil des Stab-Liniensystems gegenüber dem reinen Liniensystem. Ansonsten sind die Nachteile des Liniensystems auch die des Stab-Liniensystems.

4. Funktionssystem

Das **Funktionssystem** in seiner ursprünglichen Form (Taylor 1917) hat sich als wenig tauglich erwiesen. Aber es gibt noch Grundzüge, die sich bis in die heutige Zeit erhalten haben. Wir gehen sinnvollerweise nur auf die zeitgenössische Ausprägung ein. In der gewerblichen Wirtschaft findet man das Funktionssystem noch in fast jeder größeren Autowerkstatt: Der Meister, der den Reparaturauftrag angenommen hat, ordnet die Reparaturen gegenüber dem Kfz.-Handwerker an, kontrolliert die Ausführung und sorgt für die Abrechnung. Sofern der Betrieb über mehrere im Kundendienst tätige Meister verfügt, erhalten also die Mechaniker oder Elektriker ihre Aufträge von verschiedenen Seiten; sie haben strenggenommen mehrere Vorgesetzte. Der Grundsatz „jedem Mitarbeiter nur ein Vorgesetzter", der im Linien- und Stab-Liniensystem beachtet wurde, gilt hier nicht mehr.

Anklänge an das Funktionssystem gibt es in der öffentlichen Verwaltung insofern, als viele Bedienstete ständig oder zeitweilig mehreren Vorgesetzten zugleich unterstellt sind.

Fast jeder Beamte (Professoren und Richter bilden aufgrund der grundgesetzlich garantierten Freiheit von Forschung und Lehre bzw. richterlichen Unabhängigkeit Ausnahmen) hat außer dem **Fachvorgesetzten,** dem Vorgesetzten in fachlichen Angelegenheiten, noch einen **Dienstvorgesetzten,** d. h. einen Vorgesetzten, der für ihn in dienstrechtlicher Hinsicht zuständig ist. Welche Fälle der Finanzbeamte zu bearbeiten hat, bestimmt als Fachvorgesetzter der zuständige Abteilungsleiter; über seine Beurlaubung entscheidet als Dienstvorgesetzter der Leiter des Finanzamtes. Ein anderes Beispiel zeigt sich, wenn der Zugführer für die Dauer des Bahnhofsaufenthalts eines Zuges dem dortigen Fahrdienstleiter unterstellt ist.

Wie in der Autowerkstatt liegt der Vorteil des Funktionssystems in der Wahrnehmung unterschiedlicher Kompetenzen. Als nachteilig erweist sich das System insofern, als es nicht verhindern kann, dass die verschiedenen Vorgesetzten von den Mitarbeitern u. U. gegeneinander ausgespielt werden. Das typische Beispiel für solche Konflikte bildet das zentrale Schreibbüro, in dem die Schreibkraft, welche für Herrn Krause, Herrn Meyer und Frau Schulze zuständig ist, Herrn Meyer gegenüber nur zu leicht behaupten kann, Herr Krause oder Frau Schulze habe sie so mit Arbeit eingedeckt, dass seine Schreibarbeit erst einmal liegenbleiben müsse.

5. Matrixorganisation

Die **Matrixorganisation** wurde für Unternehmen entwickelt. Sieht man etwas genauer hin, entdeckt man aber, dass es viele öffentliche Verwaltungen gibt, deren Organisationsaufbau matrixartige Elemente aufweist. Es ist darum angebracht, die Matrixorganisation in ihrer idealtypischen Ausprägung kurz zu skizzieren:

Das wesentliche Kennzeichen der Matrixorganisation ist die geteilte Zuständigkeit und Verantwortung. Für alle wesentlichen Angelegenheiten gibt es nicht mehr - wie noch beim Linien- und Stab-Liniensystem - jeweils eine einzige zuständige und verantwortliche Organisationseinheit, sondern jetzt haben sich immer zwei Organisationseinheiten einer Sache gemeinsam anzunehmen. Dies soll weniger die einzelne Organisationseinheit vor Überlastung schützen, als vielmehr bei jeder Entscheidung den Sachverstand gleich zweier Organisationseinheiten zum Tragen bringen (Reichard 1987, 173 f.).

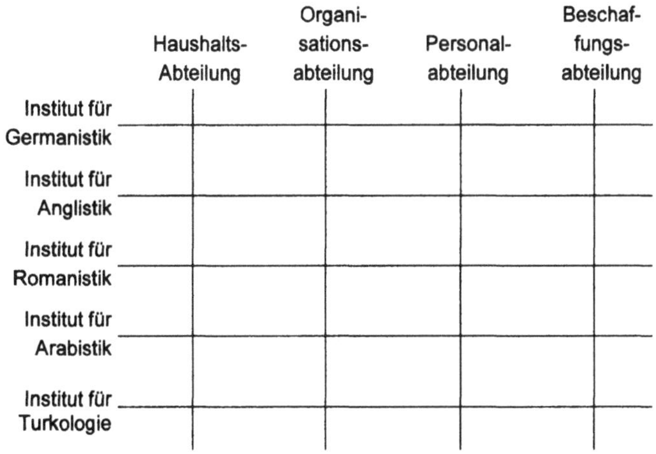

	Haushalts-Abteilung	Organi-sations-abteilung	Personal-abteilung	Beschaf-fungs-abteilung
Institut für Germanistik				
Institut für Anglistik				
Institut für Romanistik				
Institut für Arabistik				
Institut für Turkologie				

Abb. 8: Matrixorganisation einer Universität (Ausschnitt)

Die Matrixorganisation trägt diese Bezeichnung, weil in der schematischen Darstellung Organisationseinheiten matrixartig verknüpft sind. Der Ausschnitt einer Matrixorganisation in Abb. 8 zeigt dies deutlich:

In dem Schema verkörpern die Verbindungslinien zwischen den Organisationseinheiten keine Unterstellungsverhältnisse, sondern Zuständigkeiten. Benötigt z. B. das Institut für Arabistik einen Lektor, so kann die Einstellung weder von diesem Institut noch von der Personalabteilung der Universität allein erledigt werden. Beide müssen zusammenwirken. Ihr Zusammenwirken kommt dadurch zum Ausdruck, dass die beiden „Zuständigkeitslinien", die von dem Universitätsinstitut und von der Personalabteilung ausgehen, sich kreuzen. Gewöhnlich erledigt das Institut die Ausschreibung, wählt den Einstellungskandidaten unter den Bewerbern aus und überlässt die Erledigung der übrigen Formalitäten, insbesondere den Abschluss des Anstellungsvertrages, der Personalabteilung. Müsste eine der beiden Seiten die Aufgaben der anderen mitübernehmen, wäre sie möglicherweise (fachlich) überfordert.

Die Matrixorganisation tritt dort auf, wo spezielle Fachkenntnisse benötigt werden, die eine Arbeitsteilung erforderlich machen. Fälle dieser Art sind nicht häufig. Schon in einer vergleichbaren Situation - Einstellung eines Gymnasiallehrers für Englisch - kann es der Personalabteilung der zuständigen Schulbehörde zugemutet werden, die Einstellung allein zu erledigen.

Sofern in der Kommunalverwaltung eine matrixartige Organisationsstruktur vorgesehen ist, kommt sie im Zusammenwirken der **Fachämter** (z. B. Sozialamt, Ordnungsamt, Kulturamt) mit den **Querschnittsämtern** (z. B. Hauptamt, Personalamt, Rechtsamt, Liegenschaftsamt) zum Ausdruck. Wie in einer Universität kann unter diesen Bedingungen auch das Fachamt z. B. Entscheidungen in Haushalts-, Personal-, Rechts- oder Liegenschaftsangelegenheiten nur mit dem zuständigen Querschnittsamt gemeinsam treffen. Allerdings kommt es auch - und gar nicht selten - vor, dass die Querschnittsämter wie Stabsstellen des Gemeindedirektors eingesetzt werden.

Die Stärke der Matrixorganisation, nämlich die Möglichkeit, Entscheidungen durch zusätzliche Fachkompetenz abzusichern, wurde schon erwähnt. Die Schwäche liegt in der Notwendigkeit, alle wesentlichen Entscheidungen im Konsens zu treffen. Was das bedeutet, lässt sich leicht ausmalen. Man braucht sich nur vorzustellen, dass es der Leiter der Beschaffungsabteilung einer Universität aus verschiedenen Gründen (Feuerschutz, Kosten) für nötig hält, alle Institutsräume, sofern Neuanschaffungen anstehen, mit Stahlmöbeln auszustatten, ein Institutsleiter aber auf Möbeln aus Holz besteht. Solche Konflikte sind mitunter durchaus geeignet, ganze Verwaltungen zeitweilig lahmzulegen. Ein zweiter Schwachpunkt ist der auch hier bestehende „Dienstweg", den es einzuhalten gilt. Wir werden weiter unten noch erörtern, wie die Praxis diese Schwäche - die bislang noch keine „offizielle" Organisationsform abzustellen vermochte - zu mildern versucht (s. S. 94 f.).

6.   Verantwortungszentren

Die bisher behandelten Konzepte folgten einer an den Funktionen ausgerichteten Organisationsweise. Eine grundsätzlich andere Ausrichtung verkörpert das folgende Konzept. Es folgt einer divisionalen Organisationsweise.

Das Konzept ist in der Privatwirtschaft entwickelt worden und dort unter der Bezeichnung „Profit-Center" bekannt. Bei Übertragung auf die öffentliche Verwaltung muss sich natürlich die Bezeichnung ändern; von „Profit" oder „Gewinn" kann dort keine Rede sein. Auch der Inhalt kann sich ändern, wie an den bezüglich der öffentlichen Verwaltung verwendeten Bezeichnungen Erfolgszentrum (Di Pietro 1992), Kosten- oder Verantwortungszentrum (Braun 1985) erkennbar wird. Wir ziehen **„Verantwortungszentrum"** vor. Wie auch immer die Bezeichnung ausfällt, die Grundidee ist dieselbe: dem Leiter einer Organisationseinheit wird die Befugnis zur eigenverantwortlichen Führung seines Geschäftsbereichs übertragen (Reichard 1987, 172 f.). Er kann frei über die Verwendung der Ressourcen und die Art und Weise der Aufgabenerfüllung entscheiden. So kann z. B. der Leiter des Stadtreinigungsamtes wie der Geschäftsführer eines entsprechenden privaten Unternehmens handeln.

Man könnte an das ursprüngliche Amtsverständnis anknüpfen und behaupten, dass Verantwortungszentren in der öffentlichen Verwaltung schon lange bekannt seien. Zu denken wäre z. B. an den mit umfassenden Befugnissen ausgestatteten „Amtmann", der als Statthalter des Fürsten einen Bezirk, eben ein „Amt", zu verwalten hatte. Aber das allgemeine Amtsverständnis hat sich im Laufe der Zeit gewandelt, und so kann man nur feststellen, dass wir in der öffentlichen Verwaltung noch nicht so weit sind wie in der Privatwirtschaft. Doch wir sind auf bestem Wege dahin. Die Budgetierung (s. S. 135 f.) und der Globalhaushalt (s. S. 117 f.), d. h. die Übertragung der Haushaltsverantwortung z. T. bis auf die Sachgebietsebene, markieren erste Schritte. Wenn mitunter Organisationseinheiten an die übergeordnete Behörde Miete für Raumnutzung abführen müssen, ist das ein weiteres Zeichen für die allmähliche Entlassung in die Eigenverantwortlichkeit, also die Entwicklung von Verantwortungszentren in der öffentlichen Verwaltung.

Es ist klar, was man sich davon verspricht. Das Personal, insbesondere das Führungspersonal, soll besser motiviert werden, und es sollen auf diese Weise Effizienz und Effektivität zunehmen. Man muss jedoch auch die Kehrseite der Medaille betrachten. Größere Selbständigkeit bewirkt die Gefahr eigenwilliger Sonderwege, größerer Koordinationsschwierigkeiten und des Risikos, Schaden anzurichten. Am schlimmsten wirkt sich die größere Selbständigkeit insofern aus, als der Freiraum, der dem Leiter eines Verantwortungszentrums gewährt werden muss, erst verhältnismäßig spät erlaubt, bei Fehlentwicklungen einzugreifen und die Selbständigkeit wieder aufzuheben.

Im Zusammenhang mit Verantwortungszentren erhebt sich die Frage, wie zugewiesene Budgets überwacht werden sollten. Eine buchhalterische, auf der Doppik beruhende Möglichkeit wird in Anhang D (Budgetbuchführung, S. 282-288) beschrieben.

7. Gruppenarbeit

Unter dem Stichwort „Gruppenarbeit" werden hier einige Organisationsformen zusammengefasst, denen eines gemeinsam ist: die Zusammenarbeit im Kollektiv (vgl. dazu allgemein: Schuster/Siemens 1986, 154-161). Wir beginnen mit Teams.

Teams sind hierarchiefreie Gruppen von Experten unterschiedlicher Herkunft, die zur Erfüllung einer gemeinsamen Aufgabe zusammenwirken.

Mit dem Wort „hierarchiefrei" kommt zum Ausdruck, dass im Team keiner des anderen Vorgesetzter ist. Das schließt den primus inter pares nicht aus. Im Gegenteil. Jedes Team braucht ein Mitglied, das die Arbeit organisiert und koordiniert, die Interessen des Teams nach außen vertritt und als Sprecher fungiert. Der Sprecher wird am besten vom Team gewählt.

Die hierarchiefreie Zusammenarbeit soll gewährleisten, dass die (unterschiedliche) Fachkompetenz der Teammitglieder voll zum Tragen kommt und nicht durch die Vorgesetzten-Mitarbeiter-Beziehung beeinträchtigt wird. Diese Voraussetzung zu erfüllen erweist sich in der Praxis allerdings als großes Problem.

Der Nutzen der Teamarbeit kann sich erst richtig entfalten, wenn auch alle sonstigen Zwänge beseitigt sind: Arbeitszeitregelung, Sorge um die Karriere, Etatnöte usw. Erst dann können sich die Beteiligten uneingeschränkt und unbeeinträchtigt dem Austausch von Kenntnissen, Meinungen und Beurteilungen widmen.

So wie bei Teams die hierarchiefreie Zusammenarbeit das wesentliche Merkmal ausmacht, ist es bei der **Projektgruppe** die Konzentration auf ein Projekt. Das bedeutet, Teams können zugleich auch Projektgruppen sein und umgekehrt Projektgruppen auch Teams oder anders ausgedrückt: Projektgruppen können auch hierarchisch aufgebaut sein.

Die Einsatzmöglichkeiten sind in der öffentlichen Verwaltung sehr vielfältig. Immer wieder gibt es Aufgaben, die einer eigenständigen Organisationsform bedürfen, etwa die Vorbereitung und Durchführung einer Ausstellung, die Einführung eines neuen Rechnungssystems, die Vorbereitung der Verwaltungsreform, eine Jubiläumsfeier, ein Kongreß usw.

Sowohl Teams als auch Projektgruppen bedürfen zur erfolgreichen Arbeit eines Mentors. Der Mentor sollte nicht nur als Verbindungsglied zwischen Team oder Projektgruppe (einer Stabsstelle) und Linienorganisation, sondern auch und vor allem als „Macht-Promotor" fungieren und als solcher die Arbeitsergebnisse der Gruppe verwirklichen helfen. Wegen der zuletztgenannten Funktion ist es erwünscht, wenn der Mentor in der Hierarchie möglichst hoch angesiedelt ist.

Sofern es nicht darauf ankommt, die hierarchiefreie Zusammenarbeit oder die Konzentration auf ein Projekt zu betonen, werden Gruppen in der öffentlichen Verwaltung als **Kommissionen, Ausschüsse, Kollegien, Arbeitsgruppen** oder **Beiräte** bezeichnet.

Wie auch immer, diese Gremien existieren als Dauereinrichtungen oder werden ad hoc gebildet, setzen sich aus Fachleuten unterschiedlicher oder gleicher Herkunft zusammen, haben beratende, koordinierende oder entscheidende Funktionen, sind also vielseitige und vielfältig einzusetzende Instrumente. Immer geht es bei Gruppenarbeit darum, unterschiedliches Expertenwissen zusammenzuführen und/oder Verantwortung auf mehrere Schultern zu verteilen. Wegen der zunehmenden Komplexität der Verwaltungsaufgaben wird Gruppenarbeit immer wichtiger.

Ist die Aufgabe einer Gruppe zeitlich begrenzt, treten oft erhebliche Probleme auf: Gelingt es, die Aufgabe mit den vorhandenen Kräften „nebenher" zu erledigen, müssen Mitarbeiter aus ihren bisherigen Tätigkeitsgebieten abgezogen oder sogar neue Arbeitskräfte eingestellt werden? Was geschieht mit den Arbeitskräften, wenn die Gruppenarbeit abgeschlossen ist? Wie können den in der Gruppe Tätigen Anreize geboten werden? Wie kann gewährleistet werden, dass die Karriere der Gruppenmitglieder nicht beeinträchtigt wird?

Was passieren kann, wenn die Voraussetzungen für erfolgreiche Gruppenarbeit fehlen, hat Reichard in einer eindrucksvollen Fallstudie dargestellt (Reichard 1977, 159-162, 265-267).

Nur wenn die Gruppenmitglieder - wie im Falle eines Beirats - Außenstehende sind, treten etliche dieser Probleme nicht auf.

C. Informelle Organisation in der öffentlichen Verwaltung

1. Konflikte zwischen den Grundsätzen der Gesetzmäßigkeit, Wirtschaftlichkeit und Sparsamkeit

Der Aufbau- und der Ablauforganisation einer jeden öffentlichen Verwaltung liegt Planung zugrunde. Das heißt aber nicht, dass die Wirklichkeit unbedingt mit dem Plan übereinstimmt. Das Gewollte wird nicht unbedingt realisiert, das Geplante und zunächst realisierte nicht unbedingt beibehalten. Wir nennen den Ist-Zustand, der auch die Abweichungen von der geplanten Organisation umfasst, die **informelle Organisation.**

Um zu verstehen, wie es zu informeller Organisation kommt, muss man wissen, dass gemäß Art. 20 Abs. 3 GG oberster Grundsatz des Verwaltungshandelns die *Gesetzmäßigkeit* des Verwaltungshandels ist und ein Spannungsverhältnis zwischen diesem Grundsatz und den haushaltsrechtlich verordneten Grundsätzen der Wirtschaftlichkeit und Sparsamkeit besteht. Was bedeuten die Grundsätze?

Der **Grundsatz der Gesetzmäßigkeit des Verwaltungshandelns** verlangt, dass alles Verwaltungshandeln letztlich eine gesetzliche Grundlage hat und durch Rechtsvorschriften gedeckt ist. Handeln auf „eigene Faust" ist danach nicht statthaft, selbst wenn es den Zielen der Verwaltung dient.

Die **Grundsätze der Wirtschaftlichkeit und Sparsamkeit** bilden fundamentale Prinzipien des Haushaltsrechts (s. z. B. § 6 HGrG). Dabei verlangt der Grundsatz der Wirtschaftlichkeit, mit den vorhandenen Mitteln das bestmögliche Ergebnis (= den höchstmöglichen positiven Beitrag zur Zielerfüllung) zu erreichen. Der Grundsatz der Sparsamkeit verlangt, ein bestimmtes, nach Art, Umfang und Qualität feststehendes Handlungsergebnis mit minimalem Mitteleinsatz zu realisieren (Brede 1968, 56 f.).

Manchmal gibt es zwischen den Grundsätzen Konflikte, namentlich zwischen dem Grundsatz der Gesetzmäßigkeit einerseits und den Grundsätzen der Wirtschaftlichkeit und Sparsamkeit andererseits - Konflikte, in denen es schwerfällt, die Vorherrschaft der Gesetzmäßigkeit des Verwaltungshandelns zu akzeptieren. Dazu zwei Beispiele.

- Es ist untersagt, in den Diensträumen private Elektrogeräte zu benutzen. Ein in einem schlecht beheizbaren Altbau untergebrachter Mitarbeiter hält sich an die Vorschrift, erkältet sich schwer, und im Januar und Februar bleibt wichtige Arbeit liegen.

- Ein in der Beschaffungsabteilung tätiger Mitarbeiter leitet den Antrag, den Kauf einer bestimmten Heizölsorte zu genehmigen, wie es sich gehört, auf dem Dienstweg weiter. Als die Genehmigung eintrifft, ist es zu spät: Das Heizöl, das nur im Rahmen eines Sonderangebots zur Verfügung stand, ist nicht mehr erhältlich.

In beiden Fällen wird die Anwendung des Wirtschaftlichkeitsprinzips durch den Grundsatz der Gesetzmäßigkeit verhindert. Kein Wunder, wenn Bedienstete unter solchen Umständen bereit sind, die Vorschriften zu umgehen, „großzügig" zu interpretieren oder gar zu ignorieren. Wird dies zur Gewohnheit, machen sich neue, informelle Strukturen breit.

2. Spielarten der informellen Organisation

Oft bleibt es nicht beim Wunsch, vorschriftengetreues Verwaltungshandeln durch wirtschaftlicheres oder sparsameres zu ersetzen. Oft werden Vorschriften nicht mehr ernstgenommen. Das ist dann der Fall, wenn sie sich als veraltet oder wenig tauglich erweisen, aber auch wenn sie nicht mit hinreichender Strenge durchgesetzt werden oder ihre Befolgung nicht genügend kontrolliert wird. Informelle Organisation kann sogar eine kriminelle Erscheinung sein; man denke nur an Korruption. Letzteres sei aber im weiteren ausgeklammert. Wir wollen die informelle Organisation nur erörtern, soweit darin der Wunsch des Bediensteten zum Ausdruck kommt, seinen Dienst besser zu erfüllen, als es die Vorschriften erlauben.

Es gibt drei Spielarten der informellen Organisation (Brede 1997 a, 87-95):

- der Dienst nach Augenmaß

- die Beziehungswirtschaft

- das Einflussmoment.

Beim **Dienst nach Augenmaß** setzt sich der Bedienstete über die bestehenden Vorschriften hinweg und handelt „unbürokratisch": Der Mitarbeiter im Altbau bringt trotz des Verbots von zu Hause ein elektrisches Heizgerät mit bzw. der Mitarbeiter in der Beschaffungsabteilung ignoriert den Dienstweg und holt die Genehmigung kurzerhand von der zuständigen Stelle per Telefon ein („kurzer Dienstweg").

Beziehungswirtschaft liegt vor, wenn ein Bediensteter einem anderen in einer dienstlichen Angelegenheit aufgrund persönlicher Beziehung einen sachlich nicht begründeten Vorteil einräumt. Dazu muss man wissen, dass dienstliche Angelegenheiten streng sachbezogen zu erledigen sind. Aber in Wirklichkeit kommt es doch vor, dass Sympathie, Antipathie, Freundschaft und Feindschaft eine Rolle spielen. Kann der Sachbearbeiter in der Beschaffungsabteilung, der über die Bereitstellung eines Dienstfahrzeugs zu befinden hat, bei seiner Entscheidung wirklich die Tatsache beiseite schieben, dass er mit dem Antragsteller jeden Donnerstag Squash spielt? Am stärksten entwickelt sich Beziehungswirtschaft dort, wo die Möglichkeit besteht, sich für eine erwiesene Gefälligkeit zu „revanchieren".

Die Beziehungswirtschaft ist deutlich von kriminellen Aktivitäten der Korruption (Bestechung, Vorteilsnahme) zu unterscheiden. Zum einen handelt es sich bei der Beziehungswirtschaft im Unterschied zur Korruption um rein verwaltungsinterne Vorgänge, und zum anderen stellt ein (noch dazu gutgemeinter) Verstoß gegen Verwaltungsvorschriften wahrlich noch keinen Ausdruck von Kriminalität dar.

Mit dem **Einflussmoment** ist der Fall gemeint, in dem verliehene und tatsächlich ausgeübte Macht voneinander abweichen. Man braucht nur an die sprichwörtliche „Graue Eminenz" oder an die einflussreiche Sekretärin zu denken, um das Phänomen zu erkennen.

3.   Duldung oder Eindämmung der informellen Organisation?

Es wäre illusorisch, informelle Organisation ausrotten zu wollen. Sie entspringt u. a. auch der menschlichen Schwäche, und sie wäre nur zu verhindern, wenn es stets perfekte, zeitgemäße Vorschriften gäbe. Deshalb stellt sich allein die Frage nach Duldung oder Eindämmung.

Duldung kommt aus mehreren Gründen nicht in Frage. Erstens ergäbe sich ein Widerspruch zur Verantwortlichkeit des Verwaltungsbediensteten für sein nicht von den Vorschriften gedecktes Handeln. Mit anderen Worten, ginge beim Dienst nach Augenmaß etwas schief, müsste der Bedienstete dafür einstehen und würde möglicherweise in Regreß genommen. Kein Vorgesetzter kann zulassen, dass sich sein Mitarbeiter in ein solches Risiko begibt. Zweitens verdürbe das Dulden informeller Organisation die guten Sitten. Lässt der Vorgesetzte erst zu, dass der Mitarbeiter sein privates Heizgerät benutzt, könnte er bald erleben, wie es dieser Mitarbeiter mit der Arbeitszeit nicht mehr so genau nimmt. Drittens stimmten bei Duldung der informellen Organisation viele Aussagen der Verwaltungswissenschaften nicht mehr; denn die Literatur setzt bei allen wesentlichen Aussagen voraus, dass das Verwaltungshandeln genau den Vorschriften folgt. Weicht das Verwaltungshandeln von den Vorschriften aber ab, gleicht die Anwendung zahlreicher verwaltungswissenschaftlicher Instrumente und Thesen dem Versuch, mit einer falschgehenden Uhr zum Bahnhof zu eilen. Fazit: Die Eindämmung der informellen Organisation ist der Duldung vorzuziehen.

4.   Maßnahmen zur Eindämmung der informellen Organisation

Das beste Mittel, informelle Organisation einzudämmen, liegt in der großzügigeren Vorschriftengestaltung (s. auch Eichhorn 1998). Wenn alles mögliche vorgeschrieben ist, und das auch noch im Detail, fällt es häufig schwer, den Sinn einzelner Regelungen zu erkennen. Die Bediensteten entwickeln sich dann ein eigenes Regelwerk, d. h. nehmen sich Gestaltungsspielräume, die ihnen nicht zustehen. Würden ihnen aber von vornherein in den Vorschriften Ermessensspielräume zugestanden, träte der Konflikt zwischen vorgeschriebenem und praktischem Verwaltungshandeln - soweit die Ermessensspielräume beachtet werden - nicht mehr auf.

Es ist also zu fordern, dass Vorschriften weitmaschiger ausfallen, d. h. von vornherein großzügig gestaltete Ermessensspielräume enthalten. Freilich, wieviel Entscheidungsspielräume unter den Gesichtspunkten Kompetenz und Kontrolle zugebilligt werden dürfen, bedarf sorgfältiger Abwägung (s. dazu auch S. 79-84). Ebenso ist fraglich, ob die Bediensteten größere Spielräume schätzten. Zwar würden manche Mitarbeiter durch die größere Gestaltungs- und Entscheidungsfreiheit stärker motiviert als bisher. Aber andere könnten sich nach den Zeiten zurücksehnen, in denen sie nur nach „Schema F" zu handeln brauchten und ihnen keine Entscheidungslast auferlegt war, und wieder andere könnten die Vorgabe genauer Regeln vermissen, auf die sie sich im Zweifel berufen dürften.

Selbst wenn es zur großzügigeren Ausstattung des Regelwerks mit Ermessensspielräumen für die Bediensteten kommt, bedarf es noch der Ergänzung durch eine zweite Maßnahme, die ständige Aktualisierung der Vorschriften. Vorschriften veralten schnell, werden unzweckmäßig. Dagegen hilft nur, sie von Zeit zu Zeit auf ihre weitere Tauglichkeit hin zu prüfen. Das kann geschehen im Rahmen regelmäßiger Organisationsuntersuchungen, durch ein behördliches Vorschlagswesen oder durch Revisions- bzw. „Verfalls"daten, die von vornherein in die Vorschriften eingebaut werden.

So könnte zum Beispiel die Schlussbestimmung einer im Jahre 2003 erlassenen Dienstanweisung vorsehen, dass die Vorschrift am 31.12.2008 außer Kraft gesetzt wird, es sei denn es würde nach einer Überprüfung die Fortgeltung um weitere fünf Jahre verfügt. „Verfalls"daten bei Vorschriften haben sich allerdings nicht bewährt. Es besteht zu leicht die Gefahr, dass versäumt wird, die Vorschrift wieder in Kraft zu setzen, und dann eine „vorschriftenlose" Zeit anbricht. Sinnvoller ist es hingegen, eine Revisionsklausel einzubauen. Wenn die Revision unterlassen wird, bleibt die Vorschrift wenigstens in Kraft.

Zum Schluss noch ein Hinweis: Was zur Eindämmung der informellen Organisation vorgeschlagen wurde, dürfte den Bürger nur selten betreffen; denn die Erscheinungen der informellen Organisation zeigen sich meist in verwaltungsinternen Regelungen, Vorschriften und Weisungen, weniger im Regelwerk, das die Beziehungen zwischen Verwaltung und Bürger unmittelbar betrifft. Hier würde sich informelle Organisation wegen der ständigen gerichtlichen Nachprüfung des Verwaltungshandelns meist nicht lang halten. Aber was ist, wenn der Steuerzahler wahrnimmt, dass sein Fall aufgrund der neugewonnenen Ermessensspielräume vom Finanzamt nicht so großzügig behandelt worden ist wie der gleichgelagerte Fall seines Nachbarn?

D. Organisatorische Maßnahmen im Zuge der Verwaltungsreform

Mitunter wird der Eindruck erweckt, als sei die Modernisierung der öffentlichen Verwaltung etwas Neues, noch nie Dagewesenes. Dabei stellt die Verwaltungsreform eine Daueraufgabe dar, die zwar gelegentlich in den Hintergrund gerät, dann aber, wenn ein gewisser Reformstau entstanden ist, sich wieder in den Vordergrund schiebt. Wir leben jetzt in einer solchen Zeit großen Reformbedarfs, der sich besonders bemerkbar macht, weil überall gespart werden muss.

Die derzeitige Reformwelle steht denn auch unter der klaren Zielvorgabe, die Verwaltungskosten zu senken. Was sonst noch an Zielen verkündet wird, etwa Bürgerfreundlichkeit, Leistungssteigerung, Bürgerbeteiligung, Selbstentfaltung der Mitarbeiter, ist Beiwerk.

In Gang gekommen ist die derzeitige Verwaltungsreform durch Anregungen aus dem Ausland. In diesem Zusammenhang ist als erstes die niederländische Stadt Tilburg zu nennen. Mit dem Namen verbindet sich der bislang stärkste Impuls, den die öffentlichen Verwaltung hierzulande zur Modernisierung empfangen hat. Nachdem die KGSt das **Tilburger Modell** populär gemacht hatte (Kommunale Gemeinschaftsstelle für Verwaltungsvereinfachung [KGSt] 1993), begannen vor allem die Kommunen, sich für die Leitidee, nämlich die Entlassung von Organisationseinheiten in weitgehende Selbständigkeit zu erwärmen. Zwar stellte sich bald heraus, dass das Reformkonzept in Holland unter einem außergewöhnlich guten Stern gestanden hatte, doch die Idee hatte gezündet. Danach setzte die Suche nach weiteren Reforminseln ein, die als Vorbild fungieren konnten, und man stieß u. a. auf Christchurch in Neuseeland, Phoenix in Arizona, Braintree in Großbritannien und viele andere (Bertelsmann Stiftung 1996; Heuser/von Randow/Watermann 1998). Die Wirkung dieser Vorbilder war nicht ganz so groß wie die Tilburgs, vielleicht auch weil die weltweite Suche inzwischen einen ganzen Korb von Ansätzen zur Verwaltungsmodernisierung beschert hatte, Ansätze, die mittlerweile mit der attraktiven Bezeichnung „**New Public Management**" oder „**Neues Steuerungsmodell**" zusammengefasst werden (Budäus 1994; Buschor 1995; Damkowski/Precht 1998).

Kennzeichnend für die heutige Reformbewegung sind die vielen Etiketten, die den einzelnen Reformansätzen angeheftet werden, ohne dass die Bezeichnungen stets wesentliche inhaltliche Unterschiede verkörpern. Überdies kommt es oft vor, dass in der Literatur einzelne Konzepte unterschiedlich interpretiert und dargestellt werden. Trotzdem muss man sich bemühen, zum Kern der Dinge vorzustoßen.

Vorbehaltlich aller Schwierigkeiten kann man die z. Z. praktizierten oder diskutierten *organisatorischen* Maßnahmen im Rahmen der Verwaltungsreform wie folgt mit Schlagworten kennzeichnen und einteilen:

- Entlassung in die Selbständigkeit
    - Tilburger Modell/Unternehmen Stadt/Stadt als Konzern
    - Verantwortungs- oder Kostenzentrum

- Änderung der Aufbauorganisation

  - Lean Management/Schlanke Verwaltung/Flache Hierarchie

  - Organisationsentwicklung

  - Fraktale Organisation

- Entlastung von Aufgaben

  - Public Private Partnership

  - Contracting Out

  - Outsourcing

Wir wollen die Stichworte in der genannten Reihenfolge kurz kommentieren.

Das **Tilburger Modell**, dem, wie erwähnt, starke Impulse zur Verwaltungsreform in Deutschland zu verdanken sind, ist durch das Bemühen gekennzeichnet, die Verwaltung einer Stadt einem kaufmännischen Unternehmen - am besten einem Konzern - nachzubilden. Deshalb wird im Anschluss an das Tilburger Modell auch gern vom **„Unternehmen Stadt"** oder von der **„Stadt als Konzern"** (Martens/Thiel/Zanner 1998) gesprochen. Tatsächlich hat es etwas Bestechendes, nicht nur den Städtischen Schlachthof, den Abwasserbetrieb, das Museum und den Botanischen Garten in kaufmännisch geführte Unternehmen mit privatrechtlicher Rechtsform zu verwandeln, sondern dieses Prinzip auch auf das Liegenschafts-, das Rechts-, das Personalamt usw. anzuwenden. Denn es ist möglich, überall selbständig agierende Einrichtungen zu schaffen, die vertraglich gehalten sind, der Kommune Serviceleistungen zu erbringen (**Kontraktmanagement**), natürlich dafür entgolten werden und entsprechend mit Kapital ausgestattet sind, doch im übrigen versuchen müssen, ihre Existenz durch Leistungsverwertung am Markt zu sichern. Die eigentliche Stadtverwaltung kann sich dann stark reduzieren, d. h. auf die hoheitlichen Aufgaben und - wie eine Konzernzentrale - auf die Steuerung der öffentlichen Betriebe (besser: „Unternehmen") konzentrieren.

Es wurde schon angedeutet, in Tilburg haben für das Modell offenbar besonders gute Anwendungsvoraussetzungen geherrscht. Anderswo verliefen die Versuche nicht so glücklich. Das hängt mit einigen Schwächen zusammen, die inzwischen zutage getreten sind:

„Kontraktmanagement" leidet u. a. unter dem Wandel, dem die Anforderungen der Verwaltung an die Serviceleistungen unterliegen, sowie an der schwierigen Bestimmbarkeit gemeinwohlorientierter Aufgaben und Ziele. Man bemühe sich z. B. nur einmal, die Aufgaben einer Städtischen Haus- und Grundstücksverwaltungs GmbH mit Marktorientierung und Servicefunktion für die Stadt angesichts sich wandelnder Konjunktur- und Haushaltslagen für eine längere Zeitdauer vertraglich zu fixieren. Diese grundsätzliche Problematik ist schon weiter oben angesprochen worden (S. 15-17).

Hinzu kommt die immer wiederkehrende Schwierigkeit, das Management am wirtschaftlichen Ergebnis solcher Unternehmen zu beteiligen. Was passiert beispielsweise, wenn der Erfolg am Markt durch gemeinwohlorientierte Kontraktverpflichtungen gegenüber der Stadt beeinträchtigt wird? Soll dann den kommerziellen Interessen Vorrang eingeräumt werden, damit das Management weiterhin motiviert bleibt oder soll im Zweifel das Gemeinwohlinteresse dominieren?

Wohin die Tendenz geht, wird an einem Beispiel deutlich, das zwar nicht aus der niederländischen Kommunalverwaltung, aber aus der Nachbarschaft stammt. So berichtete die Frankfurter Allgemeine Zeitung, wie die niederländische Postbank Kunden mit kostengünstigem Hausputz lockte. „Wer sich für bestimmte Versicherungs- und Anlageangebote entscheidet, bekommt dazu auf Wunsch eine Putzfrau für ein einmaliges Großreinemachen billiger als üblich. 'Wir wollen etwas zusätzlich bieten', sagte ein Sprecher der Bank ... Andere Zusatzangebote der Bank sind alkoholische Getränke und Fallschirmspringen auf einer Wattenmeerinsel" (o. V. 1998 e).

Ein drittes Problem ist die Existenzsicherung. Zugegeben, man kann sich von fast allen Verwaltungseinrichtungen vorstellen, dass sie sich ihr (Zu-)Brot am Markt verdienen. Aber was ist, wenn die Existenz auf dem Spiel steht? Zur Marktwirtschaft gehören nicht nur unternehmerische Chancen, sondern auch unternehmerische Risiken. Doch wo könnte es sich die öffentliche Hand leisten, „ihren" Schlachthof, „ihre" Schulen oder „ihren" Sozialdienst bankrott gehen zu lassen? (s. auch S. 103 f.) Wenn aber die Existenzgefahr entfällt, entfällt für das Management eine wichtige Antriebskraft. Die Entlassung in die unternehmerische Freiheit kann ihren Zweck dann nur zum Teil erfüllen.

Das Thema **„Verantwortungs- oder Kostenzentrum"** ist schon an anderer Stelle (S. 91) behandelt worden. Wir brauchen die Ausführungen nicht zu wiederholen. Jetzt, nach Skizzierung des Tilburger Modells, zeigt sich, dass die Aufteilung einer Verwaltung in Verantwortungs- oder Kostenzentren nichts anderes bedeutet als die Verwirklichung des Tilburger Modells im kleineren Maßstab. Auch die Problematik ist sehr ähnlich. Derselbe Reformansatz, nämlich Zentren mit Eigenverantwortlichkeit für die Art und Weise der Aufgabenerfüllung zu schaffen, tritt übrigens noch ein weiteres Mal auf, und zwar in Gestalt der Budgetierung bzw. des Globalhaushalts (S. 117 f., 135 f.).[22]

Bei den Stichworten **„Lean Management"** (Řezniček 1996), **„Schlanke Verwaltung"**, **„Flache Hierarchie"** geht es nur um eines: um den Abbau und die Zusammenfassung von Organisationseinheiten bzw. ganzer Hierarchieebenen. Wie dies geschieht, ist nicht so wichtig. In Frage kommen beispielsweise der Verzicht auf Aufgabenfelder, etwa der Verzicht auf Vorsorgeuntersuchungen in der Gesundheitsverwaltung, oder die Ausgliederung der Aufgabenerfüllung, etwa die Übertragung baustatischer Berechnungen von der Bauverwaltung auf freiberufliche Statiker. Verschlankungsmaßnahmen dieser Art werden heute gern mit Public Private Partnership, Contracting Out und Outsourcing bezeichnet (s. S. 39 f., 42-44).

Gegen „Lean Management", d. h. eine „schlanke" Verwaltung, und gegen einen „flachen" Hierarchieaufbau ist nichts einzuwenden, soweit es sich darum handelt, Überflüssiges und Wildwuchs zu

---

[22] Etwas Ähnliches, nämlich die Umwandlung von Fakultäten und Instituten in Verantwortungszentren, schwebt auch den heutigen Vertretern der Universitätsreform vor - selbst wenn die angestrebte Selbständigkeit z. B. als „rückgekoppelte Autonomie" charakterisiert wird (Stein 1998).

beseitigen. Früher wurden solche Bemühungen unter dem Stichwort „Aufgabenkritik" geführt. Aufgabenkritik galt schon immer als Daueraufgabe. Bedenken gegen die schlankere Verwaltung oder die flache Hierarchie sind nur dann anzumelden, wenn der Wegfall von Aufgaben oder Organisationseinheiten zu einem nicht von der Vertretungskörperschaft gebilligten Leistungsabbau oder zur Überlastung des Personals führt. Nicht jede kostensenkende Maßnahme ist sinnvoll.

Als **Organisationsentwicklung** (Glasl 1983; KGSt 1984; Paul 1997) wird ein Konzept bezeichnet, das organisatorische Reformen in Zusammenarbeit mit den Mitarbeitern herbeizuführen sucht. Dabei wird mit sozialwissenschaftlichen Methoden als erstes versucht, den Bedarf an Struktur- und Verhaltensänderungen in einer Einzelwirtschaft oder Organisationseinheit aufzudecken, um die Veränderungen danach im Zuge eines Lernprozesses zu verwirklichen. Von der Organisationsentwicklung in der öffentlichen Verwaltung wird erwartet, dass diese Vorgehensweise das Problemlösungspotential der betreffenden Einrichtung erhöht und den Mitarbeitern größere Chancen der Persönlichkeitsentfaltung bzw. Selbstverwirklichung bietet. Die wichtigste Rolle spielt in diesem Zusammenhang der Organisationsberater: Er hat mit Interventionen, Anregungen sowie Vermittlung methodischer Kenntnisse den Mitarbeitern zur Wahrnehmung der Organisationssituation zu verhelfen, den organisatorischen Wandel zu initiieren und den Änderungsprozess zu begleiten. Um für das Konzept Akzeptanz bei den Mitarbeitern zu gewinnen, sollten als Organisationsberater externe Kräfte eingesetzt werden.

Gelegentlich findet sich in der Literatur der Vorschlag, in der öffentlichen Verwaltung **Fraktale Organisation** (Warnecke 1996) einzuführen. Beherrschendes Merkmal der Fraktalen Organisation ist die sog. Selbstähnlichkeit. Gemeint ist das Bemühen, das Organisationsmuster, das das gesamte Gebilde (z. B. eine Verwaltung) beherrscht, auf allen Hierarchieebenen und bei allen Organisationseinheiten zu wiederholen. Am einfachsten lässt sich das fraktale Organisationsprinzip an einem Beispiel aus einem verwaltungsfernen Bereich klarmachen: Ein Universitätsklinikum habe einen dreiköpfigen Vorstand, der sich zusammensetzt aus dem Ärztlichen Direktor, dem Verwaltungsdirektor und dem Pflegedienstdirektor. Jede einzelne Klinik hat dementsprechend ebenfalls einen Ärztlichen Leiter, einen Verwaltungsleiter und einen Pflegedienstleiter. Entsprechendes gilt für die Vorstände der Abteilungen, der Stationen und der sonstigen Einrichtungen. Selbst in einer Werkstatt müsste es einen Ärztlichen Leiter, einen Verwaltungsleiter und einen für die pflegerischen Belange zuständigen Leiter geben. Man sieht an dem Beispiel, das Prinzip kann, falls es bis zur letzten Konsequenz verwirklicht wird, zu Absurditäten führen. Dabei ist die Idee nicht abwegig. Werden beispielsweise Verantwortungs- oder Kostenzentren eingerichtet, ist es durchaus sinnvoll, die Aufbauorganisation der kleineren Einheit der der größeren nachzubilden. Dadurch verfahren alle Beteiligten nach einem einheitlichen und ihnen vertrauten Organisationsmuster.

Die weiteren Stichworte, nämlich **Public Private Partnership, Contracting Out** und **Outsourcing** sind bereits weiter oben (s. S. 39 f., 42-44) behandelt worden. Wir brauchen sie nicht noch einmal zu erörtern.

3. Kapitel: Finanz- und Haushaltswesen

A. Finanzierung, Beschaffung von Einnahmen, Kapitalausstattung

1. Vorbemerkung

Legte man den Begriff weit aus, käme man in der Überschrift mit dem Stichwort „Finanzierung" aus. Aber es wird sich gleich zeigen, dass in öffentlichen Betrieben und Verwaltungen vielerlei Akzente zu setzen sind, so dass sie am besten über die drei oben genannten Stichworte erreicht werden. Mit dem Stichwort „Finanzierung"[23] wollen wir die vielfältigen Finanzierungsformen ansprechen, die in öffentlichen, namentlich staatlichen Betrieben und Verwaltungen zu unterscheiden sind (Kirchhoff/Müller-Godeffroy 1996, 41-90). Mit dem Stichwort Beschaffung von Einnahmen soll das Augenmerk auf die Tatsache gelenkt werden, dass öffentliche Haushalte (in der Regel Gebietskörperschaften) hauptsächlich an der Erzielung von Einnahmen interessiert sind. Die Kapitalausstattung wird gesondert genannt, weil dieses Problem in staatlichen Betrieben und Verwaltungen einen anderen Stellenwert als in privaten Unternehmen hat - ein Umstand, der besonders beleuchtet werden soll.

2. Die Finanzierungsformen öffentlicher Betriebe, öffentlicher Verwaltungen und öffentlicher Haushalte

Es erscheint sinnvoll, bei der Darstellung der Finanzierungsformen nicht nur zwischen öffentlichen Betrieben und öffentlichen Verwaltungen zu differenzieren, sondern den Blick auch auf die Träger staatlicher Betriebe - hier kurz als öffentliche Haushalte bezeichnet - zu werfen. Dabei wird Abschied genommen von den üblichen Typologien, z. B. von der Einteilung in Eigen- und Fremdfinanzierung, externe und interne Finanzierung. Sie würden im öffentlichen Bereich nicht weit führen. Am besten schicken wir den näheren Ausführungen in Form eines Glossars eine tabellarische Übersicht (Tab. 1) voraus.

Erläuterungen zu den Stichworten (alphabetisch geordnet)

Bausparen: Immer öfter kommt es vor, dass Gebietskörperschaften (insbesondere Gemeinden) genauso wie Privatleute einen Bausparvertrag abschließen, um ein Bauvorhaben schneller verwirklichen zu können. Bekanntlich funktioniert Bausparen so, dass der Bausparer zunächst Einzahlungen in einen Fonds leistet, bis etwa die Hälfte der für das Bauvorhaben benötigten Summe erreicht ist. Dann erhält der Bausparer seine Einlage samt Zinsen zurück und kann sich außerdem von der Bausparkasse den Rest leihen. Ob dieser Weg günstiger als der konventionelle ist (man bildet Ersparnisse und finanziert den Rest durch Kredit), lässt sich

---

[23] „**Finanzierung**" wird hier mit Beschaffung oder Bereitstellung von Finanzmitteln sowie mit der Erweiterung des finanziellen Spielraums gleichgesetzt.

nicht allgemeingültig feststellen. Das sieht sicherlich anders aus, wenn mehrere Gebietskörperschaften ihre eigene Bausparkasse bilden (s. Bildung von Rücklagenpools, S. 145 f.).

Gruppen von Finan-zierungsformen	Stichworte	Nutzung der Finanzierungsform durch:		
		den öffentlichen Haushalt (z. B. Gebiets-körperschaft)	den öffentlichen Betrieb	die einzelne öffent-liche Verwaltung (z. B. Behörde oder Amt)[24]
Finanzierung aus Abgaben	Steuern	**X**		
	Zuweisungen	x	(x)	
	Gebühren	x	x	(x)
	Beiträge	x		
	Zölle	x		
Zuführung durch den Träger	Eigenfinanzierung		**X**	**X**
	Zuführung „laufender Mittel"			**X**
	Zuschüsse zur Defizitde-ckung		x	x
Kreditfinanzierung	Kapitalmarktkredit	**X**	**X**	
	Leasing	x	x	
	Bausparen	x	x	
Finanzierung aus privaten Quellen	Betreibermodell	x	x	
	Objektgesellschaft	x	x	
	Konzessionsmodell	x	x	
	Geschlossener Immobi-lienfonds	x	x	
	Forfaitierung von Miet- oder Pachtzahlungen	x		
	Materielle Privatisierung	x	x	
	Schenkung	x	x	x
	Sponsoring		x	x
Finanzierung aus Erwerbseinkünften	Erwerbseinkünfte	x	**X**	x
Sonstiges	Vermögens-umschichtung	x	x	
	Mitteleinsparung	x	x	x
	Auswandsgegenwerte	x	x	x
Die für das Aufkommen wichtigsten Formen sind durch ein fettgedrucktes **X** hervorgehoben; (x) bedeutet, dass die Finanzform nur unter bestimmten Bedingungen genutzt werden kann.				

Tab. 1: Finanzierungsformen

---

[24] In der Tabelle ist das **Kontraktmanagement** nicht berücksichtigt. Bei Kontraktmanagement erhält die einzelne öffent-liche Verwaltung dieselben Finanzierungsmöglichkeiten wie der öffentliche Betrieb.

Auch ein öffentlicher Betrieb kann - soweit er selbständig finanzielle Entscheidungen zu treffen befugt ist - das Bausparmodell nutzen, mangels so weitreichender Kompetenz wohl aber keine einzelne öffentliche Verwaltung.

Beiträge: Beiträge sind Abgaben, die dem Bürger das generelle Recht verschaffen, eine bestimmte Infrastruktureinrichtung zu nutzen. Beiträge kommen vor allem im Zusammenhang mit der Erschließung von Grundstücken vor. In einem Neubaugebiet werden Straßen und Kanäle angelegt. An den Baukosten werden die Grundstücksbesitzer über Beiträge beteiligt. Die Gegenleistung besteht in der Möglichkeit, diese Infrastruktureinrichtungen zu nutzen. Die tatsächliche Inanspruchnahme der Abwässerkanäle ist mit einer weiteren Abgabe, der Kanalbenutzungsgebühr, belegt.

Betreibermodell: siehe dazu S. 42.

Eigenfinanzierung: Für den staatlichen Betrieb und die einzelne öffentliche Verwaltung spielt die Bereitstellung von Mitteln aus dem öffentlichen Trägerhaushalt die wichtigste Rolle.

Bei staatlichen Betrieben kann die Zuführung entweder den Charakter einer Kapitaleinlage (= Eigenfinanzierung) oder den Charakter eines Zuschusses zur Abdeckung eines Defizits haben. Auf Einzelheiten der Defizitdeckung gehen wir an anderer Stelle näher ein (s. S. 223-227).

Inwieweit braucht der staatliche Betrieb eine Eigenkapitalausstattung (Eichhorn 1979, 40-44)? Am besten lassen wir rechtliche Vorschriften, die eine Eigenkapitalausstattung erzwingen (Gesellschaftsrecht, Haushaltsrecht, Bankrecht) beiseite und prüfen, ob staatliche Betriebe aus ökonomischen Gründen mit Eigenkapital ausgestattet sein müssen oder sein sollten. Wir orientieren uns an den Funktionen des Eigenkapitals.

Es ist ziemlich offensichtlich, dass kein Eigenkapital zu Haftungszwecken oder zur Akquisition von Fremdkapital benötigt wird. Die öffentliche Hand ist ein vorzüglicher Schuldner. Selbst wenn es der Rechtslage nach möglich wäre, würde doch kein Träger - sagen wir eine Gebietskörperschaft - einen „seiner" Betriebe bankrott gehen lassen.[25] Wenn kein Eigenkapital (mehr) vorhanden wäre, gäbe es bei staatlichen Betrieben noch die Schuldendeckung durch den Träger. Der staatliche Betrieb wird stets als kreditwürdig angesehen. Keine Bank wird bei einem staatlichen Betrieb sonderlich auf die Einhaltung einer bestimmten Relation des Fremdkapitals zum Eigenkapital achten. Ob sich durch „Basel II" etwas ändern wird, werden wir sehen.

Im Hinblick auf drei andere Funktionen des Eigenkapitals, die Autonomiefunktion, die Einflusssicherungsfunktion und die Finanzierungsfunktion, sieht dies anders aus: Eigenkapital verschafft dem Betrieb ein Stück Autonomie, also Unabhängigkeit vom Eigentümer oder Träger. Das ist bei staatlichen Betrieben, besonders in Zeiten prekärer Haushaltslage, wichtig. Öffentliche Sparkassen, die in den letzten Jahren expandieren wollten, bieten dafür guten Anschauungsunterricht. Da zusätzliches Eigenkapital von den Kommunen nicht zu erhalten war, blieb den Sparkassen nichts anderes übrig, als nach Kräften Rücklagen zu bilden, also Selbstfinanzierung zu betreiben.

---

[25] Was eventuell als Gegenbeispiel angeführt werden könnte, nämlich der Insolvenzantrag der Neue Maxhütte Stahlwerke GmbH, widerlegt die These nicht: Nach einem Bericht der FAZ (o. V. 1998 l) lässt sich der Vorgang als Versuch interpretieren, die Europäische Kommission zur Rücknahme eines Subventionierungsverbots - Subventionierung der Maxhütte durch den Freistaat Bayern - zu zwingen. Damit fällt der Vorgang aus dem Rahmen des hier Erörterten. Bayern war, als der Insolvenzantrag gestellt wurde, an der Maxhütte mit 45 Prozent beteiligt. Inzwischen ist das Kapitel Maxhütte endgültig abgeschlossen.

Das Spiegelbild der Autonomiefunktion bildet die Einflusssicherungsfunktion. Hier wird die Eigenkapitalausstattung aus der Sicht des Trägers betrachtet. Im Grunde genommen stellt die Einflusssicherungsfunktion des Eigenkapitals die bei staatlichen Betrieben wichtigste Funktion dar; denn sämtliche staatlichen Betriebe verdanken ihre Existenz dem Wunsch des Trägers, eine öffentliche Aufgabe von einem Betrieb erfüllt zu sehen, der über die mit Eigenkapital verknüpften Verfügungsrechte gelenkt werden kann.

Was es mit der Finanzierungsfunktion des Eigenkapitals auf sich hat, liegt auf der Hand. Verfügt der Betrieb über Eigenkapital, stehen ihm Mittel dauerhaft zur Verfügung, außerdem handelt es sich um Mittel, die nicht unbedingt mit der Abführung von Zinsen oder Gewinnausschüttungen verbunden sind.

Eine Eigenkapitalausstattung des staatlichen Betriebes ist also aus Gründen der Finanzierung ebenso wenig wie unter dem Autonomieaspekt oder zur Einflusssicherung zwingend erforderlich. Aber sie ist doch sehr erwünscht, und dies sowohl aus der Sicht des Betriebes als auch aus der Sicht des Trägers.

Zur letzten Funktion des Eigenkapitals, zur Gewinnverteilungsfunktion, lässt sich kaum Besonderes sagen. Sind an einem staatlichen Betrieb - z. B. an einem gemischtwirtschaftlichen, gemischt-öffentlichen Betrieb oder am Betrieb eines Zweckverbandes - mehrere Anteilseigner beteiligt, kann diese Funktion eine Rolle spielen. Die Verteilung von Gewinn oder die Gewährung von Stimmrechten lässt sich jedoch auch unabhängig von den Kapitalanteilen regeln. Eigenkapital ist aus diesem Grunde nicht unbedingt vonnöten.

Wie hoch das Eigenkapital eines staatlichen Betriebes sein sollte, bleibt offen. Die Leitung des staatlichen Betriebes wird immer eine hohe Eigenkapitalausstattung wünschen. Dies stärkt ihre Position (Autonomiefunktion) und enthebt sie insoweit etwaiger Finanzierungssorgen. Der Träger jedoch wird zwischen dem Interesse an Einflusssicherung und dem Interesse an schonendem Einsatz von Haushaltsmitteln schwanken. Das beste Beispiel für die etwas zwiespältige Haltung eines Trägers bietet das Land Niedersachsen, das sich als Anteilseigner an der Volkswagen AG schwer tut, Kapitalerhöhungen mitzumachen.

Bei der öffentlichen Verwaltung gibt es, oberflächlich gesehen, keine Eigenfinanzierung; denn die öffentliche Verwaltung kennt keine Kapitaleinlagen und keine Kapitalausstattung - jedenfalls nicht im gewöhnlichen Sinne. Aber man sollte die Begriffe nicht zu eng verstehen. Sofern man „Eigenkapital" als dauerhafte Bereitstellung von Mitteln, auch Sachgütern aller Art, versteht (im Zusammenhang mit einer Sachgründung wird dieser Kapitalbegriff verwendet), gibt es auch in der öffentlichen Verwaltung eine Kapitaleinlage oder Kapitalausstattung. Sie besteht in der erstmaligen Ausstattung der öffentlichen Verwaltung mit Räumlichkeit und Inventar bzw. späteren Ergänzungen dieser Mittel. Da die Mittel vom Träger (= Eigentümer der Verwaltung) aufgebracht werden, handelt es sich i. w. S. um Eigenkapital, und es liegt Eigenfinanzierung vor. Durch Eigenfinanzierung wird die Grundausstattung der öffentlichen Verwaltung aufgebracht; der Unterhaltung dient eine zweite Finanzierungsform, die Zuführung „laufender Mittel" durch den Träger.

Erwerbseinkünfte: *Wie alle am Markt tätigen Betriebe sollen auch die öffentlichen zumindest den größten Teil ihres Finanzmittelbedarfs über Umsatztätigkeit erzielen.*

Erwerbseinkünfte können auch bei öffentlichen Verwaltungen anfallen, und zwar dann, wenn sie z. B. Sachgüter (etwa alte Dienstwagen) ausrangieren und veräußern. Erwerbseinkünfte spielen bei öffentlichen Verwaltungen eine untergeordnete Rolle.

Sofern bei öffentlichen Betrieben die Erwerbseinkünfte, ggf. verstärkt um aufgenommene Kredite, nicht ausreichen, um den Finanzbedarf zu decken, sind Zuschüsse des Trägers nötig. Mitunter handelt es sich um einen ständigen Zuschussbedarf, wie zumeist im Falle öffentlicher Personennahverkehrsbetriebe. Auf das Span-

nungsverhältnis, das zwischen dem Streben nach Erwerbseinkünften und dem Interesse an gemeinwohlorientierter Zielerfüllung bestehen kann - und das sich häufig in einer permanenten Defizitwirtschaft ausdrückt -, wird an anderer Stelle näher eingegangen (s. u. a. S. 223-227).

Forfaitierung: *Mit diesem Stichwort wird die Abtretung - erstklassiger - Forderungen bezeichnet. Forfaitierung kommt beispielsweise im Zusammenhang mit privater Finanzierung öffentlicher Bauvorhaben vor: Der private Bauherr tritt die Miet- oder Pachtforderungen gegenüber dem Staat an eine Bank ab und gewinnt auf diese Weise Finanzmittel, die ihm die Durchführung des Bauvorhabens ermöglichen.*

Da es sich bei der öffentlichen Hand um einen erstklassigen Schuldner handelt, kann bei öffentlichen Bauvorhaben Forfaitierung anstelle des (für den Financier) weniger ergiebigen Factoring genutzt werden (Näheres bei Kirchhoff/Müller-Godeffroy 1996, 70-74).

Gebühren: *Gebühren sind Abgaben, die aus Anlaß einer Amtshandlung oder der Benutzung einer öffentlichen Einrichtung erhoben werden. In Verbindung mit einer Amtshandlung heißen sie **Verwaltungsgebühren**, in Verbindung mit der Inanspruchnahme einer Einrichtung **Benutzungsgebühren**. Beide, Verwaltungs- und Benutzungsgebühren, sollen kostendeckend sein. In vielen Fällen ergibt sich aber eine Kostenunterdeckung, d. h. decken die Gebühreneinnahmen nur einen Teil des gesamten Finanzmittelbedarfs.*

In der obigen Tabelle (Tab. 1) sind der einzelnen öffentlichen Verwaltung Einnahmen aus Gebühren nur unter der Bedingung zurechenbar, dass es sich - ausnahmsweise - um zweckgebundene Gebühreneinnahmen handelt. Im Normalfall fließen Gebühreneinnahmen, auch wenn sie von der einzelnen öffentlichen Verwaltung erzielt werden, dem Haushalt ihres Trägers zu.

Geschlossener Immobilienfonds: *Der geschlossene Immobilienfonds fungiert als Kapitalsammelstelle und vereinigt zumeist nicht-institutionelle Kapitalanleger. Sein Wesen erschließt sich am besten, wenn man einen Blick auf die Entstehung eines Unternehmens wirft: Am Anfang steht der Wille, eine oder mehrere Immobilien zu errichten. Der Initiator gründet eine Gesellschaft, gewöhnlich eine Kommanditgesellschaft, und übernimmt die Rolle des Komplementärs. Sodann bietet er eine begrenzte Menge an Kommanditanteilen auf dem Kapitalmarkt an (wegen der begrenzten Menge spricht man von einem „geschlossenen" Immobilienfonds). Hat er Erfolg, wird die Immobilie errichtet und dem Nutzer vermietet oder geleast.*

Will sich eine Gebietskörperschaft an einer Fonds-Kommanditgesellschaft als Komplementär *beteiligen, muss sie zuvor in die Gestalt einer Kapitalgesellschaft, gewöhnlich einer GmbH, schlüpfen. Auf diese Weise wird für die Gebietskörperschaft - wie es die Beteiligungsvorschriften verlangen (s. S. 83) - die Haftung beschränkt, ohne auf die Rechtsform der Kommanditgesellschaft zu verzichten; es entsteht eine GmbH & Co. KG.*

Kapitalmarktkredite: *Wie für die privaten Unternehmen ist die Kreditfinanzierung auch für die öffentliche Hand eine der wichtigsten Finanzierungsformen. Die Kreditsicherung bereitet der öffentlichen Hand keine Probleme, insofern wäre unbegrenzte Kreditaufnahme möglich. Aber es gilt zu beachten, dass öffentliche Kreditaufnahme die Möglichkeiten privater Verschuldung einschränkt (Crowding-out-Effekt), jede Kreditaufnahme Tilgungs- und Zinszahlungen nach sich zieht und damit die haushaltspolitischen Spielräume späterer Jahre* einschränkt. Aus gutem Grund sind deshalb in den Verfassungen[26] und im Maastricht-Vertrag[27] Grenzen bzw. Schwellenwerte für die öffentliche Verschuldung vorgesehen.

Als unbedenklich gelten Kapitalmarktkredite dann, wenn sie für rentable Investitionen verwendet werden. In diesem Falle sorgen die späteren Erwerbseinkünfte dafür, dass aus den Einnahmen die Tilgungs- und Zinszahlungen geleistet werden können. Heute ist es allerdings an der Tagesordnung, auch nicht-rentierliche Investitionen, z. B. den Bau von Straßen oder Verwaltungsgebäuden, mit Krediten zu finanzieren.

Konzessionsmodell: Siehe dazu S. 42.

Leasing: Bei Leasing werden der öffentlichen Hand Investitionsobjekte, vornehmlich Gebäude, mietweise zur Nutzung überlassen. Aus finanzierungstechnischer Sicht wird also die Aufbringung des Investitionsbetrages durch die periodische Zahlung von „Leasinggebühren" ersetzt, die die finanzielle Belastung aus dem Investitionsobjekt - normalerweise - über die gesamte Nutzungsdauer verteilen. Der Leasingnehmer muss sich zwar nicht verschulden, aber jedes Leasingverhältnis bedeutet eine Belastung in künftigen Jahren, stellt also einen Verlust an finanziellem Spielraum dar. Aus diesem Grunde dürfen Kommunen Immobilien-Leasingverträge nur mit Zustimmung der Aufsichtsbehörde abschließen.

Leasing ist gewöhnlich teurer als konventionelle Kreditfinanzierung. Leasing kann dementsprechend nur mit dem zeitlichen Vorziehen von Investitionen, mit Zusatzleistungen (z. B. Übernahme der Bauplanung durch den Leasinggeber) oder mit Einkaufsvorteilen gerechtfertigt werden, über die der Leasinggeber verfügt.

Wird eine **Objektgesellschaft** eingeschaltet, sieht die Konstruktion wie folgt aus: Verschiedene Geldgeber - darunter gewöhnlich auch der spätere Leasingnehmer - gründen eigens zu dem Zweck eine Gesellschaft, das Investitionsobjekt zu errichten und dem Nutzer per Leasingvertrag zu überlassen. Die Objektgesellschaft dient den Beteiligten dazu, auf die Bedingungen, die der Leasinggeber setzt, Einfluss zu nehmen.

Materielle Privatisierung: Siehe dazu S. 39.

Mitteleinsparung: Es mag verwundern, die Mitteleinsparung unter den Finanzierungsformen zu finden. Doch wenn Finanzierung als Maßnahme zur Vergrößerung finanzieller Spielräume verstanden wird, muss auch die Mitteleinsparung genannt werden. Wer seine Ausgaben kürzt, setzt c. p. Finanzmittel frei, hat mehr Finanzmittel zur Verfügung. Mitteleinsparung wirkt also wie eine zusätzliche Einnahme. Man könnte auch von einer unechten Finanzierungsform sprechen, um sie von den anderen Finanzierungsformen, bei denen Einnahmen auftreten, abzugrenzen. Es wäre falsch, darin eine Abwertung zu sehen. Im Gegenteil. Die von Finanznöten geplagten Gebietskörperschaften täten gut daran, sich gelegentlich dieser den Bürger schonenden Finanzierungsform zu erinnern.

---

[26] Das Grundgesetz beschränkt die (Netto-)Kreditaufnahme des Bundes in Art. 115 (1) Satz 2 Halbs. 1 auf die Höhe der Investitionsausgaben.

[27] In Bezug auf die Verschuldung verlangen die Maastricht-Kriterien, dass erstens das Haushaltsdefizit drei Prozent des Bruttoinlandsprodukts nicht überschreitet und zweitens der gesamte öffentliche Schuldenstand nicht mehr als 60 Prozent des Bruttoinlandprodukts beträgt.

Objektgesellschaft: *Eine eigens zu diesem Zweck gegründete Unternehmung finanziert, errichtet und vermietet bzw. verpachtet eine Immobilie. Objektgesellschaften sind gewöhnlich gemischtwirtschaftliche Unternehmen. Nähere Einzelheiten zur Kombination mit Leasing s. o.*

Schenkung: *Nicht immer handelt es sich bei Schenkungen um den schlagzeilenträchtigen Fall des reuigen Steuersünders, der, ohne seinen Namen preiszugeben, ein dickes Bündel Banknoten in den Briefkasten des Finanzamtes steckt. Schenkungen gibt es auch auf anderen Gebieten, insbesondere auf dem Gebiet der Kunst und der Wissenschaft. Da wird einem Land eine Gemäldesammlung geschenkt, oder eine Universität erbt einen landwirtschaftlichen Betrieb oder das Städtische Krankenhaus wird von einem dankbaren Patienten mit der Neuausstattung eines Operationssaales bedacht. Die meisten Schenkungen sind Erbschaften. Sie können einzelnen Verwaltungen (z. B. Universität), dem öffentlichen Haushalt (Beispiel: Bundesland) oder einem öffentlichen Betrieb (Beispiel: Krankenhaus) zuteil werden. Wie der Beschenkte damit umgeht, hängt von dem Kautelen der Schenkung ab. Es mag sein, dass die Gemäldesammlung nicht veräußert werden darf, wohl aber der landwirtschaftliche Betrieb, so dass die Universität Nutzen aus dem Veräußerungserlös erzielt. In jedem Falle bedeutet die Schenkung ersparte Ausgaben oder vermehrte Einnahmen, zählt also zweifellos zu den Finanzierungsformen.*

Sponsoring: *Mit diesem Stichwort wird ein auf Leistung und Gegenleistung beruhendes Geschäft bezeichnet, das zusätzliche Einnahmen beschert. Dem ersten Anschein nach handelt es sich allerdings um eine Schenkung; denn der Sponsor „spendet" Mittel, die der Begünstigte für seine Zwecke verwenden kann. Aber für die „Spende" wird eine Gegenleistung erwartet, etwa die Namens- oder Firmen-Nennung des Sponsors, wodurch sich der Sponsor Werbewirkung verspricht. Meist werden Sponsorenverträge geschlossen. Das heißt, beide Seiten vereinbaren in aller Form die Höhe der Zuwendung und die dafür geschuldete Gegenleistung.*

In öffentlichen Betrieben und Verwaltungen ist Sponsoring noch verhältnismäßig selten. Sponsoring kommt dort vor allem im Kulturbereich vor. So werden häufig Theateraufführungen oder Ausstellungen gesponsert. Allmählich bürgert sich ein, auch wissenschaftliche Veranstaltungen, also Kongresse u. ä., mit Sponsorengeld zu finanzieren.

Sponsoring bleibt problematisch, weil immer die Unabhängigkeit der Empfänger - und dies bedeutet hier: die Erfüllung des öffentlichen Auftrags - gefährdet ist.

Steuern: *An sich sollten Steuern die wichtigste Einnahmenart öffentlicher Haushalte sein. Inzwischen werden jedoch - weil der Bürger, bei wachsenden Staatsausgaben, kaum noch stärker mit Abgaben belastet werden kann - Steuern mehr und mehr durch zusätzliche Schulden ersetzt. Das führt dazu, dass mitunter auch schon laufende Ausgaben und unrentierliche Investitionen, die klassischen Verwendungszwecke für Steuereinnahmen, mit Krediten finanziert werden.*

Steuern haben gegenüber Krediten den großen Vorteil, dass sie zu Einnahmen führen, die nicht zurückzuzahlen sind und nicht mit Zinsen bedient werden müssen. Die Kehrseite der Medaille stellt die Belastung des Bürgers dar. Hohe Steuern rufen nicht nur Verdruß hervor, führen zur Steuerhinterziehung und Steuervermeidung, sondern mindern auch die Produktivität und beeinträchtigen die Wettbewerbsfähigkeit der Wirtschaft. Es zeigt sich an dieser Stelle, dass der Haushaltsgesetzgeber auch bei der zweitwichtigsten Einnahmenart, den Steuern, Grenzen unterworfen ist.

Vermögensumschichtung: *Mit diesem Stichwort ist die Freisetzung gebundenen Kapitals gemeint, also etwa die Schaffung zusätzlicher finanzieller Spielräume durch die Veräußerung von Liegenschaften oder das Eintreiben rückständiger Forderungen. Der Vorgang ähnelt der (materiellen) Privatisierung, unterscheidet sich* *davon aber durch die Tatsache, dass die Vermögensumschichtung kleinere Objekte (nicht ganze Betriebe oder wesentliche Betriebsteile wie bei der Privatisierung) erfasst. Vermögensumschichtung kann es sowohl für den öffentlichen Haushalt als auch für den öffentlichen Betrieb oder die einzelne öffentliche Verwaltung geben. Die Vermögensumschichtung spielt gegenüber den anderen Finanzierungsformen eine völlig untergeordnete Rolle.*

Zölle: *Zölle sind Abgaben, die aus Anlaß der Einfuhr oder Ausfuhr von Waren erhoben werden. Im Zuge der Liberalisierung des Warenverkehrs nimmt die Bedeutung der Zölle als Finanzierungsform der öffentlichen Hand ab.*

Zuführung „laufender Mittel": *Für die einzelne öffentliche Verwaltung stellt die Zuführung durch den Träger - neben der Grundausstattung - die wichtigste Finanzierungsform dar. Die Zuführung geschieht durch Zuweisung von Haushaltmitteln im Rahmen des Haushaltsvollzugs (S. 128 ff.). Mit der - im Regelfall: jährlichen - Zuführung werden die laufenden Ausgaben, aber auch Ausgaben für Ersatzinvestitionen bestritten.*

Wir halten fest:

- Die wichtigsten Finanzierungsformen sind

  - für den öffentlichen *Haushalt*: Steuern u. Kapitalmarktkredite,
  - für den öffentlichen *Betrieb*: Erwerbseinkünfte, Eigenfinanzierung und Kapitalmarktkredite,
  - für die einzelne öffentliche *Verwaltung*: Eigenfinanzierung und Zuführung „laufender Mittel" durch den Träger.

- Die öffentliche Hand sieht sich zum Teil engen Finanzierungsgrenzen gegenüber. Sie ergeben sich aus der Belastbarkeit des Bürgers mit Abgaben, aus Verfassungsgeboten und den Maastricht-Kriterien.

- Eigenkapital ist bei *staatlichen* Betrieben, streng genommen, entbehrlich. Aber sowohl die Interessen des *staatlichen* Betriebes selbst als auch die seines Trägers sprechen dafür, den Betrieb mit angemessenem Eigenkapital auszustatten. Die Eigenkapitalausstattung *staatlicher* Betriebe ist also eine Frage der Zweckmäßigkeit.

Zuschüsse zur Defizitdeckung: *Viele öffentliche Betriebe benötigen fallweise oder ständig Mittel zur Abdeckung von Defiziten. Die Mittel müssen vom jeweiligen Träger bereitgestellt werden. Die Gründe können vielfältig sein: schlechte Marktlage, mangelnde Effizienz oder - eine vom öffentlichen Auftrag erzwungene - nicht die Kosten deckende Preispolitik. Zuschüsse sollten stets begrenzt werden. Wie dies geschehen kann, wird an anderer Stelle behandelt (s .S. 224-227).*

Zuweisungen: *Mit „Zuweisung" ist vor allem der Transfer von einem öffentlichen Haushalt zu einem anderen gemeint. Zum einen handelt es sich um Einnahmen, mit denen die Erfüllung fremder Aufgaben abgegolten wird. Zum anderen treten Zuweisungen im Rahmen des Finanzausgleichs auf. Öffentliche Betriebe erhalten*

Zuweisungen nur in Ausnahmefällen, etwa zur Abgeltung gemeinwirtschaftlicher Lasten im Schienenverkehr oder zur Abgeltung von Fahrpreisvergünstigung beim Schülertransport.

Zum Finanzausgleich nur soviel: Nach dem System des Finanzausgleichs sollen die finanzstärkeren Gemeinwesen die finanzschwächeren unterstützen, bis der Auftrag des Grundgesetzes, einheitliche Lebensverhältnisse zu schaffen, erfüllt ist. Über nähere Einzelheiten informiert die finanzwissenschaftliche Literatur, z. B. Brümmerhoff 1996.

B. Haushaltsplanung

1. Herkömmliche Haushaltsplanung

Mit einem Haushaltsplan herkömmlicher Art werden durch Gesetz im einzelnen die für ein Jahr veranschlagten Einnahmen, Ausgaben und Verpflichtungsermächtigungen festgelegt (vgl. Wiesner 1997, 44). Der Haushaltsplan gilt als das in Zahlen gegossene Regierungsprogramm. Dem Haushaltsplan und der vorausgehenden Planung kommt dementsprechend große Bedeutung zu.

Jede Gebietskörperschaft stellt ihren eigenen Haushaltsplan auf. Er enthält sämtliche geplanten Einnahmen und Ausgaben, wobei das Zahlenwerk mehrfach untergliedert ist (ggf. in Einzelpläne, Kapitel, Titel). Siehe dazu z. B. Abb. 9a u. 9b.

Die herkömmliche Haushaltsplanung bezieht sich auf *ein* Haushaltsjahr. Neuerdings kommt es häufig vor, dass man den Planungsaufwand zu reduzieren versucht, indem man zweijährige Haushaltsplanung betreibt. Die Entwicklung eines sogenannten Doppelhaushalts bedeutet jedoch nur, dass die Planung für zwei Haushaltsjahre in *einem Zuge* erfolgt; im Zahlenwerk des Haushaltsplans selbst bleibt die Trennung der Haushaltsjahre erhalten.

Die Ansätze der meisten Haushaltsstellen/Haushaltstitel werden von Jahr zu Jahr fortgeschrieben, d. h. sie werden mit Veränderungen, die sich aus zu erwartenden Besoldungsverbesserungen, Preissteigerungen u. ä. ergeben, von einem Jahr in das nächste übertragen. Für eine Reihe von Ausgaben (Beispiel: Bauvorhaben) oder Einnahmen (Beispiele: Kreditaufnahme und -tilgung) ist allerdings eine Planung im Detail nötig. Pauschale Fortschreibung und Detailplanung sind die beherrschenden Kennzeichen der traditionellen Haushaltsplanung.

- 92 -
Einzelplan 06 Ministerium für Wissenschaft und Kultur
Kapitel 0610 Universität Göttingen

Titel	Fkt	Zweckbestimmung	Verpflichtungs-ermächtigung 2000 1999 1998 DM	Ansatz 2000 DM	Ansatz 1999 DM	Ansatz 1998 DM	Ist 1997 in 1000 DM
1	2	3	4	5	6	7	8
TGr 71/81		Lehre und Forschung * Übertragbar. Die Ausgaben der Titelgruppe dürfen überschritten werden bis zur Höhe der Isteinnahmen bei 281 01. Die Ausgaben der Titelgruppe erhöhen oder vermindern sich um die Mehr- oder Mindereinnahmen bei 111 21, 113 71, 119 07, 119 59 und 129 01. ** Gemäß § 35 Abs. 2 LHO dürfen Ausgaben der Titelgruppe im Rahmen des Verwendungszwecks auch geleistet werden, wenn an anderer Stelle des Landeshaushalts Mittel für denselben Zweck veranschlagt sind. *** 1. Abweichend von § 35 Abs. 1 LHO sind die von den Kliniken der Universität Göttingen anteilig zu tragenden Kosten von der Ausgabe abzusetzen. 2. Vgl. D-Vermerk zu 425 03.	(—)	(28.636.900)	(28.365.300)	(28.892.200)	(32.930)
425 71-4	131	Vergütungen der Angestellten ** Gemäß § 17 Abs. 1 S.1 LHO ist die Erläuterung verbindlich. *** Es dürfen nur Ausgaben für die Vergütung von Beschäftigten in einem befristeten Arbeitsverhältnis geleistet werden.	—	—	—	—	—
427 71-7	131	Wiss. Hilfskräfte/Lehraufträge/Gast-dozenten(-innen)/Vertretungsaufträge/Verwaltung v. Professoren(-innen)-Stellen *** 1. Die Mittel für die Beschäftigung wissenschaftlicher Hilfskräfte stehen nur für eine befristete Beschäftigung zur Verfügung. 2. Gemäß § 17 Abs.1 S.2 LHO ist Abs.1 der Erläuterung verbindlich.	—	11.416.800	10.896.000	10.686.900	13.547
429 71-0	131	Vergütungen für Gastvorträge	—	412.100	412.100	412.100	238
511 71-8	131	Geschäftsbedarf	—	610.200	610.200	610.200	511
513 71-0	131	Post- und Fernmeldegebühren	—	1.100.000	1.100.000	1.100.000	875
513 81-8	131	Post- und Fernmeldegebühren im Rahmen der Datenverarbeitung	—	4.000	4.000	4.000	2
515 71-3	131	Unterhaltung, Ersatz u. Ergänz. d. Geräte, Ausstattungs- u. Ausrüstungsgegenstände sowie der sonst. Gebrauchsgegenstände	—	900.000	900.000	900.000	998
518 71-2	131	Mieten und Pachten	—	300.000	300.000	421.300	247
524 71-2	131	Lehrmittel	—	8.315.300	8.645.600	8.675.700	5.709
527 71-1	131	Reisekostenvergütungen	—	478.800	478.800	478.800	543
533 71-1	131	Exkursionen	—	542.600	542.600	542.600	569
535 71-4	131	Unterhaltung, Ersatz und Ergänzung der Geräte für Fachaufgaben	—	516.800	556.800	473.500	1.472
535 81-1	131	Unterhaltung, Ersatz und Ergänzung der Geräte für Fachaufgaben im Rahmen der Datenverarbeitung	—	643.400	643.400	643.400	2.154
547 71-2	131	Nicht aufteilbare sächliche Verwaltungsausgaben	—	275.700	275.700	275.700	1.331
547 81-0	131	Nicht aufteilbare sächliche Verwaltungsausgaben im Rahmen der Datenverarbeitung	—	100.000	100.000	100.000	477
632 71-0	131	Zuschuss an das Kiepenheuer-Institut für Sonnenphysik zur Abdeckung der Betriebskosten	—	187.300	187.300	192.200	158
685 71-6	131	Für die Durchführung von Versuchs- und Forschungsarbeiten auf den Versuchswirtschaften	—	655.000	650.000	642.000	575
812 71-8	131	Erwerb von Geräten, Ausstattungs- und Ausrüstungsgegenständen	—	1.999.000	1.954.800	2.708.800	2.741
812 81-5	131	Erwerb von Geräten, Ausstattungs- und Ausrüstungsgegenständen im Rahmen der Datenverarbeitung	—	89.900	53.000	—	784
813 71-4	131	Büchergrundbestand	—	—	—	—	—

Abb. 9a: Auszug aus dem Haushaltsplan 1999 und 2000 des Landes Niedersachsen - Mittelfristige Planung 1999 und 2000 (Einzelplan 0610)

--93--

	Kapitel 06 10

ERLÄUTERUNGEN

Zu Titelgruppe 71/81
Die Ausgaben für die wissenschaftliche Datenverarbeitung (ohne Verwaltungsdatenverarbeitung – vgl. insoweit Titelgruppe 99 –) sind gesondert bei den Titeln . . . 81 veranschlagt.

425 71
Hier dürfen nur Ausgaben geleistet werden bis zur Höhe der Einsparungen bei der TGr. 85 (vgl. Allgemeiner HV Nr. 4 zu den TGr. 85 und 86).

427 71
Es dürfen 1999 und 2000 jeweils auch Ausgaben geleistet werden:
1. für 2 evangelische Universitätsprediger/
   -innen zusammen   600 DM
2. für 1 akademische(n) Musikdirektor/-in als
   Organist/-in in der Universitäts-Kirche   800 DM
3. für den Küsterdienst in der Universitäts-
   Kirche   800 DM
                   Zusammen   2 200 DM
Auf Lehraufträge entfallen 1999 und 2000 jeweils 820 400 DM.

427 71 (1999)
Mehr infolge Verlagerung von 425 03	17 900 DM
Mehr infolge Tarifsteigerungen	194 200 DM
Weniger infolge Verlagerung nach 06 17	3 000 DM
mehr	209 100 DM

427 71 (2000)
Mehr infolge Tarifsteigerungen	518 700 DM
Mehr infolge Verlagerung von 425 03	2 100 DM
mehr	520 800 DM

511 71
In dem Ansatz ist für die schulpraktische Ausbildung ein Betrag von 24 000 DM enthalten.

515 71
Veranschlagt sind die Ausgaben für die Unterhaltung sowie den Ersatz und die Ergänzung von Geräten, Dienstzimmerausstattungen, Büromaschinen usw., die Verwaltungszwecken dienen.

518 71 (1999)
Weniger infolge Abmietungen	121 300 DM

524 71
Veranschlagt sind die Ausgaben für Verbrauchsmittel, Bücher und Zeitschriften sowie Lehrmaterial.

524 71 (1999)
Mehr aufgrund von Mehreinnahmen bei 119 59	50 000 DM
Mehr aufgrund von Mehreinnahmen bei 129 01	34 200 DM
Mehr infolge Erhöhung der Erwerbungsmittel für die Bibliothek	320 000 DM
Mehr infolge Minderausgaben bei 632 71	4 900 DM
Weniger infolge Umsetzung der Innovationsoffensive (Pool III)	319 200 DM
Weniger infolge Verlagerung nach TGr. 96	120 000 DM
weniger	30 100 DM

524 71 (2000)
Mehr infolge Erhöhung der Erwerbungsmittel für die Bibliothek	18 900 DM
Weniger infolge Umsetzung der Innovationsoffensive (Pool III)	349 200 DM
weniger	330 300 DM

527 71

	2000 DM	1999 DM
Für Fahrten in Wahrnehmung der Lehr- und Forschungstätigkeit sowie aus Anlaß der Teilnahme an wissenschaftlichen Tagungen oder Fachtagungen.		
1. Reisekosten allgemein	443 800	443 800
2. Wegstreckenentschädigung für anerkannte private Kraftfahrzeuge	35 000	35 000
Zusammen	478 800	478 800

Zu 2.:
Bestand an anerkannten private Kraftfahrzeugen
	Ist 1. 1.1998	Soll 1999	Für 2000 erforderlich
Pkw	19	19	19

Bestand an anerkannten privaten Kraftfahrzeugen
	Ist 1. 1.1998	Soll 1998	Für 1999 erforderlich
Pkw	19	19	19

533 71
Bei den Exkursionen handelt es sich um Lehrveranstaltungen, die von der Hochschule durchgeführt werden und an deren Finanzierung sich die Studierenden im allgemeinen beteiligen (vgl. Ziffer 1.159). Durch die Veranschlagung der Ausgaben bei einem Titel der Titelgr. 71/81 wird eine größere Flexibilität bei der Verwendung der Ausgaben erreicht.

535 71
Veranschlagt sind die Ausgaben für die Unterhaltung von Geräten des Lehr- und Forschungsbetriebs sowie für Ersatz und Ergänzung solcher Geräte mit einem Anschaffungswert bis zu 10 000 DM.

535 71 (1999)
Mehr infolge erhöhtem Bedarf	83 300 DM

535 71 (2000)
Weniger infolge verringertem Bedarf	40 000 DM

535 81
Hier sind auch die Ausgaben für die Unterhaltung, den Ersatz und die Ergänzung der in den Fachbereichen und sonstigen Hochschuleinrichtungen betriebenen Geräte der Verwaltungsdatenverarbeitung nachzuweisen.
Im Ansatz sind CIP-Folgekosten in Höhe von 329 600 DM, WAP-Folgekosten in Höhe von 88 700 DM sowie Folgekosten für das CAD/CAM-Programm i. H. von 25 100 DM enthalten.

Abb. 9b: Auszug aus dem Haushaltsplan 1999 und 2000 des Landes Niedersachsen -
Mittelfristige Planung 1999 und 2000 (Einzelplan 0610)

Der herkömmliche Planungsablauf (Wiesner 1997, Kap. VII) sieht so aus: Etwa ein Jahr vor Beginn der Planungsperiode erlässt der Gemeindedirektor (Kämmerer) oder Finanzminister Richtlinien für die Aufstellung des Haushaltsplans. Sie enthalten Vorgaben für die Anmeldung von Bedarf an zusätzlichen Stellen, höheren Ausgaben, Stellenhebungen (d. h. höherer Einstufung von Personalstellen), Beförderungen oder Investitionsmitteln. Beispielsweise wird verkündet, dass die Anmeldung von Stellenhebungen für das kommende Haushaltsjahr zwecklos erscheint und deshalb von vornherein zu unterlassen ist oder dass es keine zusätzlichen Stellen geben wird oder dass die Sachausgaben auf einem bestimmten Stand eingefroren werden müssen, also nicht einmal ein Inflationsausgleich zu erwarten ist.

Danach werden die mittelbewirtschaftenden Stellen (Ämter, Referate) aufgefordert, im Rahmen der Vorgaben sogenannte Haushaltsanmeldungen zu entwickeln. Das heißt für die mittelbewirtschaftenden Stellen, die Ansätze jener Haushaltstitel zu planen, deren Bewirtschaftung ihnen obliegt oder an deren Bewirtschaftung sie beteiligt sind. Es beginnt nun das, was als pauschale Fortschreibung oder Detailplanung bezeichnet wurde.

Haushaltsplanung geschieht also im wesentlichen im „Bottom-up-Verfahren", d. h. von der unteren Hierarchieebene ab aufsteigend. Das Ergebnis jedes Planungsschrittes wird auf der nächsthöheren Hierarchieebene (Abteilung, Dezernat) zusammengefasst, gegebenenfalls auch ergänzt und modifiziert. Sodann gelangen die Planungsunterlagen zur nächsten Hierarchieebene, werden abermals zusammengefasst und erfahren, wenn nötig, erneut Veränderungen. Dieser Prozess setzt sich fort, bis die insoweit entwickelte Haushaltsplanung beim Gemeindedirektor (Kämmerer) oder Finanzminister anlangt. Dieser hat dann die Aufgabe, aus den eingereichten Haushaltsanmeldungen einen Haushaltsplan-Entwurf zu erstellen. Das verlangt von ihm, die verschiedenen Anmeldungen zu koordinieren, auf ihre politische Vertretbarkeit hin zu prüfen, festzustellen, ob die Rahmenbedingungen eingehalten wurden, und - nicht zuletzt - die Ausgabenwünsche mit den erzielbaren Einnahmen zur Deckung zu bringen.

Der Haushalts-Entwurf wird danach parlamentarisch beraten, d. h. im Haushaltsausschuss behandelt und zuletzt durch das Plenum verabschiedet. Auch in dieser Phase sind noch immer Veränderungen möglich. Schließlich gilt das Recht der Vertretungskörperschaft, über den Haushaltsplan zu bestimmen, als ihr vornehmstes Recht („Budgetrecht").

Freilich, so verschieden, wie es nach dieser Schilderung erscheint, ist die Rollenverteilung für Legislative und Exekutive in Wirklichkeit nicht. Sie könnte so unterschiedlich auch gar nicht sein. Ein Haushaltsplan-Entwurf stellt eine Kombination vieler miteinander verbundener und aufeinander abgestimmter Vorhaben dar. Sollten in der Schlussphase der Haushaltsplanung einzelne Vorhaben herausgebrochen und durch andere ersetzt werden, ergäbe sich ein aufwendiger, um sich greifender Änderungsprozess, der zudem noch die Ausgewogenheit des Ganzen gefährdete. Deshalb ist es guter Brauch, dass Parlamentarier - etwa Vertreter des Haushaltsausschusses oder maßgebliche Mitglieder der Mehrheitsfraktion - in die Planung der Verwaltung eingeschaltet werden, sich also spätestens an der Erarbeitung eines Haushaltsplan-Entwurfes durch den Gemeindedirektor (Kämmerer) oder Finanzminister beteiligen.

Die Haushaltsplanung hat strengen Grundsätzen des Haushaltsrechts zu folgen (Heller 1998, Kap. IV). Einige Grundsätze seien kurz vorgestellt. Sie betreffen übrigens nicht nur die Haushaltsplanung, sondern auch die Haushaltsführung, insbesondere die Mittelbewirtschaftung.[28]

Grundsatz der Gesamtdeckung: Alle Einnahmen dienen zur Deckung der Ausgaben (§ 7 HGrG).

---

[28] Änderungen des Haushaltsrechts in jüngerer Zeit haben auch die Haushaltsgrundsätze berührt. Darauf gehen wir in Verbindung mit der Haushaltsführung ein (s. S. 128-136).

Quellen des Haushaltsrechts

- Haushaltsgrundsätze-Gesetz (HGrG): Rahmenrecht. Maßgeblich für die Ausgestaltung der Haushaltsordnungen von Bund, Ländern und Gemeinden.

- Bundeshaushaltsordnung (BHO): Wichtigste Rechtsquelle des Haushaltsrechts des Bundes.

- Landeshaushaltsordnung (LHO): Wichtigste Rechtsquelle des Haushaltsrechts eines Bundeslandes. Jedes Bundesland hat eine eigene Haushaltsordnung erlassen. Inhaltlich besteht zwischen der BHO und den Landeshaushaltsverordnungen große Übereinstimmung.

- Gemeindehaushaltsverordnung (GemHVO): Wichtigste Rechtsquelle des kommunalen Haushaltsrechts. In jedem Bundesland gibt es eine eigene Gemeindehaushaltsverordnung.

Tab. 2: Überblick über die wichtigsten Quellen des Haushaltsrechts

Es gibt also, von Ausnahmen abgesehen, keine Einnahmen, die bestimmten Zwecken vorbehalten sind. Mit diesem Grundsatz wird die sog. „Töpfchen-Wirtschaft" vermieden. Zu den Einnahmen gehören auch aufgenommene Kredite.

Jährlichkeitsprinzip: Im Haushaltsplan sind sämtliche vorhersehbaren Einnahmen und Ausgaben eines oder zweier Haushaltsjahre zu veranschlagen (§ 4 HGrG). Darüber hinaus ist es unter bestimmten Voraussetzungen möglich, die Exekutive im Rahmen des Haushaltsplans zum Eingehen von Verpflichtungen zu ermächtigen,[29] die erst in einem späteren Haushaltsjahr ausgabenwirksam werden (§ 5 HGrG). Auch die **Verpflichtungsermächtigungen** werden im Haushaltsplan veranschlagt.

Grundsatz der zeitlichen Bindung: Aus dem Jährlichkeitsprinzip ergibt sich, dass bereitgestellte Haushaltsmittel am Ende des Haushaltsjahres verfallen. Auf diese Tatsache wird später noch einmal eingegangen (S. 133-135).

Fälligkeits- oder Kassenwirksamkeitsprinzip: Die „Einnahmen und Ausgaben eines Haushaltsjahres", von denen im Zusammenhang mit dem Jährlichkeitsprinzip die Rede war, sind zu interpretieren als Zahlungen, die in dem betreffenden Haushaltsjahr *fällig* und *kassenwirksam* werden (§ 8 HGrG).

---

[29]   Verpflichtungsermächtigungen sind z. B. bei Bauvorhaben unabdingbar. Anderenfalls könnten nur Aufträge vergeben werden, die in demselben Jahr erfüllt werden müssen.

Prinzip der Einheit: Für eine Gebietskörperschaft gibt es nur *einen* Haushaltsplan (§ 8 HGrG). Der Grundsatz soll sog. Neben- oder Schattenhaushalte verhindern; für den Bürger soll über das Haushaltswesen Klarheit herrschen.

Prinzip der Vollständigkeit: Der Haushaltsplan soll *sämtliche* vorhersehbaren Einnahmen und Ausgaben des Haushaltsjahres enthalten (§ 8 HGrG). Dieses Prinzip ergänzt das Prinzip der Einheit und dient demselben Zweck.

In Verbindung mit dem Jährlichkeitsprinzip ergibt sich aus dem Prinzip der Vollständigkeit ein gewichtiges Handicap der öffentlichen Finanzwirtschaft gegenüber der privaten. „Sämtliche vorhersehbaren Ausgaben" - das schließt auch die vorhersehbaren Tariferhöhungen im öffentlichen Dienst mit ein. Streng genommen müssen also die Arbeitgeber im öffentlichen Dienst preisgeben, mit welchem Niveau der Personalausgaben sie am Ende rechnen, noch ehe die Tarifverhandlungen begonnen haben. Das schwächt ihre Verhandlungsposition. Eine ähnliche Gefahr besteht auf dem Gebiet der Sachausgaben. Werden potentielle Preissteigerungen veranschlagt, vermindert sich der Widerstand der öffentlichen Hand gegenüber den später tatsächlich auftretenden höheren Preisforderungen. Die dafür nötigen Deckungsmittel sind ja schon eingeplant. Dies alles gibt es in der Privatwirtschaft, die keine Haushaltspläne offenzulegen hat, nicht. Um diesen Gefahren zu entgehen, pflegen die Haushaltsexperten der öffentlichen Hand die drohenden Mehrausgaben für ihr Personal z. B. in Deckungsreserven zu „verstecken".

Deckungsreserven sind Haushaltstitel, die ausdrücklich zur Deckung nicht vorhersehbarer Mehrausgaben eingerichtet werden. Dass im Falle absehbarer, aber nicht eingeplanter Tarif- und Preiserhöhungen mit der Inanspruchnahme einer Deckungsreserve die Grundsätze der Haushaltswahrheit und -klarheit, zwei selbstverständliche Grundsätze, verletzt werden, ist offensichtlich.

Bruttoprinzip: Einnahmen und Ausgaben dürfen im Haushaltsplan nur unsaldiert (brutto) ausgewiesen werden (§ 12 HGrG). Eine Ausnahme bilden die Einnahmen und Ausgaben im Zusammenhang mit Krediten; es braucht nur die Nettokreditaufnahme ausgewiesen zu werden.

Auch die Bruttoveranschlagung erhöht die Transparenz des Haushaltsplans. Gäbe es das Bruttoprinzip nicht, wäre es ein Leichtes, Mißwirtschaft zu verschleiern (das Friedhofsamt will sich z. B. Mehrausgaben leisten und kompensiert sie durch Mehreinnahmen bei den Friedhofsgebühren).

Grundsatz der Einzelveranschlagung und der sachlichen Bindung: „Die Einnahmen sind nach dem Entstehungsgrund, die Ausgaben und die Verpflichtungsermächtigungen nach Zwecken getrennt zu veranschlagen und, soweit erforderlich, zu erläutern" (§ 12 HGrG). Das schließt für die Exekutive auch die Verpflichtung mit ein, bei der Ausführung des Haushaltsplans genau nach diesen sachlichen Vorgaben zu verfahren, es sei denn, es sind Ausnahmen (z. B. **Sammelnachweise**[30]) zugelassen.

---

[30] Im (kommunalen) Verwaltungshaushalt können sachlich eng zusammenhängende Einnahmen oder Ausgaben (z. B. Personalausgaben) zusammengefasst veranschlagt werden: „Sammelnachweis". Zu näheren Einzelheiten s. z. B. Dettmer/Prophete/Wegmeyer 1995, 128 ff.

Einzelveranschlagung und sachliche Bindung werden oft für unflexible Verwaltungsführung verantwortlich gemacht. Über mögliche Abhilfe wird an anderer Stelle nachgedacht (S. 117 f., 129-136). Hier gilt es erst einmal zu verstehen, dass der Grundsatz für eine *Parlamentarische* Demokratie - in der die Legislative das Handeln der Exekutive bestimmt - von maßgeblicher Bedeutung ist.

Grundsätze der Wirtschaftlichkeit und Sparsamkeit: Diese beiden Grundsätze bilden eine wesentliche Grundlage des Haushaltsrechts. In § 6 HGrG heißt es dementsprechend: „Bei Aufstellung und Ausführung des Haushaltsplans sind die Grundsätze der Wirtschaftlichkeit und Sparsamkeit zu beachten". Wie schon erwähnt (S. 93 f.), verlangt der Grundsatz der Wirtschaftlichkeit, mit den vorhandenen Mitteln das bestmögliche Ergebnis (= den höchstmöglichen positiven Beitrag zur Zielerfüllung) zu erreichen. Die Wirtschaftlichkeit wird auch als **Effizienz** bezeichnet. Der Grundsatz der Sparsamkeit fordert, ein bestimmtes, nach Art, Umfang und Qualität feststehendes Handlungsergebnis mit minimalem Mitteleinsatz zu verwirklichen (Wiesner 1997, 97 f.).

Die Grundsätze sind, sofern sie beide für einen Fall in Frage kommen, nacheinander anzuwenden, und zwar so, dass das Wirtschaftlichkeitsprinzip dem Sparsamkeitsprinzip vorangeht.

Dazu ein Beispiel: Der Gesundheitsverwaltung stehen Mittel zur Aidsaufklärung zur Verfügung. Es wird erwartet, dass die Verwaltung die größtmögliche Wirkung erzielt und, falls nötig,, die Mittel ausschöpft. Dementsprechend heißt es unter den alternativen Möglichkeiten der Aidsaufklärung (Aufklärungsbroschüren, Fernseh-Spots, Plakat-Aktionen, Vorträge in Schulen usw.), die man für den verfügbaren Betrag bekommen kann, die wirksamste auswählen. Damit wird das Wirtschaftlichkeitsprinzip befolgt.

Nun gilt es das Sparsamkeitsprinzip zu verwirklichen. Angenommen, es wurde die Plakat-Aktion ausgewählt, so muss jetzt zwischen den verschiedenen Ausführungsmöglichkeiten entschieden werden. Das heißt, es muss der Gestaltungsauftrag ausgeschrieben und das günstigste Angebot genutzt werden. Der ausgewählte Anbieter braucht nicht der preiswerteste zu sein; dabei könnten zu leicht qualitative Gesichtspunkte auf der Strecke bleiben. Es kommt letztlich auf das Preis-Leistungsverhältnis an. Jetzt kommt auch das Streben nach Mitteleinsparung zur Geltung.

Das Beispiel lehrt übrigens, dass eine strenge Abfolge von Wirtschaftlichkeits- und Sparsamkeitsprinzip nicht durchzuhalten ist: Sobald in Beachtung des Wirtschaftlichkeitsprinzips die maximal möglichen Wirkungen der Plakat-Aktion zu bestimmen sind, wird bereits das Ergebnis der Anwendung des Sparsamkeitsprinzips benötigt, nämlich die Kenntnis der Leistung, die der günstigste Anbieter verspricht.

Nicht immer sind in einem Fall beide Prinzipien, der Grundsatz der Wirtschaftlichkeit und der Grundsatz der Sparsamkeit, anzuwenden. In manchen Fällen hat der Handelnde gar keine Möglichkeit, über die näheren Einsatzfelder seiner Mittel zu befinden. Ist dem Handelnden beispielsweise aufgegeben, mit den verfügbaren Mitteln ein bestimmtes Labormessgerät instandsetzen zu lassen, bleibt für die Anwendung des Wirtschaftlichkeitsprinzips kein Spielraum.

Soviel zu den Haushaltsgrundsätzen.

Die herkömmliche Haushaltsplanung sollte sich der Theorie nach an den zu erfüllenden Aufgaben orientieren. Die erste Frage sollte lauten: „Welche Aufgaben sind zu erfüllen?", die zweite: „Welche Mittel werden dafür benötigt?" (Dabei steht übrigens der benötigte Input im Vordergrund. Dementsprechend sagt man, die traditionelle Haushaltsplanung sei inputorientiert).

Die Wirklichkeit sieht jedoch etwas anders aus. Soweit durch Pflichtaufgaben und frühere Entscheidungen Haushaltsmittel bereits gebunden sind, folgt der Planungsprozess dem Schema der Theorie. Soweit aber der Verwendungszweck nicht von vornherein festliegt, lautet die erste Frage „Wieviel Mittel sind frei verfügbar?" und die zweite „Was steht auf der Liste der dringlichen Vorhaben obenan?". In diesem Falle erfolgt also die Aufgaben- und Ausgabenplanung nach Maßgabe der vorhandenen Einnahmen, und es wird nicht umgekehrt nach erfolgter Aufgaben- und Ausgabenplanung für die dafür erforderliche Deckung gesorgt.

Die Kritik begegnet der herkömmlichen Hauhaltsplanung mit einer langen Mängelliste:

- Sie sei input- statt outputorientiert (Jüngel 1995, 40).

- Sie bediene sich der Fortschreibung, und sie verzichte darauf, die Planungsansätze zu begründen.

- Die Vorgabe von Rahmendaten, z. B. der Einnahmenhöhe, verhindere die Optimierung des Planungsergebnisses.

- Der Haushaltsplan sei zu detailliert (Seidler 1996, 75). Auch mit geringerem Detaillierungsgrad ließen sich die Rechte der Vertretungskörperschaft wahren.

- Die sachliche und die zeitliche Bindung der Verwaltung verhindere flexibles und „unbürokratisches" Verwaltungshandeln.

Wir wollen die Mängel kurz kommentieren. Im nächsten Abschnitt soll dargestellt werden, welche Versuche, die Mängel zu beseitigen, existieren.

Mit der **Inputorientierung** wird bemängelt (Kommunale Gemeinschaftsstelle [KGSt] 1995, 20), dass die Haushaltsplanung Mittel ohne Rücksicht darauf bereitstellt, ob sie durch den Output - besser noch: durch den Outcome (Wirkungen) - gerechtfertigt sind. Der inputorientierten Haushaltsplanung wird also eine output- bzw. outcomeorientierte gegenübergestellt. Bei der output- bzw. outcomeorientierten Haushaltsplanung richtet sich die erste Frage auf den angestrebten Output oder Outcome, und erst dann wird festgestellt, wieviel Mittel dafür gebraucht werden. Beispielsweise wäre der Wert des erzielbaren Brandschutzes als Maß für die Mittelausstattung der Feuerwehr zu machen. Wir werden jedoch noch sehen (S. 206-210), wie schwierig es wäre, die Haushaltsplanung umzuorientieren.

Fortschreibung birgt das Risiko in sich, dass sich fehlerhafte Planung von Jahr zu Jahr fortsetzt (Jüngel 1995, 40). Das ist sowohl im Hinblick auf zu großzügige als auch zu kleinliche Bemessung von Haushaltsansätzen, vor allem Haushaltsansätzen auf der Ausgabenseite, bedenklich. Zu großzügige Bemessung fördert die Verschwendung, zu kleinliche Bemessung falsche Sparsamkeit. Zumindest von Zeit zu Zeit müssen Haushaltsansätze von Grund auf neu, d. h. „echt" geplant werden. Wir werden auf dieses Thema noch einmal im Zusammenhang mit Zero-Base-Budgeting zurückkommen (S. 119-123).

Es sollte allerdings nicht übersehen werden, dass Fortschreibung von Haushaltsansätzen die Haushaltsplanung enorm vereinfacht.

Dass eine zwangsläufige **Aufgabenkritik** in Verbindung mit der Haushaltsplanung fehlt, ist zweifellos ein Mangel. So ist es denkbar, dass Aufgaben mit Haushaltsmitteln bedacht werden, die gar nicht mehr oder nicht mehr im bisherigen Umfang existieren. Der Mangel kann allerdings ausgeglichen werden durch gelegentliche Aufgabenkritik, die außerhalb der Haushaltsplanung stattfindet, oder durch Zero-Base-Budgeting bzw. Programmplanung (S. 119-125).

Ähnliches gilt für die **Vorgabe von Rahmendaten.** Sie erlaubt, wie jede Partialplanung, nur suboptimale Lösungen. Wer dem abhelfen will, muss Total- oder Simultanplanung betreiben. Wir kommen auf diese noch weitgehend theoretische Möglichkeit im Zusammenhang mit der Programmplanung zurück.

Der beklagte hohe **Detaillierungsgrad** stellt kein notwendiges Merkmal der herkömmlichen Haushaltsplanung dar. Denn das Haushaltsrecht erlaubt der Vertretungskörperschaft, den Detaillierungsgrad durch die Zusammenfassung von Haushaltstiteln zu vermindern. Die Vertretungskörperschaft hat es also in der Hand, ob sie der Kritik durch Preisgabe von Rechten begegnen will.

Dasselbe ist auch möglich, um das **Ausmaß sachlicher und zeitlicher Bindung** zu verringern. Die Instrumente im herkömmlichen Haushalt sind Deckungs- und Übertragungsvermerke und die Schaffung von Vorgriffsmöglichkeiten auf Mittel des nächsten Haushaltsjahres. Nähere Einzelheiten dazu im Zusammenhang mit der Bewirtschaftung von Haushaltsmitteln (S. 128-136).

2. Reformkonzepte

a) Der Globalhaushalt

Der Globalhaushalt stellt eine Antwort auf die Kritik am traditionellen Haushaltsplan dar (Blümel/Bender/Behrens 1993, 62 ff.; Seidler 1996, 75 f.). **Globalhaushalt** bedeutet, dass für die Einrichtung (z. B. eine Behörde) im Haushaltsplan nur der Saldo aller Einnahmen und Ausgaben erscheint. Selbstverständlich bleibt die Verwendung der Mittel an den generellen Zweck der Einrichtung gebunden, aber wie die Verwendung im einzelnen aussieht, ist der Einrichtung überlassen.

Globalhaushalt: Im Haushaltsplan wird eine Einrichtung nur noch mit einem einzigen Ansatz (den saldierten Einnahmen und Ausgaben) geführt.

Der Globalhaushalt zeichnet sich durch die Aufhebung jeglicher Detaillierung in der Vorgabe von Verwendungszwecken und Erhebungsformen von Einnahmen aus. Die sachliche Bindung des Haushaltsplans ist aufs Äußerste zurückgenommen.

Dass die Einrichtung darüber hinaus ähnlich wie ein Eigenbetrieb (s. S. 79-81) geführt wird (ohne es zu sein), also z. B. einen Wirtschaftsplan aufzustellen hat, sei hier nur nebenbei erwähnt. Ob auch die zeitliche Bindung reduziert oder gar aufgehoben wird, bleibt der Vertretungskörperschaft überlassen.

Was ist von der Idee des Globalhaushalts zu halten?

Die Idee, einer öffentlichen Einrichtung durch Verzicht der Vertretungskörperschaft auf genaue Vorgaben Spielräume für flexible Mittelbewirtschaftung zu verschaffen, wirkt bestechend. Die Mittelbewirtschaftenden können nun die Aufteilung der Haushaltsmittel selbst bestimmen und im Laufe des Haushaltsjahres notfalls Umschichtungen vornehmen. Auch die Kämmerei und die Haushaltsabteilung des Finanzministeriums sind von der Idee angetan, erspart sie ihnen doch viel Arbeit und Ärger.

Aber jede Medaille hat zwei Seiten. Mit dem Recht, einen Globalhaushalt zu bewirtschaften, werden die Einrichtungen der Gefahr interner Verteilungskämpfe ausgesetzt. Am besten wird zunächst - solange es geht - intern an den früheren Verteilungsmodalitäten festgehalten.

Wir werden auf das Thema im Zusammenhang mit der Problematik der Projektbewertung (s. S. 175-177) zurückkommen.

Ein Bedenken, das anfangs gegen den Globalhaushalt vorgebracht wurde, ist allerdings gegenstandslos geworden. Anfänglich wurde vermutet, der Globalhaushalt mache es dem Gemeindedirektor oder Finanzminister besonders leicht, Mittel zu kürzen. Er brauche nur bei einem einzigen Betrag einen Abstrich zu machen und sei außerdem der Notwendigkeit enthoben zu begründen, warum dieser oder jener Verwendungszweck den Rotstift vertrage. Das Argument ist hinfällig geworden, seitdem die Finanzminister und Gemeindedirektoren entdeckt haben, wie sie bei traditioneller Haushaltsplanung durch pauschale Einsparauflagen ebenso einfach und wirkungsvoll Mittel kürzen können (s. S. 125-128).

Welche Beurteilung der Globalhaushalt aus Sicht der Vertretungskörperschaft verdient, ist eine müßige Frage. Denn es darf davon ausgegangen werden, dass die Vertretungskörperschaft einem Globalhaushalt nur zustimmt, wenn sie die damit verbundene Einbuße an haushaltspolitischer Gestaltung zu ertragen bereit ist.

Fasst man die Argumente für und wider den Globalhaushalt zusammen, bleibt unter dem Strich eine gewisse Skepsis. Wir müssen noch mehr Erfahrungen sammeln, um zu einem eindeutigen Urteil zu kommen.

b) Zero-Base-Budgeting (ZBB)

Um es gleich vorweg festzustellen, Zero-Base-Budgeting kann u. E. die herkömmliche Haushaltsplanung nicht völlig ersetzen, wohl aber um einige Elemente bereichern.

Das Konzept wurde in und für private Unternehmen entwickelt (Dreyfack/Seibel 1978, 37). Später wurde es auch in der öffentlichen Haushaltswirtschaft eingesetzt (ebenda) bzw. zur dortigen Anwendung empfohlen.

Der Name leitet sich vom ursprünglichen Anspruch her, Planung „von Grund auf" zu betreiben. Es sollten keine bisherigen Planungsansätze als maßgeblich für die Zukunft gesehen werden, Fortschreibung war verpönt (Dreyfack/Seibel 1978, 40). Doch schon bald zeigte sich, dass der hehre Anspruch wegen des damit verbundenen Aufwands nicht aufrecht erhalten werden konnte. Es musste auch Fortschreibung zugelassen werden. Ohnehin war nie daran gedacht worden, im Rahmen des Zero-Base-Budgeting die Aufgaben selbst in Frage zu stellen.

Der Planungsablauf gleicht dem der herkömmlichen Haushaltsplanung. Was Zero-Base-Budgeting vom Herkömmlichen unterscheidet, steckt in den Anforderungen an die Haushaltsanmeldung (Dreyfack/Seibel 1978, 43-45):

(1) Die Haushaltsanmeldung soll alternative Ausgabenvolumen umfassen, d. h. Antwort auf die Frage geben, wie der Mittelbewirtschaftende einen sich stufenweise vergrößernden Budgetrahmen - soweit er seinen Kompetenzbereich betrifft - ausfüllen würde.

(2) Ferner soll die Haushaltsanmeldung über die Nutzen-Kosten-Verhältnisse der Projekte Auskunft geben. Die Ordnung der Projekte bei Ausfüllung sich vergrößernder Budgetrahmen soll vom Nutzen-Kosten-Verhältnis bestimmt werden, so dass in das jeweilige Handlungsprogramm stets die attraktivsten Projekte, d. h. die Projekte mit dem günstigsten Nutzen-Kosten-Verhältnis einbezogen werden.

(3) Schließlich soll die Haushaltsanmeldung zwischen verschiedenen „Durchführungsniveaus" der Projekte oder Aufgaben unterscheiden. Es ist also z. B. differenziert darzustellen, was es an Ausgaben kostete bzw. an Nutzen einbrächte, wenn man eine Aufgabe nicht mehr auf dem bisherigen, sondern auf einem höheren oder niedrigeren oder gar minimalen Niveau erfüllte.

Die folgenden Tabellen (Tab. 3 und 4) enthalten ein fiktives Beispiel. Gegenstand ist das Planungsergebnis eines Umweltamtes. Das Amt sei angewiesen worden, die Planung von Maßnahmen zum Energiesparen schrittweise bis auf höchstens 40.000 € auszuweiten. Drei Projekte sollen in Frage kommen:

Projekt I   Verteilung eines Plakats in allen Hauptschulen (= minimales Durchführungsniveau) oder in allen Allgemeinbildenden und Berufsbildenden Schulen (= erwünschtes Durchführungsniveau).

Projekt II   20maliges Ausstrahlen eines Fernseh-Spots. Dauer jeweils 1 Minute
(= minimales Durchführungsniveau) oder 1 ½ Minuten
(= erwünschtes Durchführungsniveau).

Projekt III   Vortragsserie. 15 Vorträge (= minimales Durchführungsniveau)
oder 35 Vorträge (= erwünschtes Durchführungsniveau).

In Tab. 3 sind die Kosten K (hier im Sinne von Ausgaben) und die Nutzeneinheiten N (z. B. die Nutzwerte, gewonnen im Rahmen einer Einfachen Nutzwertanalyse - dazu S. 172 f., 268-270) zusammengestellt. M bezeichnet das minimale Durchführungsniveau, E bezieht sich auf die zur Erreichung des erwünschten Durchführungsniveaus erforderliche Ergänzung oder Aufstockung.

— Projekt		K	N	$\frac{N}{K}$
I	M	5.000	6.000	1,2
	E	+ 3.000	+ 5.250	1,75
II	M	20.000	32.000	1,6
	E	+ 5.000	+ 8.000	1,6
III	M	4.000	7.200	1,8
	E	+ 2.000	+ 2.500	1,25

Tab. 3: Übersicht über die mit den Projekten verbundenen Nutzen und Kosten

Anders als bei den Projekten I und III soll die Aufstockung im Falle des Projektes II keine nachträgliche Ergänzung bedeuten, sondern mit einem völligen Austausch der 1-minütigen gegen die 1½-minütigen Spots verbunden sein. Die Zahlen der Zeile E zeigen die zusätzlichen Kosten bzw. den zusätzlichen Nutzen der aufstockenden oder ergänzenden Maßnahme an. Es muss beachtet werden, dass keines der mit E bezeichneten Teilprojekte ohne das dazugehörige Teilprojekt M verwirklicht werden kann.

Wegen der (zumeist) beschränkten Teilbarkeit der Projekte empfiehlt es sich, jeweils eine größere Zahl von Kombinationsmöglichkeiten durchzuspielen. Ein denkbares Planungsergebnis sei in der folgenden Tab. 4 vorgestellt. Mit der Tabelle wurde versucht, Stufe für Stufe das auf das jeweilige Handlungsprogramm bezogene Verhältnis des Nutzens N_g zu seinen Gesamtkosten K_g so gering wie möglich abzusenken.

Die Tatsache, dass beim Übergang zur vierten Stufe gleich zwei Teilprojekte in das Programm einbezogen werden, ist kein Schönheitsfehler, sondern weist auf die Tatsache hin, dass die beiden Bedingungen nicht immer zugleich zu erfüllen sind.

Stufe	Zusammensetzung des Handlungsprogramms	K_g	N_g	$\dfrac{N_g}{K_g}$
1.	III_M	4.000	7.200	1,800
2.	„ + II_M	24.000	39.200	1,633
3.	„ „ + II_E	29.000	47.200	1,628
4.	„ „ „ + I_{M+E}	37.000	58.450	1,580
5.	„ „ „ „ + III_E	39.000	60.950	1,563

Tab. 4: Beispiel einer Haushaltsanmeldung

Käme es darauf an, einen vorgegebenen Betrag voll auszuschöpfen, wären auch noch andere Kombinationen, sprich andere Handlungsprogramme, gefragt, die bislang noch nicht ins Spiel gebracht wurden. Angenommen, es sollten exakt 33.000 € verwendet werden, bliebe gar nichts anderes übrig, als auf das Projekt III gänzlich zu verzichten, dafür aber die Projekte I und II in ihrem größtmöglichen Umfang zu verwirklichen.

Der Mittelbewirtschaftende ist bei ZBB gehalten, sich in der Haushaltsanmeldung der vorgegebenen Budgetobergrenze - hier 40.000 € - stufenweise zu nähern. Das hat für die am Planungsprozess beteiligten übergeordneten Instanzen den Vorteil, dass sie erfahren, wie der Mittelbewirtschaftende eine Mittelzuweisung beliebigen Umfangs zu verwenden wünscht. Das Verfahren entspricht der schon in der herkömmlichen Haushaltsplanung praktizierten Übung, einer Haushaltsanmeldung, die sich auf mehrere Investitions- oder ähnliche Vorhaben bezieht, eine Prioritätenliste beizufügen. Die übergeordnete Instanz vermag dann abzuschätzen, welcher Verzicht mit einer gekürzten Mittelzuweisung verbunden wäre.

Noch ein weiteres Merkmal des Zero-Base-Budgeting muss vorgestellt werden, der Cut-off-level (Langner 1983, 88). Mit diesem Ausdruck wird die Grenze der Veränderungsmöglichkeiten für eine übergeordnete Instanz bezeichnet. Am besten macht man sich das Wesen des Cut-off-level an einem Beispiel klar. Angenommen, wir haben in einer Kommunalverwaltung drei Hierarchieebenen, Amt, Dezernat, Gemeindedirektor, und sagen wir, für das Amt wird der Cut-off-level bei 50 % und für das Dezernat bei 75 % der vorjährigen Zuweisung an Haushaltsmitteln festgelegt. Nehmen wir ferner an, die Zuweisung betrug für das Amt 48.000 €. Dann hat das für die Haushaltsanmeldung des Amtes, von der wir annehmen wollen, dass sie dem Inhalt der Tabelle 4 entspricht, folgende Konsequenzen:

Bis zu einem Budgetvolumen von 24.000 € (= 50 % von 48.000 €) ist die Haushaltsanmeldung für den Dezernenten tabu; er kann ihre Zusammensetzung nicht verändern. Die Projekte III_M und II_M sind also für das Amt gesichert, vorausgesetzt, dem Amt werden im Rahmen des Haushaltsplanungsprozesses wenigstens 24.000 € zugestanden. Für den Gemeindedirektor ist die Zweckbestimmung der Haushaltsanmeldung des Amtes im Umfang von 36.000 € (= 75 % von 48.000 €) unantastbar. Er darf die Anmeldung, falls sie der Dezernent unverändert weitergereicht hat, also nur noch bezüglich der Teil-Projekte I_M, I_E und III_E verändern. Er könnte sie zum Beispiel gegen andere, hier nicht genannte Projekte austauschen.

Es ist leicht erkennbar, was mit dem Cut-off-level bewirkt werden soll. Es geht darum, den an der Haushaltsplanung Beteiligten Autonomieräume zu schaffen, in die eine übergeordnete Instanz nicht eingreifen kann. Zum einen wird dadurch die Motivation der nachgeordneten Instanz gestärkt, und zum anderen darf angenommen werden, dass die nachgeordnete Instanz am besten weiß, wo und mit welcher Dringlichkeit Mittel benötigt werden. Insgesamt sollte mit dem Cut-off-level die Planungsqualität steigen.

Was kann von Zero-Base-Budgeting zur Reform der herkömmlichen Haushaltsplanung übernommen werden?

Der Gedanke der Durchführungsniveaus könnte ohne Schwierigkeiten in die heutige Haushaltsplanung Eingang finden - natürlich nur bei ausgewählten, herausragenden Haushaltsposten. So könnte der Leser eines Haushaltsplans erfahren, wieweit es möglich ist, die Ausgaben für die Feuerwehr abzusenken, ohne den Sinn und Zweck dieser Einrichtung aufzugeben. Dazu gehörte natürlich auch, in Umrissen zu beschreiben, was die Feuerwehr unter solchen Umständen noch leisten könnte. Würde außerdem die Beschreibung (Ausgaben, Leistungsprofil) eines zweiten Durchführungsniveaus beigefügt, sagen wir des gegenwärtig vorzufindenden, und eines dritten, das einen realistischerweise erwünschten Zustand erfasst, ergäbe sich ein reizvolles Kontrastbild. Im Unterschied zur heutigen Haushaltsplanung würde deutlich, was es kostete und was es einbrächte, wenn von einem Durchführungsniveau auf ein anderes übergegangen würde.

Ziemlich problematisch wäre es, die Haushaltsplanung mit Aussagen über den Projekt-Nutzen verbinden zu wollen - was Zero-Base-Budgeting als gegeben voraussetzt. Wir werden noch sehen (S. 171-177), dass alle Verfahren der Nutzen-Kosten-Untersuchung mit Vorbehalten zu sehen sind. Insofern wäre es nicht ratsam, die Reihung von Projekten bzw. die Bildung abgestufter Handlungsprogramme von Nutzen-Kosten-Quotienten (oder ähnlichem) abhängig zu machen. Es wäre auch nicht nötig; es wurde schon darauf hingewiesen, dass die übliche Bildung von Prioritätenlisten ähnlich gute Dienste tut.

Hingegen sind die Cut-off-levels als bedenkenswerte Reformidee festzuhalten. Gegen ihre Einbeziehung in die herkömmliche Haushaltsplanung spricht nur ein Gesichtspunkt, nämlich die Möglichkeit des Planers, eine schädliche Strategie zu verfolgen. Am besten machen wir uns auch dies an einem Beispiel klar.

Gehen wir noch einmal von der Annahme aus, dass dem Amt ein Cut-off-level von 24.000 € zugestanden wurde. Dann braucht das Amt nicht mehr mit der Eliminierung der Projekte III_M und II_M zu rechnen (immer unter der Voraussetzung, dass wenigstens 24.000 € in die endgültige Planung eingehen). Allem Anschein zuwider schätzt das Amt aber das Projekt II_M geringer ein als beispielsweise das Projekt II_E - in der Erwartung, dass auch die Vertretungskörperschaft die wahre Einschätzung teilt, deshalb nicht darauf verzichten will und folglich nicht nur 24.000 €, sondern wenigstens 29.000 € veranschlagt. Eine solche Strategie lässt demnach mehr Mittel erhoffen, als wenn mit offenen Karten gespielt wird.

Wir halten die Gefahr, die von der „strategischen" Mittelanmeldung ausgeht, nicht für so bedeutsam, dass sie die positiven Wirkungen der Cut-off-levels aufheben würde.

Insgesamt bedeutete also die Übernahme zweier Elemente des Zero-Base-Budgeting eine Bereicherung der heutigen, traditionellen Haushaltsplanung: erstens die Unterscheidung von Durchführungsniveaus, verbunden mit der Darstellung der Folgen, die beim Übergang von einem Niveau zum anderen aufträten, und zweitens die Einrichtung von Cut-off-levels.

c) Programmplanung

Seit den fünfziger Jahren gibt es Bemühungen, die Haushaltsplanung zu automatisieren und mit Hilfe computergesteuerter Rückkopplung zu optimieren. Die dazu gehörigen Stichworte heißen Programmplanung, Programmhaushalt, Haushaltsplanung mit Hilfe eines Planungssystems u. ä.

Kennt noch die herkömmliche Haushaltsplanung als Grundlage Vorgaben, die während des Planungsprozesses im wesentlichen unverändert bleiben, werden im Rahmen der Programmplanung eventuelle Vorgaben bei Bedarf völlig aufgehoben. Am Ende des Planungsprozesses sind alle Planungsbereiche durch fortwährende Rückkopplung soweit wie möglich aufeinander abgestimmt.

Programmplanung dieser Art verwendet die Idee des Regelkreises, eines kybernetischen Modells, für das folgende prinzipielle Struktur in Frage kommt (Abb.10):

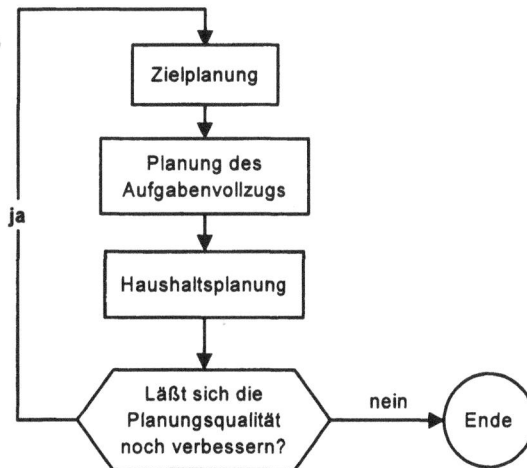

Abb. 10: Struktur eines Modells zur Programmplanung

Die Zielplanung, die in dieses Modell einbezogen ist, kann auch ausgeklammert bleiben. In einem solchen Falle wird ein nicht mehr veränderbares Zielsystem vorgegeben. Im anderen Falle heißt es zunächst noch, das Zielsystem aus einem übergeordneten Ziel zu entwickeln. Daraus leiten sich die

Möglichkeiten der Zielerfüllung ab, d. h. es werden die Aktivitäten und Projekte bestimmt, bewertet und ausgewählt, die der Zielerfüllung dienen (= Planung des Aufgabenvollzugs). Aus diesem Planungsergebnis wiederum leiten sich wesentliche Elemente des Haushaltsplans ab, nämlich die Einzelheiten der Ausgabenseite und verschiedene Ansätze der Einnahmenseite. Nachdem auch noch jene Einnahmen hinzugetreten sind, die nicht aus den Aufgaben und Ausgaben erwachsen, insbesondere die Steuereinnahmen und etwaige Einnahmen im Rahmen des Finanzausgleichs, ist zu prüfen, ob sich die Haushaltsplanung noch verbessern lässt oder nicht.

Verbesserungsmöglichkeiten ergeben sich häufig durch bescheidenere Ziele, durch zeitlichen Aufschub von Projekten, durch Abstriche am Projektumfang, durch stärkere Inanspruchnahme bestimmter Finanzquellen (z. B. höhere Kreditaufnahme) oder durch das Auswechseln von Projekten durch andere, die bislang in der Planung nicht vertreten sind.

Die Möglichkeiten werden systematisch - und automatisch - durchgespielt, bis sich keine nennenswerte Verbesserung mehr zeigt. Mit der Technik im einzelnen, die bei der Suche nach Verbesserungen angewandt wird, brauchen wir uns hier nicht zu befassen.

Das Konzept, das eben in groben Zügen vorgestellt wurde, begegnet in der Praxis zahlreichen Schwierigkeiten, weshalb immer neue Varianten und Ersatzlösungen ersonnen werden. Zwei davon seien kurz beschrieben.

Angefangen hat die Entwicklung, als die Rand-Corporation das Planning-Programming-Budgeting-System (PPBS) entwickelte. Dieses System wurde 1961 im US-Verteidigungsministerium und 1965 in der gesamten US-Bundesverwaltung eingeführt. Anfang der 70er Jahre war es gescheitert und wurde wieder abgeschafft. Das Scheitern hatte mehrere Gründe (Reinermann 1975). Der wichtigste lag wohl in den zu weit reichenden Ansprüchen, die das Modell erfüllen sollte. Alles, von den obersten Zielen der Regierung bis zu den Haushaltsplänen einer langfristigen Planungsperiode, sollte der Optimierung ausgesetzt sein. Da Mittel und Personalstellen nur noch projektgebunden zugewiesen werden sollten, war außerdem eine völlige Neuorganisation der Verwaltung vorgesehen. Schließlich verlangte das Planungsmodell, alternative Ziele, Aufgaben und Formen des Aufgabenvollzugs (Projekte) zu bewerten und auf die besten hin durchzumustern, eine Aufgabe, die mit damaligen Bewertungsmethoden nur unzureichend bewältigt werden konnte - und auch heute kaum besser zu bewältigen wäre. Der Aufwand war gewaltig. Zudem hatte man versäumt, sich für die Umstellung genügend Zeit zu nehmen und das Personal auf die Neuerungen gründlich vorzubereiten.

Wissenschaft und Praxis haben aus den damaligen Fehlern gelernt. Wenn heute Modelle zur Programmplanung entwickelt und eingesetzt werden, sind sie von vornherein auf wesentlich bescheidenere Ansprüche zugeschnitten. Sie dienen nur noch der Investitionsplanung, sind auf einen verhältnismäßig kurzen Planungszeitraum gerichtet oder sollen einen engbegrenzten Planungsauftrag erfüllen, z. B. die Stadtentwicklungsplanung optimieren. Selbstverständlich wird auch versucht, das damit befasste Personal für das neue Instrument einzunehmen, so dass es sowenig Widerstand wie möglich gibt. Auf diese Weise wird die Programmplanung zwar nicht zum Ersatz, wohl aber zum nützlichen Hilfsmittel der herkömmlichen Haushaltsplanung. Ein gutes Beispiel für die realisticheren Ansprüche an ein Planungsmodell bietet das Modell der Mittelfristigen Programmplanung (MPP) von Böhret aus den 70iger Jahren (Böhret 1975).

Als wenig sinnvoll hat sich inzwischen die Idee erwiesen, die komplette Haushaltsplanung (für den kommunalen Vermögenshaushalt) computergesteuert zu betreiben und sich dabei eines heuristischen Modells nach der Art des Zero-Base-Budgeting zu bedienen (siehe dazu: Brede/Gettwart 1992). Das entscheidende Manko liegt in der Fülle an Rahmen- und Projektdaten sowie in den komplexen Beziehungen der Daten zueinander - die sich natürlich bei den Versuchen der Planoptimierung als großer Aufwand niederschlagen. Hinzu kommt, dass einem heuristischen Bewertungs- und Optimierungsverfahren immer erhebliche Vorbehalte begegnen. So bestünde wenig Aussicht, dass am Ende die mit Computerhilfe bewirkte Verbesserung der Planungsqualität den Aufwand aufwiegt.

C. Kürzungsmanagement

Der Ausdruck „Kürzungsmanagement" bezeichnet den Umgang mit der Kürzung von Haushaltszuweisungen. Dabei geht es um folgendes: Die Regierung, der Finanzminister oder Gemeindedirektor befürchtet aufgrund zurückgehender Einnahmen, dass im laufenden Haushaltsjahr eine Deckungslücke entsteht. Oder es wird für künftige Haushaltsjahre mit Deckungslücken gerechnet. Oder man möchte Finanzierungsspielräume für neue bzw. zusätzliche Aufgaben schaffen. Auf jeden Fall sollen Einsparungen vorgenommen werden. Kürzungsmanagement betrifft die *Methoden* und *Strategien*, mit denen sich Einsparungen erzielen lassen.

Hinsichtlich der **Kürzungsmethoden** stehen mehrere Möglichkeiten zur Verfügung:

(1) Der Finanzminister oder Gemeindedirektor verkündet im laufenden Haushaltsjahr eine haushaltswirtschaftliche Sperre, d. h. verbietet alle Ausgaben, die nicht durch rechtlich bindende Verfügungen, z. B. durch Auftragsvergabe, bereits ausgelöst sind. Solange die Haushaltssperre gilt, entstehen Minderausgaben. Ein Teil davon wird jedoch nur aufgestaut. Aber selbst die zeitliche Verschiebung erbringt dauerhaft Einsparungen, nämlich bei den Kreditzinsen, wenn nicht gar zusätzliche Einnahmen in Form von Guthaben-Zinsen.

(2) Es wird ein Einstellungsstopp verhängt. Neugeschaffene oder freiwerdende Stellen dürfen nicht mit neu einzustellendem Personal besetzt werden.

Was zur Haushaltssperre gesagt wurde, trifft auch hier zu.

(3) Es gilt eine unbefristete oder befristete Stellenbesetzungssperre. Dabei sind zwei Varianten zu unterscheiden. Bei der einen Art herrscht eine absolute Besetzungssperre. Die freie Stelle muss frei bleiben. Bei der anderen Form wird auch gestattet, eine neue oder freigewordene Stelle (wieder) zu besetzen, sobald das Einsparopfer auf andere Weise (z. B. durch die entsprechende Verlängerung der Wiederbesetzungssperre bei einer anderen Stelle) aufgebracht worden ist. Die absolute Stellenbesetzungssperre wird nicht mehr praktiziert; sie führte schnell zu inakzeptablen Zuständen. (Beispiel: Wurde die Pförtnerstelle frei, gab es keine entsprechende Aufsicht mehr.)

Im Unterschied zu den beiden zuvor genannten Kürzungsmaßnahmen führt die Stellenbesetzungssperre zu keinen aufgestauten Ausgaben, d. h. Ausgaben, die später nachgeholt werden. Die Einsparungen sind „echt". Allerdings steigen die Personalausgaben gewöhnlich wieder auf das alte Niveau an, sobald die Stellenbesetzungssperre aufgehoben worden ist.

(4) Hängt die Wiederbesetzung einer Stelle von der Genehmigung der vorgesetzten Dienststelle ab, kann die Dienststelle eine subtile, kaum nachweisbare Strategie verfolgen: Sie kann die Genehmigung verschleppen und über die Vakanz eine Einsparung erwirtschaften. Wiederum handelt es sich um einen echten, wenn auch nur zeitweiligen Einsparerfolg.

(5) Es werden Personalstellen gestrichen. Abermals gibt es eine „harte" und eine „weiche" Form. Bei der „harten" Stellenstreichung fällt jede unbesetzte oder gerade freiwerdende Stelle weg, bis ein bestimmtes Maß an Einsparung erzielt worden ist. Man braucht keine Phantasie, um sich vorzustellen, welche Unzuträglichkeiten daraus entstehen. Deshalb wird diese Form nur in größter Not praktiziert. Bei der „weichen" Form wird dem zur Einsparung Verpflichteten auferlegt, innerhalb eines bestimmten Zeitraums so viele Stellen „abzuliefern", dass sich daraus eine bestimmte Jahressumme eingesparter Personalausgaben ergibt. Die zur Streichung vorgesehenen Stellen erhalten im Haushaltsplan, sofern sie noch besetzt sind, sogenannte „k.w.-Vermerke" („künftig wegfallend").

Im Personalbereich verspricht nur diese Maßnahme dauerhafte Einsparerfolge. Es besteht aber Gefahr, dass sich im Zuge der Einsparungen das Aufgabenprofil der betroffenen Einrichtungen ändert. Bei Universitäten ist diese Gefahr deutlich zu erkennen, - etwa wenn Lehrstühle oder gar ganze Fächer wegfallen. Die Vertretungskörperschaft muss aufpassen, dass die Verwaltung nicht nur Wildwuchs zurückschneidet, sondern auch, vom Parlament unbemerkt, neue politische Akzente setzt.

(6) Das Pendant der Stellenstreichung ist im Sachmittelbereich die Kürzung oder Streichung von Haushaltsansätzen. Einsparungen im Sachmittelbereich können unter Ausschluss oder unter Mitwirkung der Betroffenen geschehen. Zum Beispiel wird die mittelbewirtschaftende Stelle vor vollendete Tatsachen gestellt, wenn ihr der Gemeindedirektor oder Finanzminister zu Beginn des Haushaltsjahres verkündet, dass nur 90 % des Haushaltsansatzes zur „Verausgabung" freigegeben sind. Bekommt die Einrichtung die Möglichkeit der Mitwirkung, bleibt es ihr überlassen, wie sie ein bestimmtes Einspar-Soll aufbringt. Was zur Stellenstreichung gesagt wurde, gilt analog auch hier.

(7) Haushaltsansätze oder Bestände an Personalstellen werden für einen künftigen Zeitraum auf dem derzeitigen Niveau eingefroren, oder es werden Obergrenzen für künftige Zuwächse festgelegt. Im ersten Fall spricht man von „Plafondierung", im zweiten hat sich der Ausdruck „Deckelung" eingebürgert. Auch diese beiden Maßnahmen tragen zu Kürzungen bei; denn sie beschneiden zwar die bestehenden Haushaltsansätze oder Personalstellen nicht, reduzieren aber doch die gewünschten oder ursprünglich vorgesehenen Verbesserungen. Beide Kürzungsformen sind insofern von Vorteil, als sie die bittere Pille „Kürzung" mit Planungssicherheit verbinden.

Neben den Kürzungsmethoden spielen beim Kürzungsmanagement verschiedene **Strategien** eine wichtige Rolle, d. h. Strategien, die der Kürzende anwendet, und Strategien, die dem Betroffenen zu Gebote stehen:

Der Kürzende, also die Regierung, der Gemeindedirektor oder Finanzminister, kann wählen zwischen der Überraschungs- und der Vorbereitungsstrategie. Sie betreffen den zeitlichen Aspekt des Kürzungsmanagements. Und er kann wählen zwischen der linearen und der differenzierten Kürzung. Diese Strategien betreffen die Gerechtigkeit des Kürzungsmanagements.

Mit der *Überraschungsstrategie*, polemisch auch als „Bombenwurf-Strategie" bezeichnet, werden vollendete Tatsachen geschaffen. Der Betroffene hat keine Möglichkeit mehr, sich zu wehren. Selbst Protestieren ist zwecklos. Eine solche Strategie hat nur Sinn, wenn die Einsparungen sofort und auf einmal erzielt werden können. Muss hingegen das Einspar-Soll wegen des zu großen Volumens in Raten aufgebracht werden, birgt die Einsparauflage, soweit sie sich auf die Zukunft bezieht, keine Überraschung. Der Betroffene kann alle - politischen - Hebel in Bewegung setzen, um doch noch verschont zu werden.

Die *Vorbereitungsstrategie* besteht darin, die Betroffenen durch Ankündigung auf den schmerzlichen Einschnitt vorzubereiten sowie ihnen Gelegenheit zur Stellungnahme und zum Unterbreiten von Vorschlägen zu geben, wie die Einsparungen erträglicher gemacht werden können.

Beide Strategien haben ihre Vor- und Nachteile:

Die Überraschung erspart der Regierung, dem Finanzminister oder dem Gemeindedirektor viele Diskussionen mit den Betroffenen. Man kann aber auch behaupten, selbst den Betroffenen erspart die Überraschung viel Zeit - Zeit, die sie sonst fürs Antichambrieren, für Demonstrationen, Stellungnahmen, Petitionen und Gegenvorschläge aufwenden würden. Allerdings hat die Verweigerung jeglicher Möglichkeit, noch etwas zu ändern, bei den Betroffenen auch Enttäuschung, Frustration und Resignation zur Folge.

Mit der Vorbereitungsstrategie wird versucht, diese demotivierenden Wirkungen abzuwenden. Aber es besteht die Gefahr, dass die Betroffenen erfolgreich Druck ausüben und am Ende das Einsparziel verwässern. Selbstverständlich paßt die Vorbereitungsstrategie in unsere eher von Kooperation als von autoritärem Führungsanspruch geprägte Zeit besser.

Wer harte Maßnahmen, wie Stellen- und Mittelkürzungen, ergreifen muss, sollte sich den zeitlichen Ablauf gut überlegen. Es ist nicht ratsam, notwendige Kürzungen auf mehrere Kürzungsprogramme zu verteilen, also heute eine Einsparauflage zu verkünden, in zwei Jahren eine weitere und nach abermals zwei Jahren eine dritte - statt gleich am Anfang ein Einspar-Soll zu verfügen, das das Gesamtvolumen der drei Kürzungsprogramme ausmacht. Die Stückelung ist nicht ratsam, weil die Betroffenen dreimal statt nur einmal genötigt werden, sich mit den gekürzten Stellen- oder Mittelzuweisungen zu arrangieren. Einsparungen können häufig nicht von heute auf morgen „verdaut" werden. Man kann sich vorstellen, wie es auf die Betroffenen wirkt, wenn die nächste Einsparaktion auftritt, ehe die vorige bewältigt wurde. Außerdem, die mit Einsparaktionen verbundenen Anspannungen und Unsicherheiten erhöhen die Personalfluktuation, behindern konzeptionelle Arbeit und stehen einer aufbauenden Personalentwicklung entgegen. Deshalb braucht die öffentliche Verwaltung nach jeder größeren Rationalisierungsaktivität eine längere Phase der Organisationsruhe, um die organisatorischen Verhältnisse wieder zu konsolidieren.

Aber wenn man sich die Bemühungen um die Sanierung öffentlicher Haushalte ansieht, besteht wohl kaum Hoffnung, dass der Rat befolgt wird. Politiker jeglicher Couleur halten es meist für besser, notwendige „Grausamkeiten" zeitlich zu verteilen: vielleicht erholt sich noch die Konjunktur, vielleicht kann man noch den nächsten Wahltermin vorübergehen lassen und was es sonst noch an Begründungen gibt.

Mit der Möglichkeit der Regierung, des Finanzministers oder Gemeindedirektors, zwischen der linearen und der differenzierten Kürzung zu wählen, wird folgendes Problem angesprochen: Die lineare Kürzung oder „Rasenmäher-Methode" - Streichung z. B. von 5 % aller Personalstellen im Lande - wird von den meisten Betroffenen als gerecht empfunden, ganz im Gegensatz zur Kürzung, die dem einen Betroffenen mehr, dem anderen weniger abverlangt. Aber was gerecht erscheint, muss nicht gerechtfertigt sein. Es ist leicht vorstellbar, dass es aus sachlichen Gründen nötig wäre, den einen auf Kosten des anderen zu schonen, also die differenzierte Kürzung zu wählen.

Will es sich der Kürzende leicht machen, wird er die lineare Kürzung wählen. Der Protest gegen seine Maßnahme bleibt verhältnismäßig verhalten. Nur muss sich die Regierung, der Finanzminister oder Gemeindedirektor darüber im klaren sein, dass damit der Sache wenig gedient ist.

Wer als „Kürzungsmanager" fungiert, sollte sich auch überlegen, ob er seine Kriterien offenlegt oder nicht. Geheimhaltung hat den Vorteil, dass Proteste wegen Ungerechtigkeit (sie können immer erhoben werden) ins Leere stoßen und dass sich die Betroffenen nicht mit Gegenmaßnahmen darauf einrichten können (was bei der anstehenden oder einer künftigen Kürzungsaktion schädlich sein könnte). Gegen Geheimhaltung spricht jedoch die Tatsache, dass sie nicht in unsere Zeit und nicht zu unserer demokratischen Gesellschaft paßt. Es wird somit im Normalfall zur Offenlegung der Kürzungskriterien kommen.

Für die von drohenden Kürzungen *Betroffenen* gibt es nur zwei Strategien: Besteht noch Aussicht auf Rücknahme oder Milderung einer angekündigten Kürzung, erscheinen Protest, Antichambrieren und das Vorbringen von Gegenvorstellungen allemal sinnvoll. Lohnend erscheint es auch, langfristig vorzubeugen, indem immer wieder überhöhte Stellen- und Mittelzuweisungen gefordert werden. Wer Fettpolster besitzt, kann davon zehren.

Beide Strategien sind jedoch nicht unbedingt zu begrüßen. Sie begünstigen die Lautstarken und die Cleveren, also nicht unbedingt die sympathischsten Typen. Aber man sollte sich keiner Illusion hingeben; ob begrüßenswert oder nicht, beide Strategien gehören zum Alltag. (Weitere Einzelheiten zu Kürzungsmanagement z. B. bei Rürup/Körner 1985, 61-63).

D. Haushaltsführung

1. Vorbemerkungen

Auf dem Gebiet der Haushaltsführung ist vielerorts - wie auch auf dem Gebiet der Haushaltsplanung - eine Reformbewegung im Gange, an anderen Orten wird sie noch folgen. Die Rede ist von der so-

genannten Budgetierung, die wir hier zu den Konzepten der Haushaltsführung, nicht der Haushaltsplanung zählen wollen. Wir werden allerdings die Budgetierung erst im Anschluss an die Darstellung
der Probleme *herkömmlicher* Haushaltsführung behandeln. Auf diese Weise treten die Verbesserungen, die das Reformkonzept herbeizuführen vermag, deutlicher hervor.

2.   Probleme herkömmlicher Haushaltsführung

a)   Die Bewältigung über- und außerplanmäßiger Ausgaben

Wie Haushaltsmittel zu bewirtschaften sind, ergibt sich im wesentlichen aus den Haushaltsgrundsätzen (s. S. 112-115). Die Mittel werden dem Mittelbewirtschaftenden jährlich zugewiesen,[31] er hat sie
sparsam und wirtschaftlich zu verwenden und muss sich genau an den vorgeschriebenen Zweck halten (Wiesner 1997, 201). Welche Problematik damit verbunden ist, zeigt sich am deutlichsten, wenn
die zugewiesenen Mittel nicht ausreichen oder wenn für den vorgesehenen Zweck von vornherein
keine Mittel in den Haushaltsplan eingestellt wurden. Das Haushaltsrecht spricht im ersten Fall davon, dass **überplanmäßige Ausgaben** getätigt werden sollen. Im zweiten Fall ist von **außerplanmäßigen Ausgaben** die Rede (Wiesner 1997, 201 f.). Betrachten wir zunächst nur die *überplanmäßigen Ausgaben.*

Der Bedarf an überplanmäßigen Ausgaben zeigt sich naturgemäß gegen Ende des Haushaltsjahres.
Deshalb kann man sich für den Mittelbewirtschaftenden leicht eine Situation vorstellen, in der er bei
dem einen Verwendungszweck noch reichlich Mitteln hat, bei dem anderen Verwendungszweck aber
Not leidet. Welche Lösungen sieht das Haushaltsrecht für diese Situation vor?

Zur Deckung der Mehrausgaben ist an folgende Instrumente zu denken:

- Deckungsfähigkeit (§ 46 BHO/LHO)
- Genehmigung durch den Finanzminister oder Gemeindedirektor[32] (§ 37 BHO/LHO)
- Nachtragshaushaltsplan (§ 33 BHO/LHO)
- „Notfall-Ausgabe" (§ 117 Abs. 2 BHO/LHO)

---

[31]   Wir gehen nicht näher auf die Tatsache ein, dass die staatliche Verwaltung über die im Haushaltsplan ausgewiesenen
Haushaltsmittel erst nach vorheriger ausdrücklicher Zuweisung verfügen darf. Die Zuweisung erfolgt auf Anforde-
rung und ratenweise, z. B. monatlich. Die Tranchen werden im Haushaltsrecht als **Betriebsmittel** (nicht verwechseln
mit dem Produktionsfaktor „Betriebsmittel") bezeichnet. Die Kontrolle der zum Ausgeben freigegebenen Haushaltsmittel (= Betriebsmittel) dient dem Finanzminister zur Kontrolle der Liquidität.

[32]   Von der Tatsache, dass es hinsichtlich des Genehmigungsrechts auf den verschiedenen Ebenen des staatlichen Aufbaus
gewisse Unterschiede gibt (dass z. B. in manchen Fällen die Mehrausgaben von der Gemeindevertretung zu genehmigen sind), soll hier abgesehen werden.

Die Instrumente sind hier nach dem Kriterium bequemer Verfügbarkeit für den Mittelbewirtschaftenden aufgereiht worden. Das für ihn angenehmste Instrument steht an der Spitze. Der Mittelbewirtschaftende sollte deshalb die Anwendbarkeit der Instrumente in der obigen Reihenfolge prüfen.

(Echte) Deckungsfähigkeit (Heller 1998, 163) liegt vor, wenn Mehrausgaben (genauer: überplanmäßige Ausgaben) bei der einen Haushaltsstelle(„-titel") durch Einsparungen bei einer anderen Haushaltsstelle gedeckt werden dürfen. Im Falle zweckgebundener Ansätze erlaubt die (unechte) Deckungsfähigkeit (Heller 1998, 162), Mehreinnahmen für Mehrausgaben zu verwenden. Deckungsfähigkeit wird im Haushaltsplan durch einen Vermerk, wie „Die Haushaltsstellen 110/520 und 110/525 sind gegenseitig deckungsfähig", angezeigt. Dem zitierten Deckungsvermerk nach können beide Haushaltsstellen wechselseitig in Anspruch genommen werden. Die Deckungsfähigkeit kann auch eingeschränkt sein. Ein typischer Vermerk lautet dann z. B.: „Die Haushaltsstelle 110/520 ist einseitig deckungsfähig zugunsten der Haushaltsstelle 110/525".

In § 15 Abs. 2 HGrG werden die Möglichkeiten, durch Haushaltsvermerke Deckungsfähigkeit zu schaffen, auf die Fälle eingeschränkt, in denen zwischen den Ausgaben ein verwaltungsmäßiger oder sachlicher Zusammenhang besteht. „Verwaltungsmäßiger Zusammenhang" heißt, dass die Haushaltstitel von ein und demselben Titelverwalter bewirtschaftet werden, „sachlicher Zusammenhang", dass die Haushaltsansätze verwandten Zwecken gewidmet sind (Beispiel: „Ausgaben für den Ankauf von Samen" und „Ausgaben für den Ankauf von Jungpflanzen" in einer Baumschule). Allerdings - falls mit der Deckungsfähigkeit eine wirtschaftlichere oder sparsamere Mittelverwendung erreicht werden kann - dürfen Ausgaben in gewissem Umfang auch für andere als den geplanten Zweck eingesetzt werden.

Ansonsten verbietet § 15 Abs. 2 HGrG, dass „Ausgaben ..., die ohne nähere Angabe des Verwendungszwecks veranschlagt sind, ... für deckungsfähig erklärt werden". „Zweckfreie" Haushaltsansätze sind (geringfügige) vermischte Einnahmen und Ausgaben, ferner **Verfügungs**[33]- und **Selbstbewirtschaftungsmittel**[34] sowie **Deckungsreserven.**[35]

Außer der durch Haushaltsvermerke bewirkten Deckungsfähigkeit (**„gekorene Deckungsfähigkeit"**) gibt es auch eine Deckungsfähigkeit kraft Gesetzes (**„geborene Deckungsfähigkeit"**). Kraft Gesetzes (genauer: kraft z. B. GemHVO) sind deckungsfähig alle für Personalausgaben

---

[33] **Verfügungsmittel** gibt es im kommunalen Haushaltsplan. Sie werden für dienstliche Zwecke veranschlagt, für die andere Haushaltstitel nicht in Frage kommen. Sie stehen gewöhnlich allein dem Gemeindedirektor zur Verfügung und dienen vor allem Repräsentationszwecken.

[34] **Selbstbewirtschaftungsmittel** gibt es im staatlichen Haushaltsplan. Auch diese Mittel sollen Zwecken dienen, für die andere Haushaltstitel nicht in Frage kommen. Sie werden zu Repräsentationszwecken verwendet, aber auch zu nachrichtendienstlichen Operationen. Für den zuletztgenannten Zweck sind sie besonders gut geeignet, weil die Mittel dem Amtsträger oder der Einrichtung ohne zeitliche Beschränkung und ohne Rechenschaftspflicht zur Verfügung stehen.

[35] Eine **Deckungsreserve** darf nur im (kommunalen) Verwaltungshaushalt veranschlagt werden. Der zunächst zweckfreie Haushaltsansatz kann vom Gemeindedirektor oder Kämmerer genutzt werden, wenn er über- oder außerplanmäßige Ausgaben genehmigen soll.

vorgesehenen Haushaltsstellen und alle Haushaltsstellen, welche **Sammelnachweise** verkörpern. (Weitere Einzelheiten zur Deckungsfähigkeit und zu anderen Elementen einer „beweglichen" Haushaltsführung bei Erkes 1985).

Falls einer mittelbewirtschaftenden Stelle die Deckungsfähigkeit zur Verfügung steht, kann sie schnell und ohne weitere Genehmigung den Mehrbedarf decken - freilich unter der Voraussetzung, dass sie imstande ist, die nötigen Mittel an anderer Stelle aufzubringen.

Es ist klar, die mittelbewirtschaftenden Stellen wünschen sich, der vom § 15 Abs. 2 HGrG gezogene Rahmen würde von der Vertretungskörperschaft stets voll ausgeschöpft. Doch dies widerspräche dem Interesse der Vertretungskörperschaft an eigener Gestaltung des Haushaltsplans im einzelnen.

Was ist bei diesem Konflikt zu raten? Die gegenwärtige Diskussion über öffentliche Haushalts- und Verwaltungsführung wird vom Gedanken beherrscht, es in möglichst vielem der kaufmännischen Praxis gleichzutun und entgegenstehende Hindernisse abzubauen. Daraus ergibt sich: falls eine Vertretungskörperschaft kaufmännischem Denken und Handeln in der öffentlichen Verwaltung Raum verschaffen will, sind die Parlamentarier gut beraten, wenn sie auf haushaltspolitische Gestaltungsmöglichkeiten (noch mehr als bisher) verzichten und dafür - u. a. durch großzügige Gewährung von Deckungsfähigkeit - die Flexibilität der Haushaltsführung erhöhen. Es bedarf dazu gar nicht erst völlig neuer Konzepte der Verwaltungsreform (s. S. 117 f., 135 f.). Schon seit langem verfügbare Instrumente, wie der Deckungsvermerk im Haushaltsplan oder der Sammelnachweis, können der öffentlichen Verwaltung mehr Schwung verleihen - sie müssen nur nach Kräften genutzt werden.

Der Mittelbewirtschaftende sollte allerdings einen Nachteil, den die Deckungsfähigkeit hat, nicht übersehen. Deren Inanspruchnahme signalisiert nicht nur - falls der Ausgleich zwischen zwei Haushaltsstellen der Ausgabenseite erfolgt - dass die eine Haushaltsstelle zu knapp ausgestattet wurde, sie signalisiert auch, dass an anderer Stelle Mittel abgezogen werden konnten. Der Finanzminister oder Gemeindedirektor wird dieses Signal wohl kaum übersehen, wenn er auf die Suche nach Kürzungsmöglichkeiten geht.

Wenn keine Möglichkeit besteht, auf deckungsfähige Haushaltsstellen bzw. -titel zurückzugreifen, kann die mittelbewirtschaftende Stelle versuchen, sich die **überplanmäßigen Ausgaben vom Finanzminister oder Gemeindedirektor genehmigen** zu lassen. Vier Bedingungen müssen erfüllt sein, damit eine Genehmigung erteilt werden darf:

- Die Mehrausgaben müssen unvorhersehbar sein.
- Sie müssen unabweisbar sein.
- Durch die Mehrausgaben darf der Haushaltsplan nicht in wesentlichen Punkten verändert werden.
- Es muss eine Möglichkeit geben, die Mehrausgaben zu decken.

Die Bedingung von der Unvorhersehbarkeit versteht sich von selbst; gäbe es sie nicht, wäre es ein leichtes, das Budgetrecht der Vertretungskörperschaft über das Genehmigungsrecht des Finanzministers oder Gemeindedirektors auszuhebeln. Das gilt auch für die Bedingung, nach der der Haushalts-plan in seiner Struktur durch nachträgliche Genehmigungen nicht wesentlich verändert werden darf. „Unabweisbar" heißt, dass die Mehrausgaben nicht bis zum Inkrafttreten eines neuen Haushaltsplans warten können. Auch die Notwendigkeit einer vorhandenen Deckung ist leicht einzusehen. Dadurch ist dem Finanzminister oder Gemeindedirektor verwehrt, eine Genehmigung „ins Blaue hinein" zu erteilen. Vielmehr muss er selbst feststellen, ob Einsparungen erzielt worden sind, ob eine Deckungs-reserve angezapft werden kann oder ob Mehreinnahmen vorliegen, die sich für die Mehrausgaben einsetzen lassen. (Nähere Einzelheiten zu den Bedingungen u. a. Piduch 1969 ff., Erläuterungen zu Art. 112 GG, Rn. 17f.)

Man sieht, die Genehmigung durch den Finanzminister oder Gemeindedirektor ist ein Instrument, das sich nur restriktiv handhaben lässt. Es ist für den Mittelbewirtschaftenden auch kein komfortab-les Instrument. Ein Genehmigungsverfahren hat meist einen ungewissen Ausgang und kostet außer-dem Zeit, es sei denn, der Gemeindedirektor sitzt gleich nebenan, ein Fall, den es ja auch gibt.

Scheiden beide Instrumente, die Deckungsfähigkeit und die Genehmigung der überplanmäßigen Ausgaben, aus, ist an einen Nachtragshaushaltsplan zu denken. Das wäre ein ergänzender Haushalts-plan, nach denselben Regeln aufgemacht und auch demselben parlamentarischen Beratungs- und Verabschiedungsverfahren unterworfen wie der reguläre Haushaltsplan. Die mittelbewirtschaftende Stelle kann allerdings keinen Nachtragshaushaltsplan selbst initiieren. Sie kann nur ihren Mehrbedarf an Ausgaben anmelden und darauf hoffen, dass sich die Regierung bzw. der Gemeindedirektor ent-schließt, einen Nachtragshaushaltsplan auf den Weg zu bringen, in dem ihre Haushaltsanmeldung berücksichtigt ist. Allein schon diese Beschreibung lässt erkennen, wie gering die Aussicht für die mittelbewirtschaftende Stelle ist, auf diese Weise ihren Wunsch nach Mehrausgaben erfüllt zu be-kommen. Die Aussicht wird noch geringer, je weiter das Haushaltsjahr fortgeschritten ist; denn dann erscheint es allgemein vernünftiger, auf den nächsten regulären Haushaltsplan zu warten, statt noch einen Nachtragshaushaltsplan-Entwurf in den aufwendigen Beratungs- und Verabschiedungsprozess zu schicken.

Die als letztes genannte Möglichkeit, überplanmäßige Ausgaben zu tätigen, kommt nur unter extre-men Umständen in Frage. Sie findet sich z. B. in §§ 37, 116 BHO. Dort ist festgestellt, dass es der Genehmigung („Einwilligung") des Finanzministers nicht bedarf, „wenn sofortiges Handeln zur Ab-wehr einer dem Bund drohenden Gefahr oder zur Abwendung von erheblichen Schäden erforderlich ist." Eine solche auf den Notfall zugeschnittene Bestimmung ist unentbehrlich. Wenn der Deich zu brechen droht, kann der Bundeswehrkommandeur nicht erst zusätzliche Mittel für Treibstoff anfor-dern. Aber das Instrument hilft natürlich nicht dem gewöhnlichen Mehrbedarf an Mitteln ab.

Was für überplanmäßige Ausgaben erörtert wurde, könnte im wesentlichen noch einmal im Hinblick auf **außerplanmäßige Ausgaben** wiederholt werden. Allerdings gibt es nun einige Abweichungen: Deckungsfähigkeit kann es in diesem Fall nicht geben. Für die außerplanmäßigen Ausgaben existiert ja keine Haushaltsstelle; dementsprechend kann zur Deckung der außerplanmäßigen Ausgaben auch keine Haushaltsstelle mit einer anderen verknüpft werden. Dafür dürfen für außerplanmäßige Ausga-ben nun auch die Verfügungs- und Selbstbewirtschaftungsmittel eingesetzt werden, d. h. Mittel, die zur Deckung überplanmäßiger Ausgaben nicht herangezogen werden konnten. Das ist beim Wesen dieser Mittel ganz selbstverständlich, sind sie doch gerade für Zwecke vorgesehen, für die es im Haushaltsplan sonst keinen Ansatz gibt.

b) „Dezemberfieber"

Ging es im vorigen Abschnitt um fehlende Mittel, kann den Mittelbewirtschaftenden auch die entgegengesetzte Situation, ein Überschuss an Mitteln, plagen. Das Überraschende, dass auch ein Überschuss an Mitteln belastend sein kann, verliert sich, wenn man sich daran erinnert, dass ein Finanzminister oder Gemeindedirektor die Verwendung von Haushaltsansätzen, die im Rahmen der Deckungsfähigkeit anderen Zwecken gewidmet wurden, als Signal für mögliche Haushaltskürzungen begreift. Dieselbe Gefahr besteht bei nicht voller Ausnutzung von Haushaltsansätzen. Die Verhaltensweise des Finanzministers oder Gemeindedirektors ist natürlich vernünftig, selbst wenn sich der Mittelbewirtschaftende für seine Sparsamkeit bestraft fühlt und auch wenn es sich bei den nicht ausgeschöpften Mitteln nur um einen zeitweiligen oder zufälligen Überschuss handelt.

Das eigentliche Problem resultiert aus der Tatsache, dass die mittelbewirtschaftende Stelle das Verhalten des Finanzministers oder Gemeindedirektors voraussieht und dem durch Ausgeben aller Mittel bis zum Jahresende zu begegnen sucht. So lässt sich bei traditioneller Haushaltsführung besonders in den letzten Wochen des Jahres ein intensives, mitunter gar hektisches Ausgabengebahren der öffentlichen Hand beobachten. Es bricht aus, was im Behördenjargon „Dezemberfieber" heißt.

Das Phänomen hat vor allem zwei bedenkliche Konsequenzen. Zum einen muss befürchtet werden, dass im Eifer, „die Ecken auszukehren", nicht mehr so streng wie sonst auf die Grundsätze der Wirtschaftlichkeit und Sparsamkeit geachtet wird (dass die Öffentlichkeit durch das „Dezemberfieber" in ihrem Glauben bestärkt wird, die öffentliche Hand gehe generell nicht sparsam und wirtschaftlich genug mit ihren Mitteln um, ist nur ein Nebeneffekt). Zum anderen verliert der Finanzminister oder Gemeindedirektor mögliche Einsparungen, d. h. die Mittel, die nun überflüssigerweise ausgegeben werden, bzw. das Einsparpotential, das sich aus der Signalwirkung von Haushaltsresten (nicht ausgeschöpften Haushaltsansätzen) ergäbe.

Eine gewisse Abkühlung des „Dezemberfiebers" vermag eine großzügige Regelung der Deckungsfähigkeit zu bewirken - aber auch ein weiteres haushaltstechnisches Instrument: die Übertragung von Haushaltsmitteln in das nächste Haushaltsjahr.

Wiederum kann man zwischen einer „geborenen" und einer „gekorenen" Möglichkeit, dieses Instrument einzusetzen, unterscheiden. Die **„geborene" Übertragbarkeit**, d. h. die Übertragbarkeit kraft Vorschrift, besteht z. B. gemäß § 19 Abs. 1 BHO. Danach sind automatisch übertragbar die für Investitionen veranschlagten Ausgaben sowie Ausgabenmittel, die aus zweckgebundenen Einnahmen stammen.[36] „Andere Ausgaben", so fuhr die Bestimmung ursprünglich fort, „können im Haushaltsplan für übertragbar erklärt werden, wenn sie für eine sich auf mehrere Jahre erstreckende Maßnahme bestimmt sind und wenn die Übertragbarkeit eine sparsame[37] Bewirtschaftung der Mittel fördert". Inzwischen hat das Haushaltsrechts-Fortentwicklungsgesetz von 1997 dafür gesorgt, dass nunmehr Ausgaben auch dann ins nächste Haushaltsjahr übertragen werden können, wenn sie keine mehrjährigen Vorhaben betreffen. Wie bei der Deckungsfähigkeit wird verlangt, dass die Maßnahme zu einer wirtschaftlicheren und sparsameren Mittelverwendung führt (§ 15 Abs. 1 Satz 2 HGrG).

Anmerkung

Das Haushaltsrechts-Fortentwicklungsgesetz war nicht unumstritten (o. V. 1997 a). Die Länderparlamente sahen das Budgetrecht beeinträchtigt, während der Bundesrechnungshof das Gesetz begrüßte. Der Deutsche Landkreistag sah Einschränkungen des kommunalen Selbstverwaltungsrechts, doch der Wissenschaft ging das Gesetz nicht weit genug (vgl. z. B. Lüder 1998 b, 285-287). Tatsächlich ist anzunehmen, dass die Flexibilisierung, soweit sie den Bund angeht, nur 6 % der gesamten Bundesausgaben betrifft. Trotz allem, das Gesetz stellt einen respektablen Reformversuch dar. Weitere Schritte in diese Richtung wären zu wünschen.

In den Bestimmungen über die Möglichkeit, Ausgaben für übertragbar zu *erklären*, kommt die „**gekorene**" **Übertragung** von Haushaltsmitteln zum Ausdruck.

Wiederum hat es die Vertretungskörperschaft in der Hand, der Mittelbewirtschaftung mehr oder weniger Flexibilität zu verleihen. Es bedarf lediglich der entsprechenden Vermerke im Haushaltsplan. Freilich, inwieweit die mittelbewirtschaftende Stelle von der angebotenen Übertragungsmöglichkeit Gebrauch macht, bleibt offen.

Auch hier gilt, was schon von der Inanspruchnahme einer Deckungsfähigkeit gesagt wurde: Jede genutzte Übertragungsmöglichkeit ist für den Finanzminister oder Gemeindedirektor ein Signal, das auf die Gelegenheit hinweist, den Rotstift anzusetzen. Dementsprechend wird es sich die mittelbewirtschaftende Stelle zweimal überlegen, ob sie zum Ende des Jahres beantragt, noch nicht ausgeschöpfte Mittel in das nächste Haushaltsjahr zu übertragen, oder ob sie sich dem allgemeinen „Dezemberfieber" anschließt.

Trotz der Signalwirkung, die von einem Übertragungswunsch ausgeht, dürfte der Finanzminister oder Gemeindedirektor dem Instrument „Übertragbarkeit" mit Vorbehalten begegnen; denn es kompliziert seine Aufgabe. Es genügt ja nicht, einfach einen Haushaltsansatz über das Ende des Haushaltsjahres hinaus verfügbar zu halten, sondern es müssen auch die entsprechenden Deckungsmittel (Einnahmen) in das nächste Haushaltsjahr übertragen werden. Das nötigt dazu, nicht nur den nächs-

---

[36] Das Haushaltsrecht kann vorsehen, dass sich die „geborene" Übertragbarkeit auch auf Mittel erstreckt, über die bis zum Jahresende rechtlich bindend verfügt wurde, ohne dass es bis dahin zur Ausgabe kommen konnte (eine diesbezügliche Bestimmung findet sich z. B. in § 45 ns LHO).

[37] Mitunter wird die Übertragbarkeit auch an die Möglichkeit einer wirtschaftlichen Mittelverwendung geknüpft (s. z. B. § 19 Abs. 2 ns GemHVO).

ten Haushaltsplan abzuwickeln, sondern sich auch, davon getrennt, um die Bewirtschaftung der Haushaltsreste des Vorjahres zu kümmern.

Insgesamt muss man feststellen, dass die Übertragbarkeit das „Dezemberfieber" zu dämpfen, aber nicht aus der Welt zu schaffen vermag.

3. Eine Reformmaßnahme: (Interne) Budgetierung

Verstand man früher unter Budgetierung die Haushaltsplanung schlechthin, wird heute der Begriff fast nur noch auf ein bestimmtes, aus Reformbestrebungen erwachsenes Konzept angewendet, das Elemente der Haushaltsplanung mit denen der Haushaltsführung verbindet (ausführlich: Bertelsmann Stiftung und Saarländisches Ministerium des Innern 1999, 15). Der Akzent liegt auf der Haushalts-*führung*, weshalb das Konzept an dieser Stelle behandelt wird.

Man sollte in diesem Zusammenhang eigentlich nur von interner Budgetierung sprechen, aber der Alltagssprachgebrauch verzichtet auf das erläuternde Attribut, und dem wollen wir uns anschließen. Budgetierung in diesem Sinne bedeutet die interne Festlegung von Budgets (= selbständig zu bewirtschaftende Fonds), und das heißt - als Reformkonzept der öffentlichen Verwaltung verstanden - dezentrale Verantwortlichkeit für Ressourcen bei den Fachbereichen oder Fachämtern.

> **Budgetierung:** interne Festlegung von Mitteln und Stellen zur selbständigen Bewirtschaftung durch Fachbereiche und Fachämter.

Das Reformkonzept „Budgetierung" tritt in vielen Spielarten auf, weil ihm jede Gebietskörperschaft eine eigene Prägung geben kann. Grundlage ist gewöhnlich eine haushaltsrechtliche Öffnungsklausel, wie sie z. B. in § 8 Abs. 2 ns GemHVO zu finden ist: „Einnahmen und Ausgaben des Verwaltungshaushalts für einen funktional begrenzten Aufgabenbereich, der einer Verwaltungsstelle der Gemeinde zur eigenverantwortlichen Bewirtschaftung zugewiesen ist, können aus Gründen der Förderung der wirtschaftlichen Aufgabenerfüllung durch Haushaltsvermerk zu einem finanziellen Rahmen (Budget) verbunden werden." Auch der Bund und die Länder experimentieren auf diesem Feld (o. V. 1995 a; o. V. 1996). Was da geschaffen wird, sind gewissermaßen Globalhaushalte im kleinen.

Das Neue steckt freilich nicht in der Möglichkeit, Einnahmen und Ausgaben zu einem einzigen Haushaltsansatz zusammenzufassen, sondern in der Tatsache, dass die Kompetenz, Mittel und Stellen zu bewirtschaften, von den sogenannten Querschnittsämtern (in der Kommunalverwaltung vor allem Kämmerei, Hauptamt, Personalamt) auf die Fachbereiche oder Fachämter übertragen wird (Kommunale Gemeinschaftsstelle [KGSt] 1996, 18). Hinzu kommen meist noch flankierende Maßnahmen (o. V. 1996), die die Effizienz der Mittel- und Stellenbewirtschaftung erhöhen sollen:

- Dem Mittelbewirtschaftenden wird gewöhnlich auf Dauer die Genehmigung erteilt, ersparte Haushaltmittel (Ausgabenreste) ins nächste Haushaltsjahr zu übertragen.

- Es wird ein Anreizsystem geschaffen, nach dem ein Teil der eingesparten Mittel (sogar ein Teil der Mittel aus eingesparten Stellen) der mittelbewirtschaftenden Stelle zur freien Verfügung im Rahmen ihrer Dienstaufgaben verbleibt.

- Selbst Haushaltsvorgriffe werden mitunter erlaubt, also Vorgriffe auf Mittel, die erst im nächsten Haushaltsplan erscheinen (o. V. 1996).

- Außerdem werden für die mittelbewirtschaftende Stelle vergrößerte Entscheidungs- und Ermessensspielräume geschaffen; anderenfalls wäre der Anspruch auf einen wirtschaftlicheren oder sparsameren Umgang mit den Haushaltmitteln und Personalstellen nicht zu erfüllen.

- Mitunter wird darüber hinaus eine interne Leistungsverrechnung zwischen den Querschnittsämtern und den Fachbereichen bzw. Fachämtern eingeführt - eine Maßnahme, die die Budgetierung jedoch mit erheblichen Problemen belastet.

Die Vor- und Nachteile der Budgetierung (Afhüppe 1998; s. auch die ablehnende Stellungnahme von Meier 1998) sind nahezu dieselben wie die des Globalhaushalts. Mit der selbständigen Wirtschaftsführung geht eine verstärkte Motivation einher. Die größere Nähe der Verwendungsentscheidungen zum Verwendungszweck der Mittel verspricht ein höheres Maß an Sachgerechtigkeit. Aber die Vertretungskörperschaft verliert haushaltspolitischen Einfluss.[38]

Man kann sich fragen, wie es zu der Zuweisung des Budgets kommt. Möglich ist folgendes: Beim Übergang von der herkömmlichen zur einer reformierten Haushaltsplanung wird die Zuweisung auf der Basis des bisherigen Haushaltsplans (gegebenenfalls unter Modifikationen) festgelegt (o. V. 1996) und danach alles Weitere der Bewirtschaftung durch die Betroffenen überlassen. Auf Dauer kommt man allerdings um ein aufwendiges Verfahren nicht herum, das vor allem der Tatsache Rechnung trägt, dass für bestimmte zentrale Aufgaben auch die Budgets zentral festgelegt werden müssen und die Verteilung des gesamten Haushaltsvolumens zu regeln ist. Will man mit der Selbständigkeit der Fachbereiche oder Fachämter wirklich Ernst machen, empfiehlt sich ein Gegenstromverfahren (Kommunale Gemeinschaftsstelle [KGSt] 1996, 11), d. h. ein Verfahren, bei dem die unteren Instanzen in ausreichendem Maße an den Haushaltsentscheidungen der (internen) Budgetierung beteiligt werden.

Zur Abrechnung der Budgetverwaltung sei auf die Beschreibung der Budgetbuchführung samt Buchungsbeispielen in Anhang D. (S. 282-288) verwiesen.

---

[38] Der Bund der Steuerzahler geht sogar noch weiter und sorgt sich, die Ämter könnten ein Eigenleben entwickeln (s. o. V. 1995 b).

E. Kassenwirtschaft

1. Die Organisation der öffentlichen Kassen

Die **staatlichen Kassen** haben mitunter einen mehrstufigen Aufbau. Prinzipiell können vorkommen: Amtskassen, Oberkassen und Zentralkassen. Auch wenn vielfach Ober- und Amtskassen der Rationalisierung zum Opfer gefallen sind, führen wir sie im folgenden noch mit auf.

Neben dem hierarchischen Aufbau ist für das Kassenwesen eine Unterscheidung nach Sparten der öffentlichen Verwaltung charakteristisch. Am besten lässt sich die Organisation des staatlichen Kassenwesens am Beispiel eines Bundeslandes verdeutlichen:

	Allgemeine Verwaltung	Finanzverwaltung	Justizverwaltung	Sonstiges
Amtskassen	Regierungskassen	Finanzkassen	Gerichtskassen	Amtskasse des Landesamtes für Bezüge und Versorgung
Oberkassen	Regierungshauptkassen	Oberfinanzkasse	Oberjustizkasse	-
Zentralkasse	Landeshauptkasse			

Tab. 5: Möglicher Aufbau des staatlichen Kassenwesens eines Bundeslandes

Die Kassen der allgemeinen Verwaltung sind *Einheitskassen*. Das heißt, sie erledigen die Kassengeschäfte sämtlicher Behörden der allgemeinen Verwaltung der betreffenden Gebietskörperschaft in ihrem Zuständigkeitsbezirk - die Regierungskassen etwa auf Kreisebene, die Regierungshauptkassen auf der Ebene der Regierungsbezirke.

Die übrigen Kassen sind *Sonderkassen,* ihre Zuständigkeit erstreckt sich nur auf die betreffende Sparte.

Die Aufgabe der Zentralkasse (bzw. der Oberkassen) besteht darin, bei den Oberkassen (bzw. den Amtskassen) überschüssige Liquidität abzuschöpfen, aber die nachgeordneten Kassen im Bedarfsfall auch mit zusätzlicher Liquidität zu versorgen („die Kassenmittel zu verstärken"). Der Liquiditätsausgleich findet also nicht - horizontal - zwischen Kassen gleichen Ranges statt, sondern nur vertikal.

Die Pflicht der Amts- oder Oberkasse, überschüssige liquide Mittel abzuliefern, aber auch das Recht, im Bedarfsfall auf Kassenmittel der übergeordneten Kasse zurückzugreifen, sorgt dafür, dass die Liquiditätsversorgung der Ober- und Amtskassen gesichert bleibt, keine liquiden Mittel brachliegen und die Zentralkasse die Übersicht über die Kassenlage der Gebietskörperschaft behält.

Die Pflicht zur Ablieferung wird durch Dienstanweisung geregelt. Beispielsweise kann die Vorschrift lauten, alle liquiden Mittel (Barmittel und Sichtguthaben-Bestände) abzuliefern, die nicht zu Auszahlungen an den nächsten beiden Kassentagen benötigt werden.

Ein altes Verfahren, der Amts- oder Oberkasse eine Kassenbestandsverstärkung zu verschaffen, bildet der sog. Farbscheck (ein Scheck in Sonderaufmachung). Ist die Amts- oder Oberkasse ermächtigt, einen Farbscheck auszustellen, verfügt sie gewissermaßen über das Scheckbuch der übergeordneten Kasse. Wenn sie einen solchen Scheck ausstellt und ihrer Bank zur Gutschrift einreicht, gewinnt sie sogleich die benötigte Liquidität. Um mit der Berechtigung keinen Freibrief für beliebige Finanzmittelabflüsse zu erteilen, wird die Ermächtigung mit der Freigabe von Betriebsmitteln (s. Fußn. 31) verknüpft. Eine neuere Möglichkeit der Liquiditätsversorgung ist das Lastschriftverfahren.

Eine **kommunale Kasse** ist jeweils die einzige Kasse ihrer Gebietskörperschaft. Die kommunale Kasse erledigt die Kassengeschäfte aller Dienststellen der Gemeinde, des Landkreises usw. Sie ist also von vornherein eine *Einheitskasse* (Dettmer/Prophete/Wegmeyer 1995, 261).

Außer den Kassen gibt es noch **Zahlstellen** (ebenda). Mit Zahlstellen soll dem oftmals bestehenden Bedürfnis nach dezentraler Abwicklung von Zahlungsvorgängen Rechnung getragen werden. Zahlstellen befassen sich nur mit Barzahlungen, führen keine Konten und erledigen auch keine Buchhaltungsaufgaben, wie es sonst Aufgabe einer öffentlichen Kasse ist; aber selbstverständlich werden die Ein- und Auszahlungen in der Zahlstelle registriert. Eine Zahlstelle wird am besten als Außenstelle einer Kasse begriffen.

2. Der optimale Kassenbestand[39]

Bei allen Kassen tritt das Problem des optimalen Kassenbestands auf. Es geht um den sog. „Eisernen" Bestand an Kassenmitteln, d. h. um den Bestand an Bargeld und Sichtguthaben, der vorzuhalten ist, um die ständige Zahlungsbereitschaft zu sichern, aber auch nicht überschritten werden sollte, um nicht die kassenwirtschaftliche Effizienz zu beeinträchtigen. Meist wird das Problem ganz pragmatisch gelöst: Aufgrund von Erfahrungen werden den Kassen in Dienstanweisungen Normen für ihre „Eisernen" Bestände vorgegeben. Doch dies enthebt uns nicht der Aufgabe, den Weg zu einer besseren Lösung zu weisen.

Um was geht es im einzelnen? Einen zu hohen Kassenbestand zu unterhalten kostet etwas. Es kostet geringere Zinseinnahmen (weil die Mittel nicht zinsbringend angelegt werden) oder höhere Zinsausgaben (weil die Mittel nicht zum Abbau der Verschuldung verwendet werden). Ein zu hoher Kassen-

---

[39] Die Problematik des optimalen Kassenbestands ist für die öffentlichen Kassen dieselbe wie für private Kassen. Demnach brauchte das Thema hier nicht behandelt zu werden, soll es in diesem Buch doch um die Besonderheiten öffentlicher Betriebe und Verwaltungen gegenüber der Privatwirtschaft gehen (S. 1). Aber in diesem Fall scheint es doch nötig zu sein, das Problem bewußt zu machen und anzuregen, vorhandene Ansätze zur Lösung anzuwenden.

bestand bringt aber auch etwas ein, nämlich mehr Sicherheit, auf Auszahlungsanforderungen sofort, d. h. ohne Auflösung von Geldanlagen[40] oder Kreditaufnahme, reagieren zu können.

Für einen zu niedrig bemessenen Kassenbestand gilt das Entsprechende mit umgekehrten Vorzeichen. Hier sind die Zinseinnahmen vergleichsweise höher und die Kreditzinsen niedriger, aber es gibt auch weniger Sicherheit, auf Auszahlungsanforderungen sofort und unmittelbar reagieren zu können. In diesem Falle kommt es also häufiger vor, dass Geldanlagen aufgelöst werden müssen (wodurch Guthabenzinsen verlorengehen) oder Kredit aufgenommen werden muss (wodurch zusätzliche Kreditzinsen anfallen).

Beide Fälle, der zu hoch und der zu niedrig bemessene Kassenbestand, sind durch ein zu verbesserndes Nutzen/Kosten-Verhältnis charakterisiert. Optimal ist nur der Zustand, in dem - gemäß dem Cournot-Theorem - die Grenzkosten einer Veränderung des Kassenbestandes dem Grenznutzen der Maßnahme entsprechen.

Wie die Formel praktisch angewendet werden kann, sei unter Rückgriff auf eines unter den verschiedenen Kassenhaltungs-Modellen skizziert. Wir beziehen uns dazu auf das leicht verständliche Beranek-Modell (Beranek 1963, 345-387). Dabei gehen wir von einer Zentralkasse der staatlichen Verwaltung oder einer kommunalen Kasse aus, weil dort unmittelbar darüber zu befinden ist, ob liquide Mittel angelegt, Guthaben aufgelöst oder Kredite aufgenommen werden sollen.

Nehmen wir an, es läge eine hinreichende Menge an Erfahrungswerten bezüglich der täglichen Kassenüberschüsse oder -defizite der betreffenden Kasse vor, d. h. man wüßte, wie oft in der Vergangenheit an einem Kassentag der Anfangsbestand zuzüglich des Einnahmen- oder Ausgabenüberschusses (ohne Kassenverstärkung durch aufgelöste Geldanlagen oder aufgenommenen Kredit) eine genau bestimmte Höhe betragen hat. Und nehmen wir ferner an, die Erfahrungswerte ergäben eine Häufigkeitsverteilung wie in Abb. 11.

Nach Abb. 11, oberer Teil, treten am häufigsten negative Kassendefizite, also in Wirklichkeit Kassenüberschüsse, auf. Ferner wird angenommen, dass in der Ausgangssituation die vorgeschriebene Höhe des „Eisernen" Kassenbestands $\overline{E}$ beträgt. Der Betrag ist mit einer bestimmten Höhe des täglichen Kassendefizits identisch. $\overline{E}$ reicht aus, um alle Situationen zu bewältigen, in denen das tägliche Kassendefizit gleich oder geringer ist. An den Tagen, an denen ein $\overline{E}$ übersteigendes Kassendefizit anfällt, muss auf angelegtes Geld oder auf zusätzlichen Kredit zurückgegriffen werden; in der Abb. 11 sind das die Fälle rechts von $\overline{E}$.

---

[40] Wenn in diesem Zusammenhang von Geldanlage die Rede ist, sind vor allem gemeint: Sparbuch, Festgeld, Wertpapiere. Es handelt sich stets um Rücklagen. Rücklagen zählen nicht zu den Kassenmitteln.

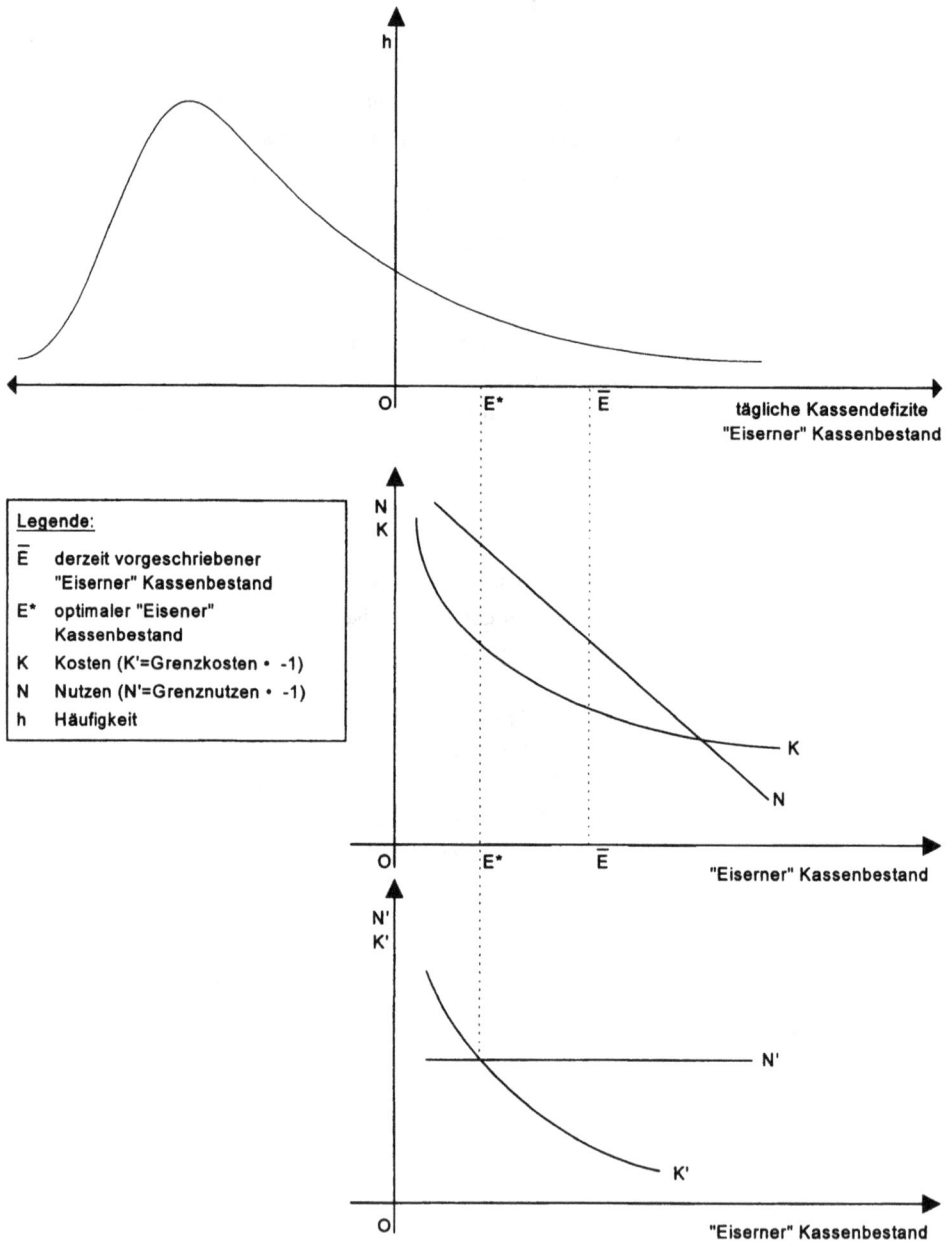

Legende:

$\bar{E}$ derzeit vorgeschriebener "Eiserner" Kassenbestand

E^* optimaler "Eisener" Kassenbestand

K   Kosten (K'=Grenzkosten • -1)

N   Nutzen (N'=Grenznutzen • -1)

h   Häufigkeit

Abb. 11: Grenznutzen und Grenzkosten einer Veränderung der Kassenhaltung in Beziehung zur Häufigkeit der täglichen Kassendefizite

Es empfiehlt sich, davon auszugehen, dass $\overline{E}$ nicht den optimalen Kassenbestand verkörpert. Dementsprechend gilt es zu untersuchen, wie sich eine Verringerung oder Erhöhung dieses Betrags auswirkt. Wie die Verhältnisse hier liegen, löst z. B. eine Verringerung des Kassenbestandes, also eine Verschiebung von $\overline{E}$ nach links, zusätzliche Kosten[41] aus, d. h. es muss häufiger auf angelegte Gelder oder zusätzlichen Kredit zurückgegriffen werden. Zugleich ist die Verringerung des Kassenbestandes nützlich; die eingesparten Mittel bringen zusätzliche Zinseinnahmen ein. Aber da hier unterstellt ist, dass mit der Verringerung des „Eisernen" Kassenbestandes der Nutzen[42] stärker steigt als die Kosten, lohnt sich dieser Schritt. Die Verringerung des Kassenbestandes lohnt sich, bis der Punkt E* erreicht ist. Ginge man über diesen Punkt hinaus, würde man sich also mit dem „Eisernen" Kassenbestand zum Koordinatenursprung hin bewegen, läge der Grenznutzen eines solchen Schritts unter den Grenzkosten; der Schritt wäre nicht sinnvoll. Der Punkt E* markiert den optimalen Kassenbestand. Allerdings sind, wie Abb. 11 erkennen lässt, auch leicht Konstellationen möglich, in denen überhaupt kein Optimum oder keines im relevanten Bereich auftritt.

Zum Schluss der Versuch einer Bewertung des Ansatzes.

Die Anwendungsschwierigkeit steckt sowohl in der Marginalität als auch in den ungewissen Erwartungen, mit denen die positiven und negativen Wirkungen einer Kassenbestandsveränderung verbunden sind: Wie hoch ist die Wahrscheinlichkeit dafür, dass der Kassenbestand zur Deckung aller zu tätigenden Ausgaben ausreicht bzw. nicht ausreicht? Mit beiden Problemen kann man u. E. fertig werden, wenn man mit den gegebenen Informationen etwas großzügig verfährt, d. h. zum Beispiel auf die Vorstellung *marginaler* Änderungen verzichtet und statt dessen mit geringen, aber noch fassbaren Änderungen operiert. Entscheidend ist der Grundgedanke des Modells, d. h. die Notwendigkeit, den Grenzutzen einer Änderung des „Eisernen" Kassenbestands mit ihren Grenzkosten zur Deckung zu bringen. Dieser Grundgedanke dürfte durchaus praktisch nutzbar sein.

3.   Optimale Kassendispositionen

a) Das Problem

Mit dem Stichwort Kassendispositionen sind die täglichen Dienstgeschäfte gemeint, über die eine öffentliche Kasse frei entscheiden kann. Solche Dienstgeschäfte sind nicht sehr zahlreich, denn die meisten Aktivitäten einer Kasse werden ihr von außen in allen Einzelheiten vorgegeben.

---

[41]   Es wird angenommen, dass die Kostenkurve wegen der Ungewissheit der Fälle nicht ausreichenden Kassenbestandes konvex verläuft.

[42]   Für die Nutzenkurve wird aufgrund der sicheren positiven Wirkungen von Geldanlagen oder Schuldenabbau ein stetig fallender, linearer Verlauf angenommen.

Selbständige Dispositionen sind dann erforderlich, wenn die Kasse über den Zeitpunkt und den Betrag einer Einnahme bzw. Ausgabe zu entscheiden hat. Dazu die wichtigsten Entscheidungssituationen:

- Für die Bezahlung einer Rechnung (unter Skontoabzug) ist eine Zeitspanne angegeben; der genaue Zahlungstermin steht also nicht fest.

- Eine Geldanlage ist zu tätigen. Je nach Wahl der Anlageform ergeben sich unterschiedliche Beträge. Auch der Zeitpunkt dieses Kassengeschäfts ist verschiebbar. Entsprechendes gilt für die Auflösung einer Geldanlage.

- Eine Transfer- oder sonstige Zahlung (z. B. Miet- oder Pachtzins) ist angeordnet, aber nicht an einen ganz genauen Zahlungstermin gebunden.

- Die Kasse muss Außenstände eintreiben. Dabei hat sie eine gewisse Möglichkeit, den Zeitpunkt des Zahlungseingangs zu beeinflussen.

So wie die Kasse ihre Dispositionsfreiheit nutzt, verändert sich das, was wir das **kassenwirtschaftliche Ergebnis** nennen wollen. Darunter ist der Saldo aus finanzwirtschaftlichem Aufwand und finanzwirtschaftlichem Ertrag zu verstehen, der aus den disponiblen Dienstgeschäften der Kasse entspringt - in der Hauptsache Skonto- und Zinserträge sowie Zinsaufwendungen. Selbstverständlich gilt es den Kassenerfolg zu maximieren.

Die Schwierigkeit, die Kassendispositionen zu optimieren, resultieren weniger aus dem Ungewissheitsproblem („Wann treten Zahlungen auf?" „Welche Höhe werden sie haben?" „Inwieweit werden sie disponibel sein?") als vielmehr aus der Menge an Möglichkeiten, die verschiedenen Aktivitäten der Kasse miteinander zu kombinieren. Gleichwohl bestehen Ansätze, um das Problem in den Griff zu bekommen. Eine der Möglichkeiten, ein auf der Linearen Programmierung beruhendes sog. Liquiditätsplanungsmodell, wie es von Eichhorn (Eichhorn 1974) entworfen wurde, soll mit einem äußerst vereinfachten Beispiel im Anhang (Anhang A., S. 263-267) vorgestellt werden.

b)   Diskussion des Optimierungsansatzes

Das Beispiel wird im Anhang in aller Ausführlichkeit beschrieben. So kann der Leser, falls er es wünscht, sich davon überzeugen, wie schwierig es ist, schon wenige harmlose Geschäftsvorfälle und Rahmenbedingungen den formalen Regeln eines Optimierungsansatzes zu unterwerfen. Weiterhin wird dort erkennbar, dass es bei Verzicht auf den Modellansatz - schon in diesem einfachen Fall - kaum möglich wäre, ohne erheblichen Rechenaufwand die Optimallösung zu bestimmen. Freilich, Erfahrung und Intuition dürften ausreichen, um den Kassenleiter wenigstens auf den richtigen Weg zu bringen. Zur Prüfung, ob sich der Einsatz des Modells lohnt, ist also dreierlei in Betracht zu ziehen: der Aufwand bei Nutzung des Optimierungsmodells, der Aufwand für herkömmliche (nicht modellgestützte) Optimierungsversuche sowie der Unterschied im Kassenerfolg beim Übergang von dem einen zum anderen Konzept.

Beim Abwägen der Vor- und Nachteile des Optimierungsansatzes ist zu berücksichtigen, dass der Aufwand geringer ist, als es nach dem Beispiel erscheint. In Wirklichkeit brauchen die Rahmenbedingungen und Geschäftsvorfälle nicht mühsam „per Hand" in eine Zielfunktion und in Nebenbedingungen übersetzt, geschweige denn das LP-Modell „per Hand" durchgerechnet zu werden. All dies kann ein Computer leisten, so dass sich der Aufwand für den Einsatz des Optimierungsmodells - ist es erst einmal eingerichtet - auf Routinearbeit, nämlich die Eingabe der Geschäftsvorfall-Daten, reduziert. Da die meisten Daten bei computergestützter Haushalts- und Kassenführung ohnehin schon eingegeben werden, ist für die Anwendung des Optimierungsmodells nur wenig zusätzlicher Aufwand erforderlich: Zusätzliche Eingaben sind nur nötig, um einen Einnahmen- oder Ausgabenbetrag als kassenwirtschaftlichen Aufwand oder Ertrag zu kennzeichnen, oder mit Terminangaben, wie Zins- und Fälligkeitstermin oder mit dem disponiblen Zahlungszeitpunkt zu versehen. Danach wird der Betrag automatisch in die Zielfunktion oder eine Nebenbedingung eingestellt.

Zu den „laufenden Kosten" des Optimierungsmodells kommen noch die einmaligen hinzu, die Kosten der Software und der Installation des Computerprogramms.

Lässt man die einmaligen Kosten erst einmal beiseite, dürfte sich der Übergang zur modellgestützten Optimierung der Kassendisposition allemal lohnen; der zusätzliche Aufwand ist gering, der zusätzliche Ertrag nicht unbeträchtlich. Aber die einmaligen Kosten lassen den Einsatz des Optimierungsmodells nur dort wirtschaftlich erscheinen, wo die disponiblen Kassengeschäfte einen gewissen Umfang erreichen, so dass der zusätzliche kassenwirtschaftliche Ertrag auch die Kosten für Software und Programminstallation abzudecken vermag. Für kleine Gebietskörperschaften kommt das Optimierungsmodell somit nicht in Frage.

F. Rücklagenwirtschaft

1. Herkömmliche Rücklagenwirtschaft

Rücklagen der öffentlichen Hand weisen gegenüber Rücklagen der Privatwirtschaft einen fundamentalen Unterschied auf: Es handelt sich nicht um „abstrakte Wertgrößen", sondern um konkrete Fonds, die in Form von Wertpapierbeständen oder Bankguthaben unterhalten werden. Anders ausgedrückt: Rücklagen der öffentlichen Hand sind Aktiva, Rücklagen der Privatwirtschaft Passiva.

Wenn wir hier einmal die im *kommunalen* Haushaltswesen gebräuchliche Terminologie verwenden, lassen sich die Rücklagen grob in zwei Kategorien einteilen, in die Allgemeine Rücklage und die Sonderrücklagen (§ 20 ns GemHVO). Die Allgemeine Rücklage ist dazu bestimmt, im Bedarfsfall die Kassenmittel zu verstärken, Einnahmenausfälle auszugleichen oder über den Zeitraum eines Haushaltsjahres hinaus größere Beträge anzusparen, die für Investitionen, zur Kredittilgung oder ähnliche „einmalige" Ausgaben benötigt werden. (Staatliche Rücklagen sind darüber hinaus auch für den Konjunkturausgleich bestimmt.)

Sonderrücklagen dienen sonstigen Zwecken, z. B. dem Ansammeln eines Fonds, aus dem Ruhege-
haltszahlungen erfolgen, oder dem Ausgleich von Schadensfällen („Selbstversicherung" einer Gebietskörperschaft) und ähnlichem.

Der Mindestbestand der Allgemeinen Rücklage wird durchweg in Form eines Prozentsatzes festgelegt (bei Gemeinden sind es zumeist ein oder zwei Prozent der Ausgaben des Verwaltungshaushalts,
gemessen am Durchschnitt der letzten drei Jahre (Dettmer/Prophete/Wegmeyer 1995, 106). Einen
solchen Prozentsatz zu verwenden hat kaum etwas mit Planung, wohl aber mit Erfahrung zu tun und
dürfte für praktische Zwecke völlig ausreichen. Erst recht erscheint eine solche Vorgehensweise unter dem Gesichtspunkt der Verwaltungsvereinfachung vernünftig.

Die geplanten Zuführungen/Entnahmen zu/aus den Rücklagen sind im Haushaltsplan als Ausgaben
oder Einnahmen zu veranschlagen. Das gilt selbstverständlich auch für freiwillige Rücklagen-
Dotierungen, die über die Pflicht- und Sollzuführungen hinausgehen.

Von seltenen Ausnahmen abgesehen, verwaltet jede Gebietskörperschaft ihre Rücklagen allein. Auf
diesen Punkt wird im folgenden Abschnitt noch einmal Bezug genommen.

Bei der Anlagepolitik steht die rechtzeitige Verfügbarkeit der Mittel im Vordergrund (z. B. VV zu
§ 21 ns GemHVO). Selbstverständlich sollen die Rücklagen auch sicher angelegt werden. Dementsprechend heißt es in der Verwaltungsvorschrift, „eine Anlage in Wertpapieren wird überwiegend
nicht in Frage kommen, weil mögliche Kursverluste dem Gesichtspunkt der sicheren Anlage zuwi-
derlaufen und weil die rechtzeitige Verfügbarkeit nur dann gewährleistet ist, wenn die Laufzeit des
Wertpapiers mit dem Zeitpunkt der voraussichtlichen Verwendung der Rücklagemittel übereinstimmt."

Was von dieser Vorschrift zu halten ist, wird weiter unten erörtert (S. 146). Aber es ist danach klar,
dass spekulative Geldanlagen und die Anlage in Sachwerten ausscheiden, ja, eine Geldanlage etwa in
festverzinslichen Papieren nur mit Vorbehalten erfolgt (Dettmar/Prophete/Wegmeyer 1995, 109).

Der Ertrag spielt der Vorschrift nach bei der Auswahl der Anlageform eine untergeordnete Rolle.
Gleichwohl wäre es von der Sache her vernünftig, den Ertrag als Zielgröße der Rücklagenwirtschaft,
die rechtzeitige Verfügbarkeit und die Sicherheit der Geldanlage als die Nebenbedingungen - besser:
als unabdingbare Grundvoraussetzungen - zu bezeichnen.

Manche Rücklagen stehen nur auf dem Papier, sind nicht wirklich vorhanden. Das kommt daher,
dass das kommunale Haushaltsrecht der Gebietskörperschaft erlaubt, Mittel einer Sonderrücklage
vorübergehend zu entnehmen („Innere Darlehen"). Allerdings müssen im Falle einer Entnahme die
Mittel so rechtzeitig zurückgezahlt werden, dass der Verwendungszweck der Sonderrücklage nicht
gefährdet ist. Außerdem ist der Zinsausfall durch die vorübergehende Inanspruchnahme zu ersetzen.
Es ist klar, mit inneren Darlehen soll die Aufnahme eines Kredits vermieden werden. Im weiteren
werden wir von der Existenz innerer Darlehen absehen, also nur von tatsächlich vorhandenen Rück-
lagenbeständen ausgehen.

2.   Reformansätze

a)   Rücklagenpools

Es hat Nachteile, wenn eine Gebietskörperschaft ihre Rücklagen selbst verwaltet: Das Anlagekapital ist gewöhnlich bescheiden, und damit bleiben die Renditen gering. Außerdem kann die Verwaltung zur Rücklagenwirtschaft nur selten genügend qualifiziertes Personal einsetzen. Die Nachteile haben zu der in den Vereinigten Staaten schon oft verwirklichten Idee geführt, die Rücklagen mehrerer - am besten vieler - Gebietskörperschaften in Pools zusammenzufassen und gemeinsam zu bewirtschaften (Brede/Peters 1983). Wir wollen das Konzept skizzieren.

Am Anfang steht - z. B. auf kommunaler Ebene - die Gründung eines Zweckverbandes. Die Aufgabe lautet zunächst, die Rücklagen der Mitglieder nach Art einer Spar- und Darlehenskasse gemeinsam zu verwalten. Es entsteht ein Rücklagenpool.

Die Poolverwaltung nimmt die Rücklagen als Einlagen entgegen und zahlt sie - unter Wahrung von Kündigungsfristen - auf Wunsch wieder aus. Darüber hinaus können die Verbandsmitglieder bei ihrem Pool Kredit aufnehmen. Die Möglichkeit der Kreditaufnahme ergibt sich aus der Tatsache, dass die Mitglieder wohl kaum gleichzeitig sämtliche Einlagen zurückziehen. Dementsprechend steht immer ein Kapitalstock für Ausleihungen zur Verfügung. Mit der Kombination von Ansparen und Kreditaufnahme funktioniert der Rücklagenpool im Prinzip wie eine Bausparkasse.

Welche Vorteile bietet das Konzept?

Die Vorteile des höheren Anlagekapitals wurden bereits genannt: Mit höherem Kapitaleinsatz lassen sich höhere Renditen erzielen; davon profitierten die Gebietskörperschaften unmittelbar. Außerdem lohnt es sich bei höherem Anlagekapital, in der Poolverwaltung Fachpersonal zu beschäftigen. Auch dies dürfte zu höheren Renditen beitragen.

Der ständig vorhandene Kapitalstock erlaubt nicht nur Ausleihungen, sondern gestattet auch, die für die Risikovorsorge bestimmte Allgemeine Rücklage generell zu senken; denn nicht alle dem Pool angeschlossenen Gebietskörperschaften werden gleichzeitig von Feuersbrünsten oder Einnahmeausfällen größeren Ausmaßes heimgesucht. Darüber hinaus ist zu erwarten, dass die Möglichkeit, bei Kreditbedarf auf den pooleigenen Kapitalstock zurückzugreifen, zu geringeren Zinskosten als bei Kreditaufnahme auf dem Kapitalmarkt führt.

Von einem weiteren Vorteil, der sich aus einem Rücklagenpool ergibt - nämlich der Möglichkeit, eine optimale Anlagenmischung zu nutzen -, kann erst weiter unten die Rede sein, wenn der entsprechende Ansatz vorgestellt wurde (S. 146-149).

Dem Vorteil stehen folgende Nachteile gegenüber:

Nicht zu übersehen ist die Einbuße an Entscheidungsfreiheit. Wer seine Rücklagen nicht mehr selbst verwaltet, kann auch nicht jederzeit darüber verfügen. Es wäre unvernünftig, den Verbandsmitgliedern zu erlauben, ihre Einlagen nach Belieben aufzulösen; unter solchen Umständen wäre keine lukrative Anlagenpolitik möglich. Dementsprechend muss es im Zusammenhang mit einem Rücklagenpool Kündigungsfristen geben. Wir meinen allerdings, Kündigungsfristen wären zumutbar, sie stünden einer *rechtzeitigen* Verfügbarkeit der Rücklagen nicht im Wege.

Sodann ist anzunehmen, dass die Bildung eines Rücklagenpools auf erheblichen Protest des Kreditgewerbes stößt. Zur Zeit sind es noch die Kreditinstitute, welche die Rücklagen als Einlagen entgegennehmen und die Rücklagenbestände verwalten. Dieses nicht uninteressante Geschäft würde ihnen mit der Errichtung eines eigenen Rücklagenpools zusammengeschlossener Gebietskörperschaften verlorengehen.

Konzentrierte Rücklagenbewirtschaftung verleiht wirtschaftliche Macht. Macht birgt die Gefahr des Mißbrauchs in sich. Außerdem muss damit gerechnet werden, dass die Poolverwaltung mit dem anvertrauten Kapital nicht sorgfältig genug umgeht. Deshalb ist für einen solchen Rücklagenpool sorgfältige Aufsicht durch die Mitglieds-Gebietskörperschaften unabdingbar. Kontrolle durch die Bundesanstalt für Finanzdienstleistungsaufsicht allein würde nicht ausreichen.

Beim Abwägen der bisher beschriebenen Vorteile gegen die Nachteile wird bereits klar erkennbar, dass der Nutzen die Kosten überwiegt - auch wenn ein weiterer Vorteil erst noch im folgenden Abschnitt beschrieben wird.

b)   Optimale Anlagenmischung

Die herkömmliche Rücklagenwirtschaft beschränkt sich darauf, Rücklagen im wesentlichen in Festgeld, allenfalls noch in festverzinslichen Wertpapieren, anzulegen. Diese Haltung entspringt einem hohen Sicherheitsbedürfnis der öffentlichen Hand, einer Vernachlässigung des Renditedenkens - und nicht zuletzt der Unkenntnis der Theorie der Wertpapiermischung („Portfolio Selection").

Letzteres, die Theorie der Wertpapiermischung, versucht beidem zugleich gerecht zu werden, dem Sicherheits- und dem Renditeinteresse. Die Rücklagenwirtschaft bildet ein vorzügliches Anwendungsgebiet dieser Theorie, besonders wenn die Rücklagen mehrerer Gebietskörperschaften in einem Rücklagenpool zusammengefasst sind. In diesem Fall kann die Rücklagenwirtschaft nicht nur nach dem Modell einer Spar- und Darlehens- bzw. Bausparkasse, sondern auch im Stil eines Investmentfonds betrieben werden. Das Stichwort „Investmentfonds" unterstreicht noch einmal die Notwendigkeit, zur Verwaltung eines Rücklagenpools hochkarätiges Fachpersonal einzusetzen.

Die Grundzüge der Theorie der Wertpapiermischung seien so knapp und so einfach wie möglich beschrieben, damit der Verwaltungsfachmann wenigstens in Grundzügen weiß, um was es geht (ausführlich: Schmidt/Terberger 1996, 309-338). Die Anwendung sollte allerdings immer dem Spezialisten überlassen bleiben.

Die Idee der Wertpapiermischung - wir wollen lieber von **Anlagenmischung** sprechen, weil sie sich auf alle möglichen Anlageformen beziehen lässt - steckt bereits in dem sprichwörtlichen Rat, nicht alle Eier in dasselbe Körbchen zu legen. Streuung der Geldanlagen, Verteilung auf möglichst viele Anlageformen, das ist der Kern des Ganzen.

Das folgende Beispiel, im wesentlichen von Schneider übernommen (Schneider 1992, 473-483), beruht auf der Annahme, dass die gewählten Formen der Geldanlage *in dem ihnen innewohnenden Risiko völlig unabhängig voneinander* sind. Ferner wird unterstellt, dass es keine völlig risikolose Geldanlage gibt.

Völlige Unabhängigkeit zwischen Geldanlagen ist in einer offenen Wirtschaft bei „globalen" Wirtschaftsbeziehungen kaum realistisch. Aber es dürfte trotzdem nützlich sein, sich völlige Unabhängigkeit als Ideal vorzustellen. Näherungsweise könnte völlige Unabhängigkeit in diesem Sinne z. B. bestehen zwischen der Geldanlage in Form einer texanischen Rinderfarm und der Geldanlage in japanischen Elektronik-Aktien.

Besteht nun Unabhängigkeit und wird das anzulegende Kapital auf zwei oder mehrere Anlagemöglichkeiten verteilt, *nehmen die Gewinnaussichten bei wachsendem Risiko überproportional zu bzw. steigt das Risiko nicht in demselben Maße wie die Gewinnerwartungen.* Graphisch kommt dies in der Konvexität einer Kurve zum Ausdruck, die Risiko und Gewinnaussichten sämtlicher denkbaren Mischungen zweier Anlageformen zeigt (Abb.12):

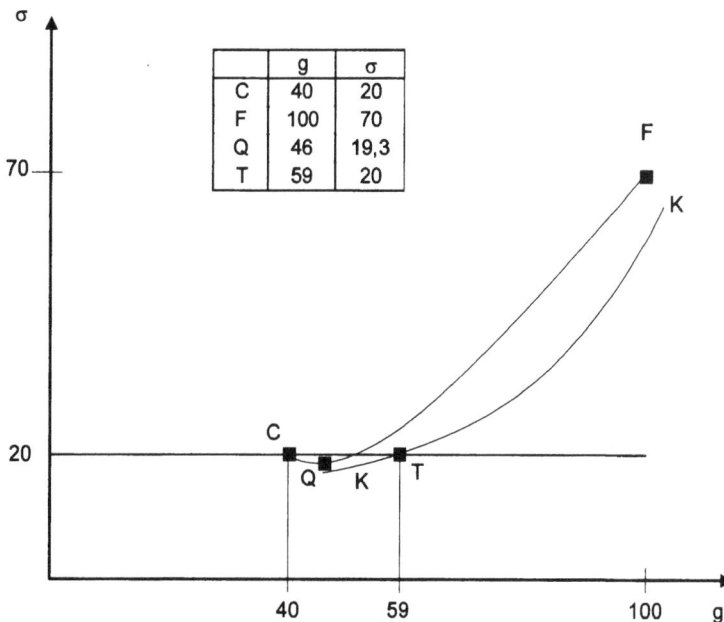

	g	σ
C	40	20
F	100	70
Q	46	19,3
T	59	20

Abb. 12: Mischungskurve der Anlageformen C und F und Kurve der guten Handlungsmöglichkeiten KK

g bezeichnet die Gewinnerwartung, σ ein Risikomaß. Der Punkt C verkörpert eine Geldanlage in einer relativ risikoarmen, aber auch wenig lukrativen Anlageform. Im Punkt C wird nur diese Anlageform verwirklicht, d. h. das Kapital ist allein bei der Anlageform C eingesetzt. Der Punkt F hingegen verkörpert die Geldanlage in einer spekulativen Geldanlageform - mit hohem Risiko, aber auch mit der Aussicht auf hohen Gewinn. Im Punkt F wird nur die Anlageform F realisiert, alles Kapital wird also auf diese Anlageform konzentriert.

Die Kurve, die die Punkte C und F verbindet, ist die schon erwähnte Kurve aller denkbaren Mischungen aus den Anlageformen C und F. Vom Punkt C ausgehend, nimmt der Anteil der Anlageform C in der Mischung stetig ab, der Anteil von F stetig zu. Unter anderem ergibt sich der Punkt Q. Er verkörpert eine Anlagenmischung, in der die Anlageform C 90 %, die Anlageform F 10 % des Kapitals erfordert. An dieser Kombination ist deutlich zu erkennen, dass das Risiko einer Anlagemischung (σ_Q = 19,3) noch unter dem Risiko der risikoärmsten Anlageform (σ_C) liegen kann, die in die Mischung einbezogen wurde. Gleichwohl sind die Gewinnaussichten von g_C = 40 auf g_Q = 46 gestiegen.[43]

Anlagenmischungen beschreiben (bei völliger Unabhängigkeit der Anlageformen) stets solche konvexe Kurven, gleichgültig wieviele Anlageformen in die Mischung einbezogen werden. Selbstverständlich ist es immer vorteilhaft, mehr denn weniger Anlageformen zu nutzen: Je größer die Streuung der Kapitalanlagen, um so stärker wird das Risiko gemindert bzw. die Gewinnerwartung gesteigert. Sind sämtliche denkbaren (aber hier nicht im einzelnen aufgeführten) Mischungen bezüglich dieser Parameter bestimmt, ergibt sich eine „Kurve der guten Handlungsmöglichkeiten", wie sie beispielhaft in Abb. 12 eingezeichnet wurde (Kurve KK).

Als nächstes stellt sich die Frage, welcher Punkt der Kurve KK das Optimum bezeichnet. Lohnt es sich, eine Mischung mit höherem Risiko und höheren Gewinnchancen einer anderen Mischung mit geringerem Risiko, aber auch geringeren Gewinnchancen vorzuziehen? Die Antwort wird offensichtlich von der Risikozuneigung bzw. -aversion bestimmt.

Die These trifft auch auf die öffentliche Rücklagenwirtschaft zu, allerdings mit der Einschränkung, dass nicht die Risikozuneigung bzw. -aversion des Individuums, sondern die seit langem festliegende der Institution entscheidet. Erinnern wir uns, nach den herkömmlichen Grundsätzen sollen Rücklagen in Festgeld oder festverzinslichen Wertpapieren angelegt werden. Das diesen Anlageformen innewohnende Risiko ist also das Maß des Zulässigen.

In Abb. 12 ist unterstellt worden, das in der Rücklagenwirtschaft tolerable Risiko belaufe sich auf σ = 20, wäre also gleichgesetzt mit dem Risiko der Anlagenform C. Die Kurve der guten Handlungsmöglichkeiten KK derselben Abbildung offenbart, dass die Ausnutzung aller verfügbaren Anlagemöglichkeiten die Gewinnaussichten auf knapp das Eineinhalbfache zu steigern vermag (g = 59 in Punkt T), ohne die vorgegebene Risiko-Obergrenze zu verletzen. Dabei ist die Zielsetzung der

---

[43] Die Angaben für σ_Q, g_C und g_Q beruhen auf dem erwähnten Zahlenbeispiel von Schneider (1992), S. 473-483.

Rücklagenwirtschaft durchaus gewahrt worden: Maximierung des Ertrages bei Beachtung des Sicherheitsinteresses.

Trotzdem liegt dem Ergebnis ein wesentlicher Unterschied gegenüber der herkömmlichen Anlagepolitik zugrunde: Jetzt wurde die Geldanlage nicht mehr auf risikoarme Anlageformen beschränkt. Jetzt wurden auch riskante, spekulative Geldanlageformen berücksichtigt. Mehr noch, gerade der Einbeziehung riskanter, aber hohe Rendite versprechender Geldanlageformen ist die enorme Steigerung der Gewinnaussichten zu verdanken.

Das Beispiel beschreibt die Theorie. Von der praktischen Umsetzung war noch nicht die Rede. Wie sieht es mit den Anwendungsbedingungen aus? Lassen sie sich in der öffentlichen Verwaltung erfüllen?

Es wäre müßig, im einzelne die zur Anwendung des Modells erforderlichen Informationen aufzuzählen und daraufhin zu untersuchen, ob sie mit vertretbarem Aufwand für die öffentliche Verwaltung beschaffbar erscheinen. Statt dessen wird auf zwei Tatsachen verwiesen, die die aufgeworfene Frage quasi von selbst beantworten.

Zum einen stehen kommerzielle Investmentfonds täglich vor der Notwendigkeit, möglichst optimale Mischungen der alternativen Anlageformen zu finden. Dazu gehört nicht nur, über die in Frage kommenden Anlageformen genau informiert zu sein, d. h. alle für gute Prognosen wichtigen Daten verfügbar zu haben, sondern auch diese Datenmengen mit leistungsfähigen Computerprogrammen zu „Kurven guter Handlungsmöglichkeiten" zu verarbeiten. Man darf überzeugt sein, dass die Investmentfonds diese Aufgabe bewältigen.

Zum anderen sei an die bereits diskutierten Rücklagenpools erinnert, deren Aufgabe der eines Investmentfonds gleicht.

Die beiden Tatsachen zusammengenommen, bedeutet nun, dass es - abgesehen von den in Deutschland noch kaum existierenden Rücklagenpools - kein Hindernis gibt, die Vorteile der Theorie der Anlagenmischung für die öffentliche Hand ebenso zu nutzen wie ein kommerzieller Investmentfonds. Die Probleme mit der Umsetzung der Theorie in die Praxis, insbesondere die Schwierigkeiten mit der Informationsbeschaffung und der Wirtschaftlichkeit der Modellanwendung, sehen für die öffentliche Hand nicht anders als für die Privatwirtschaft aus. Und wenn es erfolgreiche Investmentfonds der Privatwirtschaft gibt, warum sollte die öffentliche Hand in Verbindung mit optimalen Anlagenmischungen nicht ebenso erfolgreiche Rücklagenpools verwirklichen können?

G. Haushaltswirtschaftliche Maßnahmen im Zuge der Verwaltungsreform

Verwaltungsreform mit haushaltswirtschaftlichen Mitteln heißt vor allem die Eigenverantwortlichkeit der Mittelbewirtschaftenden stärken. Man verspricht sich davon zum einen eine verbesserte Motivation der Mitarbeiter und zum anderen sparsameren und wirtschaftlicheren Umgang mit den knappen Ressourcen. Die Idee ist keineswegs neu. Sie wurde in früheren Jahrzehnten vor allem in Verbindung mit Führungsmodellen, wie dem KGSt-Modell der 70er Jahre, propagiert. Heute geht es nicht mehr nur um das Zeichnungsrecht auf Sachbearbeiterebene, heute geht es um die **dezentrale Ressourcenverantwortung**. Ihren jüngsten Ausdruck fanden die Reformbemühungen in dem Haushaltsrechts-Fortentwicklungsgesetz, einem Gesetz, das nach Auffassung der Wissenschaft allerdings bei weitem nicht allen Reformbedarf auf diesem Gebiet deckt (Lüder 1998 b).

Zur Schaffung von Verantwortlichkeit auf nachgeordneter Ebene für die („laufenden") Haushaltsmittel und Personalstellen - das ist hauptsächlich mit Ressourcen in diesem Zusammenhang gemeint - werden nunmehr zwei Modelle angeboten: der **Globalhaushalt** und die **Budgetierung**. Der Globalhaushalt kommt für größere Verwaltungskörper (z. B. Universitäten) in Frage, mit „Budgetierung" ist die Delegation der Haushaltsverantwortung bis auf die Abteilungs- oder Sachgebietsebene gemeint. Beide Stichworte wurden bereits an anderer Stelle (S. 117 f., 135 f.) kommentiert, so dass hier ein Verweis genügt. Man beachte übrigens in diesem Zusammenhang die Beziehung des Globalhaushalts und der Budgetierung zum Tilburger Modell und zum Verantwortungs- oder Kostenzentrum. Die Nähe ist nicht zufällig.

Das Gesetz zur Fortentwicklung des Haushaltsrechts von Bund und Ländern (Haushaltsrechts-Fortentwicklungsgesetz) vom Dezember 1997 hat nunmehr dem Globalhaushalt und der Budgetierung generell freie Bahn verschafft. Man wird sehen, inwieweit diese Liberalisierungsmaßnahme Früchte trägt.

Den im Haushaltsrechts-Fortentwicklungsgesetz enthaltenen Spielräumen ist wohl noch etwas Weiteres zu verdanken. Mehrere Landesregierungen beginnen die output-orientierte Haushaltsplanung einzuführen. Die mutigen Schritte verdienen Unterstützung.

4. Kapitel: Personalwesen

A. Vorbemerkungen

Getreu dem Vorsatz, in diesem Buch nur Besonderheiten öffentlicher Verwaltungen und Betriebe gegenüber der Privatwirtschaft herauszuarbeiten, werden im folgenden Kapitel zahlreiche Themen ausgeklammert, die die öffentliche Hand durchaus beschäftigen, deren Probleme sich aber nicht wesentlich von denen der Privatwirtschaft unterscheiden. So bleibt alles ausgeklammert, was mit Personalplanung zu tun hat, also auch die Grundlagen der Personalplanung, wie Stellenbeschreibung und Stellenbewertung, ferner das, was aus der Personalplanung folgt bzw. folgen sollte, z. B. die Personalentwicklung einschließlich der Karriereplanung sowie die Personalrekrutierung und der Stellenabbau (s. S. 125-128). Aus demselben Grund wird in diesem Kapitel auch nicht auf die Themen Arbeitszeit, Aus- und Fortbildung sowie Personalbeurteilung eingegangen. Im Hinblick auf diese Themen sei auf die allgemeine personalwirtschaftliche Literatur, z. B. Schanz 1993; Scholz 1994, Hentze 1994; Hentze 1995, verwiesen.

Besonders herausgestellt werden in dem folgenden Kapitel die Beamten. Ihre Rechte und Pflichten unterscheiden sich in vielerlei Hinsicht von denen der Angestellten und Arbeiter. Das muss vor allem im Hinblick auf die Problematik der Beamtenrechte und -pflichten ausführlich behandelt werden, da es Beamte nur im öffentlichen Dienst gibt. Arbeiter und Angestellte finden sich hingegen sowohl im öffentlichen Dienst als auch in der Privatwirtschaft. Die Unterschiede zwischen Arbeitern und Angestellten des öffentlichen Dienstes und denen der Privatwirtschaft beschränken sich auf wenige Regelungen, die das Kündigungsrecht, die Mitbestimmung/Personalvertretung und die Lohn- bzw. Gehaltseinstufung betreffen.

Zur Zeit sind einige Reformbestrebungen im Gange, die das öffentliche Personalwesen verändern sollen. Wir äußern uns dazu im Zusammenhang mit der Verwaltungsreform (S. 168-170).

B. Die Besonderheiten des öffentlichen Dienstes

Mit dem Begriff „öffentlicher Dienst" ist, genau genommen, nur die *Tätigkeit* für eine öffentliche Einrichtung gemeint. Häufig jedoch wird der Ausdruck in einem erweiterten Sinne gebraucht, etwa wenn der Rundfunkreporter berichtet, dass „der öffentliche Dienst "3 % mehr Lohn und Gehalt verlangt oder für die Angehörigen „des öffentlichen Dienstes" die wöchentliche Arbeitszeit um eine halbe Stunde gesenkt wurde. In diesem Falle bezeichnet „öffentlicher Dienst" eine *Berufsgruppe*. „Öffentlicher Dienst" umfasst dann die Beschäftigten von Bund, Ländern, Kommunen und sonstigen öffentlichen Einrichtungen. Wir werden beide Begriffsarten verwenden. Aus dem Zusammenhang ergibt sich immer zweifelsfrei, ob die Tätigkeit oder die Berufsgruppe gemeint ist.

Die markanteste, der Anzahl nach aber nicht größte Berufsgruppe unter den Beschäftigten im öffentlichen Dienst (ca. 34 %) bilden die Beamten.

Beamter ist, wer von einer juristischen Person des öffentlichen Rechts („**Dienstherr**") durch Aushändigung einer entsprechenden Ernennungsurkunde in ein öffentlich-rechtliches Dienstverhältnis berufen wurde.

Der Regelfall ist die Berufung in ein Beamtenverhältnis auf Lebenszeit. Bestimmte Aufgaben verlangen jedoch ein Beamtenverhältnis auf Zeit (Beispiel: kommunale Spitzenbeamte), auf Widerruf (Beispiel: Referendare) oder auf Probe (neu eingestellte Beamte in der Probezeit), s. § 5 BBG. Mit dem Erreichen der Altersgrenze werden Beamte in den Ruhestand versetzt; doch der Beamtenstatus bleibt ihnen erhalten (§§ 35 - 47 BBG).

Warum gibt es Beamte? In einem Lehrbuch des Verwaltungsrechts wird darauf hingewiesen, dass von alters her für den Staatsdienst Menschen gebraucht werden, die ihre Arbeit nicht „um des Erwerbs willen", sondern „um des Volkes und Staates willen" leisten. Dafür gewähre ihnen der Dienstherr „lebenszeitlichen Unterhalt ... und erwartet Treue um ... des Gemeinwohls und Gehorsam um der ... Aktionsfähigkeit des Staates willen." Zugleich solle der Beamte - genauso wie der Staat - „den pluralistischen ... Mächten in neutraler Überlegenheit gegenüberstehen" (Wolff 1987, § 107 I a).

Zugegeben, die Worte klingen in der heutigen Zeit ein wenig pathetisch, aber sie enthalten alles, was die „hergebrachten Grundsätze des Berufsbeamtentums" (Art. 33 Abs. 5 GG) ausmacht (ausführlich zu den Grundsätzen: Schuppert 1989):

- Dienst für Staat und Gesellschaft

- Treue und Gehorsam gegenüber dem Dienstherrn

- Neutralität gegenüber den gesellschaftlichen Gruppen

- Verpflichtung des Dienstherrn, den Beamten auf Lebenszeit zu unterhalten (nicht: die geleisteten Dienste zu entgelten).

Natürlich entsprechen nicht alle Beamten dem Ideal. Aber es wird dadurch nicht falsch, sich die hohen Ansprüche immer wieder bewußt zu machen.

Der Begriff des Beamten hängt eng mit dem des Amtes zusammen. Die Übertragung eines Amtes verpflichtet den Beamten, sich eines bestimmten Aufgabengebietes als Sachverwalter des Gemeinwesens anzunehmen. Dabei ist es nach dem Zusammenspiel von allgemeinen Beamtenpflichten und generellem Amtsverständnis nicht unbedingt erforderlich, die in einem Amt zu erfüllenden Aufgaben im einzelnen vorzugeben; der Beamte sollte selbst wissen, was im öffentlichen Interesse zu tun ist. Beamte werden deshalb seit jeher auch und gerade auf solchen Posten eingesetzt, auf denen die Pflichten nicht im einzelnen beschrieben werden können.

Ursprünglich waren Beamte die Träger hoheitlicher Gewalt. Doch längst schon sind nicht nur Beamte zur Ausübung von Hoheitsrechten befugt. Aber gemäß § 4 BBG gilt immer noch: „die Berufung in das Beamtenverhältnis ist nur zulässig zur Wahrnehmung 1. hoheitsrechtlicher Aufgaben oder 2.

solcher Aufgaben, die aus Gründen der Sicherung des Staates oder des öffentlichen Lebens nicht ausschließlich Personen übertragen werden dürfen, die in einem privatrechtlichen Arbeitsverhältnis stehen" (s. auch den Funktionsvorbehalt in Art. 33 Abs. 4 GG).

Die Rechte und Pflichten des Beamten und seines Dienstherrn sind wohl austariert. Wir wollen sie anhand einiger Stichworte näher skizzieren und dabei die Unterschiede gegenüber den Rechten und Pflichten der Angestellten und Arbeiter im öffentlichen Dienst aufzeigen.

Treuepflicht des Beamten

Vom Beamten wird ein *aktives* Eintreten für die in der Verfassung verankerte freiheitlich demokratische Grundordnung verlangt. Der Angestellte braucht hingegen kein „Verfassungsfreund" zu sein. Für den Angestellten ist der Staat ein Arbeitgeber, dem er seine Arbeitskraft zu widmen hat, mehr nicht. Die Treue des Beamten wird bei Dienstantritt durch den Diensteid bekräftigt.

Fürsorgepflicht des Dienstherrn

Die Fürsorgepflicht (§ 79 BBG) soll das gesundheitliche und wirtschaftliche Wohl des Beamten und seiner Familie sichern. Neben der Besoldung (s. u.) sieht das Recht auf Fürsorge unter anderem Anspruch auf Beihilfe im Krankheits- oder Todesfall, bei Geburten und in besonderen Notlagen vor. Der Angestellte oder Arbeiter ist in diesen Fällen auf die Sozialversicherung (sofern er aufgrund seines Einkommens nicht von der Sozialversicherungspflicht befreit ist) oder die Sozialhilfe angewiesen.

Besoldung und Laufbahn

Das Beamtentum erklärt sich am besten aus der Agrarstruktur früherer Staatswesen. Der Beamte wurde vom Territorialherrn zunächst wie das Gesinde des Bauern gehalten, d. h. versorgt mit allem, was lebensnotwendig war: Nahrung, Kleidung, Wohnung. Erst spät hat sich der moderne Staat von dieser Haltung verabschiedet - allerdings noch immer nicht ganz. Noch immer wird der Beamte (samt seiner Familie) mit allem Nötigen versorgt. Nur, an die Stelle von Naturalleistungen ist Geld getreten. Dementsprechend erhält der Beamte noch immer nicht Lohn für seine Arbeit, sondern wird „besoldet" (**Grundsatz der Alimentation**). Noch immer wird erwartet, dass sich der Beamte - befreit von aller Sorge um seinen Lebensunterhalt - „in voller Hingabe" seinem Beruf widmet (Wolff 1987, § 116 IV a).

Der Beamte wird nach Maßgabe des ihm zugewiesenen Amtes, also gemäß seiner Dienststellung, besoldet. In den meisten Fällen kommt darüber hinaus noch das Dienstalter zum Tragen, d. h. der Beamte erfährt in regelmäßigen Abständen eine Gehaltsaufbesserung, bis er eine bestimmte Grenze erreicht hat. Wer z. B. Inspektor ist, hat Anspruch auf ein entsprechendes Amt und die entsprechenden Dienstbezüge. Zu- oder Abschläge nach Lage auf dem Arbeitsmarkt gibt es nicht.

Ähnliches gilt auch für den Angestellten und den Arbeiter. Bei ihm erfolgt die Einstufung in einer Gehalts- oder Lohntabelle nach Maßgabe der zu verrichtenden Tätigkeit. Die Situation auf dem Arbeitsmarkt, z. B. hohe Arbeitslosigkeit oder Arbeitskräftemangel, spielen auch hier - anders als in der Privatwirtschaft - für die Bezahlung keine Rolle.

Für die Beamten gibt es, je nach Aus- und Vorbildung, vier Laufbahnen: den einfachen, den mittleren, den gehobenen und den höheren Dienst. Beispielsweise wird zum höheren Dienst prinzipiell nur zugelassen, wer ein Studium an einer Universität oder Technischen Hochschule abgeschlossen hat (§§ 16-19 BBG). Innerhalb einer Laufbahn gibt es eine Hierarchie von Dienststellungen, deren unterste das sog. Eingangsamt bildet. Das heißt, ein Anfänger hat zunächst einmal das Eingangsamt zu übernehmen und darf sich dann allmählich über Beförderungen „hochdienen" (**Laufbahnprinzip**). Am Ende der Laufbahn angekommen, kann der Beamte normalerweise nicht in die nächsthöhere überwechseln. Das hat in vielen Fällen eine demotivierende Wirkung.

Um eine Vorstellung von den Laufbahnen zu vermitteln, verwenden wir in der folgenden Übersicht typische Amtsbezeichnungen.[44] Die Angaben zur Besoldung lassen erkennen, dass für das Eingangsamt einer Laufbahn und für das höchste Amt der vorausgehenden Laufbahn die gleiche Besoldung gewährt wird.

	Typische Amtsbezeichnungen	Besoldungsstufen
Einfacher Dienst	Oberamtsgehilfe	A 2
	Oberamtsmeister	A 5 (kann auch A6 sein)
Mittlerer Dienst	Assistent	A 5
	Amtsinspektor	A 9
Gehobener Dienst	Inspektor	A 9
	Oberamtsrat	A 13
Höherer Dienst	Regierungsrat	A 13
	Abteilungsdirektor	A 16
	Direktor und Professor	B 1
	Ministerialrat	B 2 (auch A 16 oder B 3)
	Regierungspräsident	B 7 oder B 8
	Staatssekretär	B 11

Tab. 6: Beamtenlaufbahnen (BBesG Anlage I BBesO A und B)

Die Besoldungsstufen der Beamten folgen einer aufsteigenden Reihe (je höher die Nummer, um so höher die Besoldung). Bei Angestellten und Arbeitern ist es umgekehrt (z. B. verschafft die Eingruppierung des Angestellten in die Vergütungsgruppe VIb BAT ein höheres Gehalt als die Eingruppierung in die Vergütungsgruppe VII BAT).

Die Besoldungsordnung A endet bei A 16 (z. B.: Abteilungsdirektor). Für höher angesiedelte Ämter gibt es die Besoldungsordnung B (B 1 - B 11).

---

[44] Weitere Beispiele in Bundesbesoldungsgesetz Anlage I und in den Bundesbesoldungsordnungen A und B.

Außer den genannten Besoldungsordnungen A und B gibt es noch die Besoldungsordnung C - künftig W - (für Wissenschaftler) und die Besoldungsordnung R (für Richter und Staatsanwälte). Soldaten werden nach den Besoldungsordnungen A und B bezahlt.

Der entscheidende Unterschied zwischen den Besoldungsordnungen A, C, R einerseits und der Besoldungsordnung B andererseits besteht darin, dass die Letztere nur feste, d. h. vom Dienstalter unabhängige Gehälter kennt (eine Ausnahme bildet die Besoldung nach der Besoldungsordnung R ab R 3).

Wie die Besoldungsstruktur unter Berücksichtigung des Dienstalters aussieht, lässt ein Beispiel aus dem Jahr 2002 erkennen.

Bundesbesoldungsordnung A					Grundgehaltssätze (Monatsbeträge in Euro)							
Besol-dungs-gruppe	2-Jahres-Rhythmus				3-Jahres-Rhythmus			4-Jahres-Rhythmus				
	Stufe											
	1	2	3	4	5	6	7	8	9	10	11	12
A 1	1338,14	1372,50	1406,86	1441,22	1475,58	1509,94	1544,30					
A 2	1411,65	1445,74	1479,83	1513,93	1548,02	1582,13	1616,22					
A 3	1470,53	1506,81	1543,08	1579,36	1615,64	1651,92	1688,20					
A 4	1503,93	1546,65	1589,35	1632,07	1674,78	1717,49	1760,20					
A 5	1516,08	1570,77	1613,26	1655,75	1698,25	1740,73	1783,23	1825,72				
A 6	1551,98	1598,64	1645,29	1691,94	1738,60	1785,26	1831,92	1878,57	1925,23			
A 7	1620,19	1662,12	1720,83	1779,54	1838,24	1896,95	1955,66	1997,58	2039,52	2081,46		
A 8		1721,69	1771,85	1847,09	1922,32	1997,55	2072,79	2122,95	2173,10	2223,27	2273,42	
A 9		1834,32	1883,67	1963,96	2044,26	2124,55	2204,85	2260,05	2315,25	2370,45	2425,65	
A 10		1976,48	2045,07	2147,94	2250,82	2353,70	2456,57	2525,16	2593,74	2662,32	2730,91	
A 11			2278,37	2383,78	2489,19	2594,61	2700,03	2770,30	2840,57	2910,86	2981,14	3051,41
A 12			2450,28	2575,97	2701,64	2827,32	2953,00	3036,78	3120,57	3204,35	3288,14	3371,92
A 13			2758,01	2893,72	3029,44	3165,15	3300,86	3391,34	3481,82	3572,29	3662,77	3753,25
A 14			2870,44	3046,44	3222,42	3398,41	3574,40	3691,73	3809,06	3926,38	4043,71	4161,04
A 15						3737,16	3930,65	4085,45	4240,24	4395,03	4549,83	4704,62
A 16						4127,57	4351,35	4530,38	4709,42	4888,43	5067,46	5246,49

Allgemeine Stellenzulage
Nach Vorbemerkung Nr. 27 BbesO A und B/Nr. 2b BBesO C
- außer Sondergruppen -

- für Beamte des mittleren Dienstes in Bes.Gr. A 5 – A 8   15,68 Euro
- für übrige Beamte des mittleren Dienstes   61,35 Euro
- für Beamte des gehobenen u. höheren Dienstes
  bis Bes.Gr. A 13 sowie Beamte in Bes.Gr. C 1   68,17 Euro

Tab. 7: Beamtenbezüge nach der Bundesbesoldungsordnung A (Stand: Januar 2002)

Danach setzen sich die Bezüge (zumindest) aus dem Grundgehalt und der Allgemeinen Stellenzulage zusammen. Zum Beispiel bezieht ein 41jähriger Studienrat (Besoldungsgruppe A 13), dessen besoldungsrechtlicher, fiktiver Einstellungstermin im Alter von 21 Jahren liegt, der also nach der Dienstaltersstufe 10 besoldet wird, ein monatliches Einkommen von 3.572,29 + 68,17 = 3.640,46 €.

Die strenge Bindung von Besoldung und Vergütung an das übertragene Amt bzw. an die *geforderte* Leistung („Leistungsprinzip") hat einen großen Vorteil, sie ist gerecht. Sie hat aber auch einen gewichtigen Nachteil: Es fehlt an Leistungsanreizen. Haben Beamte, sofern sie derselben Besoldungs- und Dienstaltersstufe angehören, Anspruch auf die gleiche Besoldung, fehlt die Chance, das Einkommen durch besondere Tüchtigkeit zu verbessern. Die Folgen brauchen nicht ausgemalt zu werden. Dasselbe gilt auch mit Blick auf die Laufbahnen. Bestehen für die Angehörigen des einfachen, mittleren oder gehobenen Dienstes kaum Möglichkeiten, in die nächsthöhere Laufbahn aufzusteigen[45], entfällt der Anreiz, sich besonders anzustrengen. Auf die Möglichkeit, Anreize zu schaffen - beispielsweise durch Leistungsprämien oder erleichterten Aufstieg in die höhere Laufbahn, aber auch Sanktionen bei mangelhafter Leistung - gehen wir an anderer Stelle näher ein (s. S. 15-17, 161-166, 168-170).

Schutz vor Entlassung

Es wäre ein Widerspruch in sich, wenn das typische Beamtenverhältnis, das Beamtenverhältnis auf Lebenszeit, vom Dienstherrn gekündigt werden könnte. Jedoch ist eine Auflösung möglich - zunächst, wenn dies der Beamte selbst wünscht,[46] dann aber auch, wenn ganz schwerwiegende Gründe vorliegen (§ 48 BBG), u. a.

- die Verurteilung zu einer Haftstrafe von mindestens einem halben Jahr bei Straftaten gegen den Staat oder von mindestens einem Jahr bei Vorsatztaten
- der Verlust eines oder mehrerer Grundrechte
- die Verhängung der schwersten Disziplinarstrafe,[47] die es gibt: Entfernung aus dem Dienst.

Wie schwer es für einen Dienstherrn u. U. ist, einen ungeeigneten oder unerwünschten Beamten loszuwerden, kann man einem Fallbeispiel entnehmen (Brede 1997 a, 118-127). Übrigens, Ähnliches gilt auch für ältere oder langgediente Angestellte im öffentlichen Dienst: Angestellte über 40 Jahre mit einer mehr als 15jährigen Beschäftigung im öffentlichen Dienst sind (von Ausnahmefällen abgesehen) unkündbar.

Streikverbot

Es wurde schon angedeutet, Beamtentum und Streikrecht passen nicht zusammen. Wie könnte auch ein Beamte seinem Dienstherrn im Arbeitskampf gegenübertreten, wenn er ihm zugleich Treue schuldet und von ihm Fürsorge erwarten darf. Dass er dem Dienstherrn nicht ausgeliefert ist, dafür sorgt das Verwaltungsrecht. Denn der Beamte darf, wenn er sich in seinen Rechten verletzt sieht, ein Verwaltungsgericht gegen den Dienstherrn anrufen (§ 126 BRRG). Das ist nur folgerichtig. Treuepflicht und Anspruch auf Gerechtigkeit schließen sich ja nicht aus. Der Rechtsweg hat somit für den Beamten eine ähnliche Bedeutung wie der Arbeitskampf für den Angestellten oder Arbeiter.

---

[45] Der Aufstieg setzt die erfolgreiche Teilnahme an einem aufwendigen Verfahren voraus. Die Teilnahme wird nur wenigen, ausgewählten Beamten gewährt. (§ 6 Abs. 4 BLV mit Verweis auf §§ 22, 23, 28, 29, 33 und 33 a BLV, ausführlich erläutert in Baßlsperger 1992)

[46] Die Entlassung ist zu dem vom Beamten gewünschten Zeitpunkt auszusprechen. Falls die Dienstgeschäfte dies erfordern, kann die Entlassung über den gewünschten Zeitpunkt hinaus bis zu drei Monate aufgeschoben werden. (§ 30 BBG)

[47] Beamte unterliegen - wie Soldaten - einer eigenen Disziplinargerichtsbarkeit.

Wir ziehen ein Fazit: Beamten ist eine staatstragende und -erhaltende Funktion zugewiesen. Das wird besonders in einer Demokratie deutlich, in der - bei wechselnden Regierungen - die Beamtenschaft im wesentlichen neben den Berufssoldaten den einzigen beständigen Personalkörper bildet.

Gleichwohl wird über den Fortbestand des Beamtenstatus gestritten - mit guten Argumenten: Andere Länder, die mit Deutschland vergleichbar sind, wie z. B. die Schweiz und die Vereinigten Staaten, kennen den Beamten auf Lebenszeit kaum oder gar nicht, ohne dass der Eindruck eines ungeordneten oder beim Regierungswechsel sich auflösenden Staatswesens aufkäme. Es geht also auch mit Beamten auf Zeit oder ausschließlich mit Angestellten. Außerdem wird gefragt, warum denn unbedingt (die meisten) Lehrer Beamte sein müssten und warum es Briefboten mit Beamtenstatus gibt. Es fällt nicht leicht, darauf zu antworten. Am besten noch, man macht sich klar, dass die besonderen Rechte (Absicherung auf Lebenszeit) und Pflichten (strenge Sachbezogenheit der Aufgabenerfüllung) den Beamten stärken, wenn es gilt, menschlich schwierige Pflichten zu erledigen oder sich Anfechtungen zu erwehren, zum Beispiel einen Schüler sitzenzulassen, einem Schmiergeldangebot zu widerstehen, sämtliche anvertrauten Postsendungen pünktlich und zuverlässig zu befördern usw.

Im Grunde genommen geht es in dem Streit weniger um das richtige Verständnis vom Staatsbediensteten. Es geht vielmehr um vermeintliche Privilegien, um Pensionslasten und um Gewerkschaftsmacht. Da Beamte, anders als Angestellte und Arbeiter im öffentlichen Dienst, aufgrund ihrer besonderen Dienst- und Treuepflicht gegenüber dem Dienstherrn nicht streiken dürfen,[48] entfällt ein Druckmittel, um Forderungen gegenüber dem Dienstherrn durchzusetzen. Konsequenterweise muss, wer größere Massen im Arbeitskampf einsetzen will, den Beamtenstatus abschaffen.

Ein Argument kann in den Streit nicht eingebracht werden: Angestellte und Arbeiter kosten den Staat im allgemeinen nicht weniger als Beamte (anderer Auffassung: Reichard 1998 b, 170), wenn es auch wegen der Beihilfemöglichkeiten für Beamte (s. S. 153) auf den ersten Blick so scheinen mag.

Insgesamt meinen wir, das Berufsbeamtentum in Deutschland sei ein wichtiges, auch in seinem heutigen Umfang erhaltenswertes Element unseres Gemeinwesens. Auf Veränderungen, die im Zuge der Verwaltungsreform eingetreten sind, gehen wir an anderer Stelle ein.

C. Führung

1. Vorbemerkungen

Der Begriff „Führung" wird - sofern eine *Tätigkeit, keine Institution* gemeint ist - auf Personal, aber auch auf ganze Betriebe oder Verwaltungen bezogen. Man erkennt es am besten an den eingebürger-

---

[48] In ganz seltenen Ausnahmen (z. B. bei Beschäftigung auf der Intensivstation des Krankenhauses oder in der Steuerungszentrale des Elektrizitätswerkes, also in „lebenswichtigen" Bereichen) dürfen auch Angestellte und Arbeiter des öffentlichen Dienstes nicht streiken.

ten Begriffen „Personalführung" und „Unternehmensführung". Wir wollen „Führung" in diesem Sinne, also als Tätigkeit, verstehen.

Führung von Personal wird hier im Anschluss an die Literatur als Bemühen verstanden, Mitarbeiter zu zielgerichtetem Handeln zu veranlassen, *Führung ganzer Betriebe oder Verwaltungen* als „zielorientierte Gestaltung" der betreffenden Institution (Bea/Dichtl/Schweitzer 2001, 1). In diesem Abschnitt soll von Beidem die Rede sein; wir meinen, eine scharfe Trennung sei gar nicht möglich. Führung eines ganzen Unternehmens oder ganzen Verwaltung verlangt immer auch, auf Mitarbeiter im Sinne zielgerichteten Handelns einzuwirken.

„Führung" unterscheidet sich von „Leitung". Leitung „sorgt dafür, dass durch konkrete Anweisungen die von der Führung vorgegebenen Richtlinien realisiert werden." (Bea/Dichtl/Schweitzer 2001, 6). Leitung bedeutet das Treffen von Sachentscheidungen.

Die Vielschichtigkeit des Themas Personalführung macht sich auf vielfältige Weise bemerkbar. Wer sich zur Personalführung äußert, kommt nicht umhin, auch auf Aspekte der Organisation, Kontrolle, Entscheidung und Verwaltungsreform einzugehen. Wir werden dies allerdings nur knapp und verweisend tun; für die Behandlung dieser Themen sind andere Abschnitte vorgesehen.

Da auch dieser Abschnitt auf jene Aspekte beschränkt bleiben soll, in denen sich die öffentlichen Verwaltungen und öffentlichen Betriebe von den privatwirtschaftlichen Einzelwirtschaften unterscheiden, wird nur auf einige typische Führungsstile sowie zwei Führungskonzepte (auf Führungsgrundsätze gar nicht) eingegangen.

2. Führungsstile und Führungskonzepte

a) Führungsstile

Den bis vor wenigen Jahrzehnten in öffentlichen Betrieben und Verwaltungen praktizierten *Führungsstil* darf man als *autoritär* bezeichnen (zu Führungsstilen allgemein: Staehle 1999, 334 ff.). Der Vorgesetzte ordnete an, und der Untergebene hatte die Anordnung auszuführen, ohne die Sinnhaftigkeit in Frage zu stellen oder gar Widerspruch zu äußern. Diese Haltung entsprach einem Gemeinwesen, in dem militärische Tugenden - wozu auch unbedingter Gehorsam zählte - in hohem Kurs standen. Solche Zeiten sind vorbei. Bezeichnenderweise ist nicht mehr vom Untergebenen, sondern vom Mitarbeiter die Rede. Kooperation und Partizipation, also Teilhabe aller Beschäftigten an Wissen und Verantwortung, soll den heutigen „*kooperativen*" *Führungsstil* kennzeichnen. Doch der Wechsel zum kooperativen Führungsstil ist noch nicht endgültig und überall vollzogen. Reste autoritären Verhaltens sind noch allenthalben auszumachen. (In diesem Zusammenhang sei auf die typische Organisationsform der öffentlichen Verwaltung, das Liniensystem, verwiesen, die sich ebenfalls - und aus denselben Gründen - wandelt.)

Als dritter Führungsstil ist in der öffentlichen Verwaltung der bürokratische zu beobachten.[49] Auch dieser Führungsstil sollte eigentlich der Vergangenheit angehören. Von einem *bürokratischen Führungsstil* ist zu sprechen, wenn nur solche Entscheidungen getroffen werden dürfen, die „mit Sicherheit rechtlich zulässig sind" (Eichhorn/Friedrich 1976, 352).

Nun wird man sich daran erinnern, dass alles Verwaltungshandeln unter dem Gebot der Gesetzmäßigkeit steht, d. h. durch Vorschriften gedeckt sein muss. Das ist mit dem Ausdruck „bürokratisch" aber nicht gemeint. „Bürokratischer Führungsstil" bedeutet vielmehr die genaue Beachtung von Vorschriften in Fällen, in denen eigentlich Entscheidungsspielräume genutzt werden könnten. Das Geltendmachen von Vorschriften, wo es nicht unbedingt sein muss, ist also das maßgebliche Kennzeichen des bürokratischen Führungsstils.

Wie kommt es eigentlich zum bürokratischen Führungsstil? Man darf wohl davon ausgehen, dass vor allem Furcht, für Versagen zur Verantwortung gezogen zu werden, diesen Führungsstil begründet. Ein Vorgesetzter verzichtet auf gegebene Entscheidungsspielräume und schlägt sich im Zweifel auf die sichere Seite. Selbstverständlich verlangt er auch von seinen Mitarbeitern dasselbe Verhalten - was letzten Endes der ganzen Verwaltung den Stempel aufdrückt.

Gegen den Ungeist autoritärer oder bürokratischer Führung kann nur Schulung helfen. Es muss Vorgesetzten und Mitarbeitern immer wieder klargemacht werden, dass Kooperation, Delegation von Verantwortung, Verantwortungsbereitschaft, offene Kommunikation und das Nutzen gewährter Entscheidungsspielräume, also kurz: der kooperative Führungsstil, nicht nur die Effizienz der öffentlichen Verwaltung erhöht, sondern auch die Arbeitsfreude aller stärkt.

Die gelegentlich geäußerte Vermutung, der kooperative Führungsstil verwische die Rollen von Vorgesetzten und Mitarbeitern, lässt sich leicht zurückweisen. Der Vorgesetzte muss auch bei kooperativem Führungsstil noch immer den Mitarbeiter anweisen und kontrollieren, und der Mitarbeiter hat noch immer die Anweisungen zu befolgen und ist dem Vorgesetzten gegenüber rechenschaftspflichtig. Aber der Stil des Umgangs miteinander ist anders als bei autoritärer oder bürokratischer Führung. Vorgesetzte und Mitarbeiter verbindet vor allem die gemeinsame Aufgabe, die sie partnerschaftlich mit wechselseitigem Respekt und unterschiedlichen Rollen zu erfüllen suchen. Freilich, wiederum haben wir es mit einer Idealvorstellung zu tun. Doch die Aussicht, dass sich dieser Führungsstil immer stärker verbreitet, ist günstig; das hängt vor allem mit der Tatsache zusammen, dass Kooperation und Partizipation als viel zeitgemäßer als alle anderen Führungsprinzipien empfunden werden.

---

[49] Eichhorn/Friedrich (1976, 351), die den bürokratischen Führungsstil als Spielart des autoritären ansehen, wird hier nicht gefolgt. Vielmehr stellen wir den bürokratischen Führungsstil dem autoritären zur Seite. Sie weisen weder in der Motivation der Führenden noch in den unmittelbaren Auswirkungen Gemeinsamkeiten auf.

b) Führungskonzepte

Während der Führungs*stil* die grundsätzliche Haltung, den Geist betrifft, der die Führung prägt, ist ein Führungs*konzept* durch die Ausrichtung auf eine oder mehrere konkrete Richtgrößen bestimmt (zu Führungskonzepten allgemein: Staehle 1999, 839 ff.).

Im folgenden sollen nur zwei Führungskonzepte behandelt werden. Für sie herrschen u. E. in der öffentlichen Verwaltung besonders günstige Anwendungsbedingungen. Andere Führungskonzepte bleiben aus dem in der Vorbemerkung genannten Grund ausgeklammert.

Ein für die öffentliche Verwaltung interessantes Konzept ist Management by Objectives (MbO) oder Führung anhand von Zielen (Staehle 1999, 852 ff.). Gewöhnlich wird das MbO-Konzept in zwei Varianten vorgestellt, als Führung anhand vorgegebener und als Führung anhand vereinbarter Ziele. Die erstgenannte Variante wollen wir ausklammern. Sie paßt nicht zu dem heute allgemein bevorzugten kooperativen Führungsstil.

Das Wesen von **Management by Objectives** ist bereits angedeutet: In einer öffentlichen Verwaltung oder einem öffentlichen Betrieb bedeutet MbO, ein möglichst umfassendes Zielsystem zu entwickeln und per Vereinbarung zwischen der Leitung und dem übrigen Personal für alle Mitarbeiter zur Richtschnur ihres Handelns zu machen.

Umfassende Zielsysteme sind aus verschiedenen Gründen (s. S. 18) vor allem in öffentlichen Verwaltungen kaum zu erwarten. Das macht dieses Konzept jedoch nicht wertlos. Selbst wenn nur „Insellösungen" möglich sind, lassen sich Rationalisierungspotentiale erschließen. Man kann sich z. B. vorstellen, dass der junge, dynamische Leiter eines Ordnungsamtes den Mitarbeitern der Kfz-Zulassungsstelle das Ziel schmackhaft macht, die leidigen Wartezeiten, die dem Publikum abverlangt werden, mit vereinten Kräften zu reduzieren. Nach einigem Hin und Her setzt man sich gemeinsam das Ziel, die durchschnittliche Wartezeit, die rund 40 Minuten beträgt, innerhalb von sechs Monaten zu halbieren (ohne dafür zusätzliche Ressourcen zu benötigen).

Ob der Amtsleiter Erfolg hat und ob das Ziel erreicht wird, hängt vor allem davon ab, ob es ihm gelingt, bei seinen Mitarbeitern so etwas wie sportlichen Ehrgeiz zu entfachen. Wichtig ist aber auch, ob der Amtsleiter genügend Freiheit hat, seine Mitarbeiter stärker auf Ziele statt auf Verfahren auszurichten. Hat er Erfolg, stellt sich heraus, dass von der Aktion nicht nur das Publikum profitiert, sondern auch die Mitarbeiter selbst. Gemeinsam eine beträchtliche Anstrengung gemeistert zu haben wirkt im allgemeinen motivierend und sorgt für eine nachhaltige Verbesserung des „Betriebsklimas".

Das zweite Führungskonzept, das sich für die öffentliche Verwaltung empfiehlt, wird als **Management by Exception** bezeichnet. Bei diesem Führungskonzept kommt es darauf an, zwischen Normal- und Ausnahmefall zu unterscheiden. Management by Exception bedeutet, den Vorgesetzten nur mit den Ausnahmefällen, seine Mitarbeiter nur mit den Normalfällen zu befassen.

Die Idee erscheint trivial, und man sollte eigentlich annehmen, überall werde entsprechend verfahren. Die Wirklichkeit belehrt uns jedoch eines Besseren. Noch immer landet in vielen Fällen der größte Teil der Eingangspost auf dem Schreibtisch des Behördenleiters. Und noch immer ist es in vielen Fällen dem Behördenleiter vorbehalten, den größten Teil der Ausgangspost zu unterzeichnen. Warum? Als Grund für entsprechende Vorschriften wird angegeben, der Behördenleiter solle über möglichst alle Vorgänge informiert sein. Dass diese Informiertheit schon allein wegen der Menge der Vorgänge nicht gegeben sein kann, wird ignoriert; es wird auch übersehen, dass sie gar nicht erforderlich ist. Mehr noch, je stärker ein Vorgesetzter mit nicht erforderlichen Informationen beansprucht wird, desto mehr geht seine Fähigkeit verloren, sich wirklich wichtigen Dingen zu widmen.

Gegen die Idee des Management by Exception lässt sich vor allem die Gefahr vorbringen, dass einem Vorgesetzten - aus welchen Gründen auch immer - ein für ihn wichtiger Vorgang verborgen bleibt (Beispiel: der Bundesverteidigungsminister erfährt erst mit großer Verspätung, dass an der Führungsakademie der Bundeswehr eine suspekte Person einen Vortrag halten konnte). Die Gefahr ist selbstverständlich nicht zu leugnen. Aber sie muss gegen den entlastenden Effekt aufgerechnet werden, den Management by Exception beschert. Die Gefahr lässt sich im übrigen minimieren: durch gute Organisation, durch gute Mitarbeiterschulung und nicht zuletzt durch Aufklärung der Mitarbeiter darüber, dass auch ihnen das Führungskonzept einen Vorteil beschert. Wenn nämlich die strikte Zuordnung der Fälle auf Vorgesetzte und Mitarbeiter funktioniert, gibt es für die Mitarbeiter nicht mehr irritierende Erlebnisse, in denen der Vorgesetzte dem Mitarbeiter „in die Quere kommt", also Fälle übernimmt, die eigentlich Sache des Mitarbeiters wären. Beim Aufrechnen der Vor- und Nachteile sollte sich regelmäßig die Sinnhaftigkeit dieses Führungskonzepts herausstellen.

D. Das Anreizproblem

1. Problemstellung

Wie kann man jemanden veranlassen, sich für Ziele zu engagieren, die nicht die eigenen sind? Das ist der Kern des Anreizproblems (dazu ausführlich: Schanz 1991). Die klassische Antwort lautet, man sorgt dafür, dass mit der Verfolgung der eigenen Ziele zugleich auch die fremden gefördert werden. Das gelingt dann, wenn zwischen beiden, den fremden und den eigenen Zielen, eine Verknüpfung besteht oder geschaffen wird. Die Verknüpfung der fremden Ziele mit den eigenen führt zur *Selbststeuerung*.

In der Privatwirtschaft funktionieren die Tricks oft sehr gut: Umsatzprämien, Gewinnbeteiligung, Tantiemen, aber auch Macht und Prestige liefern die entsprechenden Stichworte.

Aber in öffentlichen Betrieben und erst recht in öffentlichen Verwaltungen stößt die Idee der Selbststeuerung auf erhebliche Schwierigkeiten. Der Grund: öffentliche Betriebe und Verwaltungen sind auf das Gemeinwohl, eine schwer fassbare, inoperable Größe, ausgerichtet. Wie kann unter diesen Umständen dafür gesorgt werden, dass das eigennützige Streben mit der Förderung des Gemeinwohls einhergeht? Welches Bindeglied (Anreiz) würde denn zur Verknüpfung zwischen Eigennützigkeit und Gemeinwohl führen? Genauer - welcher Anreiz würde denn in einer engen (möglichst proportionalen) Beziehung zum Gemeinwohl stehen?

Man könnte das Bemühen um Anreize für den öffentlichen Dienst für überflüssig oder zumindest für übertrieben halten, weil es ja für alle Beschäftigten genaue Pflichten gibt, für die Beamten sogar die bereits geschilderten besonderen Pflichten gegenüber Staat und Gesellschaft. Außerdem könnte man darauf verweisen, dass es immer schon selbstlosen Einsatz für das Gemeinwohl gegeben hat und noch gibt. Beispiele bieten kirchliche und karitative Dienste, das Mäzenatentum und nicht zuletzt das Militär, das bereit sein muss, sogar das Leben für Volk und Vaterland einzusetzen. Oft reichte allein schon die Verleihung von Orden, Adelsprädikaten oder Titeln aus, um kräftige - und obendrein für den Staat sehr billige - Anreize auszulösen. Genügte es da nicht, einfach an das Berufsethos des öffentlichen Dienstes zu appellieren, um hinreichend Elan für die Aufgabenerfüllung zu entwickeln?

Die Frage geht am Kern des Problems vorbei. Denn es gibt zahllose engagierte und hochmotivierte Menschen im öffentlichen Dienst. Aber es besteht immer die Gefahr, dass ihr Eifer mit der Zeit erlahmt, weil er sich nicht in zweifelsfreien, für jedermann erkennbaren Erfolgsgrößen widerspiegelt und Eifer dementsprechend nicht belohnt wird.

Dass es also einer akzeptablen Lösung des Anreizproblem bedarf, ist offensichtlich. Wo die Möglichkeiten liegen, wird am besten sichtbar, wenn wir im nächsten Abschnitt Einzelheiten erörtern.

Anmerkung

*Das Anreizproblem gehört zu einem größeren Problemkomplex. Die einschlägigen Fragen werden u. a. unter den Stichworten **Leistungsmessung**, **Evaluation**,[50] **Wirtschaftlichkeit**, **Effizienz**, **Effektivität**, **Nutzenmessung**, **Gemeinwohlorientierung** oder **Erfolgsmessung** behandelt. Immer geht es um die Aufgabe, die positiven Wirkungen des Handelns öffentlicher Verwaltungen und Betriebe oder einzelner Mitarbeiter gegen die negativen Wirkungen (z. B. Kosten) abzuwägen.*

2. Möglichkeiten und Grenzen für Leistungsanreize im öffentlichen Dienst

Um die ganze Problematik des Themas sichtbar werden zu lassen, konzentrieren wir uns auf den schwierigsten Fall, auf Leistungsanreize für Beamte, verbunden mit der Verfolgung qualitativer Ziele.

Von vornherein sei darauf hingewiesen, dass der gebräuchliche Ausdruck „Leistungsanreiz" nicht ganz korrekt ist. Es geht darum, nicht nur höhere Anstrengungen zu belohnen, sondern auch unterlassene Anstrengungen zu bestrafen, und es geht darum, nicht nur auf Leistungssteigerungen, sondern auch auf Ersparnisse hinzuwirken.

---

[50] Mit dem Ausdruck „Evaluation" wird die Bewertung von Projekten oder die Leistungsmessung von Personen und Institutionen bezeichnet. In jedem Falle handelt es sich um eine indikatorengestützte Beurteilung. Oft wird die Evaluation einer Expertengruppe („Peer Group") übertragen (Schweitzer 1998).

Leistungsanreize können finanzieller und nichtfinanzieller Art sein. Die wichtigsten Arten sind:

- individuelle und kollektive Geldprämien für herausragende Leistungen (kollektive, wenn es sich um Gemeinschaftsleistungen handelt),

- vorübergehende oder dauerhafte Erhöhung/Kürzung der Bezahlung („Leistungszulagen"),

- Beförderungen/Herabstufungen

- Belobigungen oder Auszeichnungen/Tadel,

- Gewährung/Versagen von Fortbildungsmaßnahmen,

- Gewährung/Versagen verbesserter Ausstattung mit Arbeitsmitteln,

- Prämierung von Verbesserungsvorschlägen („behördliches Vorschlagswesen").

Ob es heute im öffentlichen Dienst überhaupt noch möglich erscheint, schwache Leistungen mit negativen Anreizen („Sanktionen") zu belegen, ist sehr zweifelhaft (Brede 1997 a, 109). Wir wollen darum im weiteren davon absehen.

Zweifelhaft ist auch, inwieweit *monetäre* Anreize wirken. Es ist nämlich zu vermuten, dass im öffentlichen Dienst Bezieher mit hohen Einkommen durch die Aussicht auf Einkommenssteigerung kaum noch zu erhöhten Anstrengungen veranlaßt werden. Das sieht im Hinblick auf nichtmonetäre Anreize, insbesondere Anreize, die einen Zuwachs an Prestige, Entfaltungsmöglichkeit, Macht und Einfluss versprechen, ganz anders aus.

Ein weiteres Problem steckt in der Frage, wer über Belohnungen zu entscheiden hat. Hier ist die Gefahr zu beachten, dass ein Anreizsystem zu Gefälligkeiten verführt. Es lässt sich aber die Gefahr auf ein akzeptables Maß reduzieren (Brede 1997 a, 109 f.; Behrens 2000).

Im folgenden seien einige Aspekte näher beleuchtet:

- das Messproblem i. w. S.,

- die optimale Höhe von Belohnungen,

- die Pflicht des Beamten, streng sachbezogen zu entscheiden, und

- Tätigkeiten ohne Gestaltungsspielraum.

Das Messproblem

Mit dem Anreiz soll der Bedienstete veranlaßt werden, sich *im eigenen Interesse* für ein fremdes Ziel einzusetzen. Wie aber lässt es sich erreichen, dass zwischen einem besonderen Engagement des Bediensteten für das Verwaltungs- oder Betriebsziel und der in Aussicht stehenden Belohnung eine direkte und möglichst proportionale Beziehung besteht? Die Schwierigkeiten sind unübersehbar:

Liegt ein qualitatives Ziel vor oder ist ein solches im Spiel - was bei öffentlichen Institutionen meist der Fall ist -, muss an erster Stelle das reine Messproblem genannt werden, das Problem also, hinreichend objektiv zu bestimmen, ob oder inwieweit ein bestimmtes Ziel erreicht wurde.

Es handelt sich eigentlich um die alltägliche Schwierigkeit, über Qualitatives zu urteilen. Das Problem begegnet uns zum Beispiel bei der Benotung von Schulaufsätzen, bei der Bewertung von Straftaten oder bei der Einschätzung des Intelligenzgrades. Auf die Problematik der heute üblichen Art und Weise, darauf zu reagieren - die Verwendung von Indikatoren -, gehen wir weiter unten näher ein (S. 209 f.).

Die zweite Schwierigkeit liegt in der Tatsache, dass mit einem Anreizsystem nur zielführende, eigene Anstrengungen honoriert werden sollen, mithin keine Zielerreichung oder -annäherung, die auf andere Umstände (z. B. Zufall) zurückzuführen ist. Es wird also auch eine hinreichend zuverlässige Isolierung des Ergebnisse eigener Anstrengungen benötigt. Aber viele Menschen neigen dazu, Günstiges eigenen Anstrengungen, Ungünstiges dem blinden Schicksal zuzuschreiben. Außerdem - Glück, Pech, Erfolg oder Mißerfolg vermischen sich ständig. Selbst die sorgfältigste Analyse offenbart nur selten zweifelsfrei, welche Ursache mit welchem Anteil an der Zielerreichung beteiligt war, so dass sich das logische Problem ergibt, Wirkungen anteilig verschiedenen Ursachen zuzurechnen.

Wer nicht vor diesem Problem kapitulieren will, muss schätzen. Schätzen hat nichts mit Willkür zu tun. Was als Willkür gilt und was nicht, hängt davon ab, ob das Ergebnis der Aufspaltung als richtig und angemessen empfunden wird. Dazu ein Beispiel: Erhöhen sich die Teilnehmerzahlen von Volkshochschul-Kursen in einem bestimmten Maße, sind sich die Fachleute ziemlich sicher, dass ein bestimmter, durch Schätzung bezifferter Anteil der Zunahme auf Anstrengungen der Volkshochschule und der Rest auf sonstige Umstände, z. B. ein gewandeltes Freizeitverhalten u. ä., zurückzuführen ist.

Das dritte Problem tritt auf, wenn - zur Gewährung finanzieller Anreize - die Notwendigkeit besteht, ein Ergebnis in Geld zu bewerten, damit die Grundgleichung eines jeden Anreizsystems[51] erfüllt bleibt.

Wiederum werden zur Problemlösung nicht näher begründbare Einschätzungen benötigt, nunmehr Budgets, die innerhalb eines bestimmten Zeitraums für finanzielle Anreize verwendet werden dürfen und in denen sich intuitiv gebildete Nutzenvorstellungen spiegeln (nähere Einzelheiten bei Brede 1991).

Natürlich besteht die Gefahr, dass solche Budgets von den Behörden- oder Betriebsleitungen „automatisch" ausgeschöpft werden, ohne damit die erhofften Leistungssteigerungen oder Einsparungen hervorzurufen. Ein Personalkostenschub und sonst nichts wäre dann die Folge. Eine weitere Gefahr besteht darin, dass das Konkurrieren um Budgetanteile das Klima unter den Beschäftigten beeinträchtigt. Natürlich bedeutet die Festlegung eines solchen Budgets auch ein Wagnis. Doch sind wir an derartige Wagnisse gewöhnt. In der Privatwirtschaft werden generell nicht näher begründbare Einschätzungen bei der Beurteilung von Angestelltenleistungen, beim Prämien- und Gratifikationswesen und bei der Arbeitsbewertung verwendet.

---

[51] Die Formel verlangt, den Wert der Belohnungen und die Kosten für die Anwendung des Anreizsystems unter dem Wert des Nutzeffekts zu halten.

Auch hinsichtlich der öffentlichen Verwaltung wird seit langem von Leistungsbeurteilungen berichtet, die sich auf subjektive Einschätzungen gründen (Pillhofer 1983, Ammons/Rodriguez 1986, England/Parle 1987 mit weiteren Literaturhinweisen). 1986 setzten 30 von 112 amerikanischen Großstädten die Leistungsbeurteilung zur Festsetzung der Bezüge im öffentlichen Dienst ein (England/Parle 1987, 499). In der Bundesverwaltung der Vereinigten Staaten kennt man seit 1981 für Spitzenbeamte Gehälter, die zum erheblichen Teil von der Leistung abhängen (Pearce/Perry 1983, Siedentopf 1986, 155). Allerdings wurde schon wenig später behauptet, das System habe sich nicht bewährt (Pearce/Perry 1983, 315, 324 f.).

Die optimale Höhe von Belohnungen

Des Bären Fell kann erst verteilt werden, nachdem er erlegt ist. Dies gilt auch hier. In öffentlichen Betrieben und Verwaltungen die Mehrleistungen und Einspareffekte festzustellen ist ungleich schwieriger, als die Höhe der Belohnungen zu bestimmen. Zur Höhe von Belohnungen hat Laux modelltheoretische Problemlösungen (Laux 1988 a-d) erarbeitet, die auch im öffentlichen Dienst genutzt werden könnten.

Die vollständige Übertragung der Problemlösung auf die Wirklichkeit erscheint unmöglich. Aber die Theorie kann der Praxis Hinweise auf die zweckmäßige Gestaltung realisierbarer Konzepte liefern. In diesem Sinne lassen sich aus dem Ansatz zwei Empfehlungen ableiten: Es sollte den Mitarbeitern zugesagt werden, Mehrleistungen oder Einsparungen, welche über eine vom Dienstherrn bzw. Arbeitgeber festgelegte Norm hinausgehen, völlig in Prämien umzusetzen. Darüber hinaus wäre es ratsam, sich an die zum größten Nutzeffekt für den Arbeitgeber oder Dienstherrn führende Normgröße im Rahmen eines Suchprozesses heranzutasten.

Sachbezogenheit im Beamtenrecht

Anreize widersprechen den wichtigsten Rechtsgrundlagen des Beamtenrechts. Insbesondere das Gebot, bei der Diensterfüllung eigene Interessen außer acht zu lassen und die dienstlichen Obliegenheiten streng sachbezogen zu erledigen, bildet zu Anreizen einen scharfen Gegensatz. Anreizmöglichkeiten erlauben dem Bediensteten nämlich, persönliche Interessen zu einem zusätzlichen Kriterium für Art, Umfang und Qualität seiner dienstlichen Tätigkeiten zu erheben.

Die Konsequenz liegt auf der Hand: Der Bürger muss damit rechnen, dass hergebrachte Maßstäbe beeinträchtigt werden. Er darf nicht mehr unbedingt erwarten, dass sich staatliches Handeln bemüht, gleiche Tatbestände gleich zu behandeln. Wer will es dann noch - um ein Beispiel zu geben - einem Sozialarbeiter verübeln, wenn er sich beim Bemühen um die Wiedereingliederung Haftentlassener in das Erwerbsleben auf die gelernten Facharbeiter, mithin auf die erfolgsträchtigsten Fälle, konzentriert und darüber die ungelernten Arbeitskräfte vernachlässigt, die eigentlich besondere Unterstützung verdienen? Zumindest im Bereich der Eingriffsverwaltung muss ein derartiges Anreizsystem „im Hinblick auf die Interessen des Bürgers auf Bedenken stoßen", schreibt Achterberg (1977, 247). Dabei geht es nicht darum, das mögliche Entstehen von Ungerechtigkeit zu beklagen. Ungerechtigkeit ist im praktischen Handeln öffentlicher Betriebe und Verwaltungen auch ohne Anreizsystem nicht auszuschließen. Entscheidend ist vielmehr, dass die Einführung von Anreizen den generellen *Anspruch* des Bürgers auf streng sachbezogenes Handeln hinfällig macht.

Tätigkeiten ohne Gestaltungsspielraum

Schließlich sei darauf hingewiesen, dass für manche Bediensteten die verlangten Arbeitsleistungen genau festliegen. Man denke z. B. an Lehrer. Solche Bediensteten besitzen keine Möglichkeit, Mehrleistungen zu erbringen oder Einsparungen zu erzielen, und sind insoweit von einem Anreizsystem ausgeschlossen. Die daraus erwachsende Ungerechtigkeit gegenüber anderen Angehörigen des öffentlichen Dienstes, die auf ein zusätzliches Einkommen hoffen dürften, könnte einem Anreizsystem entgegenstehen (Koch 1979, 208 f.).

Doch aus der Tatsache, dass eine Gruppe auf die Teilnahme an einem Anreizsystem verzichten muss (dafür aber auch keine über das Vorgegebene hinausgehende Mehrleistungen erbringt), sind andere Folgerungen zu ziehen. Erstens ist zu raten, diesen Bediensteten zeitweilig die Möglichkeit zu geben, Arbeitsplätze oder Dienstposten mit genau festgelegten Arbeitsleistungen gegen solche einzutauschen, die für das Leistungsverhalten Gestaltungsspielräume bieten. Und zweitens sollte versucht werden, den Kreis der Arbeitsplätze oder Dienstposten ohne Gestaltungsspielräume einzuengen, indem man z. B. in den bisher nur qualitativ beschriebenen Leistungen quantitative Dimensionen aufspürt - was die Möglichkeit eröffnet, Mehrleistungen zu erkennen und zu honorieren.

Fazit

Anreizsysteme im öffentlichen Dienst begegnen zahlreichen Bedenken. Trotzdem - der Blick auf gut funktionierende Anreizsysteme in der Privatwirtschaft ermuntert, in öffentlichen Betrieben und öffentlichen Verwaltungen Derartiges zu installieren. Inwieweit die gegenwärtig laufende Verwaltungsreform dazu beiträgt, wird am Ende des Kapitels erörtert (s. S. 168-170).

E. Personalvertretung und Mitbestimmung

Nach dem Mitbestimmungsrecht, einem Stück Wirtschaftsdemokratie, sollen die Arbeitnehmer nicht nur vor der Durchführung von arbeitsrechtlichen, organisatorischen und sozialen Maßnahmen informiert werden sowie in gewissem Rahmen dabei mitwirken und mitentscheiden können, sondern sie sollen auch an den grundlegenden unternehmenspolitischen Entscheidungen teilhaben. Deshalb gibt es, von Kleinstunternehmen abgesehen, überall einen Betriebsrat. Darüber hinaus haben Arbeitnehmervertreter auch Sitz und Stimme im Aufsichtsrat, soweit ein solches Aufsichtsorgan existiert.

In öffentlichen Betrieben, die dem Öffentlichen Recht unterliegen (in Niedersachsen: öffentliche Einrichtungen „mit wirtschaftlicher Zweckbestimmung" - § 110 I Nds. PersVG), und öffentlichen Verwaltungen gilt nur eine eingeschränkte Form der Mitbestimmung. An die Stelle des Betriebsverfassungsgesetzes tritt sein Pendant, das Personalvertretungsgesetz. Das dem Betriebsrat entsprechende Organ, der **Personalrat**, hat nur Informations-, Mitwirkungs- und Mitbestimmungsrechte in den schon erwähnten arbeitsrechtlichen, organisatorischen und sozialen Fragen. Etwas Vergleichbares wie die Arbeitnehmervertretung im Aufsichtsrat gibt es im öffentlichen Dienst nicht. Das heißt, die Angehörigen des öffentlichen Dienstes haben an den grundlegenden Entscheidungen ihres Betriebes oder ihrer Verwaltung nicht teil. Der Grund ist einleuchtend. Über die grundlegenden Ziele und Aufgaben eines öffentlichen Betriebes oder einer öffentlichen Verwaltung befindet die Vertretungskörperschaft. Für eine Mitbestimmung, die über die unmittelbaren Belange der Beschäftigten hinausgeht, ist also kein Platz (Püttner 1985, 138).

Gelegentlich wird behauptet, die Angehörigen des öffentlichen Dienstes würden dadurch demotiviert. Man kann die Behauptung jedoch nur schwerlich glauben. Viel wahrscheinlicher ist, dass namentlich von gewerkschaftlicher Seite auf diese Weise versucht wird, auch im öffentlichen Dienst die volle Mitbestimmung zu erreichen.

Das Personalvertretungsrecht kennt abgestufte Rechte (§§ 66-82 BPersVG). Zu unterscheiden sind allgemeine Aufgaben der Personalvertretung, Mitwirkungs- und Mitbestimmungsrechte.[52]

Mitwirkungsrechte (§§ 72, 78, 79, 81 BPersVG) betreffen vor allem das Recht auf Information. Dabei wird verlangt, dass die Dienststellenleitung[53] vor der Durchführung einer Reihe von Maßnahmen, so etwa vor der Kündigung eines Mitarbeiters oder der Einleitung eines Disziplinarverfahrens, den beabsichtigten Schritt rechtzeitig und eingehend mit dem Personalrat erörtert und dabei das Ziel einer Verständigung verfolgt (§ 72 Abs. 1 BPersVG). Ohne Beteiligung des Personalrats wäre z. B. eine Kündigung unwirksam (§ 79 BPersVG).

Die *Mitbestimmungsrechte* (§§ 69, 71, 75, 77 BPersVG) sind die am weitesten gehenden Rechte des Personalrats. Unter anderem hat der Personalrat das Recht, gegen vorgesehene Maßnahmen der Dienststellen- oder Behördenleitung sein Veto einzulegen. Bei Mitbestimmungsrechten stellt der Gesetzgeber den Personalrat also der Dienststellenleitung gleich. Dabei geht es vor allem um die wichtigsten personalrechtlichen Entscheidungen, wie Einstellungen, Versetzungen, Beförderungen, aber auch um soziale und innerdienstliche Maßnahmen, wie das Festlegen der Arbeitszeit, der Dienst-, Urlaubs- und Sozialpläne, sowie um organisatorische Entscheidungen, wie die Gestaltung der Arbeitsplätze, die Einführung grundlegend neuer Arbeitsmethoden und die Durchführung von Aus- und Weiterbildungsmaßnahmen.

Es versteht sich beinahe von selbst, dass zwischen der Dienststellenleitung und dem Personalrat häufig keine Einigung zustande kommt, d. h. Konflikte auftreten. Deshalb sieht das Personalvertretungsrecht eine sinnvolle Konfliktregelung vor: In den Fällen, in denen Mitbestimmungsrechte gelten, wird der Konfliktfall der übergeordneten Dienststelle vorgelegt (§ 69 Abs. 3 BPersVG). Nun befas-

---

[52] Es ist angebracht, zwischen Mitbestimmung im weiteren und Mitbestimmung im engeren Sinne zu unterscheiden. Mitbestimmung im weiteren Sinne betrifft das gesamte, den Partizipationsrechten gewidmete Rechtsgebiet, schließt also die Personalvertretung mit ein. Ist von Mitbestimmung im Rahmen des Personalvertretungsrechts die Rede, kann nur Mitbestimmung in einem engeren Sinne gemeint sein.

[53] Das Bundespersonalvertretungsgesetz spricht ausschließlich von Dienststellen und definiert sie als einzelne Behörden, Verwaltungsstellen, Betriebe der in § 1 BPersVG genannten Verwaltungen und Gerichte (§ 6 BPersVG).

sen sich mit dem Konflikt die dortige Dienststellenleitung und eine für solche Zwecke gebildete spezielle Personalvertretung („**Stufenvertretung**"; § 53 Abs. 1 BPersVG). Einigen sich die Dienststellenleitung und die Stufenvertretung nicht, wiederholt sich das Verfahren auf der nächsthöheren Hierarchieebene usw. Kommt es auch auf der obersten Ebene nicht zu einer Einigung, wird eine Einigungsstelle eingeschaltet (§ 69 Abs. 4 BPersVG). Die Einigungsstelle erledigt den Konflikt durch Beschluss (§ 71 Abs. 3 BPersVG).

Eine folgenreiche Konsequenz steckt im Geltungsbereich des Personalvertretungsrechts. Sieht man von der erwähnten weitreichenden Sonderreglung des niedersächsischen Personalvertretungsgesetzes ab, erstreckt sich das Personalvertretungsrecht nur auf die Verwaltungen und Betriebe, die dem Öffentlichen Recht unterliegen (siehe z. B. 1 BPersVG). Ausgenommen sind lediglich die Kirchen sowie ihnen nahestehende und ähnliche Einrichtungen. Dementsprechend erweitern sich die Mitbestimmungsrechte oftmals, wenn der öffentliche Betrieb eine Rechtsformänderung erlebt oder wenn zum Zwecke der Ausgliederung von Aufgaben aus der öffentlichen Verwaltung ein öffentlicher Betrieb gegründet wird. Entscheidend ist, ob nach der Maßnahme das Öffentliche Recht oder das Privatrecht gilt. (Zwei Beispiele für die Entlassung aus dem Geltungsbereich des Personalvertretungsrechts: Das Hallenbad, ein Eigenbetrieb, wird in eine Eigengesellschaft umgewandelt. Die bisher vom Presse- und Informationsamt wahrgenommene Aufgabe der Öffentlichkeitsarbeit wird in eine neugegründete GmbH eingebracht.) Falls die Privatisierung dem Personal größere Mitbestimmungsrechte verschafft, können dadurch Härten der Maßnahme für das Personal gemildert werden.

F. Personalwirtschaftliche Maßnahmen im Zuge der Verwaltungsreform[54]

Wie das Haushaltsrecht ist auch das Personalrecht immer wieder für Erscheinungen mangelnder Effizienz oder geringer Flexibilität, kurz für Bürokratie in der öffentlichen Verwaltung, verantwortlich gemacht worden. Deshalb ist es nicht überraschend, dass von Zeit zu Zeit versucht wird, das Personalrecht zu reformieren. Genaugenommen geht es um die Reform des öffentlichen Dienstrechts. Die jüngsten Bemühungen haben u. a. folgende Maßnahmen erbracht (Oechsler/Vaanholt 1997; s. auch Behrens 2000):

(1) Beamtenstellen (in den Ländern) können von vornherein als Teilzeitstellen eingerichtet werden.

(2) Jüngere Beamte rücken schneller als ältere Beamte in höhere Besoldungsstufen auf.

(3) Der Rhythmus, mit dem in höheren Besoldungsstufen aufgerückt wird, wird je nach Leistung variabel gehandhabt, damit „der Tüchtige belohnt und der Faule bestraft" werden kann (Fromme 1997).

---

[54] Siehe zu diesem Abschnitt insbes. Reichard (1998 b).

(4) Spitzenämter - und das reicht hinunter bis zum Schulleiter - werden nur noch auf Zeit vergeben, beginnend mit einer 2-jährigen Probezeit, die im Erfolgsfalle von zwei 5-jährigen Beru-
fungen abgelöst wird. Erst dann folgt endlich, sofern der Beamte noch nicht pensioniert ist,
„die Einweisung in das Amt auf Lebenszeit" (Fromme 1997).

(5) Seit 1999 leisten Beamte mit Kürzungen in Höhe von 0,2 Prozentpunkten bei den jährlichen
Besoldungsverbesserungen Beiträge zur Bildung von Pensionssicherungsfonds des Bundes
und der Länder.

(6) Außerdem wurden die Anwärterbezüge gekürzt, wurde die Anrechnung von Besoldungszula-
gen (beispielsweise Gefahrenzulagen) bei den Pensionen beseitigt, und es wurde das Pensio-
nierungsalter bei Polizei, Feuerwehr und Beamten im Strafvollzug von 60 auf 61 Jahre angehoben. Nebenverdienste werden nunmehr stärker angerechnet, die Bezüge von politischen
Beamten, die vorzeitig in den Ruhestand geschickt werden, gekürzt.

Die Maßnahmen (5) und (6) zielen offenkundig auf haushaltswirtschaftliche Wirkungen ab, haben
also nichts mit dem Thema „Verwaltungsreform" zu tun. Sie bleiben folglich im weiteren außer Betracht.

Was bieten die übrigen Punkte? Versprechen sie tatsächlich mehr Freiraum, größere Anpassungsfä-
higkeit, höhere Effizienz? Gemessen an den Erwartungen und Wünschen, kann die Dienstrechtsreform als kein großer Wurf bezeichnet werden (s. auch Rennhack 1998). Noch immer bleibt das öffentliche Dienstrecht dem Laufbahnprinzip verhaftet. Wenn doch wenigstens für die Tüchtigen der
Übergang in die nächste Laufbahn erleichtert worden wäre! Noch immer gibt es zu wenige Leistungsanreize. Verglichen mit den privatwirtschaftlichen Anreizmöglichkeiten ist es einfach zu wenig,
wenn die Besoldungsstufen-Leiter vom tüchtigen Beamten im überdurchschnittlich schnellen, vom
faulen nur mit gebremstem Tempo absolviert werden kann. Man muss allerdings einräumen, dass es
wesentlich leichter ist, Leistungsanreize für den öffentlichen Dienst zu fordern, als zu verwirklichen
(s. S. 161-166).

Dass jüngere Beamte gegenüber älteren begünstigt werden, ist wohl kaum als motivationsfördernde,
eher als soziale Tat zu begreifen.

Erst recht muss man sich hinsichtlich der Einrichtung von Teilzeitstellen fragen, ob damit ein positi-
ver oder negativer Beitrag zur Verwaltungsreform geleistet wird. Sollten die Länder die Teilzeitstellen nur als Möglichkeit zur Einsparung von Personalausgaben und nicht als Flexibilisierungsinstru-
ment verstehen, sollten sie also bei Neueinstellungen nur Teilzeitstellen anbieten, nicht den Einzustellenden die Wahlmöglichkeit zwischen Voll- und Teilzeitbeschäftigung eröffnen, hätte dies für
viele junge Menschen eine abschreckende Wirkung. Der öffentliche Dienst muss attraktiver werden,
er darf nicht die Chancen der Einzustellenden vermindern.

Auch der vierte Reformpunkt, die Besetzung von Spitzenämtern auf Zeit, ist alles andere als ein
wirksamer Beitrag zur Verwaltungsreform. Das Argument, auf diese Weise würden Fehlbesetzungen
vermieden, Antriebskräfte gestärkt, weil sich jeder Beamter auf Zeit bemühen werde, endlich in das

Beamtenverhältnis auf Lebenszeit zu gelangen, verfängt nicht. Wer eine Spitzenposition übernimmt, sollte auf Herz und Nieren geprüft worden sein. Fehlbesetzungen sprechen eher gegen den Dienstherrn als gegen den Beamten. Außerdem, wer sich als Spitzenbeamter über viele Jahre in einer Art Probezeit befindet, wird wohl kaum Wagnisse eingehen, etwas Neues versuchen oder gar dem Vorgesetzten mit anderer Meinung begegnen (s. auch o. V. 1998 r). Der Bayerische Verfassungsgerichtshof hat die Bestimmung im Oktober 2004 für rechtswidrig erklärt (o.V. 2004).

Dem Kritiker, der die Halbherzigkeit personalwirtschaftlicher Reformen bemängelt, könnte entgegengehalten werden, er wolle zwar am Berufsbeamtentum festhalten, suche aber zugleich die Anwendung des Gleichbehandlungsgrundsatzes im Beamtenrecht weiter einzuschränken. Damit begebe er sich in einen rechtlich nicht hinnehmbaren Widerspruch. Das mag richtig sein. Aber ist das Problem wirklich bis ins Letzte geprüft worden? Verletzt denn ein Vorgesetzter, der dem tüchtigen Mitarbeiter *nach subjektivem Ermessen* eine Leistungsprämie verschafft, tatsächlich das Gleichbehandlungsgebot, nur weil seine Entscheidung nicht objektiv nachprüfbar ist, sondern angreifbar bleibt?

Sollte sich jedoch die These, Beamtenrecht ohne Gleichbehandlungsgebot sei nicht denkbar, als unumstößlich erweisen, könnte noch häufiger als heute der einzige Weg zu einer grundlegenden Verwaltungsreform in der „Flucht aus der öffentlichen Verwaltung" gesehen werden, d. h. in der Ausgliederung von Verwaltungsaufgaben, verbunden mit formeller Privatisierung, mit Public Private Partnership u. ä.

Dem Kritiker könnte ferner entgegengehalten werden, er übersähe, dass es personalwirtschaftliche Reformansätze auch außerhalb des Beamtenrechts gibt. Zumindest die Idee der Personalentwicklung sei zu beachten. Der Einwand wäre z. T. berechtigt. Bei der Personalentwicklung handelt es sich im wesentlichen um Aktivitäten der Aus- und Weiterbildung des Personals, die sich u. a. - und das macht den Kern des Ansatzes aus - auf Initiativen der Mitarbeiter gründen, auf alle Fälle aber in enger Abstimmung mit dem Personal geplant und durchgeführt werden. Bemühungen um verbesserte Qualifikationen und Partnerschaft zwischen Vorgesetzten und Mitarbeitern (Potthast 1998) sind allemal zu begrüßen. Besser wäre es aber, die von der zufällig vorhandenen Initiativkraft abhängige Personalentwicklung würde generell abgelöst durch verbindliche Weiterbildungsprogramme für alle Angehörigen des öffentlichen Dienstes. Gerade angesichts des permanenten Reformbedarfs der öffentlichen Hand wäre zweierlei dringend erforderlich: die Verpflichtung des Dienstherrn, Weiterbildungslehrgänge ständig durchzuführen, und die Verpflichtung der Mitarbeiter, über das ganze Berufsleben hinweg Weiterbildungslehrgänge zu absolvieren. Auf dieser Basis könnte denn auch in der öffentlichen Verwaltung eingeführt werden, was die Privatwirtschaft längst kennt, nämlich die Karriereplanung für künftiges Führungspersonal (Schedler 1995, 291).

Insgesamt kommt man zum Ergebnis, dass der Beitrag personalwirtschaftlicher Neuerungen zur großen, umfassenden Verwaltungsreform bislang bescheiden geblieben ist.

5. Kapitel: Bewertung, Planung, Entscheidung, Kontrolle

Planer stehen vor dem Problem, unter den verfügbaren Methoden die beste bzw. zweckmäßigste herauszufinden. Darin unterscheidet sich die Situation der Planer in privaten und öffentlichen Einzelwirtschaften nicht. Doch die Anwendungsbedingungen der Planungsmethoden sind mitunter zwischen privaten und öffentlichen Einzelwirtschaften verschieden. Dementsprechend ist wie folgt zu differenzieren:

Bei einigen Methoden ist ihre Anwendbarkeit auf dem Gebiet der öffentlichen Betriebe und Verwaltungen von vornherein gegeben. Es handelt sich um Methoden, die der Bewertung oder „Evaluation" von Projekten dienen, d. h. zu Nutzen-Kosten-Untersuchungen entwickelt wurden. Bei diesen Methoden sind aber nicht ohne weiteres die Schwächen und die Grenzen der Aussagefähigkeit zu erkennen. Deshalb muss man sich mit ihnen näher befassen.

Bei anderen Methoden - wir kennzeichnen sie zusammenfassend als Optimierungsmethoden - ist nicht so offensichtlich, dass es für sie praktische Anwendungsfelder in öffentlichen Betrieben und Verwaltungen gibt. Also besteht Untersuchungsbedarf auch für sie.

Wir werden im folgenden diese beiden Gruppen von Planungsmethoden behandeln.

Ausgeklammert bleiben zahlreiche weitere Planungsmethoden, bei denen die Schwächen und die Grenzen der Aussagefähigkeit keiner eingehenden Erörterung bedürfen und für die die praktische Verwendbarkeit in der öffentlichen Verwaltung oder im öffentlichen Betrieb auf der Hand liegt. (Eine gute Übersicht über verschiedene Planungsmethoden bietet im übrigen: Bundesakademie für öffentliche Verwaltung 1992.)

A. Ausgewählte Methoden zur Projektbewertung („Evaluation")

Das Haushaltsrecht schreibt vor, für „alle finanzwirksamen Maßnahmen ... angemessene Wirtschaftlichkeitsuntersuchungen" durchzuführen (§ 6 Abs. 2 HGrG). Welcher Methode sich die öffentliche Hand bedient, bleibt offen. Herkömmlicherweise werden zu Wirtschaftlichkeitsuntersuchungen drei Methoden herangezogen, die Nutzen-Kosten-Analyse, die (Einfache) Nutzwertanalyse und die Kosten-Wirksamkeits-Analyse. Wir werden nicht nur diese drei Methoden behandeln, sondern auch noch zwei weitere erörtern, die AHP-Methode und die Stufenweise Nutzwertanalyse.

Anmerkung

Der Ausdruck „Projektbewertung" wird hier in einem weiten Sinne verstanden. „Projektbewertung" liegt danach auch dann vor, wenn z. B. über die Verteilung von Forschungsmitteln oder die Sinnhaftigkeit einer Sanierungsmaßnahme im Bereich der BvS-Unternehmen (ehemals volkseigenen Betriebe der DDR) zu entscheiden ist. Neuerdings ist immer häufiger auch von „Evaluation" die Rede.

1. Darstellung

a) Nutzen-Kosten-Analyse

Die älteste unter den nutzen-kosten-gestützten Bewertungsmethoden, die Nutzen-Kosten-Analyse, wird noch immer gern angewendet. Besonders Volkswirte haben eine Vorliebe für diese Methode (ausführlich: Hanusch 1994). Das bevorzugte Einsatzgebiet sind Großprojekte, wie der Bau von Flughäfen, Bewässerungssystemen oder Untergrundbahnen.

Die Nutzen-Kosten-Analyse wird von dem Wunsch beherrscht, die positiven und negativen Wirkungen, die ein Projekt auslöst, aneinander zu messen. Damit dies möglich wird, muss versucht werden, die Wirkungen, soweit es geht, gleichnamig zu machen, am besten in Geld zu bewerten. Positive Wirkungen („Nutzen") und negative Wirkungen („Kosten"), die sich nicht quantifizieren oder bewerten lassen, sollen in den Vergleich einbezogen werden, indem man sie ggf. den monetären Größen zur Seite stellt.

Erwünscht wäre eigentlich, die Wirkungen des Projekts in Form von Sozialnutzen und sozialen Kosten zu erfassen; Zielgröße wäre dementsprechend der Wohlfahrtsbeitrag des Projektes. Angesichts der Schwierigkeiten, mit diesen Wert- und Zielgrößen praktisch umzugehen, wird jedoch empfohlen, mit den Veränderungen vorlieb zu nehmen, die das Projekt beim Bruttoinlandsprodukt auslöst, oder sogar noch handfestere Indikatoren zu verwenden. So wird beispielsweise vorgeschlagen, den Nutzen einer Umgehungsstraße in Höhe der ersparten Kosten für Schallschutzmaßnahmen in der Ortschaft selbst anzusetzen oder als Nutzen einer Bewässerungsmaßnahme die daraus resultierende Wertsteigerung des Bodens zu nehmen usw.

Rein technisch gesehen, gleicht die Nutzen-Kosten-Analyse der Wirtschaftlichkeitsrechnung für private Investitionen, genauer: der Kapitalwertmethode. Das heißt, die in Zukunft zu erwartenden positiven und negativen Projektwirkungen werden diskontiert und einander gegenübergestellt. Wie der Ansatz zu bewerten ist, lässt sich nur im Vergleich mit den übrigen Methoden, also erst am Schluss des Abschnitts (S. 175-177) erörtern.

b) Die Einfache Nutzwertanalyse

Der Zusatz „einfach" ist in Verbindung mit der Nutzwertanalyse nicht gebräuchlich, empfiehlt sich aber hier, weil weiter unten noch eine andere Form, die Stufenweise Nutzwertanalyse, behandelt wird.

Die Einfache Nutzwertanalyse oder Nutzwertanalyse herkömmlicher Art setzt mit der Entwicklung des Zielsystems ein, sofern nicht für das Projekt ein bereits vorhandenes Zielsystem verwendet werden kann. Die Nutzwertanalyse kann also von vornherein auf die gleichzeitige Beachtung mehrerer Ziele ausgerichtet werden.

Ferner werden zur Nutzwertanalyse Skalen zur Messung der Zielerreichungsgrade benötigt. Also gilt es im konkreten Anwendungsfall, Ziel für Ziel Messskalen festzulegen, d. h. jeweils den Bestwert und den Nullpunkt zu definieren.

Wie dieser und die übrigen Schritte konkret aussehen, lässt sich einem Anwendungsbeispiel im Anhang (Anhang B., S. 268-270) entnehmen.

Als nächstes ist mit Hilfe der nunmehr festgelegten Skalen zu bestimmen, inwieweit das fragliche Projekt die einzelnen Ziele erfüllt. Das Ergebnis schlägt sich in den schon erwähnten Zielerreichungsgraden nieder.

Sind die zugrundeliegenden Ziele nicht gleich wichtig - was ungewöhnlich wäre - müssen die Zielerreichungsgrade anschließend noch gewichtet werden. Danach stehen die verschiedenen Beiträge des Projekts zu den verfolgten Zielen fest.

Zum Abschluss des Verfahrens werden die gewichteten Zielerreichungsgrade summiert. Es ergibt sich der Nutzwert, eine dimensionslose Kennzahl.

Sind die Kosten zweier alternativer Projekte gleich und darf angenommen werden, dass in beiden Fällen der Nutzen die Kosten übersteigt, empfiehlt es sich nach der Theorie der Nutzwertanalyse, das Projekt mit dem höheren Nutzwert der anderen Alternative vorzuziehen. Diese beiden Voraussetzungen sind aber selten gegeben.

Fehlt es an diesen Voraussetzungen, sollte die Nutzwertanalyse mit der Kosten-Wirksamkeits-Analyse verbunden werden. Wie dies geschehen kann, wird im übernächsten Abschnitt dargestellt.

c) Die Stufenweise Nutzwertanalyse

Die Stufenweise Nutzwertanalyse (Brede 2002) unterscheidet sich von der Einfachen in folgenden Punkten:

- Verzicht auf Berücksichtigung sämtlicher in Frage kommender Beurteilungskriterien,
- Unterscheidung zwischen „harten" und „weichen" Beurteilungskriterien und
- Erarbeitung alternativer Beurteilungsergebnisse.

Wenn auch in diesem Fall die Vorgehensweise mittels des schon erwähnten Anwendungsbeispiels im Anhang B. (s. 270 f.) näher illustriert wird, sind doch an dieser Stelle einige Erläuterungen erforderlich:

Verzicht auf Berücksichtigung sämtlicher in Frage kommender Beurteilungskriterien bedeutet, dass der Entscheidungsträger, z. B. die Vertretungskörperschaft, von vornherein zwischen wichtigen und weniger wichtigen Beurteilungskriterien zu unterscheiden und letztere aus dem Beurteilungsprozess auszuklammern hat. Dieser Schritt führt zu einer beträchtlichen Vereinfachung der Beurteilung - beeinträchtigt aber auch die Aussagefähigkeit der Methode.

Im Rahmen der Stufenweisen Nutzwertanalyse wird vorgeschlagen, unbestreitbare, genau bekannte, sicher vorhersehbare, quantitative Größen als „harte" Beurteilungskriterien zu bezeichnen. Und es wird vorgeschlagen, die übrigen Größen, also solche, die mit Unschärfe oder Ungewissheit verbunden oder qualitativer Natur sind, mit dem Etikett „weich" zu versehen. Diese Unterscheidung erlaubt, sichtbar zu machen, inwieweit ein Beurteilungsergebnis auf mehr oder auf weniger (un-)bestreitbaren Grundlagen beruht.

Ein ähnliches Anliegen wird mit dem letzten Kennzeichen, der Erarbeitung alternativer Beurteilungsergebnisse, verfolgt. Dabei geht es um folgendes.

Jeder kennt aus alltäglicher Erfahrung Fälle, in denen der Beurteilende sein Urteil in alternativer Form äußert, jeweils gestützt auf einen unterschiedlich zusammengesetzten Satz von Beurteilungskriterien. So ist es beispielsweise bei einer Entscheidung für ein neues Auto hilfreich zu wissen, dass die Wahl auf einen Porsche fiele, wenn nur die Sportlichkeit eine Rolle spielte, bei Rücksicht auf die Kosten und die unterzubringenden Familienmitglieder aber bestenfalls ein VW-Golf in Frage kommt.

Die Stufenweise Nutzwertanalyse versucht ebenfalls die Abhängigkeit eines Beurteilungsergebnisses von den verwendeten Beurteilungskriterien herauszustellen, indem die nach Wichtigkeit geordneten Kriterien nacheinander *zusätzlich* in die Nutzwertanalyse einbezogen werden. Dem Verfahren wird gewissermaßen eine Sensibilitätsanalyse eingebaut. Natürlich ist eine Auswahlentscheidung besser abgesichert, wenn bekannt wird, ob das Beurteilungsergebnis unter der stufenweisen Einbeziehung auch weniger wichtiger Beurteilungskriterien stabil bleibt oder nicht. Die Urteilsqualität nimmt zu.

d) Die Kosten-Wirksamkeits-Analyse

Der Name lässt schon erkennen, um was es geht: Es soll jene Handlungsmöglichkeit herausgefunden werden, die - angesichts eines bestimmten Mitteleinsatzes („Kosten") die beste Wirkung erzielt. Längst wird „Wirkung" nicht mehr allein auf Waffensysteme bezogen, wofür die Kosten-Wirksamkeits-Analyse einmal entwickelt wurde. Längst hat die Methode auch andere Anwendungsgebiete erobert.

Eine interessante Perspektive ergibt sich, wenn als „Wirkung" eines Projektes sein Nutzwert betrachtet wird. In diesem Falle können nämlich Nutzen (in Gestalt des Nutzwertes) und Kosten einander gegenübergestellt werden. Genauer: Je nach Zielsetzung kann unter alternativen Projekten, auch wenn sie mit unterschiedlichen Nutzwerten und unterschiedlichen Kosten verbunden sind, entweder das (relativ) wirtschaftlichste oder das (relativ) sparsamste bestimmt werden. Die Auswahlentscheidungen setzen nicht mehr - wie bei der Nutzwertanalyse - übereinstimmende Kosten voraus. Ob der Nutzen des ausgewählten Projekts seine Kosten wert ist, bleibt jedoch auch bei dieser Methode offen.

Zu näheren Einzelheiten sei wiederum auf das Anwendungsbeispiel in Anhang B. (S. 272 f.) verwiesen.

Anmerkungen

Die Kosten können auch auf andere Weise in die Nutzwertanalyse einbezogen werden. Zwei Vorschläge seien kurz vorgestellt.

(1) In das Zielsystem wird das Ziel Kostenminimierung aufgenommen. Die Idee leidet aber unter einigen nur schwer zu beantwortenden Fragen: Wie soll das Ziel gewichtet werden? Wenn - was angesichts der Gegenüberstellung von Kosten und Nutzen naheläge - das Zielgewicht 50 gewählt würde, kämen möglicherweise die übrigen Ziele zu kurz. Und wo soll der Nullpunkt der entsprechenden Skala zur Messung der Zielerreichung liegen? Bei Kostenlosigkeit? Auch das könnte zu wenig überzeugenden Resultaten führen.

(2) Es wird das Nutzwert-Kosten-Verhältnis gebildet, entweder anhand des Nutzwertes einer Alternative und ihrer gesamten Kosten oder anhand der Veränderungen von Nutzwert und Kosten beim (gedanklichen) Übergang von einer Alternative zur anderen. Auch dieser Vorschlag hat einen „Haken". Für die häufig zum Vergleich herangezogene Null-Alternative (Nichthandeln) lässt sich kein Quotient berechnen.

e) Die AHP-Methode

Die von Saaty (1980, 1982, 1994) entwickelte AHP-(Analytical Hierarchy Process)Methode kann als Weiterentwicklung der Nutzwertanalyse begriffen werden. Sie unterscheidet sich von jener dadurch, dass zahlreiche subjektive Entscheidungen, die die Nutzwertanalyse verlangt, nämlich

- bei der Festlegung der Zielgewichte und
- bei der Skalierung der Zielerreichungsgrade,

durch Gruppenentscheidungen gestützt werden.

Das Stichwort Gruppenentscheidungen sollte genügen, um die Problematik der AHP-Methode anzudeuten, d. h. den Punkt, auf den es in der vergleichenden Kritik (s. u.) letztlich ankommt. Einzelheiten der Vorgehensweise sind der Literatur (z. B. Saaty 1994; Weber 1993, Abschn. 4-6; Ossadnik 1998, Kap. 4 u. 5; Brede 2002) oder dem Anwendungsbeispiel im Anhang B (S. 273-276) zu entnehmen.

2. Kritik

Vergleicht man die fünf Methoden miteinander, gibt es für die **Nutzen-Kosten-Analyse** einen großen Vorteil gegenüber den anderen Methoden. Als einzige Methode zeichnet sie sich durch den Versuch aus, Nutzen und Kosten nicht nur einander gegenüberzustellen, sondern wirklich aneinander zu messen, also eine Antwort auf die Frage zu liefern, ob die Kosten durch den erzielten Nutzen aufgewogen werden. Dass der Versuch wegen nicht-quantifizierbarer oder nicht-bewertbarer Wirkungen einer Handlung oftmals scheitert oder nur zu kläglichen Aussagen führt, steht auf einem anderen Blatt.

Ansonsten fällt *bei allen Methoden* eine fundamentale Schwäche ins Auge. Sie kommen sämtlich nicht ohne gehörige Portion subjektiven Ermessens aus. Das gilt für die Auswahl von Kriterien, Festlegung der Parameter für die Messskalen[55] und für viele Beurteilungen hinsichtlich der Zielerreichung oder Kriterienerfüllung. Durch Gruppenentscheidungen wird diese Schwäche bei der **AHP-Methode** nicht aufgehoben, doch gemildert.

Die Ergebnisse bleiben also durchweg angreifbar.

Aber der Umgang mit der Subjektivität ist bei allen Methoden verschieden. Hier ist die **Stufenweise Nutzwertanalyse** hervorzuheben. Bei ihr wird auf die Subjektivität ausdrücklich hingewiesen. Dem Entscheidungsträger wird kein bestimmtes Ergebnis als das allein richtige vorgespiegelt. Er kann sich zugunsten der einen oder anderen Alternative entscheiden oder auch indifferent bleiben. Die Offenheit kann man als Schwäche betrachten. Wir sehen sie als Stärke an. In der **Stufenweisen Nutzwertanalyse** wird nachdrücklicher als anderswo darauf aufmerksam gemacht, welchen Einfluss zusätzlich in die Urteilsfindung einbezogene Kriterien auf das Urteil haben. Dem Verfahren ist gleichsam eine Sensitivitäts-Analyse[56] eingebaut worden. Außerdem wird es nicht mehr dem Planer überlassen, den Kreis der relevanten Beurteilungskriterien festzulegen, sondern dies ist ausschließlich Sache des Entscheidungsträgers. Mehr noch - der Entscheidungsträger wird vielleicht sogar angeregt, probeweise die Gewichtung oder den Kreis der Beurteilungskriterien zu verändern, um zu sehen, was dabei herauskommt. Ohnehin handelt es sich ja bei allen Methoden zur Projektbeurteilung oder Evaluation mehr um Methoden der Entscheidungsvorbereitung als der nachträglichen Rechtfertigung getroffener Entscheidungen.

Der Reiz zum Experimentieren, den der Entscheidungsträger bei der **Stufenweisen Nutzwertanalyse** verspüren mag, dürfte den größten Vorteil gegenüber anderen Methoden ausmachen.

Die **Stufenweise Nutzwertanalyse** unterscheidet sich in dieser Hinsicht kaum vom praktischen Verhalten. Wir konzentrieren uns auch im Alltag zunächst auf die wichtigsten Kriterien und nehmen dann weitere, weniger wichtige hinzu, um zu sehen, ob die ursprüngliche Präferenzordnung stabil bleibt.

Man könnte bemängeln, ein Verfahren, das praktisches Verhalten nachbildet, bedeute keinen Fortschritt. Aber es macht einen Unterschied, ob eine Verfahrensweise lediglich vorhanden ist und in der

---

[55] Wie sehr sich die Subjektivität bei der Festlegung der Skalenparameter auswirkt, sei am Beispiel der in Abb. 42 (s. S. 269) verwendeten Skala demonstriert. Läge dort der Nullpunkt bei 11 km (statt bei 6 km), landeten beide Alternativen auf wesentlich besseren Skalenpositionen: Die Alternative I mit 3,5 km Entfernung von den anderen Ämtern erzielte den Zielerreichungsgrad 7,5, die Alternative II mit 4 km Entfernung den Zielerreichungsgrad 7. Die Manipulationsgefahr ist nicht zu übersehen.

[56] Ein ähnlicher Vorschlag findet sich bei Ossadnik u. a. (1997, 550 ff.)

Praxis genutzt wird oder ob sie auch wissenschaftlich untersucht und beschrieben ist. Eine Beschreibung erzeugt normative Kraft und sorgt für Nachahmung und Verbreitung. Es ist die Regelhaftigkeit, die Fortschritt bringt.

Ein anderer Gesichtspunkt, unter dem die fünf Methoden zu vergleichen sind, ist die Transparenz der Vorgehensweise. In dieser Hinsicht sind die **Einfache** und die **Stufenweise Nutzwert-Analyse** sowie die **Kosten-Wirksamkeits-Analyse** wesentlich günstiger zu beurteilen als die **Nutzen-Kosten-Analyse** und die **AHP-Methode**. Es geht bei der Transparenz um die Frage, ob und inwieweit ein Außenstehender das Zustandekommen eines Urteils nachvollziehen und gegebenenfalls die Urteilsfindung noch einmal unter veränderten Annahmen wiederholen kann. Es ist angesichts des hohen Grades an Subjektivität unbedingt erforderlich, dass die Frage positiv beantwortet wird. Deshalb gebührt den Methoden der **Nutzwertanalyse** - gleichgültig, ob Einfache oder Stufenweise - und der **Kosten-Wirksamkeits-Analyse** eindeutig der Vorrang vor den anderen Methoden.

Fassen wir zusammen: Die Praxis benötigt handfeste, einfache Beurteilungsverfahren, deren Ergebnisse plausibel erscheinen. Ist die Anzahl der Beurteilungskriterien groß, wie dies bei Projekten der öffentlichen Hand regelmäßig der Fall ist, erweist sich die **Nutzwertanalyse**, kombiniert mit der **Kosten-Wirksamkeits-Analyse**, den anderen Methoden als überlegen. Allerdings ist das herkömmliche (einfache) Verfahren der **Nutzwertanalyse** so zu modifizieren, dass das Beurteilungsergebnis nicht mehr den Eindruck von Objektivität und Genauigkeit vermittelt. Dass dabei eine theoretisch wenig anspruchsvolle Methode herauskommt, sollte angesichts des hohen Grades an Praktikabilität in Kauf genommen werden.

Anmerkung

In manchen Fällen - z. B. bei bestimmten Vorhaben der Grundlagenforschung - ist a priori die Datenlage so schlecht, dass eine Projektbewertung abwegig erscheint. Dann empfiehlt es sich, die Mittel (deren Umfang grob geschätzt wird) à fonds perdu bereitzustellen und lediglich einen Abschlussbereicht nach Beendigung des Projekts zu verlangen (Brede 1991).

B.   Ausgewählte Optimierungsmethoden

1.   Lineares Programmieren

Wie schon erwähnt (S. 171), geht es in diesem Abschnitt nur darum zu demonstrieren, dass es für bestimmte Optimierungsmethoden auch in öffentlichen Betrieben und Verwaltungen Anwendungsmöglichkeiten gibt. Dementsprechend können die Ausführungen kurz und knapp ausfallen und die Beispiele ganz einfach gehalten werden.

Das Anwendungsfeld für Lineares Programmieren soll am Beispiel der optimalen Verteilung von Haushaltsmitteln vorgeführt werden.

Angenommen, eine Gemeinde will Straßenbau betreiben und das Rohrleitungsnetz der Trinkwasserversorgung erneuern. Die Finanzmittel reichen jedoch nicht aus, um alle Wünsche zu befriedigen. Sie müssen entweder dem einen oder anderen Vorhaben zugeordnet werden, oder man muss sie aufteilen. Welche Verwendung ist die beste?

Die Gemeinde geht von folgenden Daten aus, wobei unterstellt wird, dass eine Nutzen-Kosten-Untersuchung stattgefunden hat:

Nutzen des Straßenbaus = 9 Nutzeneinheiten/km

Nutzen des Wasserleitungsbaus = 6 Nutzeneinheiten/km

Daraus ergibt sich die Zielfunktion

$$N = 9 S + 6 W \rightarrow \text{max!}$$

Legende:	
N	Nutzeneinheiten
S	Anzahl an Kilometern Straßenbau
W	Anzahl an Kilometern Wasserleitungsbau

Selbstverständlich kann die Zielfunktion nur unter Nebenbedingungen erfüllt werden. Sie resultieren aus der Knappheit der verfügbaren Mittel und aus dem Mittelbedarf: Die Baumaßnahmen erstrecken sich in beiden Fällen über drei Jahre. Der Einfachheit halber werden die Angaben über die verfügbaren Mittel und den Mittelbedarf jeweils auf den Periodenanfang bezogen. Mittel, die nicht ausgeschöpft werden, sollen verfallen - eine nicht ganz unrealistische Annahme, wenn man an die Vergabe von Fördermitteln denkt.

Mittelbedarf		t_0	t_1	t_2
	für S = 1	6	4	3
	für W = 1	3	3	5
verfügbare Mittel		48	36	45

Tab. 8: Mittelbedarf und -vorrat für Straßen- und Wasserleitungsbau

Aus Tab. 8 lassen sich die Nebenbedingungen ableiten. Sie lauten

$$6 S + 3 W \leq 48$$
$$4 S + 3 W \leq 36$$
$$3 S + 5 W \leq 45$$

Das Beispiel ist so einfach, dass sich die Lösung noch durch wenige Probierschritte ermitteln ließe. Es gehört aber kaum Fantasie dazu, sich vorzustellen, dass nur einige Komplizierungen genügten, um die Anwendung eines formellen Lösungsverfahrens - hier der Simplex-Methode - notwendig zu machen. Und darum geht es: Der Verwaltungsfachmann muss wissen, dass Probleme dieser Art prinzipiell lösbar sind, und zwar - dank weit verbreiteter Software - auch auf einfache und schnelle Weise. Aber er muss unter Umständen in der Lage sein, sein Problem dem Datenverarbeitungsfachmann in einer computergerechten Sprache zu präsentieren: Das heißt, er muss ein Problem, das z. B. mit Hilfe des Linearen Programmierens gelöst werden soll, in die Zielfunktion und die Nebenbedingungen kleiden (so wie es in diesem Buch auch im Zusammenhang mit den optimalen Kassendispositionen - S. 141-143, 263-267 - geschieht).

Die Lösung des vorliegenden Problems heißt:

$$S = 6$$
$$W = 4$$
$$N = 78$$

Anwendungsmöglichkeiten des Linearen Programmierens, aber auch der anderen Programmierungs-
arten, finden sich überall dort, wo knappe Ressourcen alternativen Verwendungsmöglichkeiten zugeführt werden können, die Alternativen sich aber nicht ausschließen, sondern miteinander kombinier-
bar sind. Solche Aufgaben gibt es in öffentlichen Verwaltungen und Betrieben zur Genüge. Das Problem, das in der oft nicht überschaubaren Anzahl von Kombinationsmöglichkeiten steckt, wird mit
Hilfe des angedeuteten oder eines verwandten Lösungsweges beherrschbar.

2.   Netzplantechnik

Die Netzplantechnik wurde zur Terminüberwachung von Baumaßnahmen entwickelt. Sie eignet sich
aber auch gut zur Lösung von Problemen der öffentlichen Verwaltung oder öffentlicher Betriebe, die
optimal strukturierte zeitliche Abläufe aufeinanderfolgender oder parallel geschalteter Vorgänge
verlangen. Betrachten wir das folgende Beispiel:

Abteilungsleiter Meier wird beauftragt, den Umzug seiner Dienststelle in ein neues Gebäude vorzubereiten. Das Gebäude sei bereits vorhanden. Raumverteilung und Ausstattung mit Mobiliar und
Gerät werden von anderer Seite erledigt. Die folgende Zusammenstellung hält ganz grob die wichtigsten übrigen Arbeitsschritte fest.

Kennzeichnung	Vorgang	Dauer in Tagen	Welcher Vorgang muss vorher abge- schlossen sein?
A	Feststellung des Bedarfs an Möbel- wagenkapazität	5	-
B	Ausschreibung des Speditionsauftra- ges	2	A
C	Auftragsvergabe	8	B
D	Erstellung genauer Ausführungspläne und Anweisungen	3	B
E	Einpacken	5	-
F	Transport	2	C, D, E
G	Auspacken und Einräumen	5	F
H	Kontrolle der Auftragsausführung und Abrechnung	1	G

Tab. 9: Daten zur Terminplanung eines Behördenumzugs

Auch in diesem Falle sind die Verhältnisse so leicht überschaubar, dass eine gute oder die optimale
Lösung ohne Hilfsmittel erarbeitet werden könnte, aber schon wenige Erweiterungen des Beispiels

reichen aus, um die Anwendung eines Hilfsmittels wie der Netzplantechnik unausweichlich zu machen.

Die Netzplantechnik, von der es verschiedene Varianten gibt, bedient sich grafischer Mittel: der geraden Linie, die den Vorgang selbst verkörpert, und des Kreises („Knoten"), der den Anfangs- oder Endzeitpunkt des Vorgangs darstellt. Die Länge einer Geraden sagt nichts über die Zeitdauer aus. Die Kreise werden numeriert.

Die Angaben der Tab. 9 können nun ins Grafische übertragen werden, wobei allein auf die zeitliche Abfolge oder Parallelität der Vorgänge zu achten ist. Das Ergebnis kann z. B. folgendes Aussehen haben:

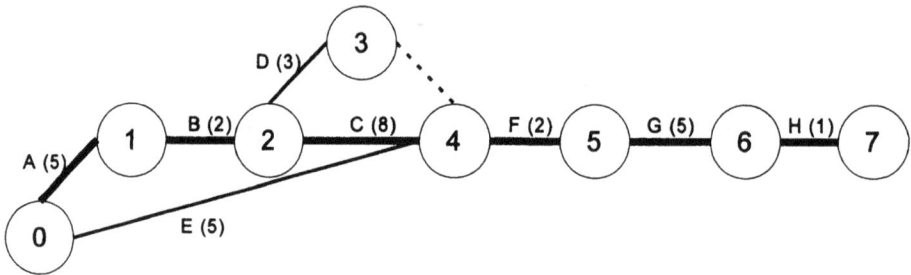

Abb. 13: Netzplan

Die gestrichelte Linie stellt eine sogenannte „Scheinaktivität" dar, d. h. es verbirgt sich dahinter kein wirklicher Vorgang. Die „Scheinaktivität" wird nur aus formalen Gründen eingezeichnet. Auf diese Weise soll verhindert werden, dass das Netz „reißt".

		frühester Anfangstermin	Spätester Anfangstermin	frühester Endtermin	spätester Endtermin
A	Feststellen des Bedarfs an Möbelwagen-Kapazität	0	0	5	5
B	Ausschreibung des Speditionsauftrags	5	5	7	7
C	Auftragsvergabe	7	7	15	15
D	Erstellung genauer Ausführungspläne und Anweisungen	7	12	10	15
E	Einpacken	0	10	5	15
F	Transport	15	15	17	17
G	Auspacken und Einräumen	17	17	22	22
H	Kontrolle der Auftragsaus- führung und Abrechnung	22	22	23	23

Tab. 10: Terminplanung eines Behördenumzugs, Anfangs- und Endtermine

Eine Eintragung in Tab. 10 - z. B. „12" - muss als „12 Tage nach Prozessbeginn" gelesen werden.

Obwohl das Beispiel äußerst einfach gehalten ist, lässt die Auswertung doch erkennen, welchen Vorteil ein Netzplan bietet. Er informiert einfach und schnell über Dinge, auf die es bei der Terminplanung besonders ankommt, über

- den Endtermin des gesamten Prozesses
- die Vorgänge, auf die bei der Terminüberwachung besonders zu achten ist, d. h. Vorgänge, bei denen jede Verzögerung den Endtermin gefährdet; im vorliegenden Fall sind diese Vorgänge mit stärker ausgezogenen Strichen markiert („Kritischer Pfad")
- die Vorgänge, bei denen Zeitreserven vorhanden sind.

Die Zeitreserven werden in Tab. 10 aus den Unterschieden zwischen dem jeweils frühesten und spätesten Anfangs-/Endtermin ersichtlich. So könnte sich z. B. die Erstellung genauer Ausführungspläne und Anweisungen (Vorgang D) ruhig um 5 Tage verzögern; davon würde der Endtermin des gesamten Prozesses, 23 Tage nach Beginn, nicht berührt.

3.   Entscheidungsbaumverfahren

Das Entscheidungsbaumverfahren ist genauso anwendungsfreundlich wie die Netzplantechnik. Beim Entscheidungsbaumverfahren geht es ebenfalls um die Anordnung von Vorgängen. Allerdings dreht es sich ausschließlich um die optimale *Reihenfolge*.

Am besten wird das Verfahren wieder an einem ganz einfachen, leicht nachvollziehbaren Beispiel vorgestellt.

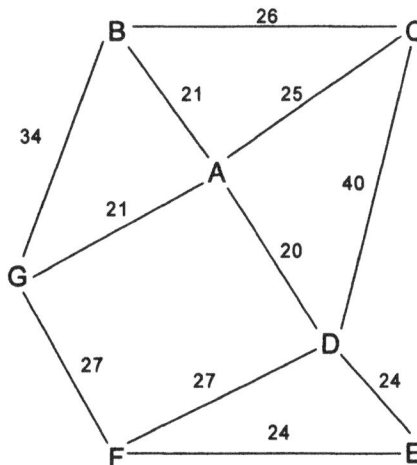

Abb. 14: Räumliche Verteilung der Dienststellen einer Stadtverwaltung

Ein Bürobote hat zweimal täglich von der Botenmeisterei A aus sämtliche über das Stadtgebiet verstreut liegenden Ämter B, C, ..., G der Stadtverwaltung mit Akten u. ä. zu versorgen. Die Abb. 14 nennt den Zeitbedarf in Minuten zwischen den einzelnen Stationen.

Nun soll die kürzeste Wegstrecke herausgefunden werden. Wie verläuft sie? Wieviel Zeit wird dafür benötigt? Die Antwort liefert eine Technik, bei der systematisches Prüfen zu einer Grafik führt, die an eine auf der Seite liegende Baumkrone erinnert - ein Bild, das dem Entscheidungsbaumverfahren zu seinem Namen verholfen hat.

Von einem bestimmten Punkt aus, hier der Botenmeisterei A, werden (bei der hier vorgestellten Variante des Entscheidungsbaumverfahrens) systematisch sämtliche denkbaren Schrittfolgen auf ihre Länge hin getestet. Auf diese Weise muss die kürzeste Schrittfolge offenbar werden. Die in der folgenden Abb. 15 jeweils hinzugefügten Zahlen bezeichnen die insgesamt beanspruchte Zeit.

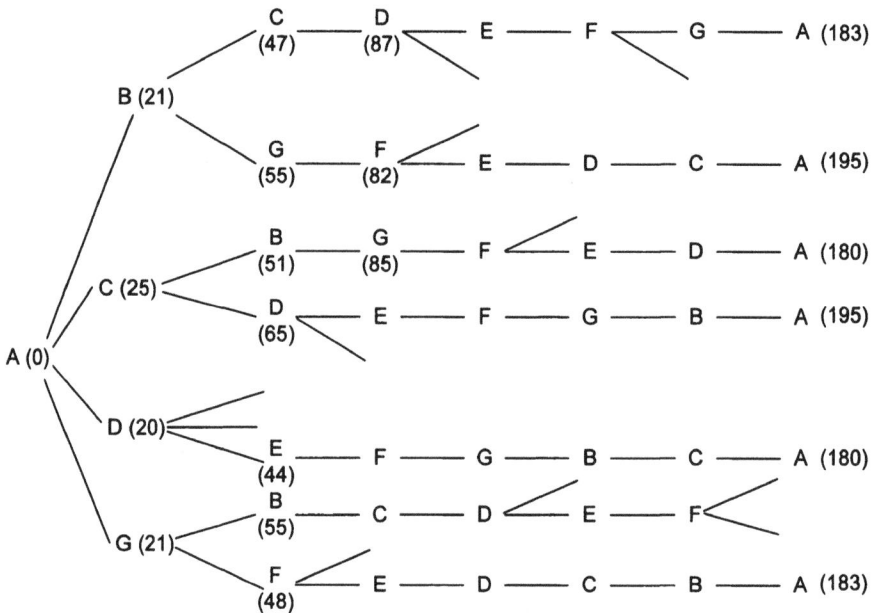

Abb. 15: Entscheidungsbaum zur Ermittlung des optimalen Tourenplans eines Büroboten

Ein paar offensichtlich unsinnige Wegstrecken - unsinnig, weil sie es nötig machten, bestimmte Wegabschnitte zweimal zurückzulegen - sind nur angedeutet und nicht weiterverfolgt worden.

Danach bleiben drei Routen, die in der einen Richtung oder ihrer Gegenrichtung zurückgelegt werden können. Im Zeitbedarf unterscheiden sie sich deutlich. Am besten ist es, die Stationen in der Reihenfolge A, C, B, G, F, E, D, A oder in der umgekehrten Reihenfolge A, D, E, F, G, B, C, A anzulaufen. Der Zeitbedarf beträgt jedes Mal 180 Minuten.

Im Grunde genommen wurde mit der Optimallösung das Problem der optimalen Vernetzung bewältigt. Deshalb ist das Verfahren auch gut geeignet, wenn z. B. Verbundsysteme bestehen, wie in der Stromwirtschaft, und kürzestmögliche Leitungs- oder Schienennetze geschaffen werden müssen.

D. Entscheidung

Das Kapitel „Entscheidung" könnte wegen zu geringer Besonderheiten öffentlicher Betriebe und Verwaltungen auf diesem Gebiet gänzlich entfallen, müsste man nicht vermuten, dass Entscheidungen in öffentlichen Betrieben und Verwaltungen tendenziell teurer als in der Privatwirtschaft sind.

Die Vermutung beruht auf der Beobachtung, dass sich die Bereitschaft, Verantwortung zu übernehmen, in öffentlichen Betrieben und Verwaltungen wegen der schwierigen Messbarkeit der Erfüllung gemeinwohlorientierter Ziele (s. S. 15-17) nur schwerlich auszahlt. Das fördert die Neigung,

- Kollektiventscheidungen statt Individualentscheidungen zu treffen und

- Entscheidungen auf relativ hoher (zu hoher?) Ebene zu fällen.

Kollektiventscheidungen sorgen dafür, dass die Verantwortung für eine eventuelle Fehlentscheidung auf mehrere Schultern verteilt wird. Ausdruck dieser Haltung sind Kommissionen, Arbeitsgruppen, Ausschüsse usw. Damit soll der Wert kollektiver Entscheidungen nicht generell in Frage gestellt werden. Aus Gründen schwieriger Beurteilung ist es in bestimmten Fällen unabdingbar, die individuellen Urteile zu relativieren. Hier geht es nur um die kollektive Entscheidungsfindung in Fällen, in denen aus Verantwortungsscheu Individualentscheidungen vermieden werden.

Zu Entscheidungen auf hoher oder gar zu hoher Hierarchie-Ebene kommt es dann, wenn die an sich Zuständigen Entscheidungen aus Verantwortungsscheu „nach oben" abschieben. Denkbar ist zugleich, dass Vorgesetzte Entscheidungen aus Mangel an Vertrauen in die Fähigkeiten der Mitarbeiter für sich reservieren - Entscheidungen, die ohne weiteres delegiert werden könnten.

Erscheinungen dieser Art können selbstverständlich auch in privaten Unternehmen auftreten. Aber es sei noch einmal betont: da die Privatwirtschaft Entscheidungsfreude honoriert, diese sich in öffentlichen Verwaltungen und öffentlichen Betrieben aber nur selten auszahlt, besteht Anlaß zu vermuten, dass dieser Unterschied tendenziell zu den geschilderten Abweichungen in Entscheidungsorganisation und -verhalten führt.

Wie kann der möglichen Tendenz begegnet werden?

- Die wichtigste Maßnahme können Leistungsanreize sein, sofern es gelingt, ein wirksames System zu entwickeln (s. S. 161-166).

- Sodann ist Mitarbeiter- und Vorgesetztenschulung zu nennen. Sie muss zum Ziel haben, die Bereitschaft zur Übernahme von Verantwortung und zur Entscheidungsdelegation zu stärken.

- Sofern Zweifel an der angemessenen Entscheidungsebene bestehen, kommt als dritte Maßnahme in Frage, Entscheidungen lieber zu hoch als zu niedrig anzusiedeln. Ein zu hohes
Entscheidungsniveau erlaubt die nachträgliche Delegation der Entscheidung auf die Mitar-
beiterebene oder auf eine nachgeordnete Behörde - was immer auch die Möglichkeit einschließt, die Entscheidungskompetenz relativ einfach wieder „heimzuholen". Die entgegengesetzte Strategie, die Entscheidung von vornherein zu niedrig anzusiedeln, birgt die
Gefahr in sich, bei Inkompetenz des Entscheidungsträgers oder Überlastung des kontrollie-
renden Vorgesetzten die Fehlentscheidung nur mit erheblichen organisatorischen und
„menschlichen" Schwierigkeiten korrigieren zu können (z. B. Brede 1997 a, 118 ff.).

Die mit der dritten Maßnahme empfohlene Strategie drückt im Grunde genommen nur aus, dass es
objektive Kriterien für die „angemessene" oder „richtige" Entscheidungsebene nicht gibt und notfalls
ein Lernprozess zu absolvieren ist.

Insgesamt kann man davon ausgehen, dass Entscheidungsorganisation und -verhalten öffentlicher
Betriebe und Verwaltungen noch erhebliche Rationalisierungsreserven in sich bergen und dass diese
Reserven - wie die eben genannten Maßnahmen zeigen - nur über einen längeren Zeitraum hinweg
ausgeschöpft werden können.

C. Kontrolle

Das Thema Kontrolle[57] kann verhältnismäßig kurz abgehandelt werden - nicht weil Kontrolle in öffentlichen Betrieben und Verwaltungen klein geschrieben würde (das Gegenteil ist der Fall), sondern
weil die öffentlichen Institutionen gegenüber privaten in dieser Hinsicht nur wenige Spezifika auf-
weisen. Die Unterschiede betreffen

(1) die Ausrichtung der Kontrollmaßnahmen auf die Erfüllung gemeinwohlorientierter Ziele,

(2) die Art und Weise, in der öffentliche Betriebe und Verwaltungen Kontrollen durchführen,
und

(3) die Besetzung von Schlüsselpositionen auf dem Gebiet der Kontrolle.

Zu (1): Alles, was mit Kontrolle in öffentlichen Betrieben und Verwaltungen zusammenhängt, wird
aufs stärkste von der Art der Zielsetzung geprägt, d. h. von der Tatsache, dass öffentliche Betriebe
und Verwaltungen zu gemeinwohlorientiertem Handeln verpflichtet sind.

Wie schon erklärt (s. S. 15-17), entziehen sich gemeinwohlorientierte Ziele weithin der quantitativen
Erfassung. Dementsprechend ergeben sich nicht nur für die Steuerung, sondern auch für die Kontrol-

---

[57] Der Begriff wird hier in einem umfassenden Sinn verwendet. Es wird also nicht zwischen Kontrolle, Überwachung,
Prüfung und Revision unterschieden. Soll eine begriffliche Unterscheidung getroffen werden, s. Brede 1975.

le außerordentliche Probleme. Die Probleme brauchen hier nicht ausgebreitet werden. Es genügt, auf die entsprechenden Ausführungen im Zusammenhang mit der Zielsetzung öffentlicher Betriebe und Verwaltungen (s. S. 15-20), der Projektbewertung (s. S. 171-177) und der Wirkungsrechnung (s. S. 206-210) zu verweisen. Doch dies sei noch einmal ausdrücklich betont: solange es schwierig oder gar unmöglich bleibt, die Erfüllung gemeinwohlorientierter Ziele hinreichend zuverlässig zu messen, nützen entsprechende Zielvorgaben („Steuerung") wenig; denn die dazugehörigen Bewertungen und Kontrollen treffen den Kern der Sache nicht.

In puncto Wirksamkeit von *Kontrolle zur Zielerfüllung* weisen öffentliche Betriebe und Verwaltungen die stärkste Abweichung gegenüber privaten Unternehmen auf.

Zu (2): Öffentliche Betriebe und Verwaltungen verfügen über ein ausgedehntes und intensiv genutztes Kontrollsystem. Das ist sicherlich eine Folge des Grundsatzes der Gesetzmäßigkeit des Verwaltungshandelns (s. S. 93), also jenes Grundsatzes, der öffentliche Einrichtungen verpflichtet, sich bei allen Handlungen auf eine gesetzliche Grundlage zu stützen. Selbstverständlich muss dementsprechend auch immer die Gesetzmäßigkeit des Verwaltungshandelns kontrolliert werden.

Die öffentlichen *Verwaltungen* haben durchweg interne Kontrolleinrichtungen (u. a. die „Innenrevision"), die Routinekontrollen und Sonderuntersuchungen durchführen. Die internen Kontrollmaßnahmen sorgen dafür, dass die entscheidenden Vorgänge zumindest durch das „Vier-Augen-Prinzip" abgesichert werden. Letzteres kommt u. a. auch in der Pflicht zum Ausdruck, alle wichtigen Vorgänge und Schriftstücke „abzuzeichnen" oder „gegenzuzeichnen".

Außer den internen Kontrollen gibt es zahlreiche externe:

Hinsichtlich der *staatlichen Verwaltung* ist in erster Linie an die Rechnungshöfe des Bundes und der Länder, hinsichtlich der *Kommunalverwaltung* an die Rechnungsprüfungsämter zu denken. Die Mitglieder der Rechnungshöfe besitzen richterliche Unabhängigkeit; sie haben insbesondere die Aufgabe, dem Parlament über den Vollzug des Haushaltsplans zu berichten. Das setzt ausgedehnte Prüfungen hinsichtlich der Kriterien „Rechtmäßigkeit", „Wirtschaftlichkeit" und „Zweckmäßigkeit" des Verwaltungshandelns voraus. Das Rechnungsprüfungsamt einer *Kommune* ist das kommunale Gegenstück des Rechnungshofes, nur mit dem Unterschied, dass es sich um ein *Amt* der jeweiligen Gebietskörperschaft handelt - allerdings ohne dass sein Leiter dem Gemeindedirektor, Kreisdirektor usw. unterstellt wäre.

Die Rechnungshöfe unterhalten bei den Mittelbehörden, d. h. Bezirksregierungen bzw. Regierungspräsidenten, zumeist Außenstellen. Sie heißen Vorprüfungsstellen und unterziehen Annahme- und Auszahlungsanordnungen (s. S. 193) einer Vorprüfung - daher der Name -, ehe die zuständige Kasse tätig werden darf.

Außerdem üben die Mittelbehörden die Kommunalaufsicht aus. Das heißt, sie überwachen, ob sich die - ihr Selbstverwaltungsrecht praktizierenden - Kommunen an Recht und Gesetz halten, und sie machen von Genehmigungsvorbehalten Gebrauch, über die der Staat gegenüber den Kommunen verfügt. In erster Linie ist Kommunalaufsicht Rechtsaufsicht.

Weitere externe Kontrollen treten fallweise auf, etwa wenn Beratungsunternehmen mit Wirtschaftlichkeits- oder Organisationsuntersuchungen beauftragt sind. Zahlreiche öffentliche Unternehmen müssen sich aufgrund ihrer Rechtsform (Aktiengesellschaft) regelmäßig externen Prüfungen unterziehen.

Bemerkenswert ist nicht die große Zahl interner und externer Kontrollinstitutionen und -maßnahmen. Bemerkenswert ist vielmehr die *Art und Weise*, in der die Kontrollen durchgeführt werden:

Es ist zumeist unüblich, Kontrollen, die durch verschiedene Institutionen vorgenommen werden, miteinander zu verzahnen, d. h. sich die Kontrollergebnisse einer anderen Kontrollinstitution zunutze zu machen. Statt dessen kommt es zu mehrfachen, sich überlappenden Kontrollen desselben Gegenstandes. Das ist genauso problematisch wie das Verhalten eines Facharztes, der an dem ihm überwiesenen Patienten noch einmal dieselben Laboruntersuchungen vornimmt, die der Arzt für Allgemeinmedizin schon vor ihm angestellt hatte. Verzahnung setzt freilich Vertrauen in die Zuverlässigkeit der anderen Kontrollinstitutionen voraus; es müsste sich aber entwickeln lassen.

Ferner bevorzugen öffentliche Betriebe und Verwaltungen gern bestimmte Kontrollformen, die aus gutem Grund in der Privatwirtschaft weniger geschätzt werden. So präferieren viele öffentlichen Einrichtungen

- Fremdkontrolle gegenüber Selbstkontrolle[58]
- lückenlose Kontrolle gegenüber stichprobenweiser Kontrolle
- Ex-post-Kontrolle gegenüber Ex-ante- oder begleitender Kontrolle
- laufende Kontrolle gegenüber fallweiser Kontrolle
- externe Kontrolle gegenüber interner Kontrolle.[59]

Jede der präferierten Kontrollformen ist teurer als die weniger geschätzte. Dabei muss die teurere Kontrolle nicht leistungsfähiger sein. Das bedeutet insgesamt:

> Soweit in öffentlichen Betrieben und Verwaltungen überflüssige Mehrfachkontrollen und weniger wirtschaftliche Kontrollformen angewendet werden, bestehen Rationalisierungsreserven.

---

[58] Zum Beispiel kontrolliert der Vorgesetzte das Arbeitsergebnis seines Mitarbeiters, statt diese Tätigkeit dem Mitarbeiter selbst zu überlassen.

[59] Externe Kontrolle bedeutet beispielsweise die Überprüfung von Auszahlungsanordnungen an die Kasse durch die Vorprüfungsstelle; interne Kontrolle liegt hingegen vor, wenn die Aufgabe von der Innenrevision wahrgenommen wird.

Wie groß die Rationalisierungsreserven sind, offenbart insbesondere die Stichprobentheorie: Sie lehrt, dass es beim Verzicht auf lückenlose Kontrolle möglich ist, die Gesamtmenge durch eine derart bemessene Teilmenge zu kontrollierender Gegenstände zu ersetzen, dass der stichprobenweisen Kontrolle dieselbe Aussagefähigkeit wie der lückenlosen zukommt.

Schließlich ist darauf hinzuweisen, dass die Regeln, nach denen im öffentlichen Bereich Kontrollen durchgeführt werden, weitgehend „hausgemacht" sind. Einheitlichkeit sucht man vergebens. Um was es geht, lässt sich mit Hilfe einer entgegengesetzten Situation erklären:

Der Berufsstand der Wirtschaftsprüfer ist durch Berufsrecht an sehr genau vorgegebene Regeln der Berufsausübung gebunden. Das hat zur Folge, dass überall, wo sich Unternehmen Pflichtprüfungen unterziehen müssen, eine einheitliche, von wissenschaftlichen Erkenntnissen bestimmte Praxis externer Kontrollen („Prüfungen") herrscht. Was für die öffentlichen Betriebe und Verwaltungen noch anzustreben ist, gilt in weiten Teilen der Privatwirtschaft längst als Selbstverständlichkeit.

Zu (3): Als drittes Spezifikum öffentlicher Betriebe und Verwaltungen auf dem Gebiet der Kontrolle ist die nicht selten zu beobachtende Gewohnheit zu nennen, Spitzenpositionen in Kontrollinstitutionen mit Politikern zu besetzen. Zu denken ist in diesem Zusammenhang u. a. auch an Spitzenpositionen der Rechnungshöfe. Es ist ganz klar, dass diese Gewohnheit, soweit sie geübt wird, negative Folgen für die Kontrollqualität haben kann - selbstverständlich nicht haben muss. Dieser Punkt gewinnt noch ein besonderes Gewicht im Zusammenwirken mit den bereits genannten Spezifika öffentlicher Betriebe und Verwaltungen; er sollte also nicht unterschätzt werden. Selbstverständlich muss man versuchen, die Berufung von Nichtfachleuten an die Schaltstellen der Kontrolle öffentlicher Institutionen zu verhindern. Das bleibt allerdings angesichts des nie erlahmenden Interesses der politischen Kaste an Versorgungsposten eine Daueraufgabe.

6. Kapitel: Rechnungswesen

A. Vorbemerkungen

In der Vergangenheit wurde das Öffentliche Rechnungswesen durch die Kameralistik verkörpert und konnte genau definiert werden. Inzwischen haben zahlreiche Reformansätze dafür gesorgt, dass unser Begriff vom „Öffentlichen Rechnungswesen" weniger scharf umrissen ist als früher. Wer heute - besonders, wenn es zukunftsbezogen geschieht - davon spricht, versteht darunter nicht nur eine Finanzrechnung, sondern auch eine Kosten- und Leistungsrechnung, möglichst ergänzt um etwas, das am besten als Wirkungsrechnung bezeichnet wird. Ob dabei die Finanzrechnung im kameralistischen oder doppischen Stil geschieht, spielt zunächst keine Rolle. Entscheidend ist nur, dass die Vorstellung vom Rechnungswesen der öffentlichen Hand eine grundlegende Erweiterung erfahren hat.

Wichtig ist auch noch eine andere Tendenz. Dachte man früher im Zusammenhang mit dem Rechnungswesen an ein mehr oder weniger geschlossenes System, besteht heute die Neigung, alle möglichen Erscheinungen zum Rechnungswesen zu zählen, die mit dem Versuch verbunden sind, Zustände und Veränderungen in Form von Zahlen abzubilden.

Im folgenden wird ein mehrschichtiges Stoffgebiet abgehandelt. Zunächst geht es um eine kurze Präsentation des traditionellen Rechnungswesens in Gestalt der Kameralistik. Dabei sei schon hier darauf hingewiesen, dass sich immer weitere Bereiche der öffentlichen Verwaltung und öffentlichen Wirtschaft statt der Kameralistik der gewöhnlichen Doppik nach handelsrechtlichen Regeln bedienen (müssen). Das ist vor allem dann der Fall, wenn Bereiche der öffentlichen Verwaltung verselbständigt und in eine privatrechtliche Rechtsform überführt werden. Eigenbetriebe waren ohnehin schon seit jeher verpflichtet, ihre Rechnung „nach den Regeln der kaufmännischen doppelten Buchführung" zu führen (§ 16 Abs. 1 S. 1 ns EigBetrVO). Auf die kaufmännische Buchführung braucht in diesem Zusammenhang nicht direkt eingegangen zu werden.

„Nicht direkt", das deutet schon darauf hin, dass sehr wohl die Diskussion um die allgemeine Ablösung der Kameralistik durch die Doppik zur Sprache kommen muss. Allerdings scheint die Ablösung keine Frage des „Ob", sondern nur noch des „Wann" zu sein (Brede 1994 a). Es steht mittlerweile auch außer Zweifel, dass die kaufmännische Buchführung nur unter erheblichen Modifikationen gegenüber den handelsrechtlichen Regeln an die Stelle der Doppik treten kann - jedenfalls soweit an die Anwendung in den Kernbereichen der staatlichen und kommunalen Gebietskörperschaften zu denken ist. Deshalb soll die vorhersehbare Gestalt des Neuen Öffentlichen Rechnungswesens, soweit sie die Finanz-, Vermögens- und Ergebnisrechnung betrifft, hier skizziert werden. Mehr als eine Skizze kann allerdings hier nicht erwartet werden. Auch auf die vermutliche Notwendigkeit, das Neue Öffentliche Rechnungswesen für Kommunen, staatliche Gebietskörperschaften und einzelne Einrichtungen unterschiedlich zu gestalten, weil sich unterschiedliche Informationsbedürfnisse zeigen, kann hier nicht eingegangen werden.

Nach der Finanz-, Vermögens- und Ergebnisrechnung des Neuen Öffentlichen Rechnungswesens ist ein weiterer Abschnitt der Kosten- und Leistungsrechnung gewidmet. Dabei geht es um die Frage, welche Konzepte angewendet werden sollten, und um die besondere Problematik jeglicher Kosten- und Leistungsrechnung im öffentlichen Bereich.

Der letzte Abschnitt in Verbindung mit dem Neuen Öffentlichen Rechnungswesen befasst sich mit dem bereits angesprochenen Thema Wirkungsrechnung. Darzustellen ist, was Wirkungsrechnung im Neuen Öffentlichen Rechnungswesen bedeuten kann, dabei soll vor allem der Blick auf die vielen in diesem Zusammenhang noch zu lösenden Probleme gelenkt werden.

B. Kameralistik

1. Kurze Beschreibung der kameralistischen Buchführungs- und Abschlusstechnik

a) Verwaltungskameralistik

Unter den Formen der Kameralistik sind nur noch zwei aktuell, die Verwaltungskameralistik und die Erweiterte Kameralistik. Beide sollen kurz vorgestellt werden.[60]

Die verschiedenen Abteilungen der **Verwaltungskameralistik** werden am besten im Zusammenhang mit der folgenden Übersicht (Abb. 16) erklärt.

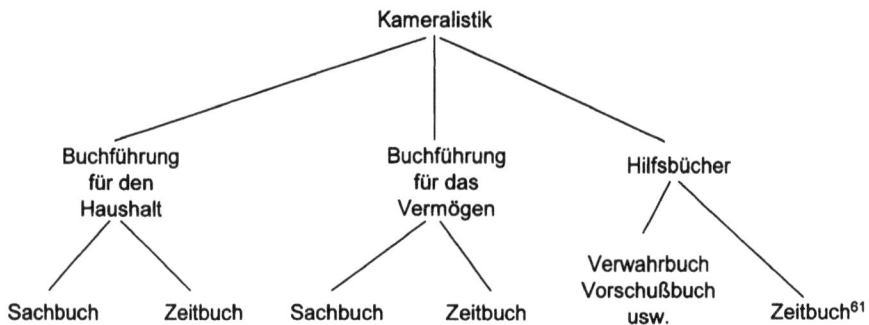

Abb. 16: Abteilungen der Kameralistik

---

[60] Die einschlägigen Vorschriften über die Gestaltung der kameralistischen Buchführungen finden sich im Haushaltsrecht und den ergänzenden Verwaltungsvorschriften.

[61] Aus praktischen Gründen empfiehlt es sich, auf ein eigenes Zeitbuch für die Hilfsbücher zu verzichten und die entsprechenden Buchungen im Zeitbuch für den Haushalt unterzubringen.

Zu unterscheiden sind zunächst die Buchführung für den Haushalt und die Buchführung für das Vermögen. Die Buchführung für den Haushalt dient dazu, die Ausführung des Haushaltsplans zu überwachen und zu dokumentieren. Sie ist unentbehrlich.

Im Gegensatz dazu kann auf eine Buchführung für das Vermögen verzichtet werden. Sofern es eine Buchführung für das Vermögens gibt, ist sie nicht systematisch mit dem übrigen Rechnungswesen verbunden und kann somit leicht hinzugefügt oder unterlassen werden. Außerdem befasst sie sich nur mit Vorgängen, die das Anlagevermögen und die aufgenommenen Kredite betreffen; es liegt also eine, aus betriebswirtschaftlicher Sicht betrachtet, etwas ungewöhnliche Interpretation von „Vermögen" vor.

Beide großen Abteilungen kennen eine Erfassung von Zahlungsvorgängen nach sachlichen Gesichtspunkten („Sachbuch") und eine Aufschreibung der Buchungsfälle in chronologischer Reihenfolge („Zeitbuch"). Die Erfassung des Buchungsstoffes sowohl nach dem Inhalt als auch nach dem Zeitpunkt der Buchung soll die Buchführung vor Fälschungen schützen.

Daneben gibt es noch Aufschreibungen, welche Buchungsstoff aufnehmen, der weder aus der Abwicklung des Haushaltsplans noch aus Vorgängen erwächst, die das Anlagevermögen oder die aufgenommenen Kredite betreffen. Der Buchungsstoff ergibt sich hauptsächlich aus kleineren, ungeplant aufgenommenen oder gewährten Darlehen. Insoweit handelt es sich im Grunde um das Forderungskonto („Vorschussbuch") und das Verbindlichkeitskonto („Verwahrbuch") - s. auch Gornas (1989, 1651-1653).

Das kameralistische Konto ist sehr einfach aufgebaut und dementsprechend einfach zu handhaben. Für das Sachbuch für den Haushalt, das Vorschuss- und das Verwahrbuch kann dasselbe Formular verwendet werden (allerdings unter Inkaufnahme der Tatsache, dass je nach Verwendungszweck bestimmte Spalten freibleiben). Es kann wie folgt aussehen:

Kontenbezeichnung: _____

Datum/ Buchungs- fall	Text	Einnahmen				Ausgaben			
		Reste der Vor- periode	Soll	Ist	Reste	Reste der Vor- periode	Soll	Ist	Reste

Abb. 17: Kameralistisches Konto für das Sachbuch für den
Haushalt, das Vorschuss- und das Verwahrbuch

Das Kernstück dieses Kontos bilden die Soll- und die Istspalte. Die Istspalte ist für die tatsächlich vollzogenen Einnahmen und Ausgaben vorgesehen. In der Sollspalte werden die Beträge registriert, die noch einzunehmen oder auszugeben der Kasse auferlegt ist. Anders als in der doppelten Buchführung werden in der Kameralistik also auch die Anweisungen an die Kasse gebucht. Das erlaubt eine bessere Kontrolle der Kassentätigkeit. Bleiben am Jahresende Anweisungen unerledigt, ergeben sich sogenannte Kassenreste, die selbstverständlich ins nächste Jahr vorgetragen werden. Diese Praxis erklärt die beiden Restespalten. Sie haben im Grunde genommen für die Kasse denselben Aufforderungscharakter wie die Sollspalten. In welcher Rubrik Einnahmen oder Ausgaben gebucht werden, ergibt sich aus der Kontenbezeichnung (Gornas 1989, 1653 f.).

Noch einfacher kann das Sachbuch für die Vermögensrechnung gehalten werden. Zu empfehlen ist folgendes Formular:

Kontenbezeichnung: _____

Datum/Buchungsfall	Text	Einnahmen	Ausgaben

Abb. 18: Sachbuchkonto für die Vermögensrechnung

Handelt es sich um das Konto für einen Anlagegegenstand, wird das Konto mit einer Eintragung in der Ausgabenspalte eröffnet: Ausgabe für die Anschaffung des Anlagegegenstandes. Abschreibungen werden als fiktive Einnahmen gedeutet und dementsprechend in der Einnahmenspalte gebucht. Schließlich nimmt die Einnahmenspalte auch den Anlagenabgang auf.

Handelt es sich um ein Konto für einen aufgenommenen Kredit, ändert sich natürlich der Buchungsinhalt der beiden Kontenspalten. Die Kreditaufnahme schlägt sich in der Einnahmenspalte nieder, da sie ja tatsächlich mit einer Einnahme verbunden ist. Tilgungszahlungen führen dementsprechend zu Buchungen in der Ausgabenspalte.

Selbstverständlich sollte für jeden Anlagegegenstand und jeden einzelnen Kredit ein eigenes Konto geführt werden, um die Kontrolle der Wertentwicklung des betreffenden Gegenstandes im Zeitablauf zu ermöglichen und die aktuelle Wertermittlung zu erleichtern.

Auch das Zeitbuch kommt mit wenigen Spalten aus. Es kann folgendermaßen aufgemacht werden:

Datum/Buchungsfall	Text	Einnahmen	Ausgaben

Abb. 19: Zeitbuch

Dabei ist es gleichgültig, ob die Aufschreibung im Rahmen der Buchführung für den Haushalt, der Buchführung für die Vermögensrechnung oder der Hilfsbücher geschieht.

Aus logischen Gründen müssen sich alle Eintragungen in den Zeitbüchern, soweit sie die Buchführung für den Haushalt und die Hilfsbücher betreffen, mit den Ist-Buchungen im Sachbuch für den Haushalt sowie den Ist-Buchungen im Verwahr- und im Vorschussbuch decken.

Die Kasse darf, wie schon angedeutet, nur dann eine Ausgabe leisten oder eine Einnahme entgegennehmen, wenn sie dazu förmlich angewiesen ist. Die Anweisung erfolgt in Form einer Anordnung, „Auszahlungsanordnung" bzw. „Annahmeanordnung", durch die dazu befugte (haushaltsführende) Dienststelle. Damit die anordnende Stelle den Überblick über ihre Anordnungen behält - sie müssen sich ja im Rahmen des Haushaltsplans bzw. der Budgetzuweisungen bewegen -, führt die haushaltsführende Stelle zur Selbstkontrolle zusätzliche Aufzeichnungen. Die Aufzeichnungen tragen die Bezeichnung „Haushaltsüberwachungsliste". Die HÜL, wie sie kurz genannt wird, steht außerhalb der Kameralistik. Ihre Aufmachung kann sehr einfach ausfallen.

Titel: _____

Zugewiesene Mittel: _____

Datum	Text	durch Auftragsvergabe verfügter Betrag	zur Auszahlung angewiesener Betrag	Korrektur	Gesamtbetrag der bisherigen Ausgaben

Abb. 20: Beispiel einer für Ausgaben bestimmten Haushaltsüberwachungsliste

Nicht nur den zur Auszahlung angewiesenen, sondern auch den durch Auftragsvergabe verfügten Betrag in der HÜL zu verzeichnen ist sinnvoll, weil es zwischen den Beträgen leicht Unterschiede geben kann. Man denke z. B. an die Auftragsvergabe zu Selbstkostenrichtpreisen (s. S. 257) oder die Auftragsvergabe ins Ausland, das heißt u. a. auch an Fälle, in denen sich bis zur Bezahlung der Wechselkurs ändern kann. Solche Unterschiede müssen selbstverständlich zur Korrektur des Gesamtbetrags der bisherigen Ausgaben führen.

Die Vorschrift, dass die Kasse keine Auszahlung leisten und keine Einzahlung entgegennehmen darf, ohne dazu im Einzelfall schriftlich ermächtigt zu sein, dient dem Schutz vor Unterschlagungen. Wenn der Kassierer/Buchhalter eine Unterschlagung begehen will, muss er mit einer anderen Stelle „unter einer Decke stecken".

Soviel an Beschreibung. Wer an näheren Einzelheiten interessiert ist, sei auf ein einfaches Buchungsbeispiel zur Verwaltungskameralistik einschließlich Jahresabschluss in Anhang C. (S. 276-282) verwiesen.

Gleichwohl sollte die kurze Beschreibung bereits das Wesentliche der Verwaltungskameralistik deutlich gemacht haben: Sie ist auf Zahlungen ausgerichtet. Allerdings werden Zahlungen, die mehrere Haushaltsjahre zugleich betreffen, nicht periodengerecht abgegrenzt. Auch eine Abgrenzung in sachlicher Hinsicht, die zur Isolierung der Verwaltungskosten - im kostenrechnerischen Sinne - führen würde, ist nicht vorgesehen. Dieser Kritik kann jedoch abgeholfen werden durch die Anwendung des zweiten heute gebräuchlichen Konzepts der Kameralistik, der Erweiterten Kameralistik.

b) Erweiterte Kameralistik

Die **Erweiterte Kameralistik** trägt ihre Bezeichnung zu Recht; sie stellt nichts anderes dar als die um eine Kosten- und Leistungs- sowie Vermögensrechnung erweiterte Verwaltungskameralistik.

Das Verbindungsscharnier zwischen der Verwaltungskameralistik und der Kosten- und Leistungsrechnung wird von einem Verteilungsformular für Einnahmen bzw. Ausgaben gebildet. Es kann als eine Art erweiterte Haushaltsüberwachungsliste (HÜL) interpretiert werden. Das Formular nimmt zunächst die Anweisungen an die Kasse auf, Zahlungen zu leisten oder entgegenzunehmen. Der Ausgangspunkt für die Kosten- und Leistungsrechnung ist somit mit den Sollbuchungen im Sachbuch für den Haushalt identisch. Das Verteilungsformular wird am besten für jede haushaltsführende Stelle und für Einnahmen und Ausgaben getrennt aufgemacht. Es empfiehlt sich, die haushaltsführende Stelle als Kostenstelle zu verstehen. Wie aus den Einnahmen und Ausgaben die Zweckerträge und die Kosten abgeleitet werden, erschließt sich am besten anhand der folgenden beiden Verteilungsformulare (Abb. 21 und 22).

Zweckmäßig ist dabei die Einrichtung einer zusätzlichen Spalte für fiktive Einnahmen bzw. Ausgaben. Das hat den Vorteil, dass die Einträge in die Spalten der zur Annahme oder Ausgabe angewiesenen Beträge („Soll-Einnahme" bzw. „Soll-Ausgabe") mit den Sollbuchungen im Sachbuch für den Haushalt übereinstimmen und somit leicht abgestimmt werden können. Die zusätzlichen fiktiven Beträge kommen durch Verrechnungen und Vorgänge zustande, die eine Periodenabgrenzung verlangen, bzw. durch Anderskosten und –leistungen oder Zusatzkosten und -leistungen.

Haushaltsführende Stelle/Kostenstelle: _____

Datum/ Buchungsfall	Text	Betrag		Davon		
		Soll-Einnahme	zusätzliche fiktive Einnahme	Zweckertrag	neutraler Ertrag	vermögens- oder schuldenwirksame Einnahme

Abb. 21: Verteilungsformular für Einnahmen

Für die Kosten- und Leistungsrechnung ist vor allem die Fähigkeit der Erweiterten Kameralistik bedeutsam, in den Spalten „Zweckertrag" und „Kosten" die Ausgangsgrößen für eine „betriebliche Ergebnisrechnung" zu isolieren (Diemer 1996, 32 f.).

Haushaltsführende Stelle/Kostenstelle: _____

Datum/ Buchungsfall	Text	Betrag		davon		
		Soll-Ausgabe	zusätzliche fiktive Ausgabe	Kosten	neutraler Aufwand	vermögens- bzw. schuldenwirksame Ausgabe

Abb. 22: Verteilungsformular für Ausgaben

Mit dem Inhalt der Kostenspalte liegt eine ganz gewöhnliche Kosten*arten*rechnung vor. Sie kann selbstverständlich mit jedem denkbaren kostenrechnerischen Konzept verknüpft werden, mit einer Vollkostenrechnung oder einer Teilkostenrechnung, mit einer Istkostenrechnung oder Plankostenrechnung. Auch eine Prozesskostenrechnung ist möglich. Es ist darum berechtigt, der Kameralistik letzten Endes dieselbe Leistungsfähigkeit zuzurechnen wie einem Doppischen Rechnungswesen. Wenn dennoch die Ablösung der Kameralistik durch die Doppik angestrebt wird, so gibt es dafür andere Gründe (Brede 1994 a). Damit wird sich der nächsten Abschnitt näher befassen.

Anmerkung

Die Beschreibung der Kameralistik ist sehr kurz gehalten. Deshalb sei auf die ausführlicheren Darstellungen bei von Wysocki (1965), Fuchs/Zentgraf (1981) und Buschor (1994) verwiesen.

2. Die Reformbedürftigkeit des Öffentlichen Rechnungswesens

Wie schon erwähnt, liegt die entscheidende Schwäche der Verwaltungskameralistik darin, ausschließlich Zahlungsvorgänge abzubilden (soweit nicht im Sachbuch für die Vermögensrechnung Bestände an Vermögen und Schulden erscheinen).

Obwohl ein Gutteil der Kritik mit der Entwicklung der Erweiterten Kameralistik gegenstandslos wurde, wird immer wieder eine gründliche Reform des Öffentlichen Rechnungswesens, verbunden mit der Ablösung der Kameralistik durch ein Doppisches Rechnungswesen, gefordert. Warum?

Der vielleicht wichtigste Grund ist in einem Vorurteil zu sehen. Die Kameralistik gilt als verstaubt, als Quelle aller Gebrechen, unter denen die öffentliche Verwaltung leidet (Mülhaupt 1990, 163; Kempf 1993, 335). Nur wenige sind davon überzeugt, dass die Kameralistik, wie schon erwähnt, genauso leistungsfähig ist wie die Doppik. Das Vorurteil ist weit verbreitet und wird von einflussreichen Kreisen in Verwaltung, Politik und Gesellschaft geteilt. Es scheint nicht ausräumbar zu sein. Das hat letztlich dieselbe Wirkung wie ein der Kameralistik tatsächlich anhaftender Mangel. Unter solchen Umständen ist die Kameralistik kaum beizubehalten. Hinzu kommen noch andere Gründe:

Auch das Öffentliche Rechnungswesen kommt heute nicht mehr ohne elektronische Datenverarbeitung aus. Die Entwicklung von Standardsoftware hat sich aber weltweit auf das Doppische Rechnungswesen konzentriert. Das ist verständlich, gibt es doch außerhalb Deutschlands kaum noch kameralistische Rechnungswesen und unterliegt doch die Kameralistik selbst in Deutschland, wie schon erwähnt, einer ständigen Erosion. Daraus folgt: Allein schon, um Anschluss an die informationstechnische Entwicklung zu halten und stets preiswerte Standardsoftware nutzen zu können, bleibt nichts anderes übrig, als über kurz oder lang die Kameralistik zugunsten der Doppik aufzugeben (Lüder 1987, 256; ders. 1994 b, 193; Buschor/Lüder 1994, 171).

Der Übergang hat auch einen personalwirtschaftlichen Sinn. In Zeiten, in denen mehr und mehr betriebswirtschaftliches („kaufmännisches") Denken in den öffentlichen Verwaltungen gefordert wird, kommt dem Personaltransfer insbesondere aus der Wirtschaft in die Verwaltung steigende Bedeutung zu. Zur Zeit zeigt sich die öffentliche Verwaltung auf diesem Feld noch recht sperrig. Sobald jedoch die Doppik in der öffentlichen Verwaltung eingeführt wird, entsteht hoher Bedarf an entsprechend ausgebildetem Personal, der mit Arbeitskräften, die aus der Wirtschaft kommen, gedeckt werden muss. Dies wird, das lässt sich sicher voraussagen, auch auf vielen anderen Gebieten für neue Ideen und eine betont betriebswirtschaftliche Denkweise sorgen. Die Reform des Öffentlichen Rechnungswesens dient, so gesehen, als Vehikel der Reform der gesamten öffentlichen Verwaltung (Brede 1994 a, 90). Ein weiterer Grund für die Ablösung der Kameralistik durch die Doppik ist in der Notwendigkeit zu sehen, nationale oder internationale Vergleiche der Zahlen des Öffentlichen Rechnungswesens zu ermöglichen (Freudenberg 1994, 408 f.). Auch die Konsolidierung verschiedener Zahlenwerke sollte künftig nicht mehr problematisch sein.

Wenn noch weitere Bemühungen zur Reform des Öffentlichen Rechnungswesens gefordert bzw. bereits unternommen werden, so zielen sie vor allem auf eine gesteigerte Aussagefähigkeit. So wird gefordert u. a. (s. dazu Eichhorn 1993, 868 f.; Schauer 1994, 35; und besonders Lüder 1994 a),

- Vermögen und Schulden - im Sinne betriebswirtschaftlicher Erkenntnis - vollständig zu erfassen,

- die Kosten- und Leistungsrechnung verwaltungsspezifischen Bedürfnissen anzupassen,

- darüber hinaus einen neuen Zweig des Öffentlichen Rechnungswesens, nämlich eine Wirkungsrechnung, verbunden mit einem entsprechenden Berichtswesen, zu entwickeln,

- das Ergebnis des Verwaltungshandelns (früher hätte man von „Erfolg" gesprochen, s. dazu Brede 1997 b), sichtbar zu machen.

Eine andere, schon sehr früh erhobene Forderung, nämlich auch den Deckungserfolg darzustellen, also das Ausmaß der Deckung der investiven Ausgaben durch „endgültig" verbleibende Einnahmen, erscheint nicht mehr akut (Brede 1997 b, 315).

Insgesamt erkennt man, die Reformbewegung, die das Öffentliche Rechnungswesen erfasst hat, soll weit mehr als nur eine Ablösung der Kameralistik bringen. Wie die Konturen des Neuen Öffentlichen Rechnungswesen aussehen, wird im folgenden Abschnitt deutlich gemacht.

C. Das Neue Öffentliche Rechnungswesen

1. Vorbemerkungen

Das Neue Öffentliche Rechnungswesen steht am Anfang eines Entwicklungsprozesses, der vermutlich noch viele Jahre dauern wird. Dennoch sind die Grundzüge bereits erkennbar. Sie sollen im folgenden beschrieben werden.

Beim Neuen Öffentlichen Rechnungswesen, soweit es die Finanzrechnung betrifft, ist an ein doppisches Rechnungswesen zu denken, das jedoch eine Reihe von Abweichungen gegenüber der handelsrechtlichen Rechnungslegung aufweist: Die Abweichungen sollen eine Anpassung an die Bedingungen und Bedürfnisse der Gebietskörperschaften bewirken. So ist beispielsweise dafür zu sorgen, dass auch das neue System noch immer den Haushaltsvollzug abbildet. Zugleich soll die Gelegenheit des Neubeginns wahrgenommen werden, um aktuelle Trends, wie die *Integration* einer Kapitalflussrechnung, von vornherein zu berücksichtigen - Trends, die sich im kaufmännischen Rechnungswesen noch nicht niederschlagen konnten. Außerdem sollen bestimmte Schwächen der handelsrechtlichen Rechnungslegung vermieden werden, etwa dadurch dass die Bewertung der „realisierbaren Vermögens" (Lüder 1999, 43)[62] mit dem Veräußerungswert statt mit den Anschaffungs- oder Herstellungskosten erfolgt - was im kaufmännischen Rechnungswesen noch nicht möglich ist. Dass dabei auch Standards beachtet werden, die sich zur Zeit auf internationaler Ebene herausbilden, ist selbstverständlich.

Die Entwicklung des Neuen Öffentlichen Rechnungswesens ist, wie gesagt, noch lange nicht abgeschlossen. Eine erste Wegmarke stellten die 1993 veröffentlichten „Empfehlungen für das Öffentliche Rechnungswesen im Rahmen der Haushaltsreform" dar, die von der Wissenschaftlichen Kommission „Öffentliche Unternehmen und Verwaltungen" des Verbands der Hochschullehrer für Betriebswirtschaft verfasst wurden (Wissenschaftliche Kommission „Öffentliche Unternehmen und Verwaltungen" 1993). Sie gründeten sich insbesondere auf Erfahrungen mit Reformkonzepten in Österreich und der Schweiz (Schauer 1993; Buschor 1993). Weitere Erfahrungen wurden vor allem von Lüder in einem groß angelegten Vergleich der Öffentlichen Rechnungswesen in den angelsächsischen, west- und nordeuropäischen Ländern und in Japan gesammelt und für die Reformbewegung in Deutschland nutzbar gemacht (Lüder 1986; ders. 1989; ders. 1993; ders. 1994 b; Lüder/Hinzmann/Kampmann/Otte 1993; dies. 1991).

Inzwischen ist in Gestalt eines Modellversuchs, von Lüder in Wiesloch durchgeführt (Lüder 1999; Lüder/Behm/Cordes 1998), eine zweite Wegmarke hinzugekommen.

---

[62] **Realisierbares Vermögen** sind Gegenstände, „die finanzielle Ressourcen darstellen oder die ohne Beeinträchtigung der Wahrnehmung der öffentlichen Aufgaben veräußerbar und damit in finanzielle Ressourcen konvertierbar sind" (Lüder 1999, 19). Das Gegenstück bildet nach Lüders Terminologie das **Verwaltungsvermögen**.

Eine weitere Wegmarke stellt die Verabschiedung der ersten internationalen Grundsätze ordnungsmäßiger Buchführung im öffentlichen Bereich („International Public Sector Accounting Standards -
IPSASs") dar (International Federation of Accountants - Public Sector Committee 2000 b).

Vermutlich wird der Bundesgesetzgeber in Deutschland keine flächendeckende Reform des Öffentlichen Rechnungswesens verfügen. Statt dessen ist anzunehmen, dass sich im Zuge freiwilliger Umstellung immer mehr Reforminseln ölfleckartig ausbreiten.

Wie das Öffentliche Rechnungswesen der Zukunft aussehen kann, wird am besten an dem von Lüder
entwickelten und in Wiesloch getesteten Modell des „Neuen Kommunalen Rechnungswesens" (Lüder 1999) deutlich. Wir beschränken uns darauf, einige wesentlichen Merkmale zu skizzieren.

2.   Die Finanz-, Vermögens- und Ergebnisrechnung

Wie jedes externe Rechnungswesen umfasst auch das „Neue Kommunale Rechnungswesen" mindestens drei Komponenten: die Finanzrechnung, die Vermögensrechnung und die Ergebnisrechnung. Im
Mittelpunkt der *Finanzrechnung* stehen die Finanzmittelbewegungen und -bestände. Die *Vermögensrechnung* erfasst, wie schon in der Kameralistik, nicht nur die Veränderungen und Bestände des
Vermögens, sondern auch der Schulden – und dies jetzt vollständig. Die *Ergebnisrechnung* hat die
Aufgabe, die Änderungen des Reinvermögens abzubilden. Alle drei Komponenten sind miteinander
verbunden.

Der Inhalt der Rechnungen erschließt sich am besten über einige Hinweise:

Wenn im Zusammenhang mit der Ergebnisrechnung von „Ergebnis" statt von „Erfolg" die Rede ist,
wird bewußt darauf verzichtet, in einer solchen Kennzahl den alleinigen Maßstab zur Beurteilung des
Verwaltungshandelns zu liefern.

Bei der **Ergebnisrechnung** wird versucht, ein Full-Accrual-Accounting-Konzept durchzusetzen
(Lüder 1993, 31; s. auch International Federation of Accounting - Public Sector Committee 2000 a,
Part III). Full-Accrual-Accounting darf hier einmal vereinfachend mit der Abgrenzung in sachlicher
und zeitlicher Hinsicht im Sinne der deutschen GoB gleichgesetzt werden. Wenn dabei auch eine
Reihe von Schwierigkeiten auftreten (Stellen z. B. Zweckzuweisungen und Steuereinnahmen Ertrag
dar? Wie sind Zahlungen im Rahmen des Finanzausgleichs in der Ergebnisrechnung zu behandeln?),
kommt es doch zu einer erheblichen Angleichung - nicht nur formalen, sondern auch materiellen
Angleichung - des öffentlichen und des kaufmännischen Rechnungswesens.

Ein erhebliches Problem wird darin gesehen, dem in der Kameralistik beheimateten Verwaltungsangehörigen beim Übergang auf die Doppik den Inhalt der Ergebnisgrößen Aufwand und Ertrag plausibel zu machen (Brede 1997 b, 326 f.). Möglicherweise reicht es nicht aus, diese Größen als *bewer-
teten, periodisierten und aus der unmittelbaren Tätigkeit der betreffenden Verwaltung resultierenden
Verbrauch bzw. Zuwachs an eigenen Ressourcen* zu bezeichnen. Möglicherweise bleibt nichts ande-

res übrig, als Lüder zu folgen und die ergebnisverändernden Faktoren aufzuzählen (Lüder 1999, 11-13).

Die **Finanzrechnung** als eine zahlungsorientierte Rechnung soll, wie schon das kameralistische Rechnungswesen, zum einen den Haushaltsvollzug dokumentieren und zu kontrollieren erlauben. Zum anderen soll sie - im Sinne einer integrierten Kapitalflussrechnung - die Art der Mittelverwendung sichtbar machen (Lüder 1999, 22-26). Mit dem Einbau der Kapitalflussrechnung unmittelbar in das doppische Rechnungswesen wird eine alte Forderung der Buchführungstheorie erfüllt.

Für die **Vermögensrechnung** ist neben den *Ansatz*vorschriften vor allem wichtig, wie die Gegenstände des Vermögens und der Schulden bewertet werden.

Bezüglich der *Bewertungs*vorschriften wurde schon erwähnt, dass das realisierbare, also grundsätzlich für eine Veräußerung verfügbare Vermögen von den übrigen Vermögensgegenständen („Verwaltungsvermögen", Lüder 1999, 19) gesondert ausgewiesen und mit dem Veräußerungswert bewertet werden soll. Das hat den Vorteil, dass nunmehr auch die Nettogesamtschulden dargestellt werden können. Die Nettogesamtschulden ergeben sich als Gesamtbetrag der Verschuldung einer Gebietskörperschaft nach Abzug der Finanzmittel und der kurzfristig „in finanzielle Ressourcen überführbaren Vermögensteile" (Lüder 1999, 19). Mit der Verwendung der Veräußerungswerte als Wertansatz für einen Teil der Vermögensgegenstände wird bewußt eine Abweichung von dem handelsrechtlich vorgeschriebenen, aber umstrittenen Nominalwertprinzip in Kauf genommen. Daraus ergibt sich ein deutlich verbesserter Einblick in die Finanzlage (Lüder 1999, 44).

Das Thema Substanz- bzw. Kapitalerhaltung ist ansonsten ausgeklammert. Lüder stellt ausdrücklich fest, es könnten im Öffentlichen Rechnungswesen generell die handelsrechtlichen Kapitalerhaltungsgrundsätze (Imparitätsprinzip, Vorsichtsprinzip)" unberücksichtigt bleiben (Lüder 1999, 45).

Auf weitere Einzelheiten der Finanzrechnung braucht hier nicht eingegangen zu werden. Zur Diskussion alternativer Konzepte der Vermögensrechnung s. Brede 2003.

3. Die Kosten- und Leistungsrechnung

a) Die besonderen Probleme der Kosten- und Leistungsrechnung öffentlicher Betriebe und Verwaltungen

Es versteht sich von selbst, dass das Neue Öffentliche Rechnungswesen auch eine ausgebaute, nach modernen Gesichtspunkten gestaltete Kosten- und Leistungsrechnung umfassen soll. Wie eine solche Kosten- und Leistungsrechnung zu gestalten ist, lässt sich z. B. der ausführlichen Darstellung von Weber (1997) entnehmen. Die Forderung nach einer ausgebauten, modernen Kosten- und Leistungsrechnung ist um so dringlicher, als Verwaltungen oft über gar keine und staatliche Betriebe häufig nur über eine bescheidene Kosten- und Leistungsrechnung verfügen. Vor allem das wenig anspruchsvolle Gebührenrecht (aufschlussreich in diesem Zusammenhang u. a. Tettinger 1998) und die häufig von ihrer Monopolstellung begünstigte Möglichkeit der öffentlichen Hand, Kosten in den

Entgelten weiterzuwälzen, sind an den Verhältnissen auf dem Gebiet der Kosten- und Leistungsrechnung schuld.

Aber es regt sich überall Reformwillen (Brede 1998 a, 46 f.). Das hängt mit der Tatsache zusammen, dass der Bürger die Gebührenbemessung immer öfter gerichtlich überprüfen lässt und dass die Haushaltslage immer stärker zur Eindämmung der Kosten zwingt. Dementsprechend muss vor allem ermittelt werden, welche Kosten für welche Leistungen anfallen.

Soweit im staatlichen Bereich Kostenrechnung betrieben wird, handelt es sich um eine Vollkostenrechnung auf Istkosten-Basis. In Frage kämen auch eine Teilkostenrechnung, eine Plankostenrechnung oder eine Prozesskostenrechnung. Ob aber diese Möglichkeiten mit dem Gebührenrecht vereinbar wären, ist, soweit bekannt, gerichtlich noch nicht ausgelotet worden.

Über die Zwecke einer Kosten- und Leistungsrechnung öffentlicher Betriebe und Verwaltungen ist nur wenig zu sagen. Bemerkenswert ist allein, dass in öffentlichen *Verwaltungen* drei Zwecke im Vordergrund stehen (Bals 1989, 835 f.; Budäus 1991, 206 f.; Homann 1995 a, 91, 93),

- die Kosten-(Wirtschaftlichkeits)kontrolle, aus der die Forderung entspringt, die Kosten- und Leistungsrechnung verschiedener Gebietskörperschaften soweit zu harmonisieren, dass Verwaltungsvergleiche möglich werden;
- die Gebührenkalkulation, welche verlangt, die Kosten- und Leistungsrechnung so einzurichten, dass sie die vom Gebührenrecht geforderten Informationen liefert;
- die Bereitstellung von Informationen zur Steuerung des Verwaltungsgeschehens sowie Informationen für Entscheidungen und Beurteilungen. Hier ist insbesondere an Make-or-Buy-Entscheidungen („Outsourcing") und Projektentscheidungen zu denken.

Für öffentliche *Betriebe* kommen auch noch andere Zwecke (Bewertung von fertigen und unfertigen Erzeugnissen, Angebotskalkulation bei öffentlichen Aufträgen und Bestimmung des Betriebsergebnisses) hinzu.

Wo liegen die Probleme einer Kosten- und Leistungsrechnung der öffentlichen Hand gegenüber dem entsprechenden Instrument der Privatwirtschaft? Zu sehen sind folgende Problembereiche:

- die Kostenträger-Definition
- die Leistungsmessung
- die Internalisierung externer Effekte
- die Bestimmung des Umfangs der Gemeinkosten
- die Aussagefähigkeit von Trennungsrechnungen im Querverbund.

Alle anderen Probleme, die aus der Kosten- und Leistungsrechnung erwachsen, sind nicht spezifischer Natur, haben also nichts mit den Anwendungsbedingungen in öffentlichen Betrieben und Verwaltungen zu tun.

Zur Definition des oder der Kostenträger: Wie schwierig es mitunter ist, den oder die Kostenträger zu bestimmen (Klümper/Möllers/Zimmermann 1996, 273), soll an zwei Beispielen klargemacht werden.

Die Leistung eines öffentlichen Nahverkehrsbetriebes besteht im Transport einer Person über eine bestimmte Strecke. Dementsprechend liegt es nahe, diese Leistung als Kostenträger zu verwenden. Doch eine solche Definition wäre unzweckmäßig. Gerade im Nahverkehr lässt sich anhand der Fahrausweise nur in Ausnahmefällen, d. h. bei einer bestimmten Art der Tarifgestaltung, die Länge der Fahrtstrecke des einzelnen Fahrgastes bestimmen. Also wäre als nächstes an den Beförderungsfall an sich zu denken. Aber auch da gibt es Schwierigkeiten. Viele Fahrgäste benutzen Zeitkarten, können also das Verkehrsangebot innerhalb eines bestimmten Zeitraums beliebig oft wahrnehmen, ohne dass dem Verkehrsbetrieb die Anzahl der Fahrten eines Fahrgastes bekannt wird. Was soll nun Kostenträger sein?

Wir schlagen folgende Lösung vor. Eingerichtet werden mehrere Kostenträger, und zwar für das jeweilige Leistungsangebot, welches verbunden ist mit dem Einzelfahrschein, der Wochenkarte und der Monatskarte (und das noch differenziert nach „normalen" und „ermäßigten Fahrpreisen"). Damit lassen sich vor allem die zu bestimmten Nachfragemengen gehörenden Kosteninformationen gewinnen - eine für die Preiskalkulation unentbehrliche Information. Allerdings benötigt man zur Preiskalkulation auch noch die durch Marktforschung ermittelte durchschnittliche Benutzungshäufigkeit der Wochen- oder Monatskarten.

Nun das zweite Beispiel. Die in einem Krankenhaus erbrachten Leistungen sind sehr vielfältig: Unterkunft, Verpflegung, Behandlung und Pflege des Patienten. Aber haben wir es darum mit vier Kostenträgern zu tun? Das Raster wäre sicherlich zu grob; denn die Behandlung z. B. der Blinddarmentzündung ruft wohl andere Kosten als die Behandlung einer Platzwunde am Kopf hervor. Da sich die Kostenunterschiede in den Entgelten widerspiegeln sollen, gelangt man auch hier - wie schon im öffentlichen Nahverkehr - zu einer vernünftigen Lösung für das Problem der Kostenträgerdefinition, indem man als Kostenträger die Leistungen verwendet, die gemäß BPflV mit gesonderten Preisen abzurechnen sind.

Dementsprechend empfiehlt es sich z. Z., bezogen auf stationäre Behandlung, folgende Kostenträger einzurichten: „Basispflegeleistungen", „Abteilungsspezifische Pflegeleistungen", „Gesamtleistungen für den Behandlungsfall Typ A, B ..." (die zuletztgenannten Kostenträger korrespondieren mit den Fallpauschalen, s. S. 245), ggf. noch „Spezielle Leistungen des Typs I, II ..." (diese Kostenträger korrespondieren mit den Sonderentgelten, s. S. 245).

Der Zweck entscheidet darüber, wie Kostenträger definiert werden.

Zur Leistungsmessung: Die Leistungsmessung tritt in Lehrbüchern der Allgemeinen Betriebswirtschaftslehre nur selten als Problem auf. Im Falle öffentlicher Betriebe und Verwaltungen kann jedoch die Leistungsmessung durchaus Schwierigkeiten bereiten. Auch dies sei an ein paar Beispielen demonstriert.

Die Menge an Abwasser, die durch einen Kanalanschluss geleitet wird, könnte durch Messgeräte ermittelt werden. Doch auf solche Messgeräte wird durchweg verzichtet. Somit fehlt der sog. Wirklichkeitsmaßstab. Woran soll nun aber die Kanalbenutzungsgebühr gemessen werden? Die Praxis behilft sich mit einer indirekten, d. h. einer an einem Indikator orientierten Bemessung. Herangezogen wird der Frischwasserverbrauch, mitunter ergänzt um die Grundstücksgröße. Beide stellen sog. Wahrscheinlichkeitsmaßstäbe dar. Sie erlauben mit einiger Wahrscheinlichkeit den Schluss, dass sich das Frischwasser in Abwasser verwandelt und dass entsprechend der Grundstücksgröße auch eine entsprechende Menge an Regenwasser abgeleitet werden muss.

Die Leistungen eines Sozialamtes bestehen in der Beratung und Betreuung bedürftiger Menschen sowie in der Bearbeitung und Genehmigung von Sozialhilfeanträgen. Gewiss besteht die Möglichkeit, über die Leistungen quantitative Aussagen zu machen, indem die Beratungsgespräche gezählt werden, der Zeitaufwand für die Betreuung bedürftiger Menschen registriert wird und die Anzahl der Sozialhilfeanträge entsprechende Aussagen liefert. Aber solche quantitativen Angaben sagen nur wenig über die wirklichen Leistungen des Sozialamtes aus, insbesondere nichts über die Intensität und die Qualität der Dienstleistungen. Wie auch diese Faktoren in einer einwandfreien Leistungsmessung berücksichtigt werden könnten, ist nicht zu sehen.

Ähnliches gilt für die Leistungen der Feuerwehr. Die Feuerwehr muss sich nicht nur für die Brandbekämpfung, den Rettungsdienst und den vorbeugenden Brandschutz einsetzen, sondern muss sich auch für Notfälle in Bereitschaft halten. Also stellt auch ihr Bereitschaftsdienst eine Leistung dar. Schon die bloße Existenz der Feuerwehr vermittelt der Bevölkerung ein gewisses Sicherheitsgefühl. Wie aber soll diese Leistung in sinnvoller Weise gemessen werden? Die Stundenzahl des Bereitschaftsdienstes sagt herzlich wenig aus - was aber könnte die Leistung besser zum Ausdruck bringen?

In allen Fällen wie diesen bleibt nur übrig, sich mit Indikatoren zu behelfen. Näheres dazu im Zusammenhang mit der Wirkungsrechnung (s. S. 209 f.).

Zur Internalisierung externer Effekte: Die Fachleute sind sich einig, in die Kosten- und Leistungsrechnung des öffentlichen Betriebes oder der öffentlichen Verwaltung müssten auch die externen Effekte ihrer Aktivitäten einbezogen werden. Die Notwendigkeit ergibt sich aus der gemeinwohlorientierten Zielsetzung. Wie allerdings die externen Effekte hinlänglich zuverlässig erfasst und in der Kosten- und Leistungsrechnung berücksichtigt werden könnten, ist offen. Die Schwierigkeiten seien an einem Beispiel erläutert.

Zu den Aufgaben eines städtischen Schwimmbades gehört u. a., Schulen zu bestimmten Zeiten die (kostenlose) Erteilung von Schwimmunterricht zu ermöglichen. Der Schwimmunterricht soll helfen, Haltungsschäden zu vermeiden oder zu korrigieren. In der Kosten- und Leistungsrechnung müssten also den Kosten der Schwimmbadbenutzung durch Schulklassen die vermiedenen Behandlungskosten für Haltungsschäden gegenübergestellt werden. Das Jahresergebnis des Schwimmbades müsste folglich von dem externen Effekt positiv beeinflusst werden. Bis heute jedoch macht die Kostenrechnungspraxis um die Berücksichtigung externer Effekte einen Bogen - nicht weil die Internalisierung rechnungs*technisch* schwierig wäre,[63] sondern weil die unvermeidlichen Schätzungen und Bewertungen das vorherrschende Bild einer vermeintlich genauen Kosten- und Leistungsrechnung trüben könnten.

Zum Umfang der Gemeinkosten: Die öffentlichen Verwaltungen werden in diesem Buch zwar als Einzelwirtschaften behandelt. Doch gibt es auch Merkmale, die sie als Teile eines riesigen Verbundsystems erscheinen lassen. So werden z. B. mit Angelegenheiten des Friedhofsamtes nicht nur die Angehörigen dieses Amtes befasst, sondern - gelegentlich - auch der zuständige Dezernent, die Querschnittsämter (insbesondere das Hauptamt, das Personalamt, das Liegenschaftsamt, die Kämmerei), der Gemeindedirektor oder Bürgermeister, die Vertretungskörperschaft, die Aufsichtsbehörde und die Verwaltungsgerichte. Weitere, indirekte Beziehungen könnten zum Land, zum Bund, ja sogar zur Europäischen Union bestehen.

Die Kosten all dieser Institutionen sind aus der Perspektive des Friedhofsamtes als Gemeinkosten anzusehen und, strenggenommen, anteilig zu berücksichtigen. Allerdings geschieht dies nicht. Die Praxis ignoriert das Problem und beschränkt sich darauf, nur die Primärkosten zu erfassen (Homann 1995 a, 21). Dass damit u. U. beträchtliche kostenrechnerische Fehler begangen werden, wird in Kauf genommen.

Zur Trennungsrechnung im Querverbund Schon um Kritik am Querverbund (s. S. 84 f.) abzuwenden, wird häufig empfohlen, die Kosten- und Leistungsrechnung und die betriebliche Ergebnisrechnung für die einzelnen Verbundbetriebe getrennt zu führen. Auf diese Weise bestehe wenigstens intern Klarheit über die Werteströme und das Betriebsgebaren der Verbundmitglieder.

Eine solche Trennungsrechnung ist sicherlich löblich, aber man sollte sich keiner Täuschung über den begrenzten Aussagewert hingeben. Die Probleme resultieren vor allem aus den unvermeidlichen internen Verrechnungen. Selbst bei bester Absicht können sie nicht willkürfrei bleiben. Beispiele liefern die Gemeinkostenverrechnung und die Kuppelkalkulation zur Genüge. Hier kommt noch hinzu, dass der Querverbund von der erklärten Absicht getragen wird, „ärmere" Verbundmitglieder durch die „reicheren" zu unterstützen. Das ist ein Umstand, der die Gefahr der Manipulation begünstigt. Dieselbe Problematik der Kostentrennung besteht übrigens auch bei Profit-, Cost- oder Verantwortungszentren (s. S. 91).

Abschließend ist festzuhalten: Soweit die spezifischen Probleme der „öffentlichen" Kosten- und Leistungsrechnung nicht gelöst sind - und z. T. erscheinen sie noch nicht lösbar -, bleibt nichts anderes übrig, als die Kosten- und Leistungsrechnung eines öffentlichen Betriebes oder einer öffentlichen Verwaltung der eines nicht-öffentlichen Unternehmens nachzubilden. Das geschieht denn auch regelmäßig, wobei die Gefahr der Fehlsteuerung aufgrund falscher Kosteninformationen in Kauf genommen wird. Offensichtlich besteht auf diesem Feld noch ein erheblicher Forschungsbedarf.

---

[63] Rechnungstechnisch müssten externe Effekte in der Kosten- und Leistungsrechnung als Zusatzkosten (d. h. wie z. B. kalkulatorischer Unternehmerlohn und kalkulatorische Eigenkapitalzinsen) bzw. Zusatzleistungen behandelt werden.

b) Die Einrichtung einer Kosten- und Leistungsrechnung in der öffentlichen Verwaltung

Viele öffentliche Verwaltungen sind dabei, eine Kosten- und Leistungsrechnung einzurichten. Deshalb sei einmal eine recht pragmatische Vorgehensweise beschrieben. Um ein realitätsnahes Beispiel zu wählen, wird die Kosten- und Leistungsrechnung eines städtischen Ordnungsamtes zugrunde gelegt.

Der Ansatz bezieht sich nur auf die Einrichtungsphase. Wie die Kosten- und Leistungsrechnung später ausgebaut wird, bleibt offen.

Beherrscht wird das Konzept vom Wunsch, zunächst bescheidene Ansprüche zu befriedigen und den weiteren Ausbau auf einen längeren Zeitraum zu verteilen. Dahinter steht die Einsicht, dass viele Verwaltungsangehörige erst an die Kosten- und Leistungsrechnung gewöhnt werden müssen, ehe man alle möglichen Zwecke verfolgt.

Die **Kostenartenrechnung** sollte unproblematisch sein. Es empfiehlt sich, mit einem verhältnismäßig wenige Kostenarten(-gruppen) umfassenden Kontenrahmen zu beginnen. Ob man sich dabei am Industrie- oder Gemeinschaftskontenrahmen orientiert, ist unwichtig.

Auch die **Einrichtung von Kostenstellen** sollte keine Schwierigkeiten bereiten. Am besten wird versucht, sich auf die bereits bestehenden organisatorischen oder haushaltswirtschaftlichen Verantwortlichkeiten für die Kostenstellengliederung zu stützen. Das bedeutet, es werden die Sachgebiete oder Abteilungen zu Kostenstellen erhoben - je nachdem, wo die Verantwortung für die Verwendung von Mitteln angesiedelt ist. Auf diese Weise wird derjenige für das Kostengebaren rechenschaftspflichtig gemacht, der ohnehin schon gewöhnt ist, seinen Bereich zu steuern und zu kontrollieren (Homann 1995 a, 120 f.).

Anmerkung

Die Anwendung dieses Prinzips führt mitunter zu einer etwas „bunten" Kostenstellenlandschaft. Es kommt vor, dass in dem einen Amt der Amtsleiter die Entscheidungsmacht über Mittel und Stellen ausübt, in dem anderen Amt die dem Amt angehörenden Sachgebietsleiter. Trotzdem sollte bei dieser Sachlage je nach den Machtverhältnissen dem Amt oder Sachgebiet der Status einer Kostenstelle zuerkannt werden.

Als problematisch kann sich die Tatsache erweisen, dass die Leitungsbefugnis in manchen Institutionen häufig wechselt. In einem solchen Fall führt das dazu, dass die Verantwortung für eine ungünstige Kostenentwicklung gern dem jeweiligen Vorgänger angelastet wird. Deshalb spricht alles dafür, die Kostenstellengliederung, soweit es geht, an der kleinstmöglichen Organisationseinheit auszurichten, deren Verantwortlichkeit stabil zu bleiben verspricht.

Zur **Kostenstellenrechnung** nur so viel: Die Belastung der Kostenstellen mit Primär- und Sekundärkosten erfolgt, wie in einer traditionellen Vollkostenrechnung üblich, mit Hilfe eines Betriebsabrechnungsbogens. Solange das Personal noch nicht versiert ist, wird vermieden, es mit einem anspruchsvolleren Konzept, etwa einer Teilkostenrechnung, zu belasten. Zusätzlich sollten im Bereich der Kostenstelle auch die Kostenträger mit ihren Einzelkosten belastet werden. Auf diese Weise wird eine „Grundrechnung" (Riebel 1994, 39 f.) auf der Ebene der Kostenstelle ermöglicht, d. h. eine Grundlage für die Kostenauswertung. Dabei ist auch schon hier das folgenden zu beachten:

In der **Kostenträgerrechnung** treten die schon erwähnten Schwierigkeiten auf, Kostenträger im öffentlichen Bereich zu definieren (s. S. 201). Gleichwohl wird hier vorgeschlagen, Kostenstelle für Kostenstelle einen spezifischen Katalog von Kostenträgern festzulegen. Als Kostenträger kommen einzelne Leistungsarten oder einzelne Projekte in Frage. Daraus entwickelt sich die Grundrechnung. Wie immer in einer solchen Rechnung ist zunächst zu versuchen, die Kosten als Einzelkosten (= *direkt* zurechenbare Kosten) den *Kostenträgern* anzulasten. Gelingt dies nicht, gilt der Rest als Einzelkosten der *Kostenstelle.*

Die Erfassung als Einzelkosten hat den Vorteil, dass keine Schlüsselung erfolgt und somit die ausgewiesenen Kosten nicht bestritten werden können.

Dazu ein Beispiel:

Angenommen, ein Sachgebiet des Ordnungsamtes benötigt Informationen über die Kosten der Ausstellung von Ausweisen, der Bearbeitung von Änderungen der Einwohnerdatei und der Suche nach bestimmten Personen. Dann sieht die Grundrechnung z. B. wie in Abb. 23 aus.

Kosten-art	Kosten-betrag	davon als Einzelkosten anzusehen ...								... der Kosten-stelle
		... der Kostenträger								
		Änderungen der Einwohnerdatei		Anträge auf Ausstellung und Verlängerung von Personalausweisen		Anträge auf Ausstellung und Verlängerung von Reisepässen		Suchaufträge		
		Anzahl	€/Stck.	Anzahl	€/Stck.	Anzahl	€/Stck.	Anzahl	€/Stck.	...

Abb. 23: Grundrechnung einer Kostenstelle (Sachgebiet eines Ordnungsamtes)

Ob in einem weiteren Schritt die Kostenträgergemeinkosten - das sind die Einzelkosten der Kostenstelle - auf die Kostenträger aufgeteilt („geschlüsselt") werden, hängt vom jeweiligen Informationsbedürfnis ab. Ist es für die Kostenstelle oder eine übergeordnete Organisationseinheit uninteressant, die Kostenträger zu Vollkosten zu bewerten, kann der Schritt unterbleiben. Aber zum Beispiel bei Make-or-Buy-Entscheidungen oder bei der Gebührenkalkulation erweist sich die Vollkosten-Ermittlung als unumgänglich.

Eine Kostenartenrechnung entfaltet ihren ganzen Wert erst dann, wenn sie von einer Erfassung des Mengengerüsts begleitet wird. Erst wenn man weiß, wieviele Fälle, Anträge oder Beratungsgespräche erledigt wurden, kann man Veränderungen des Kostenanfalls deuten und sinnvolle Kostenvergleiche anstellen. Man wird also nie umhin kommen, eine mehr oder weniger umfängliche Leistungserfassung zu betreiben.

Dies führt übrigens zum Ausgangspunkt der Kostenträgerrechnung zurück: Schon heute existieren vielerorts zwecks Leistungserfassung mengenbezogene Aufschreibungen. Sie werden vor allem für kommunale Leistungs- oder Lageberichte (Streim 1987; von Zwehl/Zupancic 1990) verwendet. Da solche Berichte meist der Selbstdarstellung dienen, darf man sicher sein, dass die betreffende Institution alle ihr wichtig erscheinenden Leistungen berücksichtigt. Wenn die Leistungsmengen der Kostenträger einer Einrichtung oder Kostenstelle bestimmt werden sollen, lässt sich daran anknüpfen.

Zum Schluss sei noch auf ein Problem der Kostenträger-Stückrechnung hingewiesen, das auch der öffentlichen Verwaltung zu schaffen machen kann. Angenommen, ein Kostenträger wird in dem Abrechnungszeitraum mit Kosten sowohl fertiger als auch unfertiger Kostenträger-Einheiten („Produkte") belastet, sagen wir mit Kosten der Suche des Ordnungsamtes nach bestimmten Personen. Dann hängen die Kosten sicherlich davon ab, wieviele „Produkt"einheiten mit einem bestimmten „Reifegrad" angefallen sind. Es bleibt dann nichts anderes übrig, als in der Mengenstatistik auch diese Angaben zu berücksichtigen, d. h. mit „Produkten" zu rechnen, die ganz, nur zu einem Viertel oder nur zur Hälfte usw. fertig geworden sind.

Anmerkungen

- *Wegen der notwendigen Kürze dieses Abschnitts mussten zahlreiche Aspekte ausgeblendet bleiben. Deshalb sei zur ergänzenden Lektüre insbesondere auf Gornas (1992) und Schauer (1988) verwiesen.*

- *Nicht behandelt wurde die Weiterverarbeitung der Kosteninformationen „jenseits" der Kostenstelle. Wie jener Teil der Verwaltungskostenrechnung organisiert wird, d. h. wie z. B. Kosten mehrerer Kostenstellen aggregiert werden, ist vor allem eine Frage der Zweckmäßigkeit.*

- *Das hier entwickelte Konzept einer Verwaltungskostenrechnung, die sich in der Einrichtungsphase befindet, lässt einen Ausbau in beliebiger Richtung zu. Dafür sorgen die ausschließliche Verwendung von Istkosten und die Beschränkung auf eine Grundrechnung, in der nur Einzelkosten auftreten.*

- *Wenn das Verwaltungspersonal eingearbeitet ist und zu einer höheren Stufe der Kosten- und Leistungsrechnung übergegangen werden kann, empfiehlt sich eine Prozesskostenrechnung. Sie vermittelt tiefere Einblicke in die Kostenstruktur als jedes andere Kostenrechnungssystem. Nähere Einzelheiten dazu bei Zimmermann (1997) oder Schweitzer/Küpper (1998, 321-357).*

3. Die Wirkungsrechnung

Im Zusammenhang mit den externen Effekten ist schon die Notwendigkeit angeklungen, stets den gesamten Nutzen öffentlicher Wirtschafts- und Verwaltungstätigkeit in Rechnung zu stellen.

Lange Zeit gab man sich mit der Forderung zufrieden, die Nutzeffekte anhand unmittelbarer Leistungskennzahlen (oder Indikatoren) darzustellen. Der Blick blieb also beim **Output** hängen. Inzwischen hat sich jedoch die Erkenntnis durchgesetzt, dass es nicht auf den Output, sondern auf den **Outcome** ankommt, also die mit dem Output letztlich erzielte (positive) Wirkung. Dementsprechend lautet die Forderung heute, im Rechnungswesen (auch) den Outcome zu erfassen und den Kosten gegenüberzustellen.

Der Unterschied in der Sichtweise sei an einem Beispiel verdeutlicht. Im Rahmen eines Programms zur Schaffung von Lehrstellen veranlaßt die Arbeitsverwaltung eine Vortragsserie in den Schulen, eine Plakat-Aktion und die Sendung von Werbespots im Fernsehen. Der Output stellt sich dar in der Anzahl der Vorträge, der veröffentlichten Plakate und der Werbespots, der Outcome in der Anzahl der durch das Programm geschaffenen neuen Ausbildungsplätze.

Das Beispiel lässt erkennen, dass der Output im allgemeinen leichter zu bestimmen ist als der Outcome. Am deutlichsten zeigt sich das Problem dort, wo kein quantitativer (z. B. neue Lehrstellen), sondern ein qualitativer Outcome (z. B. Bildung und Kulturpflege durch Theater und Museen) erzielt werden soll.

Dennoch, die Forderung, den Outcome - und nicht den Output - bei Würdigung öffentlicher Wirtschafts- und Verwaltungstätigkeit in Rechnung zu stellen, bleibt, ungeachtet der Schwierigkeiten, richtig. Dementsprechend müssen Anstrengungen unternommen werden, um die Forderung soweit wie möglich zu erfüllen. Der organisatorische Raum, in dem sich solche Anstrengungen niederschlagen, kann als **Wirkungsrechnung** (Buschor 1993, 253; Wissenschaftliche Kommission „Öffentliche Unternehmen und Verwaltungen" 1993, 288 f., 292 f.) bezeichnet werden.

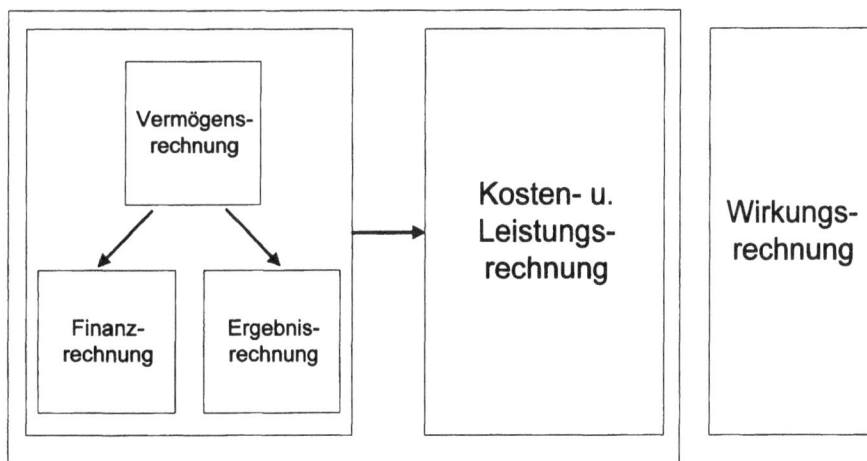

Abb. 24: Die drei Säulen des Neuen Öffentlichen Rechnungswesens

Eine Wirkungsrechnung kann keine feststehende Form haben; sie muss den Bedürfnissen des Einzelfalls angepaßt werden. Formal gesehen, handelt es sich hauptsächlich um laufende Statistiken, statis-

tische Einzelerhebungen, Einzelfall-Untersuchungen u. ä., die in kennzahlen- und indikator-
gestützten Aussagen oder Berichten münden. Inhaltlich gehören zur Wirkungsrechnung alle Untersuchungen und Berichte, welche die Effizienz[64] und die Effektivität[65] von Maßnahmen und organisatorischen Einheiten betreffen. In Literatur und Praxis werden sie mit unterschiedlichen Etiketten versehen: **Projektbewertung**[66], **Evaluation**,[67] **Performance Measurement**,[68] **Wirtschaftlichkeitsmessung**[69] und **Ergebnismessung**.[70] Dahinter verbergen sich zwar - allein schon wegen der unterschiedlichen Anwendungsgebiete - nicht ganz identische Inhalte, doch das Verbindende ist das Bemühen,
das Ergebnis oder die Mittel-Zweck-Beziehungen von Aktivitäten der öffentlichen Hand sinnvoll
darzustellen.

Einer stärker ins einzelne gehenden Beschreibung muss sich die Wirkungsrechnung entziehen. Nur
eines kann noch festgestellt werden: Diese „dritte Säule" des Neuen Öffentlichen Rechnungswesens
wird normalerweise unverbunden zu führen sein, d. h. eine systematische Verbindung mit der Fi-
nanz-, Vermögens- und Ergebnisrechnung oder der Kosten- und Leistungsrechnung erscheint kaum
möglich. Somit ergibt sich das in Abb. 24 geschilderte Bild.

Die Pfeile markieren die Richtung, in der weitergegebene Informationen fließen bzw. fließen sollen.
Mit der gemeinsamen Umrahmung für die Finanz-, Vermögens-, Ergebnis- sowie Kosten- und Leistungsrechnung wird angedeutet, dass diese Rechnungen in einem systematischen Zusammenhang
stehen können - allerdings nicht stehen müssen; die Kosten- und Leistungsrechnung kann auch rein

---

[64] Wir setzen **Effizienz** mit **Wirtschaftlichkeit** gleich (s. auch S. 115) und verstehen darunter das Verhältnis zwischen
dem tatsächlichen und dem angestrebten (idealen) Handlungsergebnis, vorausgesetzt der Mitteleinsatz ist gleich (Brede 1968, 56). Damit kommt der Grad der Zielerfüllung zum Ausdruck. Also:

$$\text{Effizienz} = \frac{\text{tatsächlicher Output bzw. Outcome}}{\text{angestrebter Output bzw. Outcome}}$$

In der Literatur finden sich auch andere begriffliche Interpretationen, z. B. bei Buschor (1993, 238).

[65] Der Ausdruck „**Effektivität**" sollte im Sinne des deutschen Begriffs „Wirksamkeit" verstanden werden, also

$$\text{Effektivität} = \frac{\text{Output bzw. Outcome}}{\text{Input}}$$

Für Buschor (1993, 238) und Budäus/Buchholz (1997, 329 f.) hat der Begriff einen anderen Inhalt. Für sie stellt die
Effektivität eine „Maßgröße für die Zielerreichung" dar.

[66] Zu den Methoden der Projektbewertung, insbesondere der Nutzen-Kosten- und der Nutzwertanalyse s. S. 267-276.

[67] „**Evaluation**" bezieht sich auf die Beurteilung von Projekten, auf die Leistungen einzelner Personen bzw. Einrichtungen, wie Universitäten, oder auf staatliche Maßnahmenprogramme („Programmevaluation").

[68] Mit „**Performance Measurement**" wird vor allem die Qualität der Aufgabenerfüllung angesprochen.

[69] „**Wirtschaftlichkeitsmessung**" und „**Effizienzmessung**" werden hier begrifflich gleichgesetzt, s. dazu Fußn. 64.

[70] Der Ausdruck „**Ergebnismessung**" ersetzt den älteren Begriff „Erfolgsmessung" - mit gutem Grund: „Ergebnis" ruft
nicht unbedingt Assoziationen mit gelungenen Anstrengungen hervor, wie dies bei „Erfolg" geschehen kann (s. dazu
auch Brede 1997 b).

statistisch geführt werden (Lüder 1998 a, 219 f.). Für die Wirkungsrechnung ist, wie gesagt, ein systematischer Verbund mit den übrigen Säulen des Öffentlichen Rechnungswesens kaum vorstellbar (Buschor 1993, 253).

Die Problematik einer Wirkungsrechnung steckt in den an sie zu stellenden Anforderungen: Danach müssen die Aussagen vor allem valide, reliabel und widerspruchsfrei sein (ähnlich Buschor/Lüder 1994, 183 f.).

Die *Validität* (Gültigkeit) bringt zum Ausdruck, wie gut die zahlenmäßige Abbildung (z. B. die Wirkungsrechnung) den realen Sachverhalt erfasst. Welche Schwierigkeiten mit der Validität auftreten können, sei an einem einfachen Beispiel klargemacht. Ein Universitätsinstitut soll evaluiert werden, d. h. es sollen die Leistungen in Forschung und Lehre beurteilt werden. Dazu werden Studentenbefragungen durchgeführt. Die Studenten bringen ihre Zufriedenheit bzw. Unzufriedenheit mit den Leistungen der Dozenten und mit der Betreuung durch die Institutsangehörigen zum Ausdruck. Die Frage ist nur, inwieweit diese Aussagen die Leistungen des Instituts tatsächlich widerspiegeln. Jeder kann sich ausmalen, welche Faktoren die Antworten der Studenten sonst noch bestimmen können, z. B. die Zu- oder Abneigung gegenüber den Dozenten, die Urteilsfähigkeit der Studenten, die Ausstattung der Hörsäle, der Zustand des Campus usw. Mit anderen Worten, es ist leicht vorstellbar, wie weit sich u. U. das Ergebnis der Beurteilungsbemühungen von dem entfernt, was eigentlich erfasst werden sollte.

Gerade in öffentlichen Betrieben und Verwaltungen mit ihren gemeinwohlorientierten Zielsetzungen sind nur selten Maßgrößen oder Messverfahren zu finden, die einen hohen Grad an Validität gewährleisten.

Ähnliche, doch nicht so große Schwierigkeiten bereitet die *Reliabilität*. Die Reliabilität (Verlässlichkeit, Messgenauigkeit eines Instruments) bringt den Grad an Stabilität des Ergebnisses von Abbildungsbemühungen bei wiederholten Abbildungen desselben Gegenstandes zum Ausdruck. Wenn Schwierigkeiten auftreten, resultieren sie durchweg aus der Verwendung indirekter Leistungsmaßstäbe (Indikatoren). Solche Indikatoren sind in der Wirkungsrechnung an der Tagesordnung: Die Sicherheit der Bevölkerung wird an den Zahlen begangener Straftaten gemessen, die Qualität der Schulbildung am Notendurchschnitt der Schüler, die Sauberkeit eines Flusses an der Zahl gefangener Lachse usw. Reliabel sind alle diese Messungen nicht; selbst wenn bei wiederholter Messung z. B. die Maßzahlen konstant bleiben, ist kaum davon auszugehen, dass immer dieselben Gegenstände gemessen wurden - man denke z. B. an inzwischen verschärfte Gesetze, abgesenkte Ansprüche der Lehrer an die Schüler oder eine geänderte Fischereipolitik.

Ein weiteres Problem bereitet die geforderte *Widerspruchsfreiheit*. Angenommen, es solle die Qualität des Angebots eines öffentlichen Personennahverkehrsbetriebs zum Ausdruck gebracht werden. Zu diesem Zweck werden im Rahmen eines Betriebsvergleichs drei Indikatoren verwendet, die Dichte des Verkehrsnetzes, die Frequenz der Verkehrsbedienung und das Preisniveau. Hinsichtlich der beiden zuerst genannten Indikatoren schneidet der Verkehrsbetrieb gut ab, nur hinsichtlich der Fahrpreise bekommt er eine schlechte Note. Die Aussagen sind also widersprüchlich. Wie ist unter diesen Umständen das Verkehrsangebot insgesamt zu beurteilen?

Oft wird behauptet, die Frage sei unter den gegebenen Umständen nicht beantwortbar. Man müsse es bei den Einzelaussagen belassen. Das mag in der Tat noch angehen, wenn es sich um wenige Indikatoren handelt. Was aber soll geschehen, wenn eine Vielzahl von Indikatoren im Rahmen einer Beurteilung zugleich zu berücksichtigen sind? Wir kennen solche Situationen durchaus, etwa wenn es darum geht, Planungsalternativen der Haushaltsplanung (siehe Programmplanung, S. 123-125) miteinander zu vergleichen, oder wenn die Kommunalpolitik einer Stadt umfassend gewürdigt werden soll.

Das Thema wurde übrigens schon einmal im Zusammenhang mit der Nutzwertanalyse erörtert (s. S. 172-177). Die Nutzwertanalyse liefert denn auch den Schlüssel zu einer gewissen Aufhebung der Widersprüche. Sie erlaubt, die Einzelaussagen zu gewichten und zu aggregieren. Dass auch diese Lösung mit erheblichen Problemen verbunden ist - die Indikatorenauswahl, die Gewichtung und das Aggregationsverfahren weisen ein erhebliches Maß an Subjektivität auf - sollte in Kauf genommen werden.

Anmerkung

Ein Spezialfall der eben behandelten Problematik stellt die Frage nach der „richtigen" Ergebnismessung für die Verwaltungstätigkeit oder die Frage nach dem Inhalt des Ergebnis- bzw. Erfolgsbegriffs im Neuen Öffentlichen Rechnungswesen (Brede 1997 b) dar. Bis heute steht nur fest, dass zur Ergebnismessung sinnvollerweise mehrere Indikatoren zu verwenden sind. Am besten sollte dies im Rahmen eines Lageberichts (s. S. 206) geschehen, d. h. einer umfassenden Berichterstattung der jeweiligen Gebietskörperschaft. Angesichts der Problematik der Wirkungsrechnung besteht jedoch wenig Aussicht, dass sich die Hoffnung auf regelmäßige, qualifizierte Lageberichte des Staates oder der Kommune in absehbarer Zeit erfüllt.

7. Kapitel: Preis- und Gebührenpolitik

A. Preispolitik

1. Allgemeine Aussagen

a)   Zur Tauglichkeit genereller Regeln für die Preispolitik der öffentlichen Hand

Der Wunsch, es möge eine durchgängig anzuwendende Regel für die Entgeltpolitik der öffentlichen Hand geben, ist alt. Ob sich der Wunsch erfüllen lässt, sei am Beispiel einer Regel geprüft. Sie steckt in der Forderung, öffentliche, insbesondere staatliche Betriebe sollten kostendeckend (eigenwirtschaftlich) wirtschaften und auf Gewinn verzichten. Die öffentliche Hand habe gegenüber dem Bürger zwar Anspruch auf Ersatz ihrer Kosten, doch sei der Bürger zugleich vor „überhöhten" Ansprüchen zu schützen. Ist diese eine Unter- und eine Obergrenze enthaltende Preisregel in jedem Falle zu rechtfertigen? Prüfen wir die Frage anhand verschiedener Betriebstypen.

Dazu legen wir den Begriff „Preis" großzügig aus und schließen auch Gebühren mit ein.

Unter dieser Voraussetzung gibt es zwei Typen öffentlicher Betriebe, bei denen die Anwendung der Regel keine Schwierigkeiten macht. Der **Hoheitsbetrieb** (s. S. 31) ist so gestellt, dass jede Preishöhe gegenüber dem Bürger durchgesetzt werden kann, dass es aber, abgesehen von der rechtlichen Zulässigkeit, auch nicht gerechtfertigt wäre, den Bürger über die entstandenen Kosten hinaus zu belasten. Bei dem anderen Betriebstyp handelt es sich um den **Annexbetrieb** (s. S. 32), bei dem kein Grund für die Verwendung eines nicht kostendeckenden Preises zu sehen ist und bei dem kostenüberschreitende Verrechnungspreise nur zu einer Aufblähung des Rechenwerks führen würden.

Bei **Angebotsbetrieben** und **Betrieben mit industrie-, innovations- und regionalpolitischer Funktion**, kurz: Angebotsbetrieben (s. S. 31 f.), ist keine generelle Preisregel möglich. Manche dieser Betriebe sind aufgrund ihrer Aufgabenstellung chronische Defizitbetriebe; das Kostendeckungsgebot kann nicht erfüllt werden. Beispiele bilden Theater und zahlreiche Betriebe des öffentlichen Personennahverkehrs. Andere Betriebe können und müssen mit ihrer Preispolitik auf Gewinnerzielung hinwirken. Zu denken ist beispielsweise an die Kreditinstitute. Würden sie von vornherein auf Gewinn verzichten, machten sie sich des ruinösen Wettbewerbs schuldig. Ähnliches gilt für Betriebe, die ihren Gewinn ganz oder teilweise an den Träger abzuführen haben. Bei ihnen käme der Vorwurf hinzu, sie verzichteten auf Einnahmen zu Lasten des öffentlichen Haushalts. Das hätte eine Verteilungswirkung zur Folge: Die Abnehmer der Güter und Dienstleistungen würden begünstigt, die Steuerzahler benachteiligt. Schließlich gibt es unter den Angebotsbetrieben auch noch solche, bei denen zwar Kostendeckung, aber kaum Gewinnerzielung zu erwarten ist. In diese Kategorie fallen z. B. Parkhäuser oder mautpflichtige Straßen.

Für die letzte Kategorie, die **erwerbswirtschaftlichen Betriebe** (s. S. 32), muss die Gültigkeit der genannten Regel strikt verneint werden. Ihr Daseinszweck besteht in der Erzielung von Erwerbseinkünften, d. h. von Einnahmen für den öffentlichen Haushalt. Dementsprechend kann es nicht angehen, wenn sie auf Gewinn verzichten. Nicht nur Kostendeckung ist geboten, sondern nach Möglichkeit sogar, kostenüberschreitende Preise zu erzielen.

Fassen wir zusammen: Die Übersicht bestätigt, dass die Preispolitik der öffentlichen Hand kasuistisch bestimmt sein muss (Thiemeyer 1975, 166 f.). Sie muss zwar nicht von Einzelfall zu Einzelfall, aber doch von Fallgruppe zu Fallgruppe verschieden sein. Die eingangs genannte Regel gilt nicht generell. Statt dessen empfiehlt sich ein Satz von sechs Preisregeln für öffentliche Entgelte, wie sie zum Teil schon angedeutet wurden:

Preisregeln

- Sofern es die öffentliche Aufgabe verlangt, sind kostenunterschreitende oder -überschreitende Preise geboten.

- Bei Preisforderungen, denen sich der Bürger nicht entziehen kann, darf die Obergrenze der bloßen Kostendeckung nicht überschritten werden.

- Sofern die öffentliche Aufgabe nichts anderes verlangt, ist die Preispolitik der öffentlichen Hand wettbewerbsneutral zu gestalten.

- Sofern die öffentliche Aufgabe nichts anderes verlangt, ist die Preispolitik der öffentlichen Hand verteilungspolitisch neutral zu gestalten.

- Sofern die öffentliche Aufgabe nichts anderes verlangt, ist eine Preispolitik zu vermeiden, mit der Chancen der Einnahmenerzielung für den öffentlichen Haushalt „verschenkt" werden.

- **Letztlich darf durch die Preispolitik nie die Erfüllung der öffentlichen Aufgabe gefährdet werden.**

Insgesamt dürften die Regeln genügend Flexibilität bieten, um unterschiedlichen preispolitischen Gegebenheiten gerecht zu werden. Für praktisches Handeln bilden sie eine passable Richtschnur.

Anmerkung

In diesem Abschnitt wurde darauf verzichtet zu klären, was Gewinnverzicht, Kostendeckung oder Eigenwirtschaftlichkeit bedeuten. Damit können jeweils verschiedene Begriffsinhalte verbunden werden. Eine Darstellung verschiedener Möglichkeiten findet sich bei Thiemeyer (1975, 167-169).

b) Kostenorientierte Preispolitik

(11) Ausrichtung an den Durchschnittskosten

Die Ausrichtung von Preisen (und Gebühren) an den Durchschnittskosten ist keineswegs unproblematisch (s. auch Thiemeyer 1975, 171-181; Bätz 1979, 138-143); man denke nur an die Schlüsselung von Gemeinkosten. Aber sich in der Preis- und Gebührenpolitik an den Durchschnittskosten auszurichten ist die gängige Praxis. Sie wird vom geltenden Recht gedeckt. Es besteht darum Anlaß, sich mit den Konsequenzen zu befassen.

Ausrichtung an den Durchschnittskosten kann Verschiedenes heißen, nämlich Kalkulation von Entgelten, welche die Kosten genau decken, Kalkulation von Entgelten unter Inkaufnahme einer Deckungslücke oder Kalkulation von Entgelten mit Gewinnaufschlag. Wie auch immer, Orientierungsgröße ist in jedem Falle die Durchschnittskostenkurve. Wir werden uns im weiteren auf den zuerst genannten Fall beschränken, aber mit ein wenig Phantasie kann man die Argumentation auch auf eine nach oben oder unten verschobene Kurve (mit Deckungslücke oder Gewinnaufschlag) beziehen.

Was *der Theorie nach* geschieht, wenn man versucht, stets einen Preis in Höhe der Durchschnittskosten zu setzen, sei anhand folgender Darstellung (Abb. 25) erläutert.

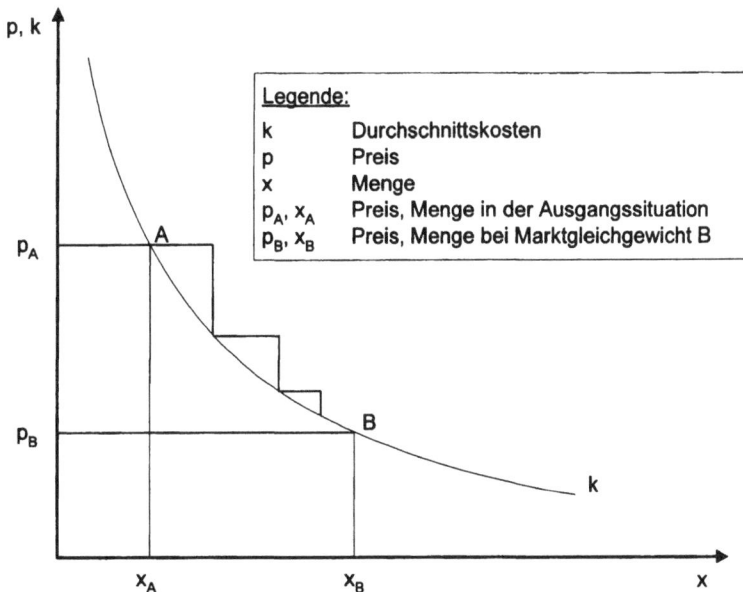

Abb. 25: Anpassungsprozess bei Orientierung der Preispolitik
an den Durchschnittskosten

In der Darstellung fehlt die Preis-Absatz-Kurve. Das erklärt sich mit der Annahme, dass der Betrieb a priori davon keine Kenntnis hat. Dementsprechend löst zunächst jede preispolitische Aktivität einen Anpassungsschritt aus.

Die treppenförmig verlaufende Strecke zwischen A und B beschreibt eine Abfolge von Anpassungsschritten, also einen Anpassungsprozess. Setzt der Betrieb aufgrund der zur Ausbringungsmenge x_A gehörenden Durchschnittskosten den Preis z. B. mit p_A fest, erlebt er, entgegen seinen Erwartungen, eine höhere Nachfrage. Nutzt er die höhere Ausbringungsmenge aus, kann er den Preis senken. Doch auch bei dem neuen Preis ergibt sich ein Nachfragezuwachs. Wiederum kommt es zu einer Preissenkung usw. Der Prozess kommt erst bei der Menge x_B und dem dazugehörigen Preis p_B zur Ruhe. Angebot und Nachfrage befinden sich im Gleichgewicht.

Läge p_A, der Preis in der Ausgangssituation unter p_B und wäre dementsprechend x_A größer als x_B, liefe der Anpassungsprozess in umgekehrter Richtung ab. Es käme zu einer Kette von Preiserhöhungen, weil die Nachfrage nach jeder Preissetzung schwächer als erwartet ausfiele und die höheren Durchschnittskosten aufzufangen wären. Aber auch dieser Anpassungsprozess endete im Punkt B, d. h. bei der Menge x_B und dem Preis p_B.

Im nachhinein kann der Anbieter die „Kanten" der „Treppenstufen" miteinander verbinden. Die Verbindungslinie ergibt die Preis-Absatz-Kurve. Dabei zeigt sich im Regelfall, dass es noch ein zweites Marktgleichgewicht gibt, verkörpert in Abb. 26 durch den Punkt C.

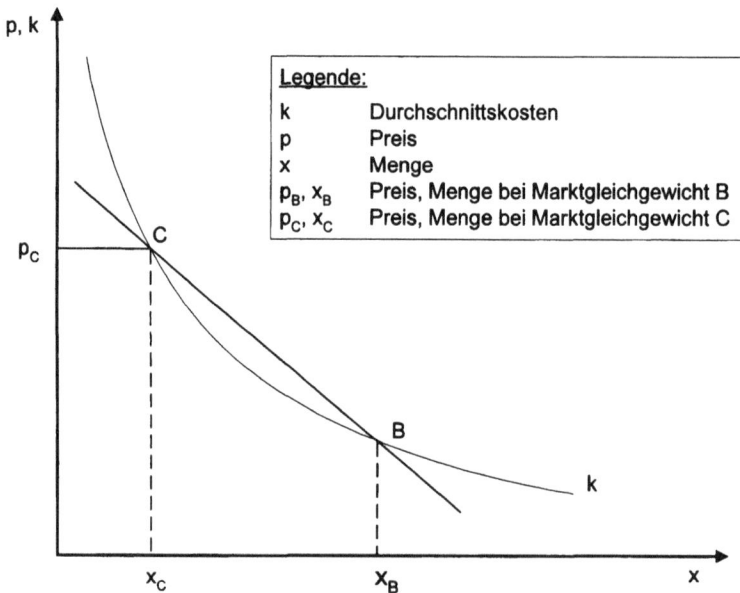

Abb. 26: Durchschnittskosten- und Preis-Absatz-Kurve

Wird für die Ausgangssituation ein durchschnittskosten-orientierter Preis gewählt, der über p_C liegt, fällt die Absatzmenge geringer aus, als erwartet. Zur Anpassung an die höheren Durchschnittskosten müsste der Preis eigentlich angehoben werden. Dies wäre jedoch mit der Gefahr verbunden, sehr schnell den letzten Nachfrager zu verlieren. Jeder Anbieter sollte sofort diese Gefahr erkennen und - bei hohem Preisniveau und geringerem Umsatz - die entgegengesetzte Strategie verfolgen, d. h. den Preis senken. Damit käme ein Anpassungsprozess in Gang, der mit einem Marktgleichgewicht in C oder B endete.

Werden die drei möglichen Prozessabläufe miteinander verglichen, zeigt sich, dass theoretisch nur einer häufiger auftritt. Das ist der zuerst geschilderte Prozess, bei dem der Preis in der Ausgangssituation über p_B, aber unter p_C liegt. In diesem Fall und in dem Fall, in dem $p_A < p_B$, endet der Anpassungsprozess bei B. Der andere Fall ($p_A > p_C$), also ein sehr hoher Preis in der Ausgangssituation, dürfte zu den Ausnahmen zählen. Alle drei Fälle führen jedoch *bei vernünftigem Verhalten* des Anbieters *theoretisch* zum Marktgleichgewicht.

Insgesamt ergibt sich also *der Theorie nach* ein erfreuliches Bild:

> Preispolitik nach Maßgabe der Durchschnittskosten führt im Rahmen eines Anpassungsprozesses (trotz Unkenntnis der Preis-Absatz-Funktion) im allgemeinen zu einem Marktgleichgewicht. Dabei stellt sich das Gleichgewicht auf einem niedrigen Preis- bzw. einem hohen Mengenniveau ein.

Letzteres ist bei einem öffentlichen Betrieb, dem an einem hohen Versorgungsgrad der Bevölkerung und niedrigen Preisen gelegen sein muss, besonders wichtig.

In der Realität sind jedoch Abstriche zu machen; denn Marktgleichgewichtssituationen sind keine empirischen Erscheinungen, und die Tendenz zum Marktgleichgewicht stellt nur einen Ausdruck von Hoffnung dar. *Aus didaktischen Gründen verfolgen wir aber das mit Gleichgewichtsvorstellungen verbundene Konzept weiter.*

Selbst in der Theorie kann das Marktgleichgewicht nicht immer erreicht werden. Es ist immer damit zu rechnen, dass der Anpassungsprozess durch die Kapazitätsgrenze gestoppt wird.

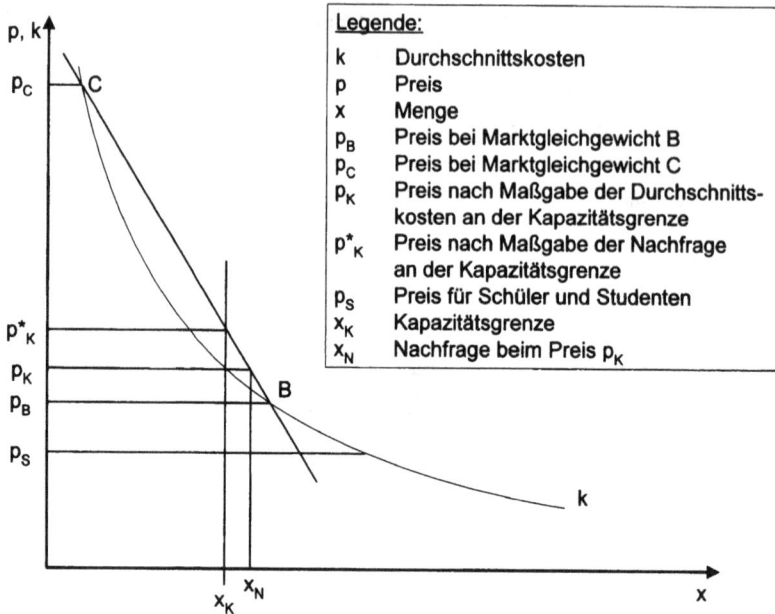

Abb. 27: An den Durchschnittskosten orientierte Preispolitik
mit Kapazitätsgrenze

In Abb. 27 verbleibt an der Kapazitätsgrenze beim Preis p_K ein Nachfrageüberhang. Das heißt, an den Straßenbahn-Haltestellen müssen Fahrgäste zurückbleiben oder es bricht das Stromnetz wegen Überlastung zusammen. Was ist zu tun?

Sofern man die Zustände mit Mitteln der Preispolitik abstellen und keine Rationierung einführen will (was zu einem öffentlichen Betrieb schlecht paßt), bleibt nur übrig, den Preis über p_K hinaus so lange anzuheben, bis der Nachfrageüberhang abgebaut und ein neues Marktgleichgewicht aufgebaut ist. Es ergibt sich der Preis p_K^*. Dass der Preis p_K^* über den Durchschnittskosten zu liegen kommt, muss in Kauf genommen werden.

Ein ähnliches Problem ergibt sich, wenn die Kapazitätsgrenze das Absenken des Preises auf ein aus sozialen Gründen erwünschtes niedriges Niveau verhindert. Selbst p_B (s. Abb. 27) wird für Schüler und Studenten noch als zu hoch angesehen; für sie kommt allein der Preis p_S in Frage. In diesem Fall hilft nur, eine Art (horizontale) Preisdifferenzierung zu praktizieren. Über höhere Preise für den „normalen" Nachfrager muss dann so viel Nachfrage zurückgedrängt werden, dass das Marktsegment der Schüler und Studenten mit dem niedrigeren Preis bedient werden kann, ohne insgesamt einen Nachfrageüberhang auszulösen. Wie weit der Preis anzuheben ist, lässt sich über einen Anpassungsprozess (trial and error) oder rechnerisch, nach vorheriger Erkundung der Preis-Absatz-Funktion auf den beiden Teilmärkten, in Erfahrung bringen. Wir wollen einmal die zuletztgenannte Möglichkeit kurz vorstellen (Abb. 28).

Wir nehmen an, die Preis-Absatz-Funktion laute p = - 0,0071x + 6, der Preis p_S betrage 1,20 €, und die Kapazitätsgrenze trete bei der Menge 450 auf.[71]

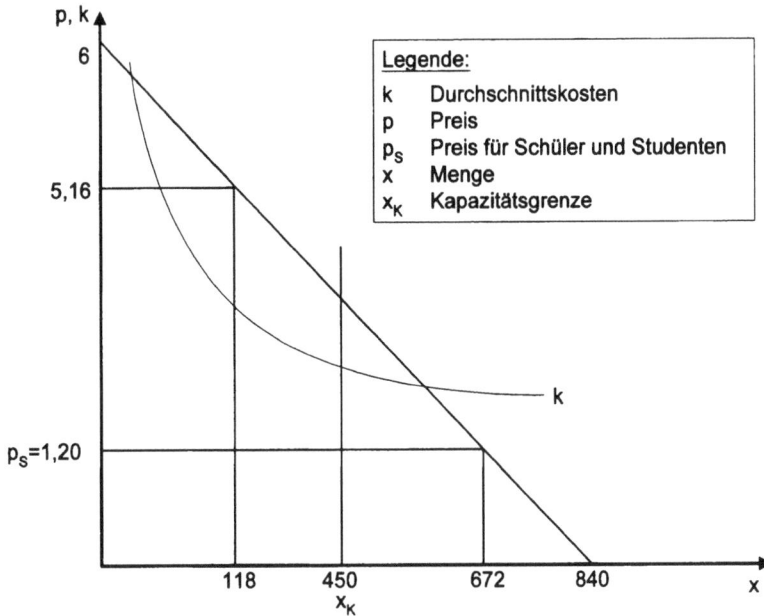

Abb. 28: Niedrigpreispolitik bei Orientierung an den Durchschnittskosten

Ohne Kapazitätsgrenze würde die Nachfrage beim Preis p_S 672 betragen; der Nachfrageüberhang beläuft sich also auf 222. Die Gruppe der Schüler und Studenten soll eine Nachfragemenge von 500 verkörpern, sie ist das auf die niedrigen Preise konzentrierte Nachfragersegment. Ein Teil der Schüler und Studenten käme aber selbst beim Preis p_S = 1,20 € nicht zum Zuge. Die nach Kaufkraft allerschwächste Gruppe repräsentiert eine Nachfrage von 168 (= 840 - 672) Mengeneinheiten. Infolgedessen braucht beim Preis p_S für die Schüler und Studenten nur mit einer Nachfragemenge von 332 (= 500 - 168) gerechnet zu werden.

Sollen von der Kapazität 332 Mengeneinheiten den Schülern und Studenten vorbehalten bleiben, kann das zahlungskräftigere Segment der „normalen Nachfrager" nur noch den Rest erhalten. Nun ist pretiale Lenkung gefragt. Das Mittel dazu ist eine Preisanhebung auf 5,16 €.[72] Bei diesem Preis für die „normalen" Nachfrager beträgt deren Absatzmenge 118. Diese Menge und die Menge von 332

---

[71] Der Koeffizient lautet genau 0,0071428.

[72] Genau 5,1571496.

der Schüler und Studenten ergeben zusammen 450 Mengeneinheiten, d. h. die Menge, die der Betrieb insgesamt anbieten kann.

Es ist offensichtlich, dass bei diesem Konzept am Ende von kostenorientierter Preispolitik keine Rede mehr sein kann. Die Preispolitik hat sich von den Kosten gelöst.

(22)   Ausrichtung an den Grenzkosten

(111)   Preispolitik nach Maßgabe kurzfristiger Grenzkosten

Von der Preistheorie wird seit langem empfohlen, die Preise öffentlicher Betriebe an den Grenzkosten auszurichten. Die Praxis folgt der Empfehlung jedoch nur selten. Die Gründe für das eine und das andere werden im folgenden klar werden.

Warum die Theorie eine Vorliebe für das Grenzkosten-Preiskonzept hat, zeigt sich in einer einfachen Modellrechnung.

Dazu nehmen wir an, es gelte die soziale Wohlfahrt W zu maximieren, die als $W = E - K + R$ definiert werde. Für den Erlös E, die Kosten K und die Konsumentenrente R seien folgende Funktionen unterstellt:

$$E = -ax^2 + bx$$
$$K = cx + d$$
$$R = x/2 \cdot [b - (-ax + b)]$$

Nebenbei, hinter der Erlös- und der Konsumentenrenten-Funktion steht die Preis-Absatz-Funktion $p = -ax + b$, wobei, wie üblich, p den Preis und x die Menge symbolisieren.

Setzt man in die Wohlfahrtsfunktion die Erlös-, die Kosten- und die Konsumentenrenten-Funktion ein und differenziert nach der Menge x, erhält man als Optimalitätskriterium $p = c$, d. h. Preis = Grenzkosten. Somit gilt unter den hier angenommenen Modellbedingungen:

> Das Wohlfahrtsmaximum ergibt sich dann, wenn der Preis in Höhe der Grenzkosten festgesetzt wird.

Hinter der Grenzkosten-Preisregel steht das Ziel Wohlfahrtsmaximierung, eine anspruchsvolle, volkswirtschaftlich begründete Zielsetzung, die nicht unumstritten ist. Dass die Praxis um das Konzept einen Bogen macht, hängt mit der Defizitgefahr zusammen. Lässt man einmal den außerhalb der Landwirtschaft irrelevanten Fall einer ertragsgesetzlichen Produktionsfunktion beiseite und geht ferner davon aus, dass auch im Falle einer (teilweise linearen) Gutenberg-Produktionsfunktion die Kostendeckung normalerweise durch eine kurzfristig nicht überwindbare Kapazitätsgrenze verhindert wird, sind Defizite bei grenzkostenorientierter Preispolitik nahezu unvermeidlich (Thiemeyer 1975, 181-193; Bätz 1979, 111-116).

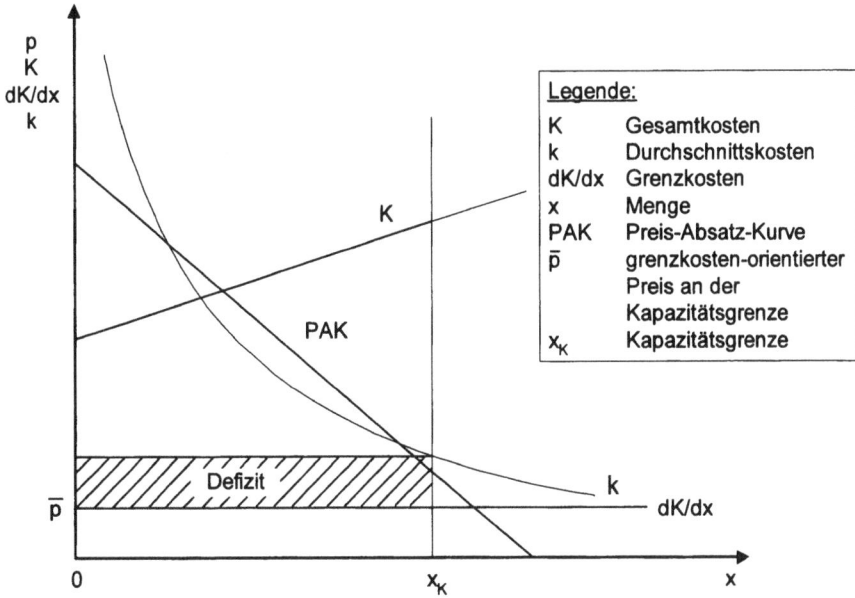

Abb. 29: Preisbildung gemäß kurzfristiger Grenzkosten bei linearer Gesamtkostenfunktion

Handelt es sich um eine vollkommen lineare Kostenfunktion bzw. -kurve (Abb. 29), ist Kostendeckung erst im Unendlichen zu erwarten. Die Kapazitätsgrenze - wo immer sie auch auftritt - ist also in diesem Fall für das Auftreten von Defiziten allein nicht verantwortlich zu machen.

Handelt es sich hingegen um den Fall der teilweise linearen, teilweise nichtlinearen (Gutenberg-) Kostenfunktion bzw. -kurve, ist Kostendeckung prinzipiell möglich. Dazu muss man aber die Beschäftigung ausdehnen können, bis die Grenz- und die Durchschnittskosten übereinstimmen, d. h. die Kapazitätsgrenze darf nicht schon vorher auftreten. Führt der Preis in Höhe der Grenz- und Durchschnittskosten außerdem zum theoretisch denkbaren Fall des Marktgleichgewichts, kann die Preispolitik nicht nur unter voller Kostendeckung, sondern sogar unter Gewinnverzicht betrieben werden - was ja häufig erwünscht ist. Diese Konstellation ist in Abb. 30 festgehalten. In der Abbildung deckt der zu x^0 gehörende Preis p^0 sowohl die Grenz- als auch die Durchschnittskosten.

Legende:

K	Gesamtkosten
k	Durchschnittskosten
dK/dx	Grenzkosten
x	Menge
x^0	optimale Menge
p^0	optimaler Preis
x_k	Kapazitätsgrenze

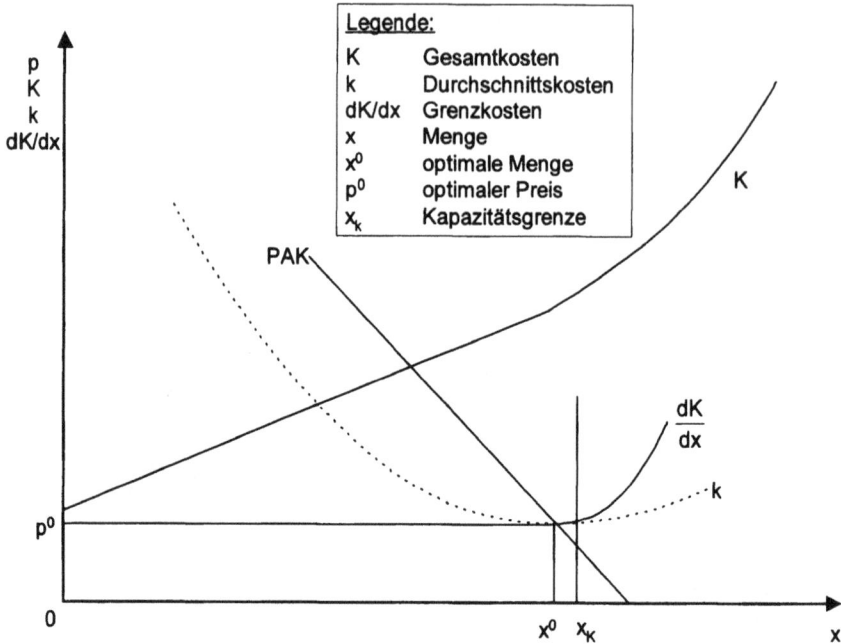

Abb. 30: Nichtlineare Kostenkurve mit kostendeckender Preisbildung nach Maßgabe der kurzfristigen Grenzkosten

Die Kapazitätsgrenze liegt bei x_K, mithin ist es in diesem Fall möglich, x^0 zu verwirklichen. Da in Abb. 30 außerdem unterstellt ist, dass die Preis-Absatz-Kurve PAK die Grenz- und die Durchschnittskosten-Kurve in deren Schnittpunkt schneidet, entspricht das Angebot der Nachfrage, und es besteht kein Anlaß, vom Grenzkosten- bzw. Durchschnittskostenpreis abzuweichen.

Normalerweise ist mit einer solch günstigen Konstellation nicht zu rechnen. Daraus folgt:

Bei kurzfristiger Betrachtung führt die Preissetzung in Höhe der Grenzkosten normalerweise zu einem Defizit.

Es ist verständlich, dass öffentliche Betriebe bei dieser Sachlage Preise in Höhe der kurzfristigen Grenzkosten nur dann festzusetzen bereit sind, wenn ihnen von anderer Seite, etwa vom Träger, die Verlustübernahme zugesagt wird. Defizite können bekanntlich von keinem Betrieb auf Dauer hingenommen werden; nur volle Kostendeckung gewährleistet den vollen Ersatz verbrauchter Ressourcen.

Über die möglichen Formen des Verlustausgleichs äußern wir uns weiter unten (s. S. 224-227). Dabei soll auch erörtert werden, welche Möglichkeit besteht, wenigstens die grobe Orientierung der Preise an den Grenzkosten beizubehalten.

(222) Preispolitik nach Maßgabe langfristiger Grenzkosten

Langfristige Grenzkosten sind mit einem s-förmigen Verlauf der Gesamtkostenkurve verbunden. Außerdem gibt es definitionsgemäß keine Kapazitätsgrenze. Beides könnte die Wahrscheinlichkeit erhöhen, dass unter günstigen Bedingungen grenzkosten-orientierter Preispolitik keine Defizite auftreten. Ob die Wahrscheinlichkeit allerdings größer ist als im Falle einer an den kurzfristigen Grenzkosten ausgerichteten Preispolitik (Thiemeyer 1975, 194-203), sei anhand einer Graphik erörtert. Dabei wird aus Gründen der Vereinfachung auf das Einzeichnen der langfristigen Gesamtkostenkurve verzichtet. Die langfristige Durchschnittskosten- und die langfristige Grenzkostenkurve verlaufen konvex, wobei erstere in ihrem Minimum von der Grenzkostenkurve geschnitten wird.

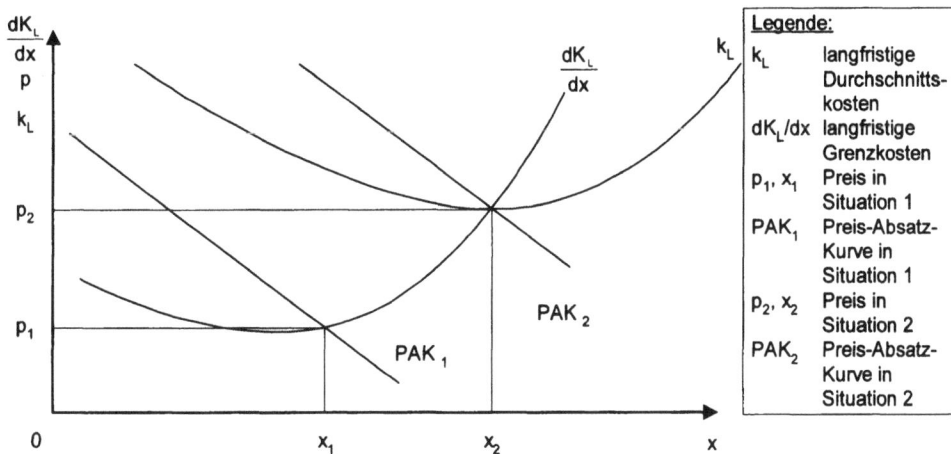

Abb. 31: Preisbildung nach Maßgabe langfristiger Grenzkosten

Ob ein Defizit auftritt, hängt nicht nur vom Verlauf der Kostenkurven, sondern auch von der Nachfragesituation ab. Stellt sich auf dem Markt die Nachfrage so dar, wie mit der Preis-Absatz-Kurve PAK_1 erfasst, entspricht der Preis p_1 zwar genau den langfristigen Grenzkosten $\dfrac{dK_L}{dx}$, und es herrscht das erwünschte und theoretisch denkbare Marktgleichgewicht, aber der Preis deckt nicht die langfristigen Durchschnittskosten k_L. Das daraus resultierende Defizit kann jedoch beseitigt werden, wenn es gelingt, die Preis-Absatz-Kurve so weit nach rechts zu verschieben, dass sie der Preis-Absatz-Kurve PAK_2 entspricht. Sie verläuft dann durch den Schnittpunkt von Durchschnittskosten- und Grenzkostenkurve. Der zu diesem Schnittpunkt gehörende Preis p_2 erfüllt letztlich alle Wünsche: Es handelt sich um einen nicht nur die langfristigen Grenzkosten, sondern auch die langfristigen Durchschnittskosten deckenden Preis. Und außerdem entspricht bei diesem Preis das Angebot der Nachfrage; der Markt befindet sich im Gleichgewicht.

Überblickt man noch einmal das Konzept einer Preispolitik, die sich an den langfristigen Grenzkosten ausrichtet, wird klar, dass auch unter der Prämisse veränderbarer Kapazität die Chancen für defizitfreies Wirtschaften nicht größer sind als bei kurzfristiger Betrachtung. Also:

Preissetzung in Höhe der Grenzkosten führt normalerweise nicht nur bei kurzfristiger, sondern auch bei langfristiger Betrachtung zu einem Defizit.

Praktische Preispolitik kann die Verlustgefahr natürlich nicht ignorieren, selbst wenn das Konzept noch so große - theoretische - Vorteile für das Gemeinwohl (Wohlfahrtsmaximierung!) hat. Es ist darum nicht überraschend, dass mit einem Trick versucht wurde, doch noch defizitfreie Preissetzung nach Maßgabe der Grenzkosten zu erreichen. Nähere Einzelheiten enthält der folgende Abschnitt.

(33)   Der Defizitausgleich

(111)   Defizitausgleich mit Hilfe des Péage

Mit dem Ausdruck **Péage** (fr., Brückenzoll, Wegezoll, Mautgebühr) verbindet sich ein alter Vorschlag, um das lästige Problem der Defizitentstehung bei Preissetzung in Höhe der Grenzkosten zu überwinden. Der Vorschlag tritt in mehreren Varianten auf (Thiemeyer 1975, 204 ff.; Bätz 1979, 116-119). Es genügt jedoch, eine Variante zu kennen, um über das ganze Konzept urteilen zu können. Wir begnügen uns deshalb darauf, die Verwendung des Péage in der Variante des prozentualen Aufschlags auf die Grenzkosten (hier genau genommen: variable Stückkosten) zu behandeln. Dazu eine Modellrechnung.

Angenommen, der Verkehrsminister verfüge, dass im Güterfernverkehr auf der Straße S, auf der Schiene E und auf den Binnengewässern B alle Preise zunächst in Höhe der jeweiligen Grenzkosten festgesetzt, aber dann mit einem einheitlichen prozentualen Aufschlag so angehoben werden, dass für die Branche insgesamt keine Defizite entstehen. Betrachten wir die folgenden Daten und Resultate dieser Preispolitik. Die Kostenangaben sind auf den Tonnenkilometer bezogen.

	S	E	B	Σ	
Grenzkosten	30	40	10	80	= 100 %
+ übrige Kosten	70	40	10	120	= 150 %
= Gesamtkosten	100	80	20	200	

Tab. 11: Kosten im Gütertransport

Tab. 11 zeigt, dass die Grenzkosten einen Aufschlag von 150 % erhalten müssen, um der Branche insgesamt ein Defizit zu ersparen. Die Preisbildung unter Einschluss eines Péages führt in diesem Fall zu folgenden Ergebnissen:

	S	E	B	Σ	
Grenzkosten	30	40	10	80	= 100 %
+ Péage	45	60	15	120	= 150 %
= Preis	75	100	25	200	

Tab. 12: Preisbildung im Gütertransport

Für die Branche insgesamt geht die Rechnung auf. Aber es ist nicht anzunehmen, dass sich der Straßengüterverkehr mit dem Ergebnis abfindet. Ihm verbleibt noch immer ein Defizit von 25. Selbstverständlich könnte auch diese Schwäche beseitigt werden. Man brauchte nur den Prozentsatz des Péageaufschlags zu erhöhen. Bei einem Aufschlag von beispielsweise 250 % wäre vermutlich auch das Straßengüterverkehrsgewerbe zufriedengestellt. Aber man wird dann noch weniger als zuvor behaupten können, dass die Preise die Grenzkosten widerspiegeln.[73]

Fazit: Die Verwendung eines Péage führt zu einer Preispolitik, die zwar Defizite zu vermeiden hilft, aber mit dem Versuch, über grenzkosten-orientierte Preispolitik ein Maximum an Wohlfahrt zu erreichen, nichts mehr gemein hat.

(222) Zuschüsse

(aaa) Die allgemeine Problematik von Zuschüssen

Zuschüsse, Subventionen, Verlustübernahmen, Zahlungen zum Defizitausgleich (Thiemeyer 1975, 127-132) - oder wie immer man solche Leistungen auch nennt - sind in vielen Fällen für öffentliche Betriebe durch die Aufgabenstellung bedingt. Darauf wurde schon mehrfach hingewiesen (S. 17, 35, 211). Ohne Unterstützung wären diese Betriebe auf Dauer nicht existenzfähig; ihre Aufgabe wäre gefährdet oder bliebe auf der Strecke. Sofern keine Zuschüsse gewährt werden, sind beispielsweise viele Städtische Nahverkehrsbetriebe außerstande, ein akzeptables, bürgerfreundliches Verkehrsangebot zu kostendeckenden Fahrpreisen anzubieten. In derselben Lage sind auch Theater und Museen (zur Frage, wie Beihilfen aus Sicht der Europäischen Union zu beurteilen sind, s. Soukup 1995).

Zuschussbedürftigkeit kann aber auch andere Ursachen haben: schwache Konjunktur, schlechte Marktlage, übermächtige Konkurrenz - und nicht zuletzt schlechte Betriebsführung. Häufig kommen mehrere Ursachen zusammen.

---

[73] Da die Grenzkosten mit demselben Prozentsatz aufgestockt werden, kommt es zu einer linearen Transformation. Dadurch haben die Resultate, die Preise, mit den Grenzkosten genauso viel zu tun wie Entfernungen in der Natur mit ihren Abbildungen auf der Landkarte. Verteilungspolitisch bedeutsam sind aber nur die Grenzkosten.

Wo Zuschussbedürftigkeit besteht, ist besondere Aufmerksamkeit geboten. Zum einen besteht Gefahr, dass Zuschüsse wie eine Droge wirken. Der Empfänger gewöhnt sich schnell an den Zustand, kann die Zuschüsse nicht mehr missen, gerät in Abhängigkeit. Zum anderen besteht Gefahr, dass Zuschüsse die Antriebskräfte schwächen. Der Empfänger erfährt, dass Zuschüsse eigene Schwächen und Fehler verdecken. Dementsprechend kann er darauf verzichten, sein Bestes zu geben. Diese Gefahr lässt sich übrigens in keinem Fall - in welcher Form auch immer ein Zuschuss gewährt wird - vermeiden.

> Es sollte deshalb immer energisch versucht werden, einen öffentlichen Betrieb ohne Zuschüsse wirtschaften zu lassen bzw. - sofern Zuschüsse unvermeidlich sind - solche Zuschussformen zu verwenden, die den Zuschussbedarf begrenzen oder im Laufe der Zeit automatisch vermindern.

Außerdem besteht Abhängigkeit von der jeweiligen Haushaltslage des Trägers. Und schließlich stehen die Leiter solcher Betriebe unter einem Rechtfertigungszwang. Sie müssen versuchen nachzuweisen, dass der Zuschussbedarf nicht - auch nicht zu einem Bruchteil - auf schlechte Betriebsführung zurückgeht. Das ist schwer und deshalb für den engagierten Leiter, der meint, trotz des Zuschussbedarfs erfolgreich gewesen zu sein, sehr frustrierend. Darauf wurde schon hingewiesen (S. 17). Um so wichtiger ist eine Ergebnis- und Wirkungsrechnung, welche eine gute Ergebnisanalyse erlaubt. Auf keine andere Weise kann die Motivation des Leiters eines defizitären Betriebes - und die seiner Mitarbeiter - besser gestärkt werden.

(bbb) Vor- und Nachteile der einzelnen Zuschussformen

Wie schon mehrfach betont, erlaubt es die Aufgabe vielen öffentlichen Betrieben nicht, ihre Leistungen kostendeckend zu erbringen. Erinnert sei nur an zahlreiche Betriebe des öffentlichen Personennahverkehrs, die ohne Zuschüsse ihre Funktion als wichtiger Teil der Infrastruktur derzeit kaum erfüllen könnten. Die Leistungen müssen also verbilligt werden oder - was im Ergebnis auf dasselbe hinausläuft - der Betrieb muss einen Ausgleich für den Ausfall an Erträgen erhalten.

Die Gewährung von Zuschüssen kann zwei grundsätzlich verschiedenen Prinzipien folgen. Zum einen kann die Subvention dem Bürger direkt gewährt werden, zum anderen können die öffentlichen Betriebe subventioniert werden, damit sie die Vorteile an die Bürger weitergeben (indirekte Subventionierung).

Das zuerst genannte Prinzip wird bei Leistungen der öffentlichen Hand kaum praktiziert. Eine Ausnahme stellen Lebensmittelgutscheine für Sozialhilfeempfänger dar. Das Prinzip hat einen gewichtigen Nachteil: Wie man aus Erfahrungen mit Mietbeihilfen („Wohngeld") weiß, nimmt der Widerstand der Nachfrager gegen Preiserhöhungen ab. Außerdem besteht unter bestimmten Umständen die Gefahr, dass der Empfänger den Zuschuss zweckentfremdet, dass also das eigentliche Förderziel verfehlt wird.

Die verbleibenden Zuschussformen, nämlich

- Bindung des Zuschusses an einen Beschaffungsvorgang,

- Fixierung des Zuschusses pro Leistungseinheit,

- interne Subventionierung,

- Zusage einer begrenzten Verlustübernahme,

- Zusage einer unbegrenzten Verlustübernahme,

unterscheiden sich in ihren Wirkungen erheblich. Wir wollen die Stärken und Schwächen kurz beleuchten. Dabei sei erlaubt, die „eingefahrene" Terminologie beizubehalten, die gewöhnlich keine Unterscheidung zwischen Verlustübernahme, Verlustausgleich, Defizitausgleich, Zuschussgewährung und Subventionierung trifft.

Die **Bindung des Zuschusses an einen Beschaffungsvorgang** kann anknüpfen an die Bereitstellung eines Kredits, die Überlassung einer Liegenschaft, die Lieferung von Energie u. ä. In jedem Fall sorgen die Verbilligung oder der Entgeltverzicht dafür, dass das Kostenniveau des öffentlichen Betriebes sinkt.

Am besten wird die Bezuschussung so weit getrieben, dass von dem Betrieb danach verlangt werden kann, mit dem gewünschten Absatzpreis oder der angestrebten Gebühr kostendeckend zu wirtschaften. Außerdem - ist die Zuschusshöhe erst einmal zwischen Geber und Empfänger ausgehandelt, dürfen beide Seiten auf Planungssicherheit hoffen.

Ob sich allerdings der Betrieb disziplinieren lässt und wie lang die Planungssicherheit anhält, ist stets zweifelhaft. Es muss nämlich damit gerechnet werden, dass ein öffentlicher Betrieb später erklärt, mit der ausgehandelten Zuschusshöhe nicht auszukommen. Was dann? Selbst wenn die Forderung nach Aufstockung nicht berechtigt erscheint, wird es sich der Zuschussgeber kaum leisten können, einen öffentlichen Betrieb in Schwierigkeiten zu bringen.

Wird ein **Zuschuss pro Leistungseinheit** festgelegt, tut sich ein Dilemma zwischen der Planungssicherheit und der Verhinderung überhöhter Zuschüsse auf:

Bewegt sich der Betrieb im Bereich sinkender Durchschnittskosten und wird die Zuschusshöhe *ex ante* fixiert, erzielt der Betrieb einen überhöhten Zuschuss, sofern es ihm gelingt, die tatsächliche Leistungsmenge über die Planmenge hinaus auszudehnen (s. Abb. 32).

In Abb. 32 stellen $\bar{p}$ den gewünschten Preis, x_1 die geplante Leistungsmenge und x_2 die tatsächliche Leistungsmenge dar. $\overline{AB}$ verkörpert den geplanten, $\overline{CD}$ den tatsächlichen Zuschussbedarf.

Der Bezug eines Zuschusses über den Bedarf hinaus lässt sich aber verhindern. Es muss auf die Ex-ante-Festlegung verzichtet und der Zuschuss an dem *ex post* festgelegten Bedarf bemessen werden.

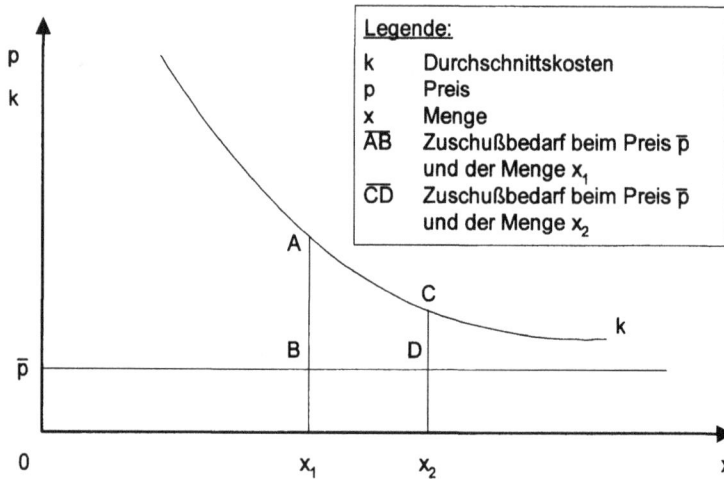

Abb. 32: Geplanter und tatsächlicher Zuschussbedarf

Man kann offenbar nicht beides zugleich haben, Planungssicherheit, d. h. Voraus-Kenntnis der späteren Zuschusshöhe, und den Ausschluss überhöhter Zuschussleistungen. Der Zuschussgeber muss wählen. Die Inkaufnahme eines gewissen Maßes an Planungsunsicherheit dürfte aber wohl das kleinere Übel sein.

Die **interne Subventionierung (interner Verlustausgleich, Quersubventionierung** - Thiemeyer 1976, 36 ff.; Bätz 1979, 109 f.) tritt in verschiedener Gestalt auf, als Verlustausgleich zwischen verschiedenen Leistungsarten, Sparten oder Teilen eines Betriebes, als Verlustausgleich im Querverbund (s. S. 84) und als Preisdifferenzierung bzw. Preisdiskriminierung. Beim internen Verlustausgleich geht es darum, Verlust durch selbsterwirtschafteten Gewinn zu decken. Das hat für den Betrieb den Vorteil, dass der Verlustbereich die nötigen Subsistenzmittel ohne Dazutun eines Außenstehenden erhält. Insbesondere braucht der Betrieb keine Abhängigkeit von der schwankenden Haushaltslage des Zuschussgebers zu befürchten. Kritiker wenden jedoch ein, dass der interne Verlustausgleich hilft, Managementfehler zu verdecken, ferner dazu beiträgt, die Wettbewerbsbedingungen auf dem Markt zu verzerren, und dass er zu Fehlallokation führe (s. auch S. 84).

Die Europäische Union hat den Postdiensten die Quersubventionierung in aller Form untersagt (o. V. 1997 b).

Häufig findet sich der interne Verlustausgleich neben anderen Subventionsformen. So dient z. B. der Gewinn, den der Museums-Shop liefert, dazu, den vom Museumsträger abzudeckenden Verlust zu mindern.

Bei der Preisdifferenzierung und Preisdiskriminierung (Thiemeyer 1975, 206-209) wird an die Tatsache angeknüpft, dass Kostenunterschiede zwischen verschiedenen Arten desselben Gutes oder Kostenunterschiede zwischen den individuellen Leistungen derselben Art nicht mit den Preisunterschieden korrespondieren. So ist der Kostenunterschied zwischen der Benutzung der 1. und der Benutzung der 2. Wagenklasse im Regelfall nicht genau so hoch wie der Preisunterschied (der Kostenunterschied dürfte geringer sein). Oder: Innerörtliche Beförderung eines Standardbriefes ist sicherlich billiger als die Beförderung von einem Ende der Bundesrepublik zum anderen. Trotzdem gilt dasselbe Briefporto („einheitliche Tarifierung im Raum"). Das bedeutet nicht unbedingt Verlustausgleich; denn die Fälle brauchen nicht mit Verlust verbunden zu sein. Aber es bedeutet in jedem Falle, dass der Empfänger der verbilligten Leistung durch den Empfänger der teureren Leistung subventioniert wird; denn die teurere Leistung wird höher und die billigere Leistung niedriger abgerechnet, als es den Kosten entspricht.

Die Wirkungen dieser mit Preisdifferenzierung und Preisdiskriminierung verbundenen Form der internen Subventionierung sind dieselben wie die des internen Verlustausgleichs.

Eine weitere technische Möglichkeit der Subventionierung besteht darin, dem öffentlichen Betrieb einen festen Zuschussbetrag zuzusagen. Wir sprechen von der **Zusage einer begrenzten Verlustübernahme**. Diese Form der Subventionierung ähnelt sehr der Bindung des Zuschusses an die Leistungseinheit. Es herrscht für beide Seiten Planungssicherheit - es sei denn, der Zuschussempfänger stellte am Ende der Periode unabweisbare Nachforderungen. Die Möglichkeit, durch Mengenausweitung einen höheren Zuschuss zu kassieren, als es dem Bedarf entspricht, ist nunmehr ausgeschaltet. Insofern hat die Zusage eines festen Betrags einen unbestreitbaren Vorteil gegenüber der (Ex-ante-) Bindung des Zuschusses an die Leistungseinheit.

Selbstverständlich ist die Zusage eines festen Betrags auch gegenüber einer weiteren Zuschussform, der **Zusage einer unbegrenzten Verlustübernahme,** vorzuziehen. Bei der Zuschussgewährung kommt es darauf an, den Zuschussempfänger zu disziplinieren. Das ist nicht möglich, wenn dem öffentlichen Betrieb stillschweigend oder offen signalisiert wird, er könne im Verlustfalle mit der Deckung des Verlusts rechnen, wie hoch dieser auch sei. Obwohl es sich offensichtlich um die ungünstigste Subventionsform handelt, muss doch vermutet werden, dass sie immer wieder vorkommt.

2. Ausgewählte preispolitische Probleme einzelner Branchen

a) Probleme im öffentlichen Personennahverkehr

(11) Vorbemerkung: Der Tarifbegriff und die wichtigsten Tarifformen

Mit „Tarif", einem Lehnwort aus dem Arabischen, ist eigentlich ein veröffentlichtes Preisverzeichnis gemeint. Heute reicht die Wortbedeutung jedoch weiter. Sie umfasst sowohl ein Preisverzeichnis, in dem von Preisdifferenzierung Gebrauch gemacht wird, als auch die Preise selbst. Wer also beispielsweise von einer Tariferhöhung im öffentlichen Personennahverkehr spricht, meint damit schlicht eine Erhöhung der Fahrpreise.

Die Tarifformen im öffentlichen Personennahverkehr (Thiemeyer 1975, 215, 217; Sonnhof 1980, 575-584) lassen sich grob in drei Kategorien einteilen:

- Einheitstarife (fahrtstrecken-unabhängige, „flächenbezogene" Tarife)
- Leistungstarife (fahrtstrecken-abhängige, „streckenbezogene" Tarife)
- Mischformen.

Einheitstarife, d. h. Tarife, bei denen die Länge der zurückgelegten Fahrtstrecke keine Rolle spielt, haben den Vorteil der Einfachheit. Verkauf und Kontrolle der Fahrausweise lassen sich verhältnismäßig leicht bewerkstelligen. Dasselbe gilt auch für die Abrechnung der Einnahmen. Allerdings schwinden diese Vorteile mit der zunehmenden Automatisierung des Fahrschein- und Fahrkartenverkaufs. Zum Nachteil kann sich die Tatsache auswachsen, dass die Fahrgäste mit besonders kurzer Fahrtstrecke die Fahrgäste mit besonders langer Fahrtstrecke subventionieren. Der Einheitstarif hat also einen Verteilungseffekt. In kleinen Tarifgebieten macht sich dieser Effekt nicht bemerkbar. Aber in großen Tarifgebieten kann er für die Fahrgäste zum Ärgernis werden. Viele Verkehrsbetriebe verzichten deshalb in großen Tarifgebieten auf den Einheitstarif zugunsten eines Leistungstarifs. Doch es gibt Gegenbeispiele, in denen offenbar der Vorteil der Einfachheit besonders hoch geschätzt wird (z. B. New York City).

Leistungstarife bemessen den Fahrpreis an der Länge der Fahrtstrecke. Das macht sie in jeder Hinsicht komplizierter als Einheitstarife, aber die Fahrgäste haben das Gefühl, gerechter behandelt zu werden. Es wurde jedoch schon angedeutet: je weiter die Automatisierung voranschreitet, um so mehr vereinfacht sich der Leistungstarif in seiner praktischen Handhabung.

Den reinen Leistungstarif, d. h. einen Tarif, in dem sich die Länge der Fahrtstrecke im Fahrpreis ziemlich genau widerspiegelt, gibt es unseres Wissens nur bei Taxibetrieben,[74] sofern der Grundpreis beiseite gelassen wird.

Viel häufiger als der reine Leistungstarif kommen unzählige Verbindungen mit dem Einheitstarif vor, also **Mischformen**. In der Vergangenheit wurden gern **Teilstreckentarife** benutzt, d. h. Fahrpreise, die je nach Anzahl zurückgelegter Teilstrecken gestaffelt waren.

A, B, ..., H in Abb. 33 stellen die Haltestellen einer Straßenbahn-Linie dar, C und F sind Teilstreckengrenzen. Dementsprechend muss ein Fahrgast, der das Verkehrsmittel von B bis G benutzt, für drei Teilstrecken zahlen. Wer hingegen in D ein- und in F aussteigt, braucht den Fahrpreis nur für eine Teilstrecke zu entrichten.

---

[74] Taxibetriebe sind nicht-staatliche Einzelwirtschaften; es gibt keine öffentliche Kapitalbeteiligung. Doch die Beförderungsbedingungen und die Tarifpflicht machen das Taxiunternehmen zu einem öffentlichen Betrieb.

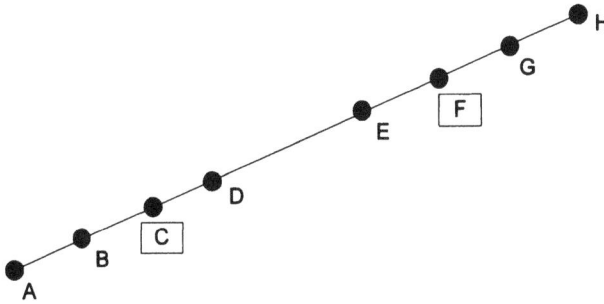

Abb. 33: Teilstrecken im öffentlichen Personennahverkehr

Meistens wird heute für Großstädte und Ballungsgebiete der **Zonentarif** gewählt.

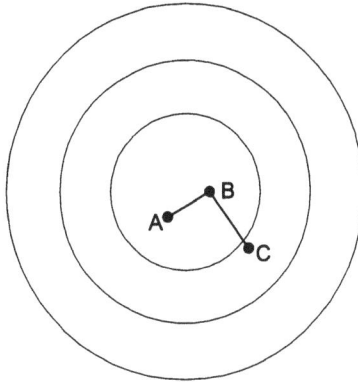

Abb. 34: Beispiel eines Zonentarifs

Bewegt sich der Fahrgast innerhalb einer Tarifzone - beispielsweise von A nach B (s. Abb. 34) -, spielt die Länge der Fahrtstrecke keine Rolle, es gilt sozusagen ein Einheitstarif. Wird jedoch eine Zonengrenze überschritten - Beispiel: Fahrt von A nach C -, gilt ein höherer Fahrpreis; es wird eine Art Leistungstarif wirksam.

Die Länge der Fahrtstrecke kann auch dadurch berücksichtigt werden, dass nach dem Umsteigen ein neuer Fahrausweis zu lösen ist. (Diese Regelung hat lange Zeit in Rom gegolten; später wurde sie durch einen Einheitstarif abgelöst, der die beliebige Benutzung der öffentlichen Verkehrsmittel innerhalb von 75 Minuten nach Fahrtantritt erlaubt.)

Die meisten Tarife des öffentlichen Personennahverkehrs weisen Elemente der Preisdifferenzierung auf. Wie sich Preisdifferenzierung prinzipiell auswirkt, wird weiter unten behandelt (s. S. 232 f.).

Die Wahl der Tarifform steht nicht nur im Zusammenhang mit der Größe des Tarifgebiets, sondern auch mit dem Streckenverlauf und der Art und Weise, in der der Fahrpreis gezahlt wird. Dazu einige Bemerkungen.

Für die Streckenführung kommen verschiedene Modelle in Frage. Am häufigsten werden gewählt der strahlenförmig von einem Verkehrsschwerpunkt (Bahnhof, Rathaus) ausgehende und zur Peripherie führende Streckenverlauf, die tangentiale Streckenführung, die ringförmige Streckenführung und Mischformen. Wird beispielsweise die strahlenförmige Streckenführung verwendet, kann der Verkehrsbetrieb trotz des Einheitspreises ein Entgelt verlangen, das die Länge der Fahrtstrecke mit berücksichtigt. Er muss nur die Umsteigeberechtigung verweigern. Da in vielen Fällen bei langen Fahrtstrecken die Notwendigkeit besteht, von einer Linie auf eine andere umzusteigen, nimmt der Gesamtfahrpreis zu, und die Länge der Fahrtstrecke findet ihren Niederschlag.

Bemerkenswerte Konsequenzen hat auch die Bezahlung des Fahrpreises mit einer speziellen Münze („Token"), wie sie beispielsweise die öffentlichen Verkehrsmittel von New York City kennen. Mit dem Einwurf der Münze öffnet sich dem Fahrgast der Zugang zu dem Verkehrssystem, das er nach Belieben in Anspruch nehmen darf, bis er das U-Bahn-Gelände bzw. den Omnibus wieder verlässt.[75] Die Verwendung eines Token hat verschiedene Vorteile. Die Fahr„ausweise" selbst können von dem Verkehrsbetrieb beliebig oft wiederverwendet werden, die Abrechnung ist sehr einfach, und Tarifänderungen lassen sich ohne aufwendigen Neudruck von papierenen Fahrscheinen bewerkstelligen.

Es kommt sogar vor, dass ein Verkehrsbetrieb selbst auf die Aushändigung eines Fahrausweises verzichtet: das einfache Entrichten des Fahrpreises verleiht die Mitfahrberechtigung (Beispiel: Bezahlung beim Fahrer des im Orient anzutreffenden Sammeltaxis). Eine Umsteigeberechtigung kann es in diesem Fall nicht geben. Aber unabhängig davon handelt es sich normalerweise um einen Leistungstarif.

(22)   Preisbestimmung im öffentlichen Personennahverkehr

In der Praxis werden Verkehrstarife meist „fortgeschrieben", die Fahrpreise also von Zeit zu Zeit durch Aufschläge der allgemeinen Preisentwicklung angepaßt. Angesichts dessen ist es angebracht, eine Vorstellung darüber zu vermitteln, wie die Fahrpreise eines Verkehrstarifs berechnet werden können.

---

[75] Dabei ist ein Umsteigen von Bus zu Bus, von der U-Bahn in einen Bus oder umgekehrt unter bestimmten Bedingungen möglich.

Nehmen wir an, ein Verkehrsbetrieb kenne vier verschiedene Formen von Fahrscheinen bzw. Fahrkarten:

- Normaler Fahrschein
- Schüler- und Studentenfahrschein
- Normale Monatskarte
- Schüler- und Studentenmonatskarte

Die verschiedenen Formen von Fahrausweisen können als Kostenträger verstanden werden, für die sich prinzipiell über Marktforschung Preis-Absatz-Funktionen ermitteln lassen, d. h. die jeweilige funktionale Abhängigkeit der Menge verkaufter Fahrausweise eines Typs vom Preis (bzw. umgekehrt).

Ein besonderes Problem bereitet die zur Preisbestimmung ebenfalls erforderliche **Bestimmung der Kostenfunktion.** Wie kann man die Gesamtkosten des Betriebs auf die Nachfrage nach normalen Fahrscheinen, Schüler- und Studentenfahrscheinen sowie die Nachfrager nach den beiden Arten von Monatskarten aufteilen?

Eine pragmatische Lösung besteht darin, durch Befragung festzustellen, wie häufig der durchschnittliche Inhaber einer Monatskarte pro Periode von seinem Fahrausweis Gebrauch macht. Nimmt man die Anzahl der in demselben Zeitraum verkauften Einzelfahrscheine hinzu, lässt sich daraus auf die Anteile der einzelnen Fahrgastgruppen am gesamten Verkehrsaufkommen schließen. Und gemäß der Anteile kann bei einem bestimmten Beschäftigungsgrad des Betriebes die Aufteilung der Gesamtkosten bewerkstelligt werden. Wird das Verfahren wiederholt und bei verschiedenen Beschäftigungsgraden durchgeführt, ergibt sich schließlich eine Vorstellung von der Veränderlichkeit der Gesamtkosten bei unterschiedlich hohem Verkehrsaufkommen, also ein Anhaltspunkt für die in den Kostenfunktionen der Kostenträger zu berücksichtigenden variablen Kosten.[76]

Ein solches Vorgehen zur Bestimmung der Kostenfunktionen setzt freilich voraus, dass die beobachteten Kostenunterschiede bei unterschiedlicher Beschäftigung aussagekräftig sind. So hätte es wenig Sinn, die Kosten im Dezember mit denen des Urlaubsmonats August in Beziehung zu setzen, und es wäre leichtfertig, Zahlen zu verwenden, die schon mehrere Jahre alt sind. An der genannten Voraussetzung kann der Versuch, Kostenfunktionen zu ermitteln, schnell scheitern.

Zur Lösung des Problems der Fixkostenaufteilung bleibt nur übrig, die Fixkosten entsprechend der geschätzten Fahrgastzahlen auf die Kostenträger zu verteilen, es sei denn, es wird eine Teilkostenrechnung angewendet.

Sobald hinreichend verlässliche Preis-Absatz- und Kostenfunktionen für die Kostenträger vorliegen, vollzieht sich die Preisbestimmung nach dem Cournot-Theorem.

---

[76] Die variablen Stückkosten pro Fahrt müssen, falls genauere Kenntnisse fehlen, in den Kostenfunktionen der verschiedenen Kostenträger einheitlich hoch angesetzt werden.

(33)   Preisdifferenzierung im öffentlichen Personennahverkehr

Preisdifferenzierung findet sich im öffentlichen Personennahverkehr in allen Formen. Persönliche Preisdifferenzierung liegt vor, wenn der Schüler, Student, Rentner oder Bundeswehrangehörige eine Preisermäßigung oder Fahrgeldbefreiung erhält. Um sachliche Preisdifferenzierung handelt es sich, wenn in der 1. Wagenklasse ein höherer Fahrpreis als in der 2. gilt. Räumliche Preisdifferenzierung tritt z. B. in Verbindung mit dem Zonentarif auf. Zur zeitlichen Preisdifferenzierung stellen wir das folgende Zahlenbeispiel vor. (Allgemeine Aussagen zur Politik differenzierter Preise bei ÖPNV-Betrieben finden sich bei Albers 1996.)

Ein städtischer Verkehrsbetrieb hat bislang einen einheitlichen Fahrpreis von $p_t^o = 1{,}60$ € über den ganzen Tag hinweg verlangt. Nun wird Preisdifferenzierung eingeführt. Danach gilt in der verkehrsarmen Zeit ein Fahrpreis von $p_v^o = 1{,}50$ €, in der Spitzenzeit („Stoßzeit") ein Fahrpreis von $p_s^o = 1{,}75$ €. Alle Fahrpreise sind Cournot-Preise. Welche Wirkungen mit der Preisdifferenzierung verbunden sind, sowie die Prämissen, auf denen das Beispiel beruht, lässt sich der folgenden Tab. 13 entnehmen.

	vor der Preisdifferenzierung		nach der Preisdifferenzierung	
	verkehrsarme Zeit	Spitzenzeit	Verkehrsarme Zeit	Spitzenzeit
Preisabsatz-funktion	$p_t = -\dfrac{1}{3000} x_t + 3,$ gültig, soweit $x_t \leq 1500$ $p_t = -\dfrac{1}{7400} x_t + 2{,}7027$ gültig, soweit $x_t \geq 1500$		$p_v = -\dfrac{1}{4400} x_v + 2{,}5$	$p_s = -\dfrac{1}{3000} x_s + 3$
Kosten-funktion	$K_t = 0{,}5 x_t + 22.000$		$K_v = 0{,}5 x_v + 12.000$	$K_s = 0{,}5 x_s + 10.000$
Cournot-Preis	$p_t^o = 1{,}60$ [77]		$p_v^o = 1{,}50$	$p_s^o = 1{,}75$
Cournot-Menge	$x_v^o = 3954$	$x_s^o = 4196$	$x_v^o = 4400$	$x_s^o = 3750$
(Fahrgast-zahlen)	$x_t^o = 3954 + 4196 = 8150$		4400 + 3750 = 8150	
Gewinn-maximum/	$G_t^o = -13.024$		$G_v^o = -7600$	$G_s^o = -5312{,}50$
Verlust-minimum			$-7600 - 5312{,}50 = -12.912{,}50$	

Tab. 13: Daten zur Preisdifferenzierung in einem Verkehrsbetrieb

---

[77] Genau 1,60135.

Als erstes ist zu erkennen, dass Preisdifferenzierung den Verlust senkt. (Anders als in diesem - aus Gründen diktaktischer Zweckmäßigkeit gewählten - Zahlenbeispiel kann der Effekt beträchtlich sein.) Damit erfüllt sich - jedenfalls in dem Modell - die größte Hoffnung, die ein Verkehrsbetrieb gewöhnlich mit der Preisdifferenzierung verbindet.

Sodann bestätigt ein Blick auf die Cournot-Mengen, dass die Spitzenbelastung abgebaut wird. Gibt es beim Einheitspreis von 1,60 € in der Spitzenzeit noch 4196 Fahrgäste, sinkt die Zahl nach der Einführung des höheren Preises auf 3750. Auch das ist ein wichtiger Effekt, hängt von der Belastung in der Spitzenzeit doch die erforderliche Kapazität des ganzen Betriebes ab.

Nach Einführung der Preisdifferenzierung kann also Kapazität abgebaut werden, d. h. es können der Wagenpark und die Werkstätten verkleinert werden, es lässt sich die Personalstärke vermindern. Dieser mögliche Rationalisierungseffekt ist in der Differenz zwischen den Verlusten vor und nach Einführung der Preisdifferenzierung noch nicht enthalten.

Erstaunen mag der Vergleich der Fahrgastzahlen für die Teilperioden vor und nach Einführung differenzierter Preise. Liegt das größere Verkehrsaufkommen vor der Preisdifferenzierung in der Spitzenzeit, weist später die verkehrsarme Zeit die höhere Fahrgastzahl auf. Bedeutet dies, dass nunmehr die als „verkehrsarme Zeit" bezeichnete Teilperiode die Spitzenbelastung zu tragen hat? Nicht unbedingt. Spitzenbelastung ist das Verkehrsaufkommen pro Zeiteinheit, d. h. pro Stunde oder Minute. Wie es darum bestellt ist, lässt das Beispiel offen; bekannt ist ja nur, wie hoch das Verkehrsaufkommen in jeder Teilperiode insgesamt ist - wobei die Teilperioden, die jeweils mehrere Stunden umfassen, aber verschieden lang sein dürften. Da im allgemeinen mehr Stunden auf die verkehrsarme Zeit entfallen, darf angenommen werden, dass dort pro Zeiteinheit (z. B. pro Minute) nach wie vor ein geringeres Verkehrsaufkommen herrscht als in der Spitzenzeit.

Es kann freilich vorkommen, dass sich die Erwartungen des Verkehrsbetriebs nicht erfüllen. Angenommen ein Teil der Nachfrager wendet sich bei Einführung der Preisdifferenzierung verärgert vom öffentlichen Nahverkehr ab und steigt aufs Fahrrad um,[78] dann ergeben sich ungünstigere Wirkungen als die modellmäßig errechneten. Oder - nachdem z. B. für die Zeit zwischen 16.00 und 18.30 Uhr der höhere Preis $p_S^O = 1,75$ € eingeführt worden ist, nutzen Berufstätige verstärkt die gleitende Arbeitszeit aus und besteigen das Verkehrsmittel noch kurz vor 16.00 Uhr. Dadurch verlagert sich die Belastungsspitze, und die als „verkehrsarme Zeit" bezeichnete Teilperiode wird nun tatsächlich zur Spitzenzeit. Eine solche Nachfrageverschiebung nimmt der Preisdifferenzierung jeglichen Erfolg. Mehr noch, sie kann im schlimmsten Fall dazu führen, dass der Verlust nicht abnimmt, sondern steigt und die Kapazität sogar noch ausgeweitet werden muss.

---

[78] Solche Verärgerung zeigte sich z. B. im Sommer 1998, als die Deutsche Bahn Pläne für Preiserhöhungen in Spitzenzeiten erkennen ließ (vgl. o. V. 1998 d).

(44)   Niedrigtarife und Nulltarif

Es ist ein altes verkehrs- und sozialpolitisches Ziel, die Fahrpreise im öffentlichen Personennahverkehr niedrig zu halten (Ahner 1970; Brückner 1971). Öffentlicher Personennahverkehr zählt zu den wichtigsten Infrastruktureinrichtungen und soll jedermann offenstehen. Darüber hinaus wird es immer wichtiger, die Innenstädte vom Individualverkehr zu entlasten. Beides kann durch niedrige Fahrpreise gefördert werden. Allerdings reichen niedrige Fahrpreise allein nicht aus. Die erwünschte Akzeptanz des Verkehrsangebots zeigt sich erst, wenn günstige Fahrpreise mit weiteren Vorzügen des öffentlichen Verkehrsangebots einhergehen, insbesondere mit kurzen Taktzeiten, dichtem Liniennetz, sauberen und bequemen Verkehrsmitteln, freundlichem Personal.

Wenn nun der niedrige Fahrpreis einen beträchtlichen Anreiz ausübt, könnte dann nicht völlige Kostenlosigkeit den Anreiz noch verstärken? Und wieso soll die arbeitende Bevölkerung für die Benutzung des öffentlichen Verkehrsmittels bezahlen, wenn der lange Weg zwischen Wohn- und Arbeitsstätte eine Folge unserer modernen Arbeitswelt darstellt, also gesellschaftlich bedingt ist? Fragen dieser Art haben in der jüngeren Vergangenheit gelegentlich zur Forderung nach einem „Nulltarif", also der kostenlosen Benutzung des Verkehrsangebots, geführt. Wenn auch solche Forderungen zur Zeit nicht erhoben werden, wenn auch längst ihre Wirklichkeitsferne, ja Schädlichkeit nachgewiesen wurde, muss man doch damit rechnen, dass sie erneut in die Diskussion gebracht werden. Deshalb ist es angebracht, einige Gegenargumente zu äußern.

Erstens ist es schwer vorstellbar, wie die bloße Einführung der kostenlosen Beförderung die Fahrgastzahlen steigern könnte. Sollte wirklich der Begriff „Null" so viel magische Kraft entfalten können?

Zweitens ist daran zu erinnern, dass die Einnahmen des Verkehrsbetriebs einen Beitrag zur Wiederbeschaffung verbrauchter Ressourcen bedeuten. Wer Forderungen erhebt, die Einnahmenausfälle mit sich bringen, sollte sich auch über den Ausgleich Gedanken machen. Ein Nahverkehrsbetrieb, der nicht genügend Einnahmen erzielt, erleidet Substanzverzehr, wird schnell unattraktiv und gerät in einen Strudel wachsenden Fahrgastschwunds und steigender Defizite.

Drittens verleitet ein Nulltarif zum Mißbrauch. Mit welchem Argument könnte dem Obdachlosen verwehrt werden, sich den ganzen Tag über in der U-Bahn aufzuhalten?

Viertens besteht Gefahr, dass das Personal angesichts von Kundenwünschen nach dem Motto verfährt „Wer nichts bezahlt, hat auch keine Ansprüche zu stellen". Und das Publikum selbst, so ist zu befürchten, könnte das Personal in dieser Meinung noch bestärken; denn erfahrungsgemäß werden kostenlose Güter wenig geschätzt. Die Konsequenz wären vernachlässigte Verkehrsmittel, Vandalismus und Sicherheitsmängel.

Das Fazit kann nur lauten, dass ein Nulltarif unter normalen Umständen nicht in Frage kommt. Nur in einer sehr reichen Volkswirtschaft, beispielsweise einem von Ölvorkommen geprägten Land, in dem der Staat stets bereitwillig und unverzüglich alle Mängel des Nulltarifs ausgleicht, kann das Konzept zu dem werden, was es sein soll, ein Tarif fürs Schlaraffenland.

b) Probleme in der Elektrizitätswirtschaft[79]

(11) Die mit Stromtarifen verfolgten nicht-finanziellen Ziele

Die moderne Elektrizitätswirtschaft verfolgt mit ihren Tarifen mindestens zwei nicht-finanzielle Ziele: generell zum Stromsparen beizutragen und, soweit wie möglich, Belastungsspitzen abzubauen.
Beide Ziele sind in der als Rahmenrecht für alle Stromtarife erlassenen Bundestarifordnung Elektrizität (BTOEltV) enthalten. Allerdings haben die Anbieter die in der Bundestarifordnung angelegten
tarifpolitischen Möglichkeiten bislang noch kaum ausgeschöpft. Das hat verschiedene Gründe:

Bemühungen zum Abbau der Spitzenbelastung kosten viel Geld. Jedem Tarifkunden, also den Haushalten, den Gewerbebetrieben (soweit sie nicht Großabnehmer sind) und den landwirtschaftlichen
Betrieben, müssen dafür eigens konstruierte Stromzähler überlassen werden. Ferner kollidieren alle
preislichen Maßnahmen zur Nachfragedämpfung mit dem sozialpolitischen Ziel, preiswerten Strom
für die „breiten" Bevölkerungsschichten bereitzustellen. Und schließlich paßt Nachfragedämpfung
nur dann zum ureigensten Interesse eines Stromanbieters, dem Streben nach Gewinn, wenn es ihm
gelingt, aus dem Erfolg solcher Anstrengungen selbst Nutzen zu ziehen[80] - was selbstverständlich
nicht immer gesichert ist.

Weil die heutigen Stromtarife bezüglich der genannten nichtfinanziellen Ziele „Stromsparen" und
„Abbau der Spitzenbelastung" Wünsche offenlassen, ist es angebracht, einige Tarifformen und Re-
formüberlegungen zu diskutieren.

(22) Möglichkeiten und Grenzen der Zielverwirklichung

Der einfachste Tarif in der Elektrizitätswirtschaft ist ein solcher, der allein die Verbrauchsmenge
berücksichtigt. Die Stromkosten des Nachfragers stellen das Produkt aus Verbrauchsmenge und Preis
pro Kilowattstunde dar. Wir sprechen vom **rein verbrauchsabhängigen Tarif.**

Der Tarif hat einen - nur vordergründig bestehenden - Vorteil. Bei gegebenem Strompreis erhöhen
oder senken Veränderungen des Verbrauchs die Stromkosten des Nachfragers in demselben Maße.
Doch Nachfrager, die z. B. aufgrund einer Reise keinen Strom verbrauchen, werden auch nicht zur
Kasse gebeten, obwohl das Elektrizitätswerk auch für sie Energie erzeugen und vorhalten muss. Außerdem - da die Durchschnittskostenkurve des Strom*anbieters* degressiv verlaufen dürfte, muss auf-

---

[79] Die Elektrizitätswirtschaft unterscheidet zwischen Kunden, die an Tarife gebunden sind, und Großabnehmern, d. h.
solchen Stromkunden, mit denen tarifunabhängige, freie Vereinbarungen getroffen werden. Im Mittelpunkt des folgenden, den Stromtarifen gewidmeten Abschnitts steht das Geschäft mit den Tarifkunden.

[80] Die Rede ist von **Least Cost Planning**, einem Konzept, das den Stromanbieter veranlaßt, stromsparende Installationen
seiner Kunden finanziell zu fördern. Der Vorteil des Stromanbieters besteht darin, kostspielige Ersatz- oder Erweite-
rungsinvestitionen entbehrlich zu machen. (Näheres bei Herppich/Zuchtriegel/Schulz 1989; Zimmermann/Hempel
1995; Klostermann 1998 a, 21-27; ders. 1998 b).

grund des Kostendeckungsprinzips immer dann der Strompreis angehoben werden, wenn Stromspar-Appelle Erfolge zeitigen und die Abgabemenge des Stromanbieters z. B. von x_1 auf x_2 sinkt (s. Abb. 35).

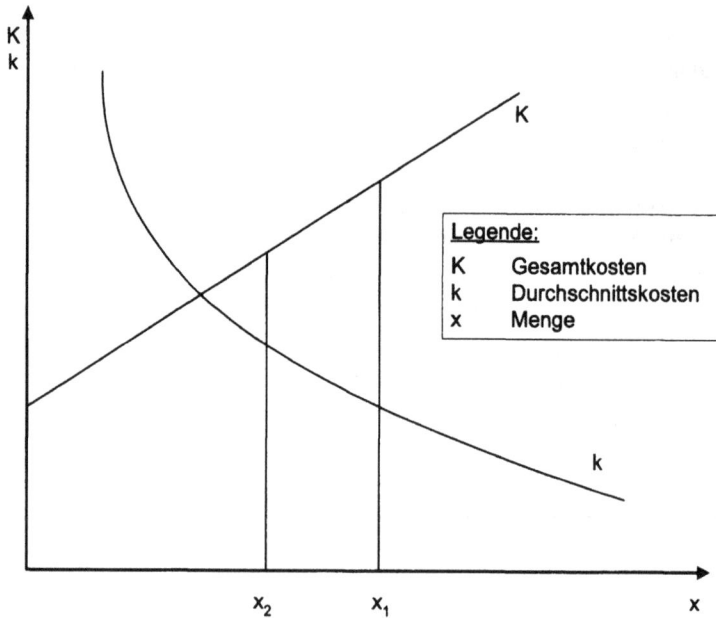

Abb. 35: Auswirkungen des Stromsparens

Das hat natürlich die fatale Wirkung, dass sich die Nachfrager für ihr stromsparendes Verhalten bestraft fühlen oder dass sie umgekehrt für sorglosen Umgang mit Strom belohnt werden.

Eine zweite Tarifform, der **Grundpreistarif ("zweigeteilter Tarif"** - Thiemeyer 1975, 210; Hosemann 1990, 50-68), bittet auch diejenigen Nachfrager zur Kasse, die nichts verbrauchen, ist aber sonst genauso zu bewerten wie der eben geschilderte rein verbrauchsabhängige Tarif. Das wird gleich begründet, doch zunächst eine kurze Beschreibung des Grundpreistarifs.

Der Tarif besteht aus zwei Komponenten, dem Grundpreis und dem Arbeitspreis.[81]

Der Grundpreis ist der von der abgenommenen Menge unabhängige Entgeltbestandteil. Er wird an Größen festgemacht, wie z. B. an der Anzahl der Räume einer Wohnung, den installierten Kilowatt-

---

[81] Der Grundpreis wird hier mit Bezug auf die Stromwirtschaft beschrieben. Aber Grundpreistarife gibt es auch in der Gaswirtschaft, bei der Wasserversorgung und bei der Eisenbahn ("BahnCard").

stunden eines Gewerbebetriebes oder der landwirtschaftlich genutzten Fläche eines Bauernhofes. Der Grundpreis soll die Fixkosten des Anbieters sowie die variablen Kosten jener Strommenge abdecken, die der Anbieter im Interesse der Versorgungssicherheit über die Abnahmemenge hinaus erzeugt. Allerdings kann der Grundpreis auch so festgesetzt werden, dass er die Fixkosten unter- oder überschreitet.

Der Arbeitspreis ist der von der Abnahmemenge abhängige Entgeltbestandteil. Er ergibt sich als Produkt aus Abnahmemenge und Preis pro Kilowattstunde.

Der Grundpreistarif leidet unter einem Mangel, den auch der rein verbrauchsabhängige Tarif aufweist. Dies beruht auf der Tatsache, dass sich die Gesamtkosten- und die Durchschnittskostenkurve des Nachfragers prinzipiell genauso darstellen wie für den Anbieter (s. Abb. 35). Gelingt es dem Nachfrager, seinen Verbrauch von x_1 auf x_2 zu senken, sinken, wie die Gesamtkostenkurve K ausweist, in demselben Maße seine Gesamtausgaben für Strom. Er kann sich für sein sparsames Verhalten zunächst einmal belohnt fühlen. Aber der Grundpreistarif besitzt einen Januskopf. Betrachtet der Nachfrager nämlich die Kurve k, sieht er sich gestiegenen Durchschnittskosten gegenüber und gewinnt nun den Eindruck, für sein sparsames Verhalten bestraft worden zu sein. Daraufhin kann es trotz allem passieren, dass der Nachfrager fortan versucht, seine (Durchschnitts-)Kosten zu reduzieren, indem er mehr statt weniger Strom verbraucht.

Zur Stützung der Behauptung, der Grundpreistarif reize nicht zum Stromsparen, wird ferner das ungünstige Verhältnis von fixen und variablen Stromkosten (für den Nachfrager) ins Feld geführt. Ist der variable Entgeltbestandteil verhältnismäßig gering, falle auch der Anreiz gering aus, das Verbrauchsverhalten zu ändern.

> Dennoch - trotz aller Vorbehalte erlaubt der Grundpreistarif bei zurückgehenden Stromverbräuchen immer noch eine überzeugendere Politik als ein rein verbrauchsabhängiger Tarif:
>
> Beim rein verbrauchsabhängigen Tarif führen geringere Strommengen zwingend zu Tariferhöhungen, beim Grundpreistarif lassen sie sich vermeiden, solange der Grundpreis nicht mit der Verbrauchsmenge verbunden wird.

Ein weiterer Mangel sowohl des rein verbrauchsabhängigen Tarifs als auch des Grundpreistarifs besteht darin, dass sie ungeeignet sind, auf den Abbau von Belastungsspitzen hinzuwirken. Belastungsspitzen sind in der Stromwirtschaft besonders lästig, weil die Branche einerseits ein nicht speicherbares Gut erzeugt, aber andererseits stets lieferbereit sein muss. Nachfrageschwankungen können also nur durch Vorhalten von Reservekapazität aufgefangen werden. Oder anders ausgedrückt: Die absolute Belastungsspitze über das Jahr hinweg bestimmt den Ausbaugrad des Betriebes. Wenn es gelingt, die absolute Belastungsspitze abzubauen, macht sich das durch die Vermeidung von Leerkosten bezahlt.

Wie kann das Ziel „Abbau der Belastungsspitze" gefördert werden? Offenbar bedarf es eines besonderen Verbraucherverhaltens. Dazu kann die Tarifgestaltung einen erheblichen Beitrag leisten, indem
sie den Stromkunden mit finanziellen Anreizen bewegt, seine individuelle Nachfragespitze zu vermindern, sprich: ihn bewegt, Nachfrage zeitlich so zu verlagern, dass ein gleichförmigerer Verbrauch
herauskommt.

Eine diesbezügliche tarifpolitische Möglichkeit bietet die Einführung der Leistungsmessung. Damit
ist die mit einem speziellen Stromzähler vorgenommene Erfassung des individuellen Spitzenverbrauchs im Laufe eines Jahres gemeint.[82] Der Ausdruck „Leistung" verweist auf die vom Anbieter
bereitgestellte Energie - d. h. auch vorgehaltene -, an deren Kosten der Nachfrager beteiligt werden
soll („Arbeit" bezeichnet hingegen den tatsächlichen Stromverbrauch).

Nach Einführung der Leistungsmessung kann ein neuartiger Tarif angewandt werden. Wir nennen
ihn den **leistungsbezogenen Tarif** (s. auch Thiemeyer 1975, 211 f.). Der leistungsbezogene Tarif
umfasst gewöhnlich vier Entgeltkomponenten:

- Zählermiete
- fixer Leistungspreis
- Produkt aus Verbrauchsmenge und Arbeitspreis
- variabler Leistungspreis.

Der Grundpreis wird in die Zählermiete und das Entgelt für die Energiebereitstellung, d. h. den fixen
Leistungspreis, zerlegt. Daneben tritt - wie schon im Grundpreistarif - das Produkt aus Verbrauchsmenge und Arbeitspreis auf. Das Neue stellt die vierte Entgeltkomponente dar, der am vorjährigen
individuellen Spitzenverbrauch des Nachfragers bemessene variable Leistungspreis. Diese zuletztgenannte Komponente ist es schließlich, die den Nachfrager zur Egalisierung seines Verbrauchsverhal-
tens im Zeitablauf anhalten soll. Baut nämlich der Nachfrager seine Belastungsspitze ab, zahlt sich
dies für ihn während des ganzen nächsten Jahres aus.

Der leistungsbezogene Tarif bietet tatsächlich einen Anreiz zum Abbau der Spitzenbelastung. Aber
vermag er auch zum Stromsparen anzuhalten?

Die Antwort lautet: Nein. Noch immer setzt sich der Tarif aus fixen und variablen Bestandteilen zusammen. Dadurch ergibt sich für den Nachfrager derselbe Zusammenhang zwischen den Stromkosten und seinem Stromverbrauch, wie ihn Abb. 35 beschreibt. Noch immer kann es also vorkommen,
dass der Nachfrager sein Verhalten an der Durchschnittskostenkurve k und nicht an der Gesamtkostenkurve K ausrichtet - mit der Folge, dass er den Stromverbrauch ausweitet statt ihn zu drosseln.

---

[82] Der Zähler mißt beispielsweise die Verbrauchsmengen eines Haushalts während aller 96-Stunden-Intervalle des Jahres. Daraufhin ist es ein leichtes, den Spitzenverbrauch (während 96 Stunden) für das Jahr herauszufiltern.

Immer wenn der Stromtarif einen fixen Entgeltbestandteil aufweist, kann der eben genannte Anreiz auftreten. Ein fixer Bestandteil sollte darum vermieden werden, so könnte man meinen. Doch muss auch die Kehrseite der Medaille gesehen werden. Ohne fixen Entgeltbestandteil schlagen sich Erfolge beim Energiesparen immer wieder in Preiserhöhungen nieder, so wie es bereits im Zusammenhang mit dem rein verbrauchsabhängigen Stromtarif beschrieben wurde.

Lässt sich der Anreiz zum Stromsparen aber nicht auf andere Weise auslösen?

Eine Handhabe könnte der **Progressive Staffeltarif** (s. auch Thiemeyer 1975, 212 f.) sein. Er bietet nicht nur einen Anreiz zum Stromsparen, sondern auch noch einen solchen zum Abbau der Spitzenbelastung.

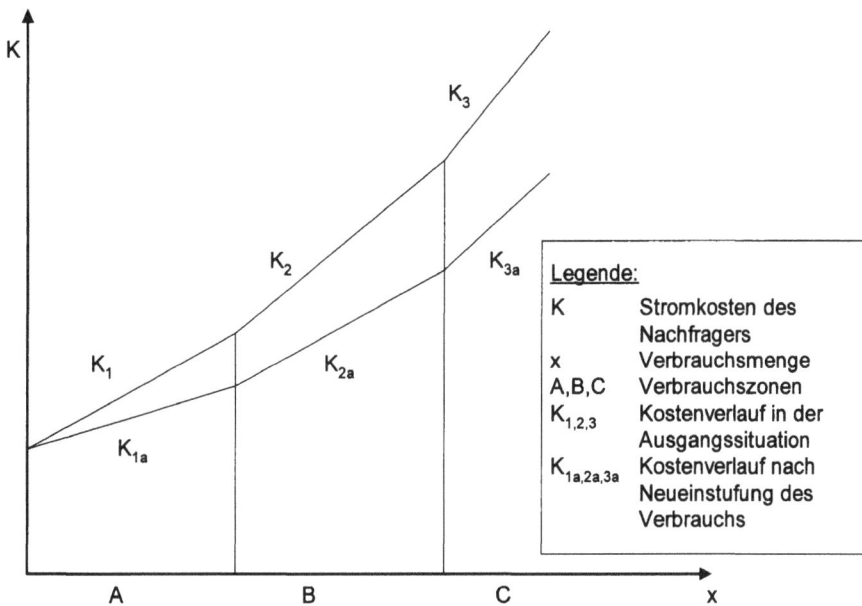

Abb. 36: Stromkosten des Nachfragers beim Progressiven Staffeltarif

Der Progressive Staffeltarif ist so angelegt, dass der Arbeitspreis (der Preis pro Kilowattstunde verbrauchten Stroms) beim Übergang von einer Verbrauchszone in die folgende, also beispielsweise von A nach B, steigt. Dies soll nachfragedämpfend wirken. Innerhalb eines Jahres gilt immer nur *ein* Kurvenzug, also beispielsweise K_1, K_2, K_3. Infolge der Leistungsmessung kann sich jedoch für das nächste Jahr die Zuordnung des Nachfragers zu einem anderen Kurvenzug ergeben, z. B. zum Kurvenzug K_{1a}, K_{2a}, K_{3a}. Der Wechsel von K_1, K_2, K_3 zu K_{1a}, K_{2a}, K_{3a} wäre in diesem Beispiel dadurch begründet, dass der Nachfrager im Vorjahr seine individuelle Verbrauchsspitze abbauen konnte; der Nachfrager wird mit insgesamt niedrigeren Stromkosten belohnt.

Anmerkung

Wird der Nachfrager für den Abbau den individuellen Spitzenverbrauchs durch Einstufung in den Tarif K_{1a} (K_{2a} oder K_{3a}) statt bisher K_1 (K_2 oder K_3) belohnt, wird also sein Arbeitspreis geringer, kann es sein, dass er mit höherem Stromverbrauch reagiert: Beim typischen Verhalten des Stromverbrauchers steigt nun einmal bei Preissenkung die Nachfrage. Etwas anderes ergäbe sich nur, wenn es gelänge, das Nachfragerverhalten so zu verändern, dass eine atypische, steigende Preis-Absatz-Kurve herauskäme.

Trotz seiner Vorteile gegenüber den bisher diskutierten Tarifformen kann der Progressive Staffeltarif nicht befriedigen. Die Degression der Durchschnittskosten besteht fort und löst möglicherweise Mehrverbrauch aus. Der zweite - und entscheidende - Mangel besteht darin, dass z. B. sozial schwache Haushalte, etwa Großfamilien mit ihrem hohen Stromverbrauch, besonders stark belastet werden. Anscheinend gibt es keine Möglichkeit, beim Gestalten von Stromtarifen alle Wünsche zugleich zu erfüllen.

Anmerkung

*Die meisten Aussagen zu den Stromtarifen lassen sich auch auf andere Branchen, namentlich die **Wasser-** und **Entsorgungswirtschaft**, anwenden. Es klingt daher nicht überzeugend, wenn behauptet wird, höhere Wasserpreise oder höhere Abfallgebühren seien durch das sparsamere Verbraucherverhalten erzwungen worden (o. V. 1995 c; Schäfers 1998; o. V. 1998 s). Die Ausführungen zum Grundpreistarif zeigen, dass diese Argumentation nicht stimmt: Fixkosten dürfen nicht auf die Verbrauchsmengen umgelegt werden.*

(33)   Preisbestimmung in der Elektrizitätswirtschaft

Die Preisbestimmung in der Elektrizitätswirtschaft soll an zwei Beispielen, dem Grundpreistarif und dem Progressiven Staffeltarif, behandelt werden.

Das Vorgehen im Falle des Grundpreistarifes lässt sich an Abb. 37 klarmachen.

Geht man davon aus, dass die durchschnittlichen variablen Kosten durch den Arbeitspreis gedeckt werden sollen, muss bei gegebener Abgabemenge x_1 (= Summe der Verbrauchsmengen aller Nachfrager) der Arbeitspreis in Höhe von p festgesetzt werden. Der Teilerlös in Höhe von $p \cdot x_1$ deckt also einen Teil der Gesamtkosten, die variablen Kosten, ab.

Die produzierte Energiemenge muss jedoch größer als x_1 sein; sie muss eine Reserve umfassen, damit nicht das Stromnetz wegen Überlastung zusammenbricht. In Abb. 37 beträgt die produzierte Energiemenge x_2. Bei dieser Menge belaufen sich die Durchschnittskosten samt eines Gewinnzuschlags auf den Betrag d. In derselben Höhe wird der Stromerzeuger einen Durchschnittserlös pro Mengeneinheit erzeugter Energie anstreben. Das ergibt einen Gesamterlös von $d \cdot x_2$. Zieht man davon den über den Arbeitspreis abgedeckten Erlösanteil ab, verbleibt für den Rest des Gesamterlöses, der über den Grundpreis aufzubringen ist, der Betrag $d \cdot x_2 - p \cdot x_1$, also der Inhalt der markierten Fläche in Abb. 37. Für die Verteilung des Grundpreises auf die Nachfrager bieten sich die schon erwähnten Schlüsselgrößen an: Zahl der Räume des Haushalts, landwirtschaftlich genutzte Fläche, installierte Kilowattstunden eines Gewerbebetriebes o. ä.

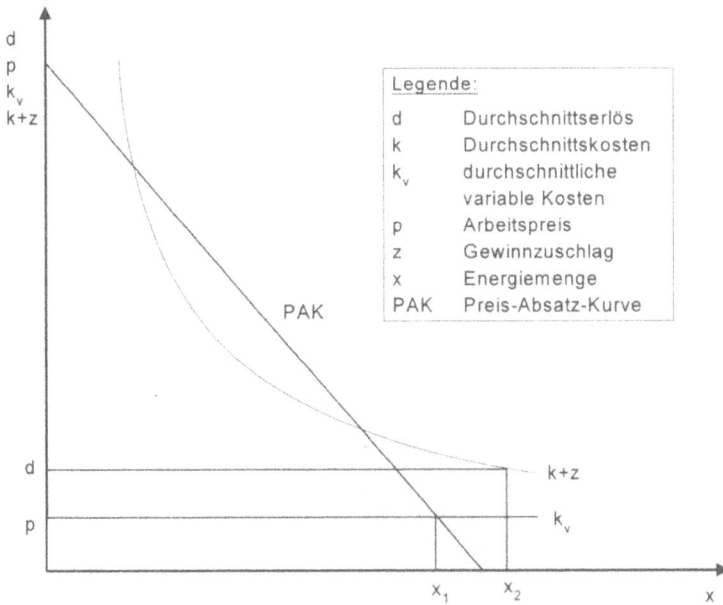

Abb. 37: Kosten und Erlöse beim Grundpreistarif

Auch die Festlegung des Progressiven Staffeltarifs setzt die Kenntnis der Preis-Absatz-Funktion voraus. Hier kommt jedoch als Besonderheit hinzu, dass die Nachfrager nun auch noch in Segmente unterteilt werden müssen. Wie das Ergebnis aussehen könnte, zeigt Abb. 38.

Wie schon weiter oben beschrieben, soll das mit der Verbrauchszone A verbundene Nachfragersegment den niedrigsten Arbeitspreis bezahlen, das zur Zone B gehörende Segment einen höheren und das zur Zone C zählende Segment den höchsten Preis.

Die Zone A beginnt, von rechts gesehen, bei der Absatzmenge $\bar{x}$. Dazu gehört der Preis p_1, d. h. ein Preis, der nur geringfügig über den Durchschnittskosten liegt. Der Preis p_1 wird wie auch die Preise p_2 und p_3 nach Ermessen festgelegt. Aus der Festlegung ergeben sich die Umfänge der Verbrauchszonen und letztlich auch die Stromkosten des Nachfragers gemäß Abb. 36. Die Zone A beruht auf dem Preis p_1, dem Preis, den sich die Kleinverbraucher der Gruppe A gerade noch leisten können. Der Anfangspunkt des Segments A begrenzt zugleich die gesamte Absatzmenge des Elektrizitätsbetriebes.

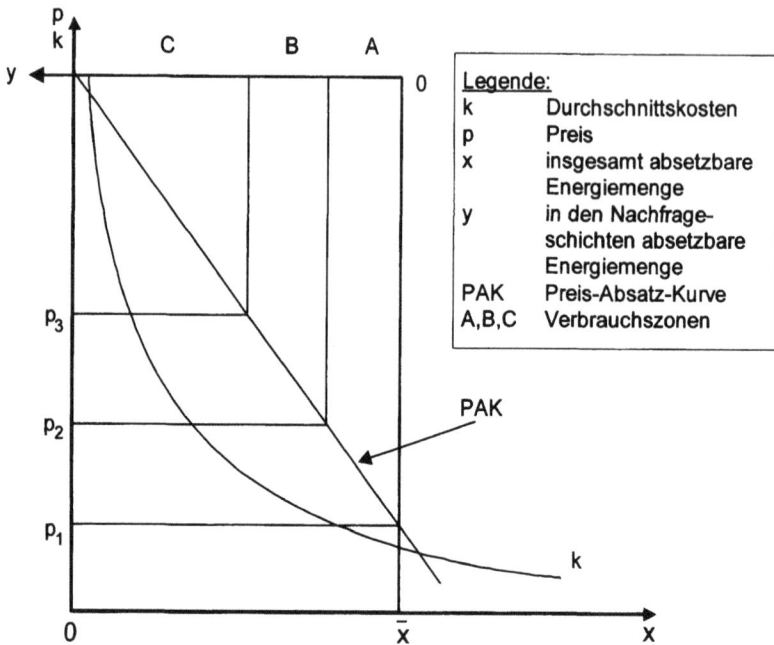

Abb. 38: Festlegung des Progressiven Staffeltarifs

Wie sich die Absatzmenge $\bar{x}$ auf die drei Nachfragersegmente A, B, C aufteilt, ist auf der horizontal von rechts nach links verlaufenden y-Skala ablesbar. Sie zeigt, dass dem Segment B ein mittlerer Arbeitspreis p_2 und dem Segment C der hohe Arbeitspreis p_3 vorgegeben wird. Die Preise schöpfen das Nachfragepotential des betreffenden Segments voll aus.

(44)   Preisdifferenzierung zur Betriebsgrößenoptimierung

Die große Bedeutung von Belastungsspitzen für Stromanbieter hat schon vor Jahrzehnten einen Ansatz hervorgerufen, der mit preispolitischer Lenkung zur Auslastung des Betriebs möglichst „rund um die Uhr" führen soll (Steiner 1957; siehe auch Brede 1976; Blankart 1980, 56-60; Lerch 1998). Das Konzept trägt in der angelsächsischen Literatur die Bezeichnung **Peak-load Pricing**.

Wir stellen den klassischen Ansatz dar und verweisen hinsichtlich weiterer Varianten auf die genannten Quellen.

Mit dem Ansatz wird das Ziel Wohlfahrtsmaximierung verfolgt. Das Modell setzt voraus, dass zur Tagzeit, einer 12 Stunden umfassenden Teilperiode, eine größere Preiselastizität herrscht als in der Nachtzeit, d. h. den restlichen 12 Stunden des 24 Stunden-Tages. Die Preis-Absatz-Kurve für die

Tagzeit PAK$_T$[83] und die Preis-Absatz-Kurve für die Nachtzeit PAK$_N$ lassen sich durch Vertikal-Addition zu einer Preis-Absatz-Kurve PAK$_G$ zusammenfassen. Sie verkörpert die Kurve des Durchschnittserlöses, der sich mit Tag- und Nachtstrom zusammen erzielen lässt. Die zuletztgenannte Kurve ist geknickt und erscheint in der folgenden Abb. 39 als stärker ausgezogene Linie. Neben den Preis-Absatz-Kurven wird auch die Grenzkostenkurve $\dfrac{dK}{dx}$ als bekannt vorausgesetzt. Die Grenzkosten sind immer gleich, egal ob sie auf 12 oder 24 Stunden bezogen werden. Die Größe x bezeichnet die während einer Teilperiode (12 Stunden) realisierte bzw. realisierbare Ausbringungsmenge.

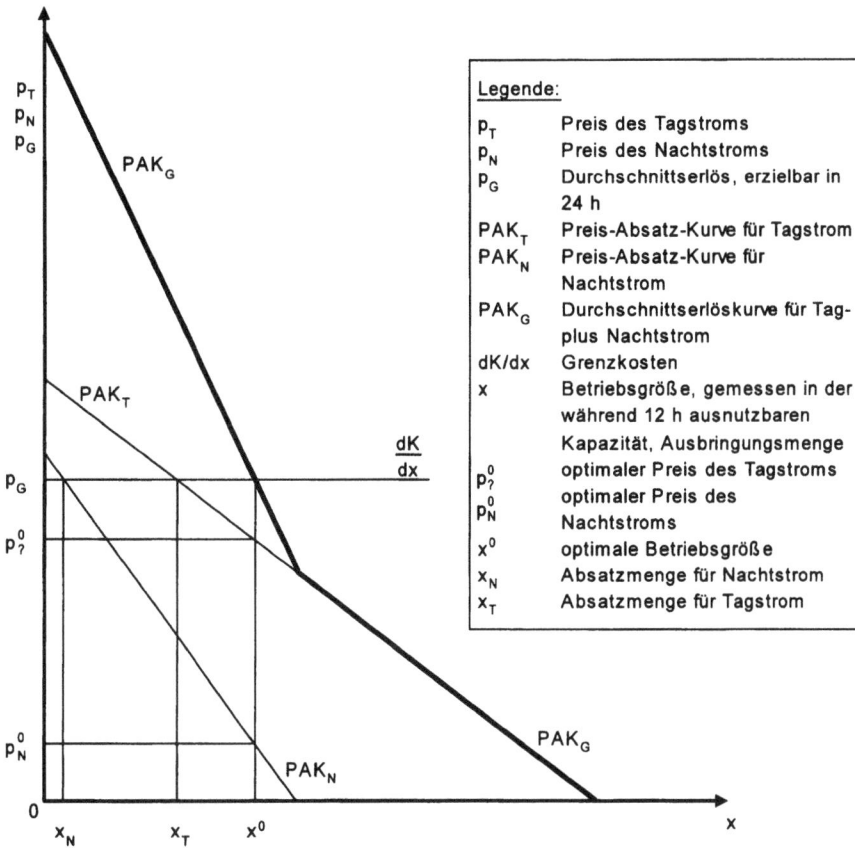

Abb. 39: Preisbildung und Betriebsgrößenoptimierung bei Spitzenbelastung

---

[83] Die Preis-Absatz-Kurve PAK$_T$ für die Tageszeit stimmt in ihrem unteren Teil mit der Preis-Absatz-Kurve PAK$_G$ überein, schneidet also die Abszisse wie diese.

In Abb. 39 schneidet die Grenzkostenkurve $\frac{dK}{dx}$ die Preis-Absatz-Kurve für den 24 Stunden-Tag
PAK_G bei der Ausbringungsmenge x^0. Diese Menge, bei der *der Preis den Grenzkosten entspricht,*
führt, wie schon an anderer Stelle (s. S. 218) erklärt, zum Wohlfahrtsmaximum.

Nun soll gar kein einheitlicher Preis p_G während des 24 Stunden-Tages gelten. Er würde zu erheblichen Unterschieden in der Beschäftigung des Kraftwerkes führen, nämlich zu der Nachtstrom-Menge
x_N und der Tagstrom-Menge x_T. Besser ist es, den Preis p_G, den Durchschnittserlös aus Tag- plus
Nachtstrom-Verkauf, in einen Preis p_T^0 für die Tageszeit und einen Preis p_N^0 für die Nachtzeit aufzu-
spalten. Werden diese Preise gesetzt, ergibt sich nicht nur ein Wohlfahrtsmaximum, sondern auch,
wie Abb. 39 erkennen lässt, eine konstante Beschäftigung.

Man muss allerdings hinzufügen, dass die Optimallösung nur unter günstigen Voraussetzungen gelingt. Bei weniger günstigen Verläufen der Preis-Absatz-Kurven oder der Grenzkostenkurve kann es
vorkommen, dass die Tagstrommenge x_T und die Nachtstrommenge x_N nicht harmonisiert werden
können.

Das Modell auf einen bereits existierenden Betrieb anzuwenden hat wenig Sinn. Sobald x^0 kleiner als
die Kapazität ist, entstehen „rund um die Uhr" Leerkosten. Deshalb ist es sinnvoller, das Modell
gleich bei der Kraftwerksplanung zu nutzen. In diesem Fall muss x als Kapazität für eine Teilperiode
(12 Stunden) interpretiert werden. An den Ergebnissen ändert sich nichts. Nur gelingt es jetzt, das
Kraftwerk von vornherein so einzurichten, dass es während des ganzen 24 Stunden-Tages nicht nur
konstant beschäftigt, sondern auch voll ausgelastet ist. Der Ansatz führt dann – wenigstens in der
Theorie - neben dem Wohlfahrtsmaximum auch noch zur optimalen Betriebsgröße.

c)   Probleme in der Krankenhauswirtschaft

(11) Die Preise für stationäre Behandlung

Die meisten Krankenhäuser in Deutschland - gleichgültig, ob sie in öffentlicher oder privater Trägerschaft geführt werden - sind hinsichtlich ihrer Preispolitik, ihrem Rechnungswesen und ihrer Finanzierung, um nur die wichtigsten betriebswirtschaftlichen Gebiete zu nennen, genauen rechtlichen
Vorgaben unterworfen.[84] Sie werden als „öffentlich gebundene" Betriebe bezeichnet (Thiemey-
er/Böhret/Himmelmann 1983). Dementsprechend gibt es detaillierte Vorschriften darüber, welche
Preise für stationäre Krankenhausbehandlung gelten, welche Funktionen sie haben und wie sie zu
ermitteln sind. Die gesetzlichen Grundlagen der Krankenhauspreise finden sich in den §§ 16 ff. KHG
und vor allem in der BPflV.

---

[84] Den folgenden preisrechtlichen Regelungen nicht unterworfen sind z. B. Bundeswehr-Krankenhäuser, Gefängnis-
      Krankenhäuser und Krankenhäuser der Sozialversicherungen (§ 3 KHG).

Das Krankenhausrecht (BPflV §§ 11, 13) kennt für die stationäre Behandlung fünf Preise (s. auch Tuschen/Quaas 1998, 74-77, 80 f.):

- die Fallpauschale

- den Basispflegesatz

- das Sonderentgelt

- den Abteilungspflegesatz

- den teilstationären Pflegesatz,

sofern nicht das Krankenhaus ein ganz anderes Abrechnungssystem, wie z. B. ein System unter Verwendung von Diagnosis Related Groups - oder kurz: das DRG-System - nutzt. Siehe Näheres weiter unten.

Die einfachste Entgeltform ist die **Fallpauschale**. Der Name lässt schon erkennen, um was es sich handelt: einen Pauschalpreis, den das Krankenhaus für alle Leistungen erhält, die im Normalfall für eine bestimmte Behandlung erbracht werden. Fallpauschalen sind für einen ganzen Katalog typischer Behandlungsfälle entwickelt worden. Jedem Behandlungsfall wurde eine bestimmte Punktzahl zugeordnet. So „kostet" eine laparaskopische Appendektomie (für den Laien: eine Blinddarmoperation in Form eines minimalinvasiven Eingriffs) 3.580 Punkte, vorausgesetzt es treten keine Komplikationen auf und der Krankenhausaufenthalt überschreitet die Dauer von 13 Tagen nicht. Diese Festlegung gilt, von Ausnahmen abgesehen, bundesweit.

Das Punktesystem hat den Vorteil, dass die Anpassung an die allgemeine Preisentwicklung „mit einem Federstrich" möglich ist. Man braucht nur von Jahr zu Jahr neu zu bestimmen, welcher Wert einem Punkt beizulegen ist. Außerdem kann man bequem auf die von Bundesland zu Bundesland bestehenden Kaufkraftunterschiede usw. Rücksicht nehmen indem man den Wert eines Punktes verschieden hoch ansetzt.

Natürlich passen individuelle Krankheits- und Behandlungsfälle nicht immer in ein Schema. Es reicht, dass die junge Mutter im Anschluss an die Niederkunft wegen eines Kreislaufleidens noch eine Woche internistisch behandelt werden muss, und schon lässt sich die Fallpauschale, die ja auf ein typisches Behandlungsmuster abgestellt ist, nicht mehr anwenden. Solche Patienten können nicht mehr zum „Pauschalpreis" Fallpauschale behandelt werden. Für sie gelten differenzierte Preise nach dem Baukastenprinzip, wie sie im folgenden beschrieben werden.

Mit dem **Basispflegesatz** rechnet das Krankenhaus „nicht durch ärztliche und pflegerische Tätigkeit veranlaßte Leistungen" ab (§ 13, Abs. 3 BPflV) - also die Kosten für Unterbringung und Verpflegung. Es handelt sich um einen „tagesgleichen Pflegesatz", d. h. einen Preis pro Aufenthaltstag.

Auch das **Sonderentgelt** stellt einen Pauschalpreis dar. Aber im Unterschied zur Fallpauschale werden mit dem Sonderentgelt nur bestimmte, wiederum in einem Katalog erfasste Leistungen abgerechnet. Dabei handelt es sich ausschließlich um Leistungen, die im Operationssaal im Zusammenhang mit der Durchführung einer Operation erbracht werden. So kostet beispielsweise der Einbau einer künstlichen Hüftgelenks(kopf)prothese 3.600 Punkte.

Ist für die Behandlung noch keine Fallpauschale festgelegt, werden die ärztlichen und pflegerischen Leistungen außerhalb des Operationssaals über einen **Abteilungspflegesatz** abgegolten. Wiederum handelt es sich um einen Pauschalpreis pro Tag. Somit werden allein für den Aufenthaltstag eines Patienten, d. h. ohne Operation, zwei Pflegesätze in Rechnung gestellt, der Basispflegesatz für die „Hotelkosten" und der Abteilungspflegesatz für die medizinischen und pflegerischen Leistungen. Wird der Patient während seines Krankenhausaufenthaltes von einer Abteilung in eine andere verlegt, erlebt er neben dem Basispflegesatz sogar zwei Abteilungspflegesätze.

Der **teilstationäre Pflegesatz** ist der Preis für den Behandlungstag z. B. des Dialyse-Patienten (§ 14 Abs. 2 Satz 3 BPflV), d. h. eines Patienten, der das Krankenhaus regelmäßig für einige Stunden aufsucht, um an eine „Künstliche Niere" angeschlossen zu werden. Es ist klar, dass von ihm, der während des Aufenthalts zwar ein Bett in Anspruch nimmt, aber nicht den ganzen Tag im Krankenhaus bleibt, nicht der gewöhnliche Tagessatz verlangt werden kann.

Alle („tagesgleichen") Pflegesätze, d. h. die an den Aufenthaltstag gebundenen Preise, werden von jedem Krankenhaus aufgrund genauer Kalkulationsrichtlinien separat ermittelt und mit seinen Vertragspartnern, insbesondere den Krankenkassenverbänden, für ein Jahr im voraus vereinbart. Die Kalkulationsrichtlinien, wie sie in Anlage 3 zu § 17 Abs. 4 BPflV festgelegt sind, verlangen - grob charakterisiert - eine Vollkostenrechnung auf Ist-Kosten-Basis, einmündend in eine Divisionskalkulation. In die Preiskalkulation werden wesentliche Teile der Bereitschaftskosten nicht mit einbezogen, weil sie vom jeweiligen Bundesland übernommen werden. Vom Staat werden insbesondere die Investitionskosten für den Krankenhaus-Neubau einschließlich der notwendigen Anlagegüter sowie „die Wiederbeschaffung von Anlagegütern mit einer durchschnittlichen Nutzungsdauer von mehr als 3 Jahren" getragen (§ 9 Abs. 1 KHG). Die Beteiligung des Staates an der Krankenhausfinanzierung beruht auf dem Charakter des Krankenhauses als wesentlichem Teil der Infrastruktur. Die Tatsache, dass die Krankenhausfinanzierung grundsätzlich zwei Finanzierungsquellen kennt, nämlich den Staat und die Krankenkassen, veranlaßt, von einem dualen Finanzierungssystem zu sprechen.

Bei diesem System mit Preisen, die - man denke an die Fallpauschalen und die Sonderentgelte - zum Teil keinen Bezug zur individuellen Kostensituation des Krankenhauses haben, verwundert es nicht, wenn ein Krankenhaus leicht eine Kostenüber- oder -unterdeckung erfährt. Das ist vom Gesetzgeber durchaus gewollt. Das Preissystem soll kostendämpfend wirken. Es soll das verlustbringende Krankenhaus zur Rationalisierung anhalten und das gewinnbringende Krankenhaus für seine Bemühungen belohnen.

Anmerkungen

Der Umgang mit Gewinn und Verlust im Krankenhaus wird dadurch kompliziert, dass die „Kostenträger", d. h. insbesondere die Krankenkassen, mit dem Krankenhaus vor Beginn eines Jahres aufgrund der Preise und voraussichtlichen Patientenzahlen ein Budget vereinbaren, das sich am Ende des Jahres als zu hoch oder zu niedrig erweisen kann. Über- und Unterdeckungen werden von den „Kostenträgern" aber nicht voll ausgegli-

chen. Es wäre müßig, auf die aktuellen diesbezüglichen Regelungen im einzelnen eingehen zu wollen; sie verändern sich sehr schnell. Doch eine denkbare Möglichkeit sei kurz skizziert:

Für eine bestimmte Krankenhausabteilung mit 100 Betten und einer Summe aus Basis- und Abteilungspflegesatz von 200 € wird einem Krankenhaus ein (Jahres-)Budget von 100 x 200 x 365 x 0,85 = 6,205 Mio.€ zugestanden, wobei die Verhandlungspartner einen durchschnittlichen Auslastungsgrad von 85 % zugrundelegen. Die tatsächlichen Zahlungen der „Kostenträger" an das Krankenhaus beruhen auf der tatsächlichen Auslastung und dem Entgelt pro Tag - hier 200 €. Fällt der tatsächliche Auslastungsgrad geringer als veranschlagt aus, beträgt er z. B. 70 %, erweisen sich die Zahlungen als zu niedrig - besonders wenn man an die beschäftigungsunabhängigen, die fixen Kosten denkt. Dazu nehmen wir einmal an, der Gesetzgeber sähe zum Ausgleich der fixen Kosten vor, dem Krankenhaus 75 % des Differenzbetrages zwischen Budget und Entgeltzahlungen durch die „Kostenträger" erstatten zu lassen, dann wäre folgendermaßen zu rechnen: Die bisherigen Zahlungen haben nur 100 x 200 x 365 x 0,7 = 5,11 Mio. € betragen, doch aus der Differenz gegenüber dem ursprünglichen Budget in Höhe von 1,095 Mio. € erhält das Krankenhaus nun noch einen „Nachschlag" von 1,095 x 0,75 = 0,82125 Mio. €.

Fällt die tatsächliche Auslastung höher aus, beträgt sie z. B. 95 %, ist unter den gegebenen Bedingungen folgende Rückforderung der „Kostenträger" fällig: Das Budget hätte 100 x 200 x 365 x 0,95 = 6,935 Mio. € betragen müssen. Gegenüber dem vereinbarten Budget bedeutet dies einen Mehrbetrag von 0,73 Mio. €. Weil der Gesetzgeber - mit Recht - davon ausgeht, dass der höhere Auslastungsgrad keine Zunahme der Fixkosten bewirkt hat, werden nur 25 % der 0,73 Mio. € als Mehrbedarf des Krankenhauses anerkannt. Die „Kostenträger" dürfen also 75 % der „Überzahlung" = 0,5475 Mio. € zurückfordern.

Man kann an dem Beispiel erkennen, dass dem Gesetzgeber zwei „Stellschrauben" zur Verfügung stehen, um gewinnsteigernde Anreize zu verstärken oder zu vermindern bzw. die Ausgaben der Krankenkassen zu dämpfen. Das sind die beiden Prozentsätze, mit denen „überzahlte" Budgetbeträge zurückgefordert und zu niedrig bemessene Budgets aufgestockt werden dürfen.

Die Tatsache, dass das Budget im nachhinein der tatsächlichen Belegung des Krankenhauses angepaßt werden darf, kommt in der Bezeichnung „flexibles Budget" zum Ausdruck.

Die Gesundheitsreformen der letzten Jahre sehen vor, das Fallpauschalen-System auf der Grundlage der DRGs weiter zu entwicklen. So wird es vom Jahr 2007 ab in Deutschland nur noch Entgelte nach einem DRG-System geben. Das deutsche DRG-System (nähere Beschreibung bei Dänzer/Pfaff 1999, 649-652) erfasst in einem über 600 Positionen aufweisenden Katalog die typischen Behandlungsmaßnahmen, die einem Patienten im Krankenhaus zuteil werden können. Bei der Bewertung mit Punkten werden verschiedene Kriterien – berücksichtigt, u. a. Alter und Geschlecht des Patienten, evtl. Komplikationen, die eine Abweichung der Behandlung vom Üblichen nötig machen, u. ä. Auf diese Weise wird eine sehr differenzierte Abrechnung möglich. Bis 2007 gestattet der Gesetzgeber einen schrittweisen Übergang auf das neue System..

(22)   Die mit den Krankenhauspreisen verfolgten Ziele

Einige Stichworte des vorigen Abschnitts haben bereits Hinweise auf Ziele gegeben, die mit dem Preissystem für stationäre Krankenhausbehandlung verfolgt werden.[85] Gemeint sind das allgemeine Ziel der *Kostendämpfung im Gesundheitswesen* und das - vorgeschaltete - Ziel, dem Krankenhaus *Anreize zur Rationalisierung und zum sparsamen Umgang mit den knappen Ressourcen* zu bieten. Ein weiteres Ziel ist noch nicht genannt worden, liegt aber auf der Hand: Die Preise sollen *eigenwirtschaftliches Handeln ermöglichen*, sie sollen also *Kostendeckung* bewirken.

Bei der Forderung nach Eigenwirtschaftlichkeit oder Kostendeckung werden die Kosten der vom Land finanzierten Ressourcen nicht berücksichtigt. Mit anderen Worten, die von den Patienten oder ihren Krankenkassen zu zahlenden Preise brauchen im wesentlichen nur die Kosten der Krankenhausnutzung und des Krankenhauspersonals zu decken.

In diesem Zusammenhang ist es angebracht, darauf hinzuweisen, dass die Ausstattung eines Krankenhauses nach vorheriger Einstufung im Rahmen des sog. Krankenhausplanes (§ 6 KHG) geschieht. Das heißt, der Bedarf an Krankenhäusern eines Landes ist in einem Krankenhausplan definiert, wobei jedes Krankenhaus einer bestimmten Kategorie zugeordnet ist (Krankenhäuser der Grundversorgung, der Regelversorgung, der Schwerpunktversorgung oder der Zentralversorgung). Die Höhe der Fördermittel, die das Krankenhaus zu beanspruchen hat, insbesondere die der schon erwähnten „Investitionskosten", ist entsprechend gestaffelt. Man darf folglich erwarten, dass die differenzierte Ausstattung der Krankenhäuser nicht nur unterschiedliche Leistungsniveaus, sondern auch unterschiedliche Kosten- und Preisniveaus bewirkt - soweit das einzelne Krankenhaus darauf Einfluss hat.

Im Hintergrund steckt ein weiteres Ziel, das über die Preispolitik verfolgt werden kann, die *Verkürzung der Verweilzeit der Patienten* - ein Ziel, das nicht unproblematisch ist, wie im nächsten Abschnitt näher erläutert wird.

(33)   Die mit den Krankenhauspreisen verbundenen Probleme

Nicht nur das Ziel der Verweildauerverkürzung, sondern auch die anderen Ziele, die erwähnt wurden, sind mit Vorbehalten zu versehen; denn nirgendwo besser als im Krankenhaus kommt die Doppelnatur von Preisen öffentlicher Betriebe zum Vorschein: Sie sind zugleich Finanzierungs- und Lenkungsinstrumente. Sie helfen nicht nur, den Ersatz verbrauchter Ressourcen zu finanzieren, sondern sind auch geeignet, das Angebot und die Nachfrage nach Krankenhausleistungen zu beeinflussen. Letzteres ist dann inakzeptabel, wenn aus der gewollten oder nicht gewollten Lenkung gesundheitliche Nachteile für den einzelnen oder die Bevölkerung insgesamt erwachsen.

---

[85] Nicht erörtert werden hier die spezifisch medizinischen und pflegerischen Ziele, wie Wiederherstellung der Gesundheit des Patienten, Linderung seiner Leiden u. ä.

Was gemeint ist, sei im Hinblick auf die *tagesbezogenen Preise* (Basispflegesätze, Abteilungspflegesätze, teilstationäre Pflegesätze) und im Hinblick auf *Pauschalpreise* (Fallpauschalen, Sonderentgelte) gezeigt.

Man darf davon ausgehen, dass jeder Patient nicht nur variable, sondern auch fixe Kosten verursacht,
genauer: nicht nur Kosten, die von der Verweildauer im Krankenhaus abhängen, sondern auch solche, die von der Verweildauer unabhängig sind. Fixe Kosten entstehen beispielsweise bei der Aufnahme und der Anamnese, d. h. der Feststellung von Art, Ursache und bisherigem Verlauf der Er-
krankung. Ferner darf angenommen werden, dass normalerweise die Behandlungs- und Pflegekosten
pro Tag im Laufe des Krankenhausaufenthaltes sinken. Dementsprechend ergibt sich für die Kosten
und den Preis pro Behandlungstag des durchschnittlichen Patienten, sofern ein tagesbezogener Preis
betrachtet wird, folgendes Bild (Abb. 40).

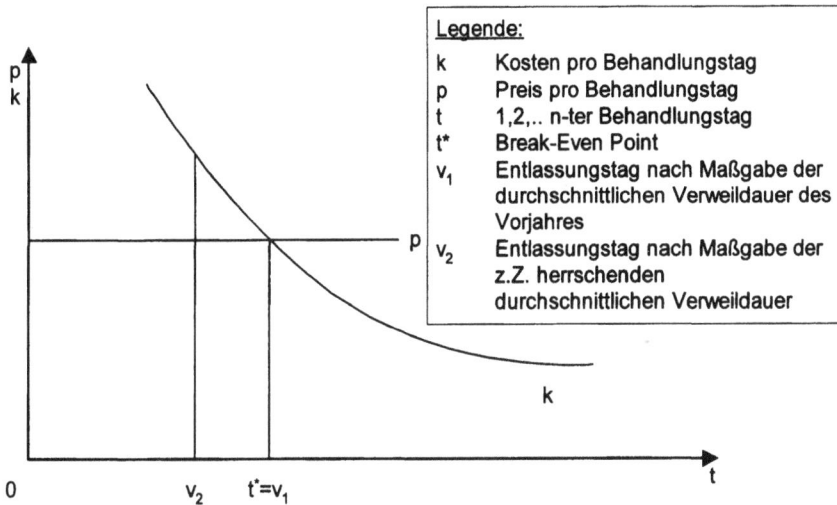

Abb. 40: Kosten pro Tag und tagesbezogene Abrechnung im Krankenhaus

Der Darstellung ist zu entnehmen, dass Krankenhauspatienten mit einer individuellen Verweildauer,
die vor t^* endet, dem Krankenhaus einen Verlust bescheren, Patienten mit längerer Verweildauer
einen Gewinn. Aus wirtschaftlichen Gründen ist es aber nicht gut, wenn die durchschnittliche Verweildauer aller Patienten vor t^* auftritt. Oder anders ausgedrückt, es ist zu begrüßen, wenn der Preis
(oder die Preiskombination) p so bemessen ist, dass t^* nicht nach dem Zeitpunkt liegt, der die aktuelle durchschnittliche Verweildauer kennzeichnet. In Abb. 40 ist angenommen worden, dass der

Break-even-Point t^* mit der vorjährigen durchschnittlichen Verweildauer v_1 zusammenfällt, nunmehr aber die Verweildauer verkürzt werden konnte und dementsprechend der Preis zu niedrig ist.[86]

Es ist klar, Ärzte und Pflegekräfte bemühen sich, im Rahmen des medizinisch Möglichen und Vertretbaren, den Krankenhausaufenthalt eines Patienten kurz zu halten. Wenn sie aber erkennen, dass sie damit die durchschnittliche Verweildauer aller Patienten verkürzen, können ihnen Zweifel an der Sinnhaftigkeit ihrer Handlungsweise kommen. Das Ergebnis kann nämlich heißen, dass die Verweildauer nunmehr kürzer als die zum Break-even-Point führende Zeitspanne ist, v_2 - wie in Abb. 40 angenommen - früher als t^* auftritt. Der medizinische und pflegerische Erfolg erweist sich aus Sicht der Krankenhausleitung, die auch die ökonomischen Interessen des Krankenhauses zu beachten hat, nunmehr als Bärendienst. Kann es da nicht passieren, dass mit administrativen und anderen Mitteln, offen oder versteckt, auf die Erhaltung der bisherigen durchschnittlichen Verweildauer hingearbeitet wird? Beispielsweise wurde schon oft der Verdacht geäußert, dass Patienten gern noch ein oder zwei Tage länger als nötig im Krankenhaus behalten werden. Aber wer von den Patienten oder ihren Angehörigen kann darüber schon ein verlässliches Urteil fällen!

Ein *Pauschalpreis* (Fallpauschale und Sonderentgelt) sichert dem Krankenhaus für seine Leistungen einen festen Erlös, unabhängig von der Verweildauer. Da aber die Kosten von der Verweildauer abhängen, die der Patient verursacht, ist es aus wirtschaftlicher Sicht reizvoll, den Patienten möglichst kurz im Krankenhaus zu behalten. Dem Pauschalpreis wohnt also im Gegensatz zum tagesbezogenen Preis eine verweildauer*verkürzende* Tendenz inne (vgl. Begleitforschung zur BPflV 1996: Asmuth/Blum/Fack-Asmuth/Gumbrich/Müller/Offermanns 1999, 459). Verkürzung der Verweildauer ist gesundheitspolitisch durchaus zu begrüßen - solange die medizinisch verantwortbare Mindestzeit nicht unterschritten wird. Dass der fallbezogene Preis über das medizinisch Vertretbare hinaus eine verweildauerverkürzende Wirkung entfaltet, kann allerdings nur im Einzelfall und nur durch den fachkundigen Arzt nachgewiesen werden.

An dieser Stelle wird übrigens erkennbar, wie wichtig Qualitätskontrolle - oder umfassend: Qualitätsmanagement - für das Krankenhaus geworden ist.

Eine weitere Gefahr ist mit dem Stichwort „Patientenselektion" zu umschreiben. Damit ist die nie ganz auszuschließende Gefahr gemeint, dass bei *tagesbezogenen* Preisen Patienten mit Erkrankungen, die typischerweise eine lange Verweildauer bewirken, gegenüber anderen Patienten bevorzugt werden. Das kann zur Verdrängung mit sehr unangenehmen Folgen für die Betroffenen führen. Entsprechendes gilt für den umgekehrten Fall, den Fall nämlich, in dem Patienten, von denen eine besonders lange Verweildauer oder ein Kostenvolumen zu erwarten ist, das keine Deckung der *Fallpauschale* bzw. des *Sonderentgelts* verspricht, zurückgesetzt oder gar abgewiesen werden. Das Ergebnis kann in beiden Fällen eine gesundheitspolitisch nicht erforderliche und von den Behörden

---

[86] Die Übereinstimmung ist nicht zufällig; denn der diesjährige Erlös sollte immer so *geplant* sein, dass er die Kosten gerade deckt.

nicht gewollte „schleichende" Spezialisierungspolitik sein. Das Angebot an verlustbringenden Behandlungen wird nach und nach eingeschränkt und das an lukrativen Behandlungen schrittweise ausgeweitet.

Trotz der Problematik muss festgestellt werden, dass das heutige System differenzierter und pauschalierter Preise für die verschiedenen Behandlungsfälle gegenüber früher einen enormen Fortschritt bedeutet. Mit „früher" ist die bis in die Mitte der 90er Jahre reichende Zeit gemeint, als es praktisch nur einen Einheitspreis, den summarischen Pflegesatz für den Aufenthaltstag, gab. Heute bilden Fallpauschalen und Sonderentgelte für das Krankenhaus einen Rahmen, in dem sich die Kosten bewegen dürfen - was den sparsamen Umgang mit den verfügbaren Mitteln fördert -, und außerdem wurde dem Krankenhaus mit den Pauschalpreisen der Anreiz zur Ausdehnung der durchschnittlichen Verweildauer genommen. Es ist dementsprechend zu begrüßen, wenn schon bald *alle Arten von Behandlungen* mit Pauschalpreisen (DRG-System) verknüpft werden.

B. Gebührenpolitik

1. Gebührenarten

Die Betriebswirtschaftslehre folgt hinsichtlich der Einteilung und Abgrenzung der Gebührenarten dem Verwaltungsrecht. Danach werden **Verwaltungsgebühren** als „Gegenleistungen für Amtshandlungen und sonstige Tätigkeiten", **Benutzungsgebühren** als Entgelte „für die Inanspruchnahme von öffentlichen Einrichtungen und Anlagen" verstanden (Eichhorn/Böhret/Derlien/Friedrich/Püttner /Reinermann 1991, 327).

Ob es allerdings sinnvoll ist, die Gebührenbegriffe mit „Gegenleistungen" bzw. „Entgelten" zu verbinden, darf man bezweifeln. Die meisten mit Gebührenpflicht belegten Leistungen gelten nicht nur dem gebührenpflichtigen Bürger, sondern werden auch im Interesse der Allgemeinheit erbracht. Warum gibt es Baugenehmigungen, Reisepässe, Städtische Parkhäuser und eine kommunale Müllbeseitigung? In ersten Linie wohl im Interesse der öffentlichen Sicherheit und Ordnung. Insofern erwecken die Begriffe „Gegenleistung" und „Entgelt" den falschen Eindruck, es ginge bei der Gebührenerhebung um einen Leistungsaustausch. Richtiger wäre es, in der Gebührenerhebung eine Inanspruchnahme des Bürgers *aus Anlaß* einer Amtshandlung, einer Tätigkeit der öffentlichen Verwaltung oder der Benutzung einer öffentlichen Einrichtung zu sehen.

Das hat selbstverständlich auch Folgen für die Gebührenbemessung. Wenn die Amtshandlung, die Verwaltungstätigkeit oder die Bereitstellung einer öffentlichen Einrichtung auch der Allgemeinheit nützt, wird die Umlage sämtlicher entstandenen Kosten auf die Gebührenpflichtigen fragwürdig. Im folgenden wird dieser Gedanke nicht weiter verfolgt; er paßt nicht zu dem derzeit geltenden Gebührenrecht.

Verwaltungs- und Benutzungsgebühren unterscheiden sich nicht nur anhand der o.g. Merkmale, sondern treffen auch auf unterschiedliche Nachfrageelastizität. Zu den mit *Verwaltungs*gebühren belegten Leistungen der öffentlichen Hand gehört eine mehr oder weniger unelastische Nachfrage. Der

Bürger sieht in der Gebührenerhebung für die Baugenehmigung oder Ausstellung eines Reisepasses einen besteuerungsähnlichen Akt. Sie erinnert ihn an eine Verbrauchssteuer. Er kann der Abgabenpflicht praktisch nicht ausweichen. Ganz anders der Fall, der mit einer *Benutzungs*gebühr belegt ist. Man denke beispielsweise an eine Parkgebühr. Hier hat der Bürger den Eindruck, er zahle keine Abgabe, sondern einen Preis. Gewöhnlich stehen ihm Wahlmöglichkeiten offen. Er kann am Stadtrand parken, wo keine Gebühr erhoben wird, er kann die Zahl seiner Innenstadtbesuche einschränken oder er kann aufs Fahrrad umsteigen. Der Bürger hat also Ausweichmöglichkeiten, seine Nachfrage ist mehr oder weniger elastisch.

Die Elastizitätsunterschiede zwischen Verwaltungs- und Benutzungsgebühren führen zu unterschiedlicher Gebührenpolitik. Nur bei elastischer Nachfrage kann Nachfragelenkung betrieben werden.

2.   Grundsätze der Gebührenpolitik

Wenn auch in Wortlaut und Inhalt leicht verschieden, herrscht zwischen den in den Kommunalabgabengesetzen der Länder verankerten Grundsätzen große Übereinstimmung (s. Brede 1998 b, 267-272). Danach sind Gebühren so zu bemessen, dass das voraussichtliche Gebührenaufkommen die Kosten nicht überschreitet, die aus der gebührenpflichtigen Leistung erwachsen, und dass in der Regel die Gebühr die voraussichtlichen Kosten des einzelnen Falles deckt. Es gibt also sowohl ein Kostenüberschreitungsverbot als auch ein Kostendeckungsgebot, d. h. eine Begrenzung der Gebühr nach oben und unten.

Beide Grenzen sind nicht starr zu verstehen. Da Gebühren im voraus festgelegt werden, kann das Gebührenaufkommen von den Kosten abweichen. Im langfristigen Mittel sollten sich die Abweichungen jedoch ausgleichen. Auch der einzelne Gebührenzahler kann durchaus mehr oder weniger zahlen, als es den Kosten seines Falles entspricht; die Gebührenkalkulation ist selbstverständlich auf die voraussichtlichen Kosten eines durchschnittlichen Falles abgestellt.

Kostenüberschreitungsverbot und Kostendeckungsgebot werden gewöhnlich unter der Bezeichnung **Kostendeckungsprinzip** (s. auch Bätz 1979, 54-57; Homann 1995 b, 277-279) zusammengefasst.

Die Ausgestaltung des Kostendeckungsprinzips lässt viele Spielräume offen. Mehr oder weniger wortgleich heißt es fast überall, dass als Kosten im Sinne des jeweiligen Kommunalabgabengesetzes die „nach betriebswirtschaftlichen Grundsätzen ansatzfähigen Kosten" (z. B. § 5 Abs. 2 NKAG) zu gelten haben. Damit kann sich das Gebührenrecht jederzeit einer Fortentwicklung der betriebswirtschaftlichen Theorie anpassen. Im allgemeinen ist in den Kommunalabgabengesetzen nur noch festgelegt, dass zu den Kosten auch „Entgelte für in Anspruch genommene Fremdleistungen", linear bemessene Abschreibungen und angemessene Zinsen auf das aufgewandte Kapital gehören (z. B. § 5 Abs. 2 NKAG).

Für die Gebührenbemessung sind noch zwei andere, allgemeine Prinzipien heranzuziehen:

So gilt es unbedingt, das grundgesetzlich verankerte, rechtsstaatliche Verhältnismäßigkeitsgebot (Art. 20 Abs. 3 GG, Art. 28 Abs. 1, S.1 GG) zu beachten, d. h. den Grundsatz, die Gebühr nicht über dem Wert des Nutzens anzusetzen, den die dargebotene Leistung verschafft. Die Rechtsprechung verwendet im Zusammenhang mit der Gebührenpolitik den Ausdruck **Äquivalenzprinzip** (dazu auch Budäus 1982, 133-140; Siekmann 1998, 62 f.). Das Äquivalenzprinzip vermag das Kostendeckungsprinzip zu durchbrechen, führt also ggf. zu kostenunterschreitenden Gebühren.

Das andere Prinzip ist das **Sozialstaatsprinzip**. Es erlaubt, Gebühren bei Bedarf nach sozialen Gesichtspunkten zu staffeln. Das Kostenüberschreitungsverbot bleibt davon unberührt.

3. Die mit der Gebührenbemessung verbundenen Probleme

Auf einige Probleme, die die Gebührenbemessung betreffen, wurde schon hingewiesen (s. S. 201-203). Zu nennen sind insbesondere das Problem der Leistungsmessung und das Problem, den Umfang der Gemeinkosten zu bestimmen. Darauf braucht nicht noch einmal eingegangen zu werden. Aber es kommen noch weitere Probleme hinzu.

An erster Stelle ist die Frage zu nennen, was „nach betriebswirtschaftlichen Grundsätzen ansatzfähige Kosten" sind. Die Betriebswirtschaftslehre kann darauf keine verbindliche Antwort geben. Von Zeit zu Zeit werden darüber heftige Diskussionen geführt (s. u. a. Schneider 1998; Swoboda 1998; Zimmermann 1998; Adam 1998; von Zwehl 1998; Tettinger 1998; Siekmann 1998; Bolsenkötter 1998; Brede 1998 c und d; Berlin 1998; Brüning 1998; Wiesemann 1998; Gawel 1999 und die in den Quellen aufgeführten Literaturnachweise).

In der Hauptsache dreht es sich um die Bemessung der Abschreibungen und Zinsen. Zum Glück hat sich auf diesem Feld wenigstens eine Erkenntnis durchgesetzt, die Einsicht, dass der Ansatz der kalkulatorischen Abschreibungen und der der kalkulatorischen Zinsen nicht unabhängig voneinander gesehen werden dürfen.

Heftig umstritten sind noch immer die Wertbasis für Abschreibungen und Zinsen und die mögliche Ökologisierung der Gebührenbemessung, d. h. die Berücksichtigung umweltpolitischer Aspekte. Die Aussichten, zu einer Einigung zu kommen, sind aber nicht schlecht.

Noch recht wenig diskutiert wird über zwei weitere Aspekte, die Ausklammerung bzw. Einbeziehung weiterer kalkulatorischer Kosten in die Gebührenkalkulation (Wagniskosten, Unternehmerlohn) und die Berücksichtigung kalkulatorischer Eigenkapitalzinsen. Angesichts der Wichtigkeit wäre eine intensive Auseinandersetzung unbedingt zu wünschen. - In diesem Zusammenhang ist es bemerkenswert, dass Niedersachsen im Jahr 1995 den Gemeinden gestattet hat, nunmehr Rückstellungen zu bilden (s. Nr. 5 h der Ausführungsbestimmungen zu § 5 NKAG) sowie weitere kalkulatorische Kosten zu berücksichtigen (§ 12 Abs. 1 ns GemHVO verpflichtet die Gemeinden, im Verwaltungshaushalt *mindestens* kalkulatorische Abschreibungen, kalkulatorische Zinsen und Rückstellungen zu veranschlagen).

Soweit es sich um Benutzungsgebühren handelt, könnten sich alle genannten Probleme dadurch erledigen, dass an die Stelle der Gebühren („echte") Preise träten, mithin das Kostenüberschreitungsverbot fiele. Daraus brauchten keine chaotischen Verhältnisse erwachsen. Zum einen sei darauf hingewiesen, dass es für viele gebührenpflichtige Leistungen der öffentlichen Hand nicht-staatliche Konkurrenz gibt und die nicht-staatlichen Angebotsbedingungen durchaus keine Abweichungen von den staatlichen aufzuweisen brauchen. Man denke etwa an die Preise privater Parkplätze und Parkhäuser oder an die Gebühren kirchlicher Friedhöfe. Zum anderen sei daran erinnert, dass Preispolitik auch reguliert werden kann. Das beste Beispiel sind die Preise der Elektrizitätswirtschaft. Preisregulierung hat gegenüber einem Gebührenrecht mit Kostenüberschreitungsverbot den Vorteil, dass sich die Bestimmungen viel großzügiger fassen lassen, also viel mehr Ermessensspielräume gewährt werden können.

Die Aussichten dafür, dass sich die Probleme mit dem Ersatz von Benutzungsgebühren durch Preise erledigen, sind nicht schlecht. Mehr und mehr werden öffentliche Betriebe verselbständigt und privatisiert. Dadurch treten auch immer mehr privatrechtliche Entgelte, Preise also, an die Stelle von Benutzungsgebühren. Es ist somit davon auszugehen, dass die oben angesprochenen Probleme auf längere Sicht nur noch für die Bemessung von Verwaltungsgebühren Bedeutung haben.

8. Kapitel: Beschaffung

Das öffentliche Beschaffungswesen ist geprägt vom Grundsatz „Soviel Markt wie möglich". Wo keine Marktbedingungen auf natürliche Weise gegeben sind, werden sie herbeigeführt. Wenigstens eine Annäherung an die Verhältnisse des freien Marktes soll angestrebt werden. Die öffentliche Hand verspricht sich davon günstigere Beschaffungsbedingungen, insbesondere niedrigere Beschaffungspreise.

Niedergelegt sind die wichtigsten Regeln des öffentlichen Beschaffungswesens (Pass 1998; Mittas/Poll 1999) in der Verdingungsordnung für Leistungen (sprich: Lieferungen und Dienstleistungen, nicht aber Bauleistungen) VOL, in der Verdingungsordnung für Bauleistungen VOB sowie in der Verdingungsordnung für freiberufliche Leistungen VOF. Wir konzentrieren uns hier auf die wichtigsten, die VOL und die VOB.

Teil A (VOL/A bzw. VOB/A) enthält jeweils die allgemeinen Bedingungen für die *Vergabe* von Aufträgen, Teil B (VOL/B bzw. VOB/B) die Bedingungen für die *Ausführung* von Aufträgen. Teil C der VOB enthält „Allgemeine technische Vorschriften für Bauleistungen". Ergänzt werden die Verdingungsordnungen u. a. durch die speziellen preisrechtlichen Bestimmungen in Gestalt der sog. VPöA, d. h. der Verordnung PR Nr. 30/53 des Bundeswirtschaftsministers über die Preise bei öffentlichen Aufträgen, sowie durch die „Leitsätze für die Preisermittlung auf Grund von Selbstkosten", abgekürzt LSP.

Die Logik des Systems ist glücklicherweise leichter zu verstehen als dessen Verschachtelung.

- Als erstes ist vorgeschrieben, alle Aufträge durch **öffentliche Ausschreibung** bekannt zu machen. Auf diese Weise sollen Interessenten veranlaßt werden, im Wettbewerb miteinander Angebote abzugeben. Die Angebote werden zu einem vorher festgesetzten Termin gemeinsam und öffentlich bekanntgegeben. Man hofft, auf diese Weise Manipulationen entgegenzuwirken. Das günstigste Angebot - nicht unbedingt das billigste - soll den Zuschlag erhalten.

- In Ausnahmefällen darf von der öffentlichen Ausschreibung abgewichen werden. Kommen beispielsweise für einen Auftrag nur wenige, der Behörde bekannte Anbieter in Frage, darf die **beschränkte Ausschreibung** gewählt werden. In diesem Falle werden die potentiellen Anbieter aufgefordert, Angebote abzugeben. Das übrige Verfahren bleibt gleich.

- Handelt es sich um Aufträge mit geringem Auftragswert - die Obergrenze wird durch Dienstanweisung geregelt - oder gibt es nur einen einzigen in Frage kommenden Anbieter oder lässt sich eine kleinere Leistung nicht von einer größeren trennen oder liegen ähnliche Bedingungen vor (Einzelheiten siehe § 3 Abs. 1 Nr. 3 VOL/A bzw. VOB/A), ist sogar die **freihändige Vergabe** möglich, d. h. die Auftragsvergabe ohne förmliches Verfahren. Auf diesem Wege wird beispielsweise der Bürobedarf einer Dienststelle gedeckt, sofern es keinen zentralen Einkauf gibt.

Es wurde schon erwähnt, dass auf Veranlassung der Europäischen Union die (deutschen) Vergabebedingungen für öffentliche Aufträge verschärft wurden.[87] Ohne auf Einzelheiten einzugehen (s. dazu Gesellschaft für öffentliche Wirtschaft 1992 a; Mittler 1998; o. V. 1998 q), sei noch einmal wiederholt, dass nunmehr im Normalfall Aufträge (nicht Bauaufträge), deren geschätzter Wert 200.000 € überschreitet, europaweit auszuschreiben sind (Gesellschaft für öffentliche Wirtschaft 1992 a, Anhang 2; Pass 1998, 604). Wenn man noch die Vorschrift hinzu nimmt, den möglichen Auftragnehmern eine Frist von bis zu 52 Tagen für die Abgabe ihrer Angebote einzuräumen, kann man sich die Erschwernisse für die öffentliche Hand ausmalen. Die neuen Regelungen kosten vor allem Zeit und Geld. Ob sie tatsächlich der Anbieterseite mehr Chancen und dem Beschaffungswesen der öffentlichen Hand höhere Effizienz bescheren, ist nicht ausgemacht.

Das Preissystem des öffentlichen Beschaffungswesens (Westhof 1989, 50) umfasst:

- Staatlich gebundene Preise

- Marktpreise, unterteilt in:

  - Preise für marktgängige Leistungen

  - Preise für Leistungen, die mit marktgängigen Leistungen vergleichbar sind; diese Preise werden durch Zu- oder Abschläge zu den Preisen für marktgängige Leistungen ermittelt

  - modifizierte Marktpreise; das sind Preise, die nach einer Preiskorrektur aufgrund besonderer Umstände (z. B. Abnahme höherer Mengen, Übernahme sonst nicht auftretender Gefahren) aus den sonst herrschenden Preisen für marktgängige Leistungen hervorgehen

- Selbstkostenpreise, und zwar in Form der

  - Selbstkostenfestpreise
  - Selbstkostenrichtpreise
  - Selbstkostenerstattungspreise

Tab. 14: Beschaffungspreise der öffentlichen Hand

---

[87] Die neuen Vorschriften finden sich in dem Vergaberechtsänderungsgesetz (VgRÄG).

Die *Vergabe*regeln werden ergänzt durch *Preis*regeln:

- Der oberste Grundsatz lautet, Marktpreise sind ausgehandelten Preisen vorzuziehen.

- Gerade im Beschaffungswesen der öffentlichen Hand kommt es aber häufig vor, dass keine Marktpreise existieren, z. B. weil es sich um Güter handelt, die nur die öffentliche Hand nachfragt (Rüstungsgüter), oder die vorhandenen Marktpreise keinem freien Wettbewerb entspringen (Preise auf oligopolistischen Märkten). In diesen Fällen sehen die Vorschriften ein abgestuftes System (Tab. 14) vor, dessen Anwendung schrittweise zu prüfen ist.

Das System ist hierarchisch aufgebaut, d. h. der jeweils höherstehende Preis ist nach Möglichkeit vorzuziehen. Daraus ergibt sich generell, dass staatlich gebundene Preise nicht ohne zwingenden Grund durch Marktpreise und diese nicht durch Selbstkostenpreise ersetzt werden dürfen.

Die Selbstkostenpreise bedürfen der Erläuterung.

Typische Anwendungsfälle sind ein komplizierter, nicht routinemäßig zu erledigender Reparaturauftrag oder der Bau einer ausgefallenen Apparatur für Forschungszwecke.

Der Auftraggeber muss als erstes versuchen, den Auftragnehmer zur Vereinbarung eines **Selbstkostenfestpreises** zu bewegen, der sich auf die voraussichtlichen Selbstkosten - natürlich mit Gewinnaufschlag - stützt. Der Selbstkostenfestpreis kommt z. B. bei jährlich wiederkehrenden Instandsetzungsarbeiten in Frage (Baudisch 1988, 1585 f.). Die Selbstkosten müssen gemäß LSP ermittelt und, falls gewünscht, nachgewiesen werden. Einigen sich die Vertragspartner auf dieser Basis, trägt das Risiko der Kostenüberschreitung der Auftragnehmer. Unterschreitet er die voraussichtlichen Kosten, steckt für ihn im Festpreis die Chance eines höheren Gewinns. Festpreise werden häufig auch bei Baumaßnahmen vereinbart.

In vielen Fällen schätzt der potentielle Auftragnehmer das Risiko höher ein als die Chance. Dann lehnt er den Festpreis ab. Nun muss der Auftraggeber versuchen, wenigstens Teile des Auftrags mit einem Festpreis zu verbinden. Anderenfalls bleibt nur übrig, einen **Selbstkostenrichtpreis** anzustreben. Im Falle des Selbstkostenrichtpreises erfolgt die Auftragsvergabe auf der Grundlage vorläufiger Selbstkostenpreise, die aber „vor Beendigung der Fertigung, sobald die Grundlagen der Kalkulation übersehbar sind, möglichst in Selbstkostenfestpreise umzuwandeln" sind (§ 6 Abs. 3 VPöA). Der Auftraggeber wird so am Risiko und an den Chancen der Kostenabweichung beteiligt.

Erst wenn sich auch diese Vertragsbedingungen nicht realisieren lassen, dürfen **Selbstkostenerstattungspreise** vereinbart werden, also Preise, die sich aufgrund der nachträglich zu ermittelnden Kosten ergeben. Auch für den Selbstkostenerstattungspreis sind leicht Anwendungsfälle vorstellbar. Man braucht nur an den Bau eines Eisenbahntunnels unter schwierigen geologischen Bedingungen oder die Entwicklung eines neuen Zielgerätes für die Luftwaffe zu denken, und schon hat man Aufgaben mit vielen Unwägbarkeiten vor sich (s. auch Baudisch 1988, 1584 f.). In diesen Fällen muss der Auftragnehmer vom Risiko der Überschreitung vorausgeschätzter Kosten freigestellt werden, anderenfalls fände sich niemand zur Übernahme des öffentlichen Auftrags bereit.

Für die Kalkulation von Selbstkostenpreisen schreibt die öffentliche Hand über die schon erwähnten Leitsätze für die Preisermittlung auf Grund von Selbstkosten (LSP) ein genaues, auf einer Vollkostenrechnung mit Istkosten basierendes Schema vor.

Danach muss die Mindestgliederung die in Tab. 15 genannten Positionen umfassen (Nr. 10 LSP, Darstellung angelehnt an Hoitsch/Lingnau 1999, 362).

(1)		Fertigungsstoffeinzelkosten
(2)	+	Fertigungsstoffgemeinkosten
(3)	+	Fertigungseinzelkosten
(4)	+	Fertigungsgemeinkosten
(5)	+	Sondereinzelkosten der Fertigung
(6)	+	Entwicklungs- und Entwurfseinzelkosten
(7)	+	Entwicklungs- und Entwurfsgemeinkosten
(8)	=	Herstellkosten (Summe 1 - 7)
(9)	+	Verwaltungsgemeinkosten
(10)	+	Vertriebsgemeinkosten
(11)	+	Sondereinzelkosten des Vertriebs
(12)	=	Selbstkosten (Summe 8 - 11)
(13)	+	Kalkulatorischer Gewinn (siehe dazu Nr. 52 LSP)
(14)	=	Selbstkostenpreis (Summe 12 - 13)

Tab. 15: Preiskalkulation nach LSP (Mindestgliederung)

Es handelt sich in Form und Inhalt offenbar um eine Art der Preisbestimmung, die den Entwicklungsstand der Kosten- und Leistungsrechnung der 30er Jahre widerspiegelt. Dagegen könnte trefflich polemisiert werden. Wir wollen uns dessen jedoch enthalten. Mehr noch, wir meinen, die Bestimmung der Selbstkostenpreise nach LSP ist vernünftig und sollte beibehalten werden. Sie hat nämlich zwei Vorteile: Die Regeln sind so klar und einfach, dass ihre Einhaltung von jedermann eingefordert und ihre Anwendung auch vom kaufmännisch nicht sonderlich Versierten überwacht werden kann. Außerdem verkörpern sie eine seit Jahrzehnten eingespielte Praxis. Beides sollte nicht aufgegeben werden; die Mischung aus Einfachheit und Tradition trägt viel zur Verwaltungsvereinfachung bei.

Nicht alle Aspekte des Beschaffungswesens sind so positiv zu beurteilen wie die Bestimmungen der LSP. Wir können hier nur auf *eine* dunkle Seite kurz eingehen, die Korruptions- und Manipulationsgefahr. Viele Jahre hat das öffentliche Dienstrecht als Damm gegen Korruption ausgereicht. In neuerer Zeit mehren sich jedoch die Anzeichen, dass es insbesondere Verbrecherbanden immer häufiger gelingt, Angehörige des öffentlichen Dienstes zur Annahme von Bestechungsgeldern u. ä. zu bewegen. Das zahlt sich für die Missetäter dort besonders aus, wo es um hohe Beträge geht, also im Beschaffungswesen. Auf welch unterschiedliche Weise Vorteile verschafft und die Auftragsvergabe manipuliert werden kann, hat insbesondere Westhof (1989, 66-138) untersucht. Von ihm stammen auch zahlreiche Vorschläge, wie wettbewerbswidriges Verhalten von Staatsdienern verhindert werden kann (Westhof 1989, 139-236).

Die Gebietskörperschaften, voran der Bund und die Länder, haben jedoch erst in jüngerer Zeit begonnen, das Problem ernsthaft anzupacken. Zu den wichtigsten Maßnahmen der Korruptionsbekämpfung gehören eine schärfere Überwachung der Beschaffungsvorgänge, eine verbesserte Schulung der Bediensteten und der regelmäßige Austausch von Personal nach dem Rotationsprinzip. Gerade Letzteres ist sehr wichtig. Es darf nicht vorkommen, dass sich aufgrund häufig wiederkehrender Auftragsvergabe an denselben Auftragnehmer - man denke etwa an einen Bauunternehmer - mit der Zeit eine über das Sachliche hinausgehende Beziehung zwischen dem zuständigen Bediensteten und dem Partner in der Wirtschaft herausbildet. Ab und zu ein neues Gesicht, das lässt Vertraulichkeit oder Kumpanei, die Basis korrupter Machenschaften, gar nicht erst aufkommen.

Anhang

A. Beispiel zur Liquiditätsplanung

Rahmenbedingungen

- Planungszeitraum: t_1 - t_3. Zahlungen treten nur in den Zahlungszeitpunkten t_1, t_2 und t_3 auf. Die Zahlungszeitpunkte liegen jeweils einen halben Monat auseinander.
- Für Rücklagenmittel gibt es 4 Anlagemöglichkeiten:
  - Erwerb von Pfandbriefen zum Nennwert im Gesamtwert von p_1^N in t_1, Einlösung in t_3, Zinssatz 7 % p.a. Provision und Spesen 0,8 % des Anschaffungswertes.
  - Erwerb von Pfandbriefen zum Nennwert im Gesamtwert von p_2^N in t_2, Einlösung in t_3, Zinssatz 7,5 % p.a. Provision und Spesen 0,8 % des Anschaffungswertes.
  - Festgeldanlage in t_1 in Höhe von D_1, Fälligkeit in t_3, Zinssatz 6 % p.a.
  - Festgeldanlage in t_2 in Höhe von D_2, Fälligkeit in t_3, Zinssatz 6,5 % p.a.
- Die Veräußerung von (7 %igen) Pfandbriefen in t_2 ist möglich.
- Zinstermin für Pfandbriefe: t_2 und t_3.
- Kassenbestand bei Kassenöffnung in t_1: 61.300.
- Vorgeschriebener „Eiserner" Kassenbestand: 10.000.
- Kurs der 7 %igen Pfandbriefe in t_2: 101.

Geschäftsvorfälle

1) Rechnung für Büromaterial: 4.600. Sofortige Zahlung in t_1 verlangt.
2) Rechnung für Aktenschränke, 2 % Skonto, d. h. bei Zahlung in t_1: 12.250, bei Zahlung in t_2 oder t_3: 12.500.
3) Gegebenenfalls Anlage überschüssiger liquider Mittel in t_1.
4) Steuereinnahmen in t_2: 33.000.
5) Gegebenenfalls Anlage überschüssiger liquider Mittel in t_2.
6) Gehaltszahlung in t_3: 17.500.

Verwendete Symbole

A_i = Bezahlung der Aktenschränke in t_i mit i = 1 oder 2 oder 3

D_i = Festgeldbetrag, angelegt in t_i mit i = 1 oder 2

G = Kassenwirtschaftliches Ergebnis

p_1^N = Gesamtnennwert von Pfandbriefen, angeschafft in t_1 (7 %)

p_2^N = Gesamtnennwert von Pfandbriefen, angeschafft in t_2 (7 %)

p_2^K = Gesamtkurswert veräußerter Pfandbriefe in t_2 (7 %)

$$\left(p_1^N - \frac{p_2^K}{1,01} \right) = \text{Gesamtnennwert eingelöster Pfandbriefe in } t_3 \ (7\,\%)$$

p_2^N = Gesamtnennwert von Pfandbriefen, angeschafft in t_2 (7,5 %)

R = Gesamtkurswert des bei einem Verkauf von Pfandbriefen in t_2 verbleibenden Restbestands

Y_1 = Betrag des in t_i über 10.000 hinausgehenden Kassenendbestands mit i = 1 oder 2

Aufgabe

Die Aufgabe besteht darin, die in den Rahmenbedingungen und den Geschäftsvorfällen enthaltenen Informationen zu einer Zielfunktion und zu Nebenbedingungen zu verarbeiten.

Um die Zielfunktion - in diesem Falle die kassenwirtschaftliche Ergebnisfunktion - zu erhalten, sind alle Vorgänge zu erfassen, die, kassenwirtschaftlich gesehen, Aufwand oder Ertrag auslösen. Im Grunde genommen geht es darum, das kassenwirtschaftliche Ergebnis zu *definieren*. Dabei sei noch einmal daran erinnert, dass über das kassenwirtschaftliche Ergebnis nur die für die Kasse disponiblen Zahlungen entscheiden. Das kassenwirtschaftliche Ergebnis ist zu maximieren, allerdings sind dabei die noch weiter unten zu behandelnden Nebenbedingungen zu beachten.

Zielfunktion

$$G = -0A_1 - 250A_2 - 250A_3 + \left(\frac{0,07}{12} p_1^N - 0,008 p_1^N \right) + \frac{0,06}{12} D_1 + \left(\frac{0,075}{24} p_2^N - 0,008 p_2^N \right)$$

$$+ \frac{0,065}{24} D_2 + \left(0,01 \frac{p_2^K}{1,01} - \frac{0,07}{24} \cdot \frac{p_2^K}{1,01} \right) \to \text{max!}$$

oder

$$\boxed{G = -250A_2 - 250A_3 - \frac{0,026}{12} p_1^N + \frac{0,06}{12} D_1 - \frac{0,117}{24} p_2^N + \frac{0,065}{24} D_2 + \frac{0,17}{24,24} p_2^K \to \text{max!}}$$

Erläuterungen zur rechten Seite der Zielgleichung (eingerahmte Fassung)

Mit dem 1, 2. und 3. Glied wird - vielleicht etwas ungewöhnlich - nicht ausgenutzter Skontoabzug als Aufwand behandelt.

Mit dem 4. und 6. Glied werden erfasst: Zinsen, Spesen und Provision für erworbene Pfandbriefe, und zwar unter der Annahme, dass es in t_2 zu keinem Wertpapierverkauf kommt.

Das 5. und das 7. Glied betreffen die Zinsen auf Festgeldguthaben.

Im 8. Glied ist der Kursgewinn enthalten, der bei Veräußerung von Pfandbriefen in t_2 anfällt, sowie die Korrektur der mit dem 4. Glied vorab auf die gesamte Planungsperiode bezogenen Zinseinnahme.

Nebenbedingungen

Anschließend sind die Nebenbedingungen zu formulieren. Dabei beginnen wir mit den Liquiditätsbedingungen, d. h. den Bedingungen, die helfen sollen, das finanzielle Gleichgewicht zu jedem Zahlungszeitpunkt zu erhalten. Sie sind formal sehr einfach aufgebaut, gehorchen nämlich der bekannten Gleichung „Anfangsbestand + Zugang - Abgang = Endbestand". Man gewinnt die Liquiditätsbedingungen, indem man sämtliche Informationen der Rahmenbedingungen und Geschäftsvorfälle daraufhin untersucht, ob sie Angaben über den Kassenbestand oder Einnahmen oder Ausgaben enthalten.

1. Liquiditätsbedingung für t_1

$$61.300 - 4.600 - 12.250\,A_1 - 1{,}008\,P_N^1 - D_1 = 10.000 + Y_1$$

oder

$$\boxed{46.700 = 12.250\,A_1 + 1{,}008\,P_N^1 + D_1 + Y_1}$$

2. Liquiditätsbedingung für t_2

$$10.000 + Y_1 - 12.500\,A_2 + 33.000 - 1{,}008\,P_2^N - D_2 + p_2^K + \frac{0{,}07}{24}\,p_1^N = 10.000 + Y_2$$

oder

$$\boxed{33.000 = 12.500\,A_2 + 1{,}008\,P_2^N + D_2 - P_2^K + \frac{0{,}07}{24}\,P_1^N - Y_1 + Y_2}$$

3. Liquiditätsbedingung für t_3

$$10.000 + Y_2 - 12.500\,A_3 - 17.500 + \left(P_1^N - \frac{P_2^K}{1{,}01}\right) + \frac{0{,}07}{24}\left(P_1^N - \frac{P_2^K}{1{,}01}\right)$$

$$+ P_2^N + \frac{0{,}075}{24}\,P_2^N + D_1 + \frac{0{,}06}{12}\,D_1 + D_2 + \frac{0{,}065}{24}\,D_2 = 10.000 + Y_3$$

oder

$$\boxed{\begin{aligned} -17.500 = 12.500\,A_3 &- \frac{24{,}07}{24}\left(P_1^N - \frac{P_2^K}{1{,}01}\right) - \frac{24{,}075}{24}\,P_2 \\ &- \frac{12{,}06}{12}\,D_1 - \frac{24{,}065}{24}\,D_2 - Y_2 + Y_3 \end{aligned}}$$

4. Begrenzung des Pfandbriefverkaufes

$$P_2^K = 1{,}01\,P_1^N - R$$

5. Beschränkung der Aktionsvariablen

$$A_1 + A_2 + A_3 = 1$$

6. Normierung der Aktionsvariablen

$A_1, A_2, A_3 = 0$ oder 1

7. Nichtnegativitätsbedingungen

$$D_1, D_2, G, P_1^N, \left(P_1^N - \frac{P_2^K}{1{,}01} \right), P_2^N, Y_1, Y_2, Y_3, R \geq 0$$

Erläuterungen

Mit der 4. Nebenbedingung wird dafür gesorgt, dass nicht mehr Pfandbriefe verkauft werden, als vorhanden sind. Die Begrenzung wird erreicht durch die Definition des Verkaufserlöses, nach der der Verkaufserlös höchstens dem Gesamtkurswert der in t_1 angeschafften Wertpapiere entspricht.

A_1, A_2, A_3 sind „Ereignisvariablen", d. h. symbolisieren das Ereignis „Bezahlung der Aktenschränke" zu einem bestimmten Zeitpunkt. Die Bezahlung kann selbstverständlich nur einmal erfolgen. Dieser Tatsache trägt die 5. Nebenbedingung in Verbindung mit der 6. Nebenbedingung Rechnung: Die 5. Nebenbedingung ist nur erfüllbar, wenn zwei der drei Ereignisvariablen den Wert 0 annehmen, d. h. zwei „Ereignisse" als nicht realisierbar bezeichnet werden.

Lösung[88]

In der Optimallösung nehmen die Variablen folgende Werte an:

$A_1 = 1$	$A_2 = 0$	$A_3 = 0$
$Y_1 = 0$	$Y_2 = 0$	$Y_3 = 50.101{,}26$
$D_1 = 0$	$D_2 = 67.418{,}67$	$P_2^K = 34.518{,}35$
$P_1^N = 34.176{,}59$	$P_2^N = 0$	
$G = 350{,}63$	$R = 0$	

---

[88] Das verwendete Computerprogramm verbietet, echte Brüche zu verwenden. Deshalb mussten die meisten Koeffizienten in der Zielfunktion und den Nebenbedingungen durch Dezimalbrüche ersetzt werden. Gerechnet wurde mit folgenden Werten:

Statt →	verwendet	statt →	verwendet	statt →	verwendet
$\dfrac{0{,}065}{24}$	0,002708333	$\dfrac{24{,}075}{24}$	1,003125	$\dfrac{24{,}07}{24}$	1,002916667
$\dfrac{0{,}17}{24{,}24}$	0,007011320132	$\dfrac{0{,}06}{12}$	0,005	$\dfrac{P_2^K}{1{,}01}$	$0{,}9900990099 \cdot P_2^K$
$\dfrac{0{,}07}{24}$	0,00291666667	$\dfrac{0{,}117}{24}$	0,00487	$\dfrac{0{,}026}{12}$	0,00216666667
$\dfrac{24{,}065}{24}$	1,002708333	$\dfrac{12{,}06}{12}$	1,005		

Erläuterungen

Die Werte für A_1, A_2 und A_3 zeigen an, dass die Bezahlung der Aktenschränke in t_1 zu erfolgen hat, d. h. die Möglichkeit zum Skontoabzug auszunutzen ist.

Die Werte für D_1, P_1^N und Y_1 signalisieren, dass sämtliche überschüssigen liquiden Mittel in t_1 in Pfandbriefen und nicht in Festgeld anzulegen sind. Das ist überraschend insofern, als sich die Geldanlage in Pfandbriefen wegen der Provision und der Spesen weniger als die Festgeldanlage zu lohnen scheint. Die Erklärung steckt im Wert für $\left(P_1^N - \dfrac{P_2^K}{1{,}01} \right)$. Danach empfiehlt es sich, den gesamten in t_1 erworbenen Wertpapierbestand bereits in t_2 wieder zu veräußern. Der damit verbundene Kursgewinn sorgt dafür, dass der zunächst bestehende Nachteil der Pfandbriefe sich in einen Vorteil gegenüber dem Festgeld verwandelt.

Nach den Werten für D_2, P_2^N und Y_2 sind sämtliche überschüssigen Mittel in t_2 in Festgeld und nicht in Pfandbriefen anzulegen. In t_2 bieten Pfandbriefe nicht den eben erwähnten Vorteil gegenüber Festgeld; denn in t_2 erworbene Pfandbriefe könnten keinen Kursgewinn erzielen. In t_3 würden die Pfandbriefe zum Nennwert eingelöst.

Der Wert für G zeigt an, dass die Kasse mit ihren Dispositionen einen Gewinn zu erwirtschaften imstande ist.

Aus dem Wert Y_3 geht hervor, dass die Kasse am Ende der Planungsperiode neben den obligatorischen 10.000 noch über weitere 50.101,26 an liquiden Mitteln verfügt.

B. Beispiel zur Projektbewertung

1. Vorbemerkung

Das folgende Zahlenbeispiel einer Projektbewertung soll die Anwendung von vier Methoden illustrieren, der

- Einfachen Nutzwertanalyse,
- Stufenweise Nutzwertanalyse,
- Kostenwirksamkeitsanalyse,
- AHP-Methode.

Um die Darstellung so einfach wie möglich zu halten, bauen die Methodenbeschreibungen z. T. aufeinander auf. Die Ausführungen zu der ersten Methode, der Einfachen Nutzwertanalyse, dienen dementsprechend auch als Grundlage der nachfolgenden Methodenbeschreibungen.

Das verwendete Zahlenbeispiel wurde von Reinermann übernommen (Reinermann 1974, 33, 58). In Reinermanns Bespiel geht es um den Kauf eines Verwaltungsgebäudes, für das sich zwei Objekte anbieten.

2. Einfache Nutzwertanalyse

Den Anfang einer Nutzwertanalyse bildet die Entwicklung eines Zielsystems - es sei denn, es könnte auf ein bereits existierendes Zielsystem zurückgegriffen werden. Wie im Ergebnis ein solches Zielsystem aussehen kann, zeigt Abb. 41. Dieses Zielsystem dient unserem Zahlenbeispiel als Grundlage.

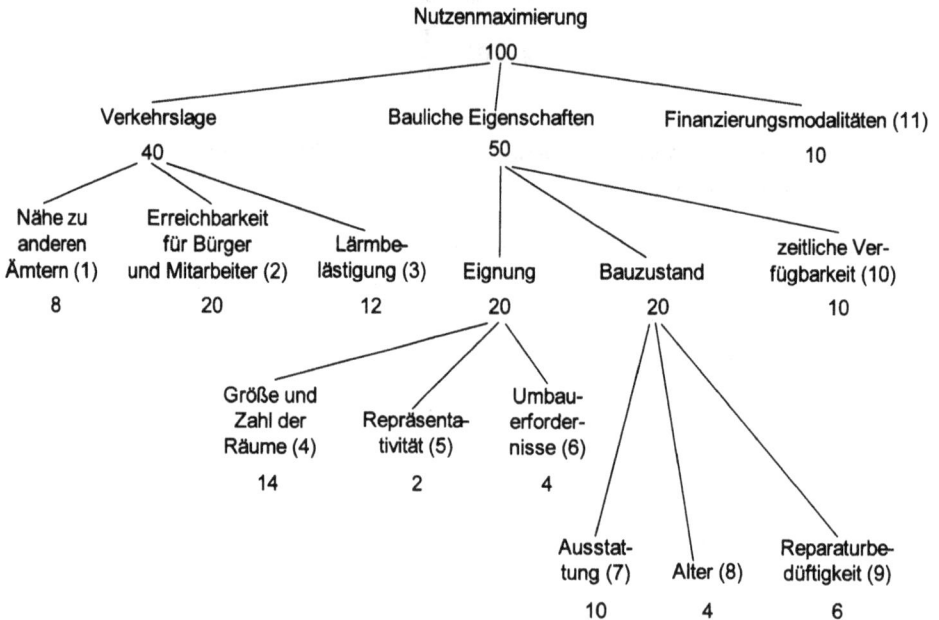

Abb. 41: Zielsystem zur Bewertung des Projekts „Kauf eines Verwaltungsgebäudes"

Die Entwicklung des Zielsystems beginnt mit dem obersten Ziel, das hier (noch gänzlich inhaltsleer) Nutzenmaximierung genannt wird. Das Ziel vereinigt in sich die Gesamtheit - also 100 % - aller Zielvorstellungen, die mit dem Projekt verfolgt werden sollen. Dementsprechend erscheint unter der Zielgröße die Zahl 100.

Nun erfährt das oberste Ziel eine erste Konkretisierung. Dabei werden die Teilziele gewichtet. Man kann auch sagen, die Summe 100 wird aufgeteilt. Danach entfallen auf das Ziel, eine möglichst günstige Verkehrslage zu bekommen, 40 Punkte, auf das Ziel, möglichst günstige bauliche Eigenschaften zu erhalten, 50 Punkte, und die restlichen 10 Punkte werden dem Ziel zugesprochen, möglichst günstige Finanzierungsmodalitäten zu erleben. Diese Konkretisierung wird stufenweise fortgesetzt, bis die erreichten Teil- oder Unterziele operabel sind.

Die für operabel gehaltenen Teilziele sind numeriert worden. In unserem Fall handelt es sich um 11 Teilziele. Ihre Zielgewichte ergeben in der Summe 100.

Im nächsten Schritt werden für die einzelnen Ziele Skalen zur Messung der Zielerreichung festgelegt. Beispielsweise wird entschieden, dass die Erreichung des Ziels 1 (größtmögliche Nähe des Gebäudes zu anderen Ämtern) mit einer Skala gemessen werden soll, welche sich durch folgende Parameter auszeichnet: Ihr Bestwert (Skalenwert 10) soll bei einer Entfernung von höchstens 1 km, der Null-punkt bei einer Entfernung von mindestens 6 km liegen.

Stehen nun zur Wahl ein Gebäude (Alternative I), das 3,5 km von den anderen Ämtern entfernt liegt, und ein anderes Gebäude (Alternative II), für das die Entfernung gar 4 km beträgt, ergeben sich dar-aus die Skalenpositionen (Zielerreichungsgrade) 5 und 4 (Abb. 42).

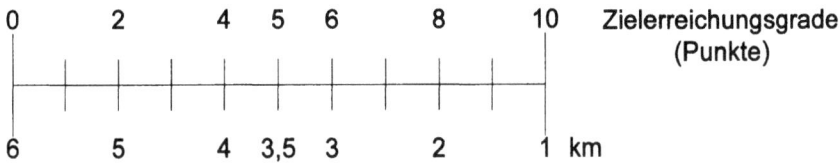

Abb. 42: Skala der Zielerreichung für das Teilziel 1 „Nähe zu anderen Ämtern"

Für die übrigen Teilziele existieren analoge Skalen.

Der folgenden Tabelle sind (aus den Spalten „ungewichtete Zielerreichungsgrade") die Ergebnisse zu entnehmen, welche die Messung der Zielerreichung bei den einzelnen Zielen erbracht hat.

Als letztes werden die ungewichteten Zielerreichungsgrade mit den Zielgewichten gewichtet. Die Resultate werden als Teilnutzwerte bezeichnet. In der Summe ergeben sie den Nutzwert.

Zielnummer	Zielgewicht	Alternative I Zielerreichungsgrade		Alternative II Zielerreichungsgrade	
		ungewichtet	gewichtet	Ungewichtet	gewichtet
1	8	5	40	4	32
2	20	8	160	3	60
3	12	3	36	9	108
4	14	7	98	5	70
5	2	7	14	5	10
6	4	5	20	3	12
7	10	8	80	6	60
8	4	4	16	7	28
9	6	5	30	5	30
10	10	8	80	10	100
11	10	6	60	4	40
Nutzwert:			634		550

Tab. 16: Bestimmung der Nutzwerte für zwei Alternativen

(Projekt „Kauf eines Verwaltungsgebäudes")

Sind die Kosten der beiden Alternativen gleich und darf angenommen werden, dass in beiden Fällen der Nutzen die Kosten übersteigt, ergibt sich aus den Nutzwerten die Empfehlung, die Alternative I der Alternative II vorzuziehen.

3. Stufenweise Nutzwertanalyse

Die Stufenweise Nutzwertanalyse (Brede 2002) unterscheidet sich von der Einfachen in folgenden Punkten: Verzicht auf Berücksichtigung sämtlicher Beurteilungskriterien, Unterscheidung zwischen „harten" und „weichen" Kriterien und Erarbeitung alternativer Beurteilungsergebnisse. Die Einzelheiten sollen wiederum unter Rückgriff auf das Reinermannsche Beispiel „Kauf eines Verwaltungsgebäudes" (S. 267-270) vorgestellt werden.

Treten in einer Beurteilungssituation sehr viele Beurteilungskriterien auf - und das ist meist der Fall - erscheint es angebracht, wenn folgendermaßen vorgegangen wird: Der Entscheidungsträger, beispielsweise die Vertretungskörperschaft, wählt aus der Gesamtheit der Kriterien eine bestimmte Menge aus, die er für besonders wichtig hält, und ordnet sie ihrer Wichtigkeit nach. Die Rangordnung bestimmt, so wird hier der Einfachheit halber postuliert, zugleich die Kriterien-(oder Ziel-) gewichte.

Auf die ausgewählten Kriterien wird der Beurteilende oder Planer festgelegt. Nur diese Kriterien werden in die Nutzwertanalyse einbezogen. Die Auswahl von Beurteilungskriterien bedeutet selbstverständlich eine „heroische" Vereinfachung, zumal damit unterstellt wird, die Gewichte der ausgewählten Kriterien blieben von der Existenz der ausgeklammerten unberührt. Aus pragmatischer Sicht erweist sich die Prämisse aber als akzeptabel.

In der folgenden Tabelle erscheinen die Kriterien, die der Entscheidungsträger - aus welchen Gründen auch immer - ausgewählt hat. Nun können die Kriterien als „harte" oder „weiche" Kriterien qualifiziert werden, d. h. einerseits als Kriterien, die in unbestreitbaren, genau bekannten und sicher vorhersehbaren quantitativen Größen erfasst werden können, oder andererseits als Kriterien, die mit Unschärfe oder Ungewissheit verbunden bzw. qualitativ umschrieben sind.

Rangplatz	Gewicht	Beurteilungskriterium („Ziel")	„hartes" Kriterium	„weiches" Kriterium
1	5	Zeitliche Verfügbarkeit		X
2	4	Alter	X	
3	3	Erreichbarkeit für Bürger und Mitarbeiter	X	
4	2	Umbauerfordernisse		X
5	1	Größe und Zahl der Räume	x	

Tab. 17: Ausgewählte Beurteilungskriterien, nach ihrer Wichtigkeit geordnet

Die folgende Tab. 18 enthält 3-teilige Skalen, die in diesem Beispiel zur Beurteilung der Alternativen verwendet werden sollen. Es handelt sich um Nominalskalen, in denen neben den verbalen Aussagen auch zahlenmäßige „Übersetzungen" erscheinen.

	Die Alternative erscheint als		
	besonders günstig	günstig mit Vorbehalt	Ungünstig
Skala bei „harten" Kriterien	3	2	0
Skala bei „weichen" Kriterien	2	1	0

Tab. 18: Messskalen-Einteilung

In Tab. 19 sind die angenommenen Einschätzungen eines Beurteilenden eingetragen.

Krit. Nr.	Beurteilungskriterium	Gewicht	Alternative I		Alternative II	
			Skalenposition (Zielerreichungsgrad)		Skalenposition (Zielerreichungsgrad)	
			ungewichtet	gewichtet	ungewichtet	gewichtet
1	Zeitliche Verfügbarkeit	5	1	5	2	10
2	Alter	4	2	8	2	8
3	Erreichbarkeit für Bürger und Mitarbeiter	3	3	9	0	0
4	Umbauerfordernisse	2	1	2	0	0
5	Größe und Zahl der Räume	1	3	3	2	2

Tab. 19: Teilnutzwerte

Nun kann die stufenweise Nutzwertberechnung beginnen. Das Ergebnis ist in der folgenden Tab. 20 festgehalten. Nach und nach sind immer mehr Kriterien in die Beurteilung einbezogen worden.

Verwendung des Kriteriums bzw. der Kriterien Nr.	Nutzwerte		Präferenzordnung
	Alternative I	Alternative II	
1	5	10	II > I
1 - 2	13	18	II > I
1 - 3	22	18	I > II
1 - 4	24	18	I > II
1 - 5	27	20	I > II

Tab. 20: Nutzwerte und Präferenzordnung

Die Tab. 20 zeigt, wie man zu unterschiedlichen Beurteilungen kommen kann. Bei Beschränkung auf das wichtigste oder die beiden wichtigsten Kriterien rangiert die Alternative II vor der Alternative I. Bezieht der Planer weitere Kriterien in sein Urteil ein, rangiert die Alternative I vor der Alternative II. Letzteres wäre auch das Ergebnis einer Einfachen Nutzwertanalyse, vorausgesetzt, die fünf Kriterien machten den vollständigen Kriteriensatz aus.

4. Kosten-Wirksamkeits-Analyse

Im Rahmen der Kosten-Wirksamkeits-Analyse können Projektbewertungen nach Maßgabe des Wirtschaftlichkeits- oder Sparsamkeitsprinzips vorgenommen werden. Wie dies geschieht, sei unter Fortführung des Zahlenbeispiels aus dem 2. Abschnitt demonstriert. Zur Erinnerung: Im Rahmen der Einfachen Nutzwertanalyse wurde für die Alternative I ein Nutzwert von 634, für die Alternative II ein Nutzwert von 550 errechnet. Ergänzend nehmen wir an, dass die Kosten der Alternative I 2,5 Mio. €, die Kosten der Alternative II 2 Mio. € betragen.

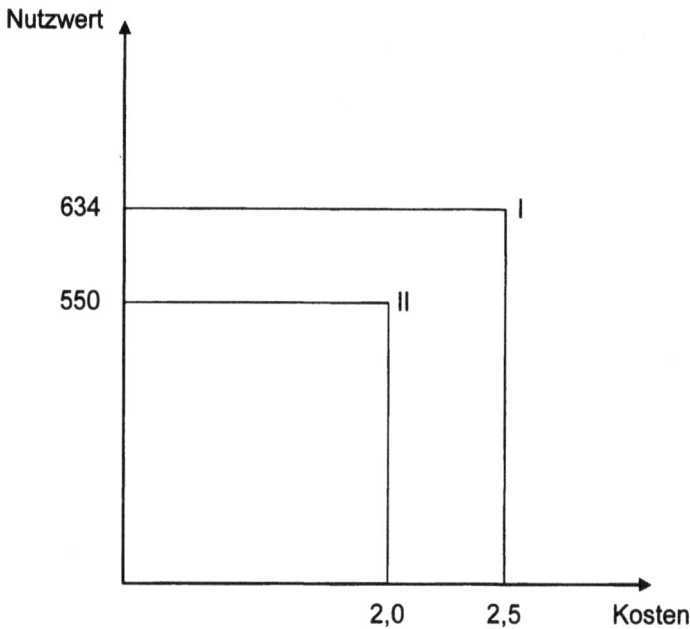

Abb. 43: Nutzwert-Kosten-Relationen der Alternativen I u. II

Aufgrund der in dem Diagramm verarbeiteten Information allein ist keine Vorzugsentscheidung zu treffen. Das sieht anders aus, wenn eines der beiden Prinzipien, das Wirtschaftlichkeits- oder das Sparsamkeitsprinzip, zugrundegelegt wird. Soll vom Wirtschaftlichkeitsprinzip ausgegangen werden, ist zunächst festzustellen, ob beide Alternativen mit den vorhandenen Mitteln verwirklicht werden können; denn das Prinzip verlangt, mit gegebenem Mitteleinsatz den größtmöglichen Nutzen - hier den höchsten Nutzwert - zu erzielen. Angenommen, es sind wenigstens 2,5 Mio. € vorhanden, und wird ferner unterstellt, dass eingesparte Mittel ihren Wert behalten, rangiert nach dem Wirtschaftlichkeitsprinzip die Alternative I eindeutig vor der Alternative II. Wird hingegen das Sparsamkeitsprinzip verfolgt und erfüllen beide Alternativen bestimmte quantitative und qualitative Anforderungen, die sich in einem Mindestnutzwert von beispielsweise 500 ausdrücken, rangiert die Alternative II vor der Alternative I. Ob freilich die Nutzwerte beider Alternativen den Mitteleinsatz von 2 bzw. 2,5 Mio. € wert sind, bleibt offen.

5. AHP-Methode

Da das AHP-Verfahren insbesondere von Saaty u. a. (Saaty 1994; Weber 1993, Abschn. 4-6; Ossadnik 1998, Kap. 4 u. 5; Brede 2002) ausführlich dargestellt worden ist, können wir uns auf einen Verfahrens*ausschnitt* beschränken.

Im ersten Schritt wird eine Kriterienhierarchie gebildet. Mit „Kriterien" wird die Gesamtheit aller in einem Fall relevanten Beurteilungskriterien bezeichnet. Der Ausdruck signalisiert, dass es sich nicht nur um Ziele handelt, sondern auch um Gesichtspunkte, Motive und sonstige Umstände, die für die Entscheidung bedeutsam sein könnten. Der Ausdruck ist also umfassend zu verstehen. Um jedoch kein neues Beispiel einführen zu müssen, wird hier noch einmal auf Reinermanns Zielsystem (S. 268) Bezug genommen.

Angenommen, es gilt, vom obersten Ziel „Nutzenmaximierung" ausgehend, die Unterziele „Möglichst günstige Verkehrslage", „Möglichst günstige bauliche Eigenschaften" und „Möglichst günstige Finanzierungsmodalitäten" (kollektiv) zu gewichten. Dann sieht die AHP-Methode vor, dass jedes Mitglied einer Gutachtergruppe jedes Kriterium an jedem anderen im Rahmen von Paarvergleichen mißt und Vorzugsentscheidungen trifft. Es wird also von jedem Gruppenmitglied eine Aussage darüber verlangt, ob

- die Verkehrslage wichtiger als die baulichen Eigenschaften ist

- die Verkehrslage wichtiger als die Finanzierungsmodalitäten ist

- die baulichen Eigenschaften wichtiger als die Finanzierungsmodalitäten sind.

Es sind also bei n Vergleichsobjekten $n \cdot (n-1):2$ Beurteilungen erforderlich.

Die Wichtigkeit bzw. die Gewichtung der Kriterien wird auf einer 9-teiligen Skala ausgedrückt. Die Skalenposition 9 drückt die höchste Gewichtung aus, die Skalenposition 1/9 die geringste. Wird einem Kriterium z. B. die Position 9 zuerkannt, erhält das als Vergleichsobjekt dienende andere Kriterium den Kehrwert, also die Skalenposition 1/9.

Das Ergebnis der Paarvergleiche zwischen den oben genannten Kriterien sei in der folgenden Tabelle festgehalten.

a_k \ a_l	Verkehrslage	Bauliche Eigen-schaften	Finanzierungs-modalitäten
Verkehrslage	1	6	2
Bauliche Eigenschaften	1/6	1	9
Finanzierungsmodalitäten	1/2	1/9	1

Tab. 21: Ergebnisse des Paarvergleichs zwischen den Kriterien a_k und a_l ($a_k P a_l$)

$a_k P a_l$ bedeutet den zahlenmäßigen Ausdruck der Präferenz P für das Kriterium a_k gegenüber dem Kriterium a_l.

Es wäre vorstellbar, als Gewichte oder - in der Sprache des AHP - „Prioritäten" der Kriterien a_k einfach die Zeilensummen zu verwenden. Aber die Literatur sieht für das Verfahren noch eine Verfeinerung vor: Die Zeilensummen werden durch die Summe sämtlicher Eintragungen in der Matrix dividiert und auf diese Weise relativiert. Dementsprechend ergeben sich die in Tab. 22 dargestellten Prioritäten auf der 2. Hierachieebene des Zielsystems (s. dazu Abb. 41).

a_k		Prioritäten
	Verkehrslage	0,433
+	Bauliche Eigenschaften	0,489
+	Finanzierungsmodalitäten	0,078
=	Summe	1,000

Tab. 22: Prioritäten auf der 2. Hierarchieebene des Zielsystems

Der weitere Prozess vollzieht sich analog, bis die Kriterien (oder Ziele) auch auf der untersten Ebene gewichtet sind. Wir kennen das prinzipielle Vorgehen bereits von der Nutzwertanalyse.

Danach folgt der Vergleich der Handlungsalternativen. Im Unterschied zur Nutzwertanalyse werden die Handlungsalternativen nun nicht einfach auf einer vorgegebenen Skala plaziert, sondern erhalten ihre Skalenposition ebenfalls mit Hilfe des Paarvergleichs: Jede Alternative wird im Hinblick auf ein bestimmtes Kriterium mit jeder anderen Alternative verglichen. Die Präferenzen können wiederum auf einer 9-teiligen Skala ausgedrückt werden. Wie diese Informationen aussehen und weiterverarbeitet werden, soll abermals nur beispielhaft aufgezeigt werden.

Angenommen, die beiden Handlungsmöglichkeiten I und II seien miteinander im Hinblick auf das Ziel „Möglichst günstige Nähe zu anderen Ämtern" verglichen worden und der Vergleich habe zu folgendem Ergebnis (Tab. 23) geführt:

a_k \ a_l	I	II
I	1	2
II	1/2	1

Tab. 23: Vergleich der Handlungsalternativen im Hinblick auf das Kriterium
(Ziel) „Möglichst günstige Nähe zu anderen Ämtern"

Abermals werden die Eintragungen zu Prioritäten verarbeitet. Das Resultat erscheint in der nächsten Tabelle (Tab. 24).

a_k	Prioritäten
I	0,667
II	0,333
Summe	1,000

Tab. 24: Prioritäten der Handlungsalternativen im Hinblick auf das Kriterium
(Ziel) „Möglichst günstige Nähe zu anderen Ämtern"

Nun liegt vor, was in der Einfachen Nutzwertanalyse als ungewichtete Zielerreichungsgrade bezeichnet wird. Daraus können durch Gewichtung mit den Prioritäten der *Kriterien* (Ziele) die gewichteten Prioritäten der *Handlungsalternativen* entwickelt werden. Es entsteht eine Tabelle (Tab. 25), die im wesentlichen Tab. 16 gleicht. Wir können den Inhalt nur andeuten. Ganz lässt sich die Tabelle hier nicht ausfüllen, weil wir nur einige Zahlen errechnet haben.

Nr.	Kriterien (Ziel)	Prioritäten der Kriterien (Ziele)	Prioritäten (Zielerreichungsgrade)			
			Alternative I		Alternative II	
			ungewichtet	Gewichtet	ungewichtet	gewichtet
1.	Nähe zu anderen Ämtern	...	0,667	...	0,333	...
2.	Vergleichbarkeit für Bürger und Mitarbeiter	...	...	...	...	...
3.	Lärmbelästigung	...	...	...	...	...
4.	Größe und Zahl der Räume	...	...	...	...	...
5.	Repräsentativität	...	...	...	...	...
6.	Umbauerfordernisse	...	...	...	...	...
7.	Ausstattung	...	...	...	...	...
8.	Alter	...	...	...	...	...
9.	Reparaturbedürftigkeit	...	...	...	...	...
10.	Zeitliche Verfügbarkeit	...	...	...	...	...
11.	Finanzierungs- modalitäten	...	...	...	...	...
	Summe		...		...	

Tab. 25: Ungewichtete und gewichtete Prioritäten der Handlungsalternativen

Angenommen, in der Summe der gewichteten Prioritäten einer bestimmten Handlungsalternative komme ausschließlich ihre *Nutzen*stiftung zum Ausdruck, dann ist es nötig, das ganze Verfahren noch einmal im Hinblick auf die Kriterien zu wiederholen, welche die Kostenseite erfassen.

Ist man so weit gekommen, werden die Gegenüberstellung von Nutzen und Kosten sowie die Alternativenauswahl fällig. Das AHP Verfahren sieht dafür keine spezifische Vorgehensweise vor. Wir verweisen auf die entsprechenden Ausführungen im Zusammenhang mit der Kosten-Wirksamkeits-Analyse.

C. Beispiel zur (verwaltungs-)kameralistischen Buchführungs- und Abschlusstechnik

1. Buchungen

Um das folgende Beispiel soweit wie möglich zu vereinfachen, beschränken wir uns zunächst auf die Verbuchung einiger weniger Buchungsfälle einer Gemeindekasse (ohne die HÜL-Eintragungen zu berücksichtigen).

(1) Es sind zu Beginn des Jahres 800 € ausstehende Gewerbesteuer-Einnahmen des Vorjahres wieder einzubuchen.

(2) Die Gewerbesteuer-Hebeliste des laufenden Jahres (sie hat den Charakter einer Annahmeanordnung) weist 70.000 € auf.

(3) Auszahlungsanordnung der Allgemeinen Verwaltung über 2.250 € für Büromaterial. Sofortige Ausführung.

(4) Es gehen 16.700 € für Gewerbesteuer ein.

(5) Auf das Bankkonto der Gemeindekasse sind 400 € ohne nähere Zweckbestimmung überwiesen worden. Der Kassierer erhält von seinem Vorgesetzten eine diesbezügliche Annahmeanordnung sowie eine - noch nicht näher spezifizierte - Auszahlungsanordnung.

(6) Auszahlungsanordnung über 6.500 € für die Anschaffung eines Atemschutzgerätes der Feuerwehr. Sofortige Ausführung.

(7) Der unter Ziff. 5 genannte Vorgang hat sich aufgeklärt. Es handelt sich bei den 400 € um Gewerbesteuer.

Betrachten wir, wie die Buchführung nach Verbuchung dieser Geschäftsvorfälle aussieht. Dazu gehen wir von der Annahme aus, dass die Konten zunächst noch „leer" sind, wir also am Jahresanfang stehen. Die Kontennumerierung entstammt dem üblichen kommunalen (Haushalts-)Gliederungs- und Gruppierungsplan (Dettmer/Prophete/Wegmeyer 1995, 111-116, 119-126).

Buchführung für den Haushalt und Hilfsbücher

Sachbuchkonto für den Haushalt: 0.65 Geschäftsausgaben der Allgemeinen Verwaltung

Datum/ Buchungs- fall	Text	Einnahmen				Ausgaben			
		Reste der Vor- periode	Soll	Ist	Rest	Reste der Vor- periode	Soll	Ist	Rest
3	Büro- material, Fa. X						2.250	2.250	

Sachbuchkonto für den Haushalt: 1.935 Erwerb von Sachen des Anlagevermögens für den Bereich Sicherheit und Ordnung

Datum/ Buchungs- fall	Text	Einnahmen				Ausgaben			
		Reste der Vor- periode	Soll	Ist	Rest	Reste der Vor- periode	Soll	Ist	Rest
6	Atem- schutzgerät für die Feuerwehr, Fa. Z						6.500	6.500	

Sachbuchkonto für den Haushalt: 9.003 Gewerbesteuer

Datum/ Buchungs- fall	Text	Einnahmen				Ausgaben			
		Reste der Vor- periode	Soll	Ist	Rest	Reste der Vor- periode	Soll	Ist	Rest
1	Kassenrest aus dem Vorjahr	800							
2	Hebeliste des laufen den Haus haltsjahres		70.000						
4	Gewerbe- steuer- zahlung			16.700					
7	Gewerbe- steuer- zahlung			400					

Verwahrkonto

Datum/ Buchungs- fall	Text	Einnahmen				Ausgaben			
		Reste der Vor- periode	Soll	Ist	Rest	Reste der Vor- periode	Soll	Ist	Rest
5	Überweisung durch Herrn Y ohne Zweck bestimmung		400	400			400		
7	Umbuchung auf das Konto 9.003 Gewerbe- steuer							400	

Zeitbuch, zugehörig zum Sachbuch für den Haushalt, zum Verwahrbuch und zum Vorschussbuch

Datum/ Buchungsfall	Text	Einnahmen	Ausgaben
3	Büromaterial, Fa. X		2.250
4	Gewerbesteuerzahlung	16.700	
5	Überweisung durch Herrn Y ohne Zweckbestimmung	400	
6	Atemschutzgerät für die Feuerwehr, Fa. Z		6.500
7	Umbuchung auf das Konto 9.003 Gewerbesteuer	400	400

Buchführung für die Vermögensrechnung

Sachbuchkonto für die Vermögensrechnung: Atemschutzgeräte

Datum/Buchungsfall	Text	Einnahmen	Ausgaben
6	Anschaffung eines Atemschutzgeräts für die Feuerwehr, Fa. Z		6.500

Zeitbuch für die Vermögensrechnung

Datum/Buchungsfall	Text	Einnahmen	Ausgaben
6	Anschaffung eines Atemschutzgeräts für die Feuerwehr, Fa. Z		6.500

Anmerkungen

Das Sachbuch für die Vermögensrechnung und das dazugehörige Zeitbuch enthalten völlig übereinstimmende Eintragungen. Dies ist eine Folge der Einfachheit unseres Beispiels. Sobald mehrere Eintragungen auf einem Sachbuchkonto oder mehrere Buchungen auf unterschiedlichen Sachbuchkonten auftreten, verschwindet die Übereinstimmung.

Auf dem Verwahrbuchkonto wurden im Buchungsfall 5 zwei Sollbuchungen gleichzeitig vorgenommen. Darin drückt sich die Tatsache aus, dass der Kassierer nicht nur angewiesen wurde, die 400 € (die ja schon dem Bank- oder Sparkassenkonto gutgeschrieben waren) als Einnahme der Gemeindekasse zu verwahren, sondern auch dafür zu sorgen, dass sie das Verwahrkonto wieder verlassen und ihrer Zweckbestimmung zugeführt werden. Eine solche außergewöhnliche Buchungsweise, verbunden mit einer zweifachen Sollbuchung, wird als „wechselbezügliche Sollstellung" bezeichnet (von Wysocki 1965, 28). Sie wird auch auf dem Vorschusskonto angewandt. Beispiel: Im Zeitpunkt, in dem ein Bediensteter einen Vorschuss nimmt, wird die Kasse nicht nur angewiesen, den Betrag auszuzahlen, sondern auch für die spätere Rückzahlung zu sorgen.

2. Jahresabschluss

Im Rahmen des **Jahresabschlusses** lautet die erste Frage, ob der Haushaltsplan eingehalten wurde. Die zu diesem Zweck eingerichtete **Haushaltsvergleichsrechnung** stellt für jeden Haushaltstitel den Haushaltsansatz, d. h. das sogenannte Haushalts-Soll, der entsprechenden Größe des Haushaltsvollzugs gegenüber. Staatliche und kommunale Gebietskörperschaften verwenden unterschiedliche Größen, die den Haushaltsvollzug zum Ausdruck bringen: Die staatlichen Gebietskörperschaften verwenden das (Kassen-)Ist, die kommunalen Gebietskörperschaften das (Kassen-)Soll, die einen also die tatsächlich aufgetretenen, die anderen die lediglich angewiesenen Einnahmen und Ausgaben. Die Ergebnisse der Haushaltsvergleichsrechnung sehen naturgemäß verschieden aus und haben unterschiedliche Aussagefähigkeit.

Beispiele:

Sachbuchkonto für den Haushalt: 0.65 Geschäftsausgaben der Allgemeinen Verwaltung
Haushaltsansatz 76.500 + Haushaltsrest aus dem Vorjahr 3.500

Datum/ Buchungs fall	Text	Einnahmen				Ausgaben			
		Reste der Vor- periode	Soll	Ist	Rest	Reste der Vor- periode	Soll	Ist	Rest
						---			
							---	---	
							---	---	
	Summen					322	69.316	68.978	660

Sachbuchkonto für den Haushalt: 8.14 Mieten und Pachten

Haushaltsansatz 28.300 - Übertragung ins nächste Haushaltsjahr 6.200

Datum/ Buchungs fall	Text	Einnahmen				Ausgaben			
		Reste der Vor periode	Soll	Ist	Rest	Reste der Vor- periode	Soll	Ist	Rest
		---							
			---	---					
			---	---					
	Summen		25.300	25.000	300				

Anmerkungen

- *Beträge finden sich auf den Konten nur in den Summenzeilen, die vorausgegangenen Buchungen sind lediglich angedeutet worden. Die Beträge sind hier willkürlich „gesetzt".*

- *Die (Kassen-)Reste ergeben sich nach der Gleichung: Reste der Vorperiode + Soll - Ist = Reste. In der Haushaltsvergleichsrechnung spielen die (Kassen-)Reste keine Rolle.*

- *Es ist sorgfältig zwischen Kassen- und Haushaltsresten zu unterscheiden.*

Handelt es sich um eine *kommunale* Gebietskörperschaft, verfährt die Haushaltsvergleichsrechnung nach dem **Soll-Konzept**, d. h. nach der Formel

	Soll-Einnahme bzw. –Ausgabe
-	Haushaltsansatz unter Berücksichtigung von Haushaltsresten des Vorjahrs und Übertragungen ins nächste Haushaltsjahr
=	Mehr- oder Mindereinnahme bzw. –ausgabe

In dem einen Beispiel (Geschäftsausgaben der Allgemeinen Verwaltung) ergibt sich eine Minderausgabe von

$$-10.684 = 69.316 - (76.500 + 3.500).$$

In dem anderen Beispiel (Mieten und Pachten) ergibt sich eine Mehreinnahme von

$$3.200 = 25.300 - (28.300 - 6.200).$$

In *staatlichen* Gebietskörperschaften, die sich des **Ist-Konzepts** der Haushaltsvergleichsrechnung bedienen, treten in der o.g. Formel an die Stelle der Kassen-*Soll*-Einnahmen bzw. -Ausgaben die Kassen-*Ist*-Einnahmen bzw. -Ausgaben. In unseren beiden Beispielen ergeben sich dadurch für die Minderausgaben bzw. Mehreinnahmen andere Beträge. Sie lauten:

Minderausgaben bei Geschäftsausgaben der Allgemeinen Verwaltung

$$- 11.022 = 68.978 - (76.500 + 3.500)$$

Mehreinnahmen bei Mieten und Pachten

$$2.900 = 25.000 - (28.300 - 6.200).$$

Die Unterschiede in der Aussagefähigkeit zwischen den nach dem Soll- und dem Ist-Konzept errechneten Ergebnissen können beträchtlich sein. Während die Ursachen für Mehr- oder Mindereinnahmen bzw. -ausgaben nach den *Soll-Konzept* in

- Fehlplanung

- Zahlungen, die für den Planer nicht vorhersehbar waren (z. B. Steuermehreinnahmen aufgrund eines überraschenden Konjunkturaufschwungs)

- Tüchtigkeit oder Säumigkeit der anweisenden Dienststellen

liegen, treten beim *Ist-Konzept* noch zwei mögliche Ursachen hinzu:

- die Tüchtigkeit oder Säumigkeit der Kasse und

- das Verhalten von Zahlungsverpflichteten und Zahlungsempfängern (Skontogewährung, Steuerschuldner).

Angesichts dieser Unterschiede empfiehlt es sich, stets beide Konzepte nebeneinander anzuwenden, d. h. die Abweichungen vom Haushaltsplan (einschließlich der Haushaltsreste und Übertragungen) sowohl nach dem Soll- als auch nach dem Ist-Konzept festzustellen. Im Rahmen der *kommunalen* Haushaltsvergleichsrechnung wird zusätzlich bekannt, inwieweit die errechneten Abweichungen ihren Niederschlag in der Kasse gefunden haben, im Rahmen der *staatlichen* Haushaltsvergleichsrechnung werden die Ursachen von Abweichungen etwas eingegrenzt.

Interessant ist es auch, nicht nur im Hinblick auf den einzelnen Haushaltstitel, sondern auf den *gesamten Haushalt* etwas über die Abweichung der Planerfüllung von der Planvorgabe zu erfahren. Zu diesem Zweck werden entweder die einzelnen Mehr- und Mindereinnahmen bzw. -ausgaben der Haushaltstitel zusammengefasst oder es wird - zunächst für den kommunalen Jahresabschluss dargestellt - nach der Formel verfahren

$\sum$ Soll-Einnahmen - (Haushaltsansatz unter Berücksichtigung von Haushaltsresten des Vorjahres – Übertragungen ins nächste Haushaltsjahr)

- $\sum$ Soll-Ausgaben - (Haushaltsansatz unter Berücksichtigung von Haushaltsresten des Vorjahres – Übertragungen ins nächste Haushaltsjahr)

= Überschuss oder Fehlbetrag

Bei staatlichen Gebietskörperschaften treten jeweils an die Stelle der Kassen-*Soll*-Einnahmen und -Ausgaben die Kassen-*Ist*-Einnahmen und -Ausgaben.

Der Überschuss oder der Fehlbetrag stellt das **Rechnungsergebnis** dar.

Während bei den bisher beschriebenen Teilen des Jahresabschlusses, der Haushaltsvergleichsrechnung und Ermittlung des Rechnungsergebnisses, die Erfüllung des Haushaltsplans im Mittelpunkt des Interesses stand, ist der dritte Teil des Jahresabschlusses, der **Kassenabschluss** (auch Kassenmäßiger Abschluss genannt), der Erledigung der Kassengeschäfte gewidmet.[89] Es geht um die Frage, inwieweit die erteilten Zahlungsanordnungen ausgeführt wurden. Hinsichtlich des Kassenabschlusses gibt es keinen Unterschied zwischen der staatlichen und der kommunalen Gebietskörperschaft. Verfahren wird nach folgendem Schema:

$$\sum \text{Soll-Einnahmen bzw. -Ausgaben einschließlich Reste der Vorperiode}$$
$$- \sum \text{Ist-Einnahmen bzw. - Ausgaben}$$
$$= \sum \text{Reste der Einnahmen bzw. Ausgaben}$$

Der Differenzgröße, die für die Einnahmen und die Ausgaben getrennt ermittelt wird, lässt sich entnehmen, inwieweit es die Kasse vermocht hat, die angeordneten Einnahmen tatsächlich zu erzielen bzw. die angeordneten Ausgaben tatsächlich zu tätigen. In der Frage, warum es überhaupt zu Abweichungen zwischen Soll und Ist gekommen ist, muss wieder auf die o.g. Ursachen verwiesen werden, die den Unterschied in der Aussagefähigkeit der Haushaltsvergleichsrechnung nach dem Ist-Abschluss gegenüber dem Soll-Abschluss ausmachen.

Wichtig: In den Kassenabschluss werden auch die Verwahr- und die Vorschussbücher eingeschlossen.

Die Bücher der Vermögensrechnung, wie sie weiter oben beschrieben wurden, können am Jahresende abgeschlossen, aber auch weitergeführt werden. Wir plädieren für das Weiterführen. Bei der - aus betriebswirtschaftlicher Sicht - unvollkommenen Erfassung von Vermögen und Schulden führt der Jahresabschluss zu keinen neuen Einsichten, die wesentlich wären.

D. Beispiel zur Budgetbuchführung

Das in den USA entwickelte **Fund Accounting** könnte im Zeichen der Verwaltungsreform Bedeutung erfahren. Das Konzept kommt in Frage, um die Bewirtschaftung der Haushaltszuweisungen im Rahmen der (internen) Budgetierung oder die Geschäfte eines Verantwortungszentrums (S. 91) abzubilden. Wir stellen das Konzept angesichts des möglichen Verwendungszwecks unter der Bezeichnung **Budgetbuchführung** vor und wandeln dazu ein bereits veröffentlichtes Beispiel (Bre-

---

[89] Hier ist - wohlgemerkt - nur vom Jahresabschluss die Rede. Daneben kommen selbstverständlich Kassenabschlüsse auch zu anderen Terminen - meist sogar täglich - vor.

Soll einfach der Kassenbestand kontrolliert werden, ist im Zeitbuch von der Summe der Einnahmen die Summe der Ausgaben abzuziehen. Dann ergibt sich unter Berücksichtigung des Anfangsbestandes der neue buchmäßige Kassenbestand. Er muss dem tatsächlichen Bestand entsprechen.

de/Trogele 1987) so ab, dass es die spezielle Eignung gut erkennen lässt. Im folgenden handele es sich um einen kommunalen Abwasserbetrieb.

Ein Buchungsbeispiel[90]:

Eröffnungsbilanz des Städtischen Abwasserbetriebes	A	P
11 Guthaben bei der Stadtkasse	15.900	
142 Zweifelhafte Forderungen	20.100	
07 Eigenkapital		2.425
084 Wertberichtigungen auf Forderungen		3.075
085 Rückstellungen		10.000
16 Kurzfristige Verbindlichkeiten		20.500
	36.000	36.000

Dazu einige Buchungsfälle sowie die dazugehörigen „Buchungssätze" in Tabellenform.

1) Veranschlagte Einnahmen: 110.000 €, veranschlagte Ausgaben: 108.000 €

Kontennummer und - bezeichnung	S	H
981 Haushaltsrechnung, Einnahmen	110.000	
982 Haushaltsrechnung, Ausgaben		108.000
07 Eigenkapital		2.000

Anmerkung

Die in Buchungsfall 1 vorgenommenen Buchungen auf den Konten 981 „Haushaltsrechnung, Einnahmen" und 982 „Haushaltsrechnung, Ausgaben" spiegeln die Budgetzuweisung wider. Sollte die Budgetzuweisung nach Verwendungszwecken oder Einnahmearten differenziert erfolgen, wären selbstverständlich auch Unterkonten möglich. Die genannten Konten stellen das Bindeglied zwischen der betreffenden Einrichtung und dem „übergeordneten" Haushalt dar.

2) Reparaturkosten werden zur Zahlung angewiesen: 9.500 €. Für diesen Zweck wurde im Vorjahr eine Rückstellung über 10.000 € gebildet.

---

[90] Es werden (deutsche) Kontenbezeichnungen gewählt, die der Benennung im Fund Accounting inhaltlich so nahe wie möglich kommen, u. a.:
- 07   Eigenkapital (Fund Balance)
- 084   Wertberichtigungen auf Forderung (Estimated Uncollectible Accounts)
- 085   Rückstellungen (Reserve for Encumbrance)
- 11   Guthaben bei der Stadtkasse (Cash and Bank Balances)
- 141   Gebührenforderungen (Taxes Receivable)
- 142   Zweifelhafte Forderungen (Taxes Receivable Delinquent)
- 16   Kurzfristige Verbindlichkeiten (Vouchers Payable)
- 981   Haushaltsrechnung, Einnahmen (Revenues)
- 982   Haushaltsrechnung, Ausgaben (Expenditures)

Kontennummer und -bezeichnung		S	H
085	Rückstellungen	10.000	
16	Kurzfristige Verbindlichkeiten		9.500
26	Neutraler Ertrag		500

Anmerkungen

- *Wie in der Kameralistik werden auch hier die Zahlungsanweisungen an die Stadtkasse (Auszahlungsanordnungen) gebucht.*

- *Bei Auftragserteilung wird eine Rückstellung gebildet (siehe Buchungsfall 5), die bei Eingang der Rechnung aufzulösen ist (Buchungsfälle 2, 8). Das entspricht kaufmännischer Übung nicht unbedingt, hat aber den Vorteil, dass das Budget schon belastet wird, wenn über den Betrag verfügt worden ist. Solche Gepflogenheit gibt es auch in der Kameralistik. Sie findet ihren Niederschlag in der Haushaltsüberwachungsliste HÜL, sofern dort nicht nur der zur Auszahlung angewiesene Ausgabenbetrag, sondern auch der Auftragswert erfasst wird (s. S. 193).*

3) Die Gebührenbescheide des laufenden Haushaltsjahres weisen Forderungen von insgesamt 110.000 € aus. Es wird sogleich eine Pauschalwertberichtigung von 5.500 € gebildet.

Kontennummer und -bezeichnung		S	H
141	Gebührenforderungen	110.000	
83	Ertrag aus der Gebührenerhebung		110.000
48	Abschreibungen auf Forderungen	5.500	
084	Wertberichtigungen auf Forderungen		5.500

4) Mitteilung der Stadtkasse, dass Gebührenzahlungen eingegangen sind: 100.300 €, davon 90.000 € für Gebührenforderungen des laufenden Haushaltsjahres und 10.300 € für zweifelhafte Forderungen.

Kontennummer und -bezeichnung		S	H
11	Guthaben bei der Stadtkasse	100.300	
141	Gebührenforderungen		90.000
142	Zweifelhafte Forderungen		10.300

5) Bestellung von Material, das sogleich verbraucht werden soll. 70.000 €.

Kontennummer und -bezeichnung		S	H
40	Materialverbrauch	70.000	
085	Rückstellungen		70.000

6) Löhne werden zur Zahlung angewiesen: 20.000 € (brutto = netto).

Kontennummer und -bezeichnung	S	H
43 Löhne	20.000	
16 Kurzfristige Verbindlichkeiten		20.000

7) Mitteilung der Stadtkasse, dass die Lohnzahlung erfolgt ist.

Kontennummer und -bezeichnung	S	H
16 Kurzfristige Verbindlichkeiten	20.000	
11 Guthaben bei der Stadtkasse		20.000

8) Das im Buchungsfall 5 genannte Material ist eingetroffen. Die Rechnung beläuft sich auf 71.000 €.

Kontennummer und -bezeichnung	S	H
40 Materialverbrauch	1.000	
085 Rückstellung	70.000	
16 Kurzfristige Verbindlichkeiten		71.000

9) Abschlussbuchungen

Nach Vornahme der Abschlussbuchungen sieht das Kontenbild so aus:

07	Eigenkapital	S	H
	Anfangsbestand		2.425
1)	981		2.000
9)	26		500
9)	982		11.500
9)	Saldo → Schlussbilanz	16.425	
		16.425	16.425

16	Kurzfristige Verbindlichkeiten	S	H
	Anfangsbestand		20.500
2)	085		9.500
6)	43		20.000
7)	11	20.000	
8)	085, 40		71.000
9)	Saldo → Schlussbilanz	101.000	
		121.000	121.000

08	Wertberichtigungen auf Forderungen	S	H
	Anfangsbestand		3.075
3)	48		5.500
9)	Saldo → Schlussbilanz	8.575	
		8.575	8.575

26	Neutraler Ertrag	S	H
2)	085		500
9)	Saldo → 07	500	
		500	500

085 Rückstellungen	S	H
Anfangsbestand		10.000
2) 16, 26	10.000	
5) 40		70.000
8) 40	70.000	
	80.000	80.000

40 Materialverbrauch	S	H
5) 085	70.000	
8) 16	1.000	
9) Saldo → 982		71.000
	71.000	71.000

11 Guthaben bei der Stadtkasse	S	H
Anfangsbestand	15.900	
4) 141, 142	100.300	
7) 16		20.000
9) Saldo → Schlussbilanz		96.200
	116.200	116.200

43 Löhne	S	H
6) 16	20.000	
9) Saldo → 982		20.000
	20.000	20.000

141 Gebühren-forderungen	S	H
3) 83	110.000	
4) 11		90.000
9) Saldo → Schlussbilanz		20.000
	110.000	110.000

48 Abschreibungen auf Forderungen	S	H
3) 084	5.500	
9) Saldo → 982		5.500
	5.500	5.500

142 Zweifelhafte Forderungen	S	H
Anfangsbestand	20.100	
4) 11		10.300
9) Saldo → Schlussbilanz		9.800
	20.100	20.100

83 Ertrag aus der Gebührenerhebung	S	H
3) 141		110.000
9) Saldo → 981	110.000	
	110.000	110.000

981 Haushaltsrechnung, Einnahmen	S	H
1) 07, 982	110.000	
9) 83		110.000
	110.000	110.000

982 Haushaltsrechnung, Ausgaben	S	H
1) 981		108.000
9) 40	71.000	
9) 43	20.000	
9) 48	5.500	
9) Saldo → 07	11.500	
	108.000	108.000

Schlussbilanz des Städtischen Abwasserbetriebes		A	P
11	Guthaben bei der Stadtkasse	96.200	
141	Forderungen aus Gebührenerhebung	20.000	
142	Zweifelhafte Forderungen	9.800	
07	Eigenkapital		16.425
084	Wertberichtungen auf Forderungen		8.575
16	Kurzfristige Verbindlichkeiten		101.000
		126.000	126.000

Anmerkungen

- *Nach erfolgtem Abschluss bilden die beiden Konten 981 „Haushaltsrechnung, Einnahmen" und 982 „Haushaltsrechnung, Ausgaben" das Ergebnis der Haushaltsrechnung ab, d. h. die Mehr- oder Mindereinnahmen bzw. die Mehr- oder Minderausgaben. Fasst man die Salden der beiden Konten zusammen, ergibt sich der Überschuss oder der Fehlbetrag. Im Falle unseres Zahlenbeispiels erwirtschaftete der Abwasserbetrieb einen Überschuss von 11.500, der seinem Eigenkapital zugeschlagen wurde.*

- *Die Konten 981 „Haushaltsrechnung, Einnahmen" und 982 „Haushaltsrechnung, Ausgaben" können, zusammengenommen, als das Betriebsergebniskonto interpretiert werden. Auf ein eigenes Konto „Betriebsergebnis" wurde in dem Zahlenbeispiel ebenso verzichtet wie auf ein Konto „Neutrales Ergebnis" oder ein „Gewinn- und Verlustkonto". Diese Konten könnten aber ohne weiteres noch in die Budgetbuchführung eingefügt werden.*

- *Das Konto 16 „Kurzfristige Verbindlichkeiten" bildet die Auszahlungsanordnungen und deren Erledigung („Abstattung") ab. Es erfüllt dieselbe Funktion wie die Gegenüberstellung von Soll und Ist im kameralistischen Ausgabenkonto. Das Gegenstück, das die Annahmeanordnungen und deren Erledigung abbildet, tritt in Gestalt der Konten 141 „Gebührenforderungen" und 142 „Zweifelhafte Forderungen" auf.*

- *Selbstverständlich könnten in die Budgetbuchführung auch weitere Bestandskonten, insbesondere Anlagekonten, einbezogen werden.*

Die Beschreibung und Kommentierung der Budgetbuchführung sollte deutlich gemacht haben, dass die mit dem Konzept verfolgten Ansprüche recht bescheiden sind. Es geht um die Schaffung eines eigenen doppischen Rechnungskreises für eine ausgegliederte Organisationseinheit, um nicht mehr. Dabei wird besonders auf die in der Kameralistik traditionell verfolgten Interessen Rücksicht genommen: Überwachung der Budgetvorgaben und Überwachung der Auszahlungsanordnungen. Angesichts dessen stellt sich natürlich die Frage, inwieweit die Budgetbuchführung einen Vorteil gegenüber der Erfüllung dieser Funktionen z. B. mit Hilfe einer HÜL bietet. Zur Beantwortung sei auf drei Punkte hingewiesen:

Erstens, ein doppisches System ist beliebig erweiterbar, ohne dass die Transparenz darunter leidet, die kameralistische Form der Haushaltsüberwachung nicht so ohne weiteres.

Zweitens lässt sich die Budgetbuchführung bequem mit den übrigen Teilen eines doppischen Öffentlichen Rechnungswesens verbinden - was als der wesentliche Rechtfertigungsgrund für die Budgetbuchführung erscheint. Dabei ist es jedoch empfehlenswert, die Budgetbuchführung nicht der haushaltsführenden Stelle zu überlassen, sondern zusammen mit der Buchführung des „übergeordneten" Haushalts zu erledigen und die haushaltsführende Stelle lediglich über die Zahlen der Budgetbuchführung zu unterrichten.

Drittens, Budgetbuchführung lässt sich wegen ihrer doppischen Form ohne weiteres mit Standard-Software durchführen. Das ist bei kameralistischer Erledigung dieser Aufgabe nicht unbedingt der Fall (s. S. 195 f.).

Aus diesen Feststellungen lässt sich die Erwartung ableiten, dass die Budgetbuchführung eines Tages einen festen Platz im Neuen Öffentlichen Rechnungswesen einnimmt. Die heute noch übliche Überwachung der Budgetgrenzen mit Haushaltsüberwachungslisten und -karteien wäre dann durch ein System abgelöst, das den Anforderungen moderner Öffentlicher Buchführung entspricht.

Verzeichnisse

Abkürzungsverzeichnis

A	Aktiva
Abb.	Abbildung
Abs.	Absatz
Abschn.	Abschnitt
AG	Aktiengesellschaft
AktG	Aktiengesetz
Art.	Artikel
Aufl.	Auflage
BAanz.	Bundesanzeiger
BAT	Bundesangestelltentarif
BBesG	Bundesbesoldungsgesetz
BBesO A	Bundesbesoldungsordnung A
BBesO B	Bundesbesoldungsordnung B
BBesO C	Bundesbesoldungsordnung C
BBesO R	Bundesbesoldungsordnung R
BBG	Bundesbeamtengesetz
Bd.	Band
Bde.	Bände
bearb.	bearbeitete
Bek.	Bekanntmachung
bes.	besonders
BFuP	Betriebswirtschaftliche Forschung und Praxis
BGBl.	Bundesgesetzblatt
BHO	Bundeshaushaltsordnung
BLV	Bundeslaufbahnverordnung
BPersVG	Bundespersonalvertretungsgesetz
BPflV	Bundespflegesatzverordnung
BRRG	Beamtenrechtsrahmengesetz
BTOEltV	Bundestarifordnung Elektrizität
Buchst.	Buchstabe
BvS	Bundesanstalt für vereinigungsbedingte Sonderaufgaben
bzw.	beziehungsweise
c. p.	ceteris paribus
ca.	circa
CM	Controller Magazin
d. h.	das heißt
DB	Der Betrieb
DBW	Die Betriebswirtschaft
DDR	Deutsche Demokratische Republik
ders.	derselbe
dies.	dieselben
DM	Deutsche Mark
DÖV	Die öffentliche Verwaltung
DRG	Diagnosis Related Group
DVBl.	Deutsches Verwaltungsblatt

EG	Europäische Gemeinschaft
EigBetrVO	Eigenbetriebsverordnung
erg.	ergänzte
erw.	erweiterte
e. V.	eingetragener Verein
f.	folgende
f & w	Führen und Wirtschaften im Krankenhaus
FAZ	Frankfurter Allgemeine Zeitung
ff.	fortfolgende
fortgef.	fortgeführt
fr.	französisch
Fußn.	Fußnote
G	Gesetz
GE	Geldeinheiten
GemHVO	Gemeindehaushaltsverordnung
GG	Grundgesetz für die Bundesrepublik Deutschland
ggf.	gegebenenfalls
GmbH	Gesellschaft mit beschränkter Haftung
GmbHG	GmbH-Gesetz
GoB	Grundsätze ordnungsmäßiger Buchführung
H	Haben
H.	Heft
Halbs.	Halbsatz
HGrG	Haushaltsgrundsätzegesetz
HRFEG	Haushaltsrechts-Fortentwicklungsgesetz
hrsg.	herausgegeben
Hrsg.	Herausgeber
HWB	Handwörterbuch der Betriebswirtschaft
HWÖ	Handwörterbuch der Öffentlichen Betriebswirtschaft
i. e. S.	im engeren Sinne
i. w. S.	im weiteren Sinne
insbes.	insbesondere
Jg.	Jahrgang
KAG	Kommunalabgabengesetz
Kap.	Kapitel
Kfz.	Kraftfahrzeug
KGSt	Kommunale Gemeinschaftsstelle für Verwaltungsvereinfachung
KHG	Gesetz zur wirtschaftlichen Sicherung der Krankenhäuser und zur Regelung der Krankenhauspflegesätze
km	Kilometer
KRP	Kostenrechnungspraxis
KStZ	Kommunale Steuer-Zeitschrift
LE	Leistungseinheiten

LHO	Landeshaushaltsordnung
LSP	Leitsätze für die Preisermittlung auf Grund von Selbstkosten
MbH	mit beschränkter Haftung
Mio.	Million
Mitarb.	Mitarbeit
N	Nutzen
Nds. GVBl.	Niedersächsisches Gesetz- und Verordnungsblatt
Nds. MBl.	Niedersächsisches Ministerialblatt
neubearb.	Neubearbeitete
NKAG	Niedersächsisches Kommunalabgabengesetz
Nord/LB	Norddeutsche Landesbank
NPersVG	Niedersächsisches Personalvertretungsgesetz
Nr.	Nummer
ns, Nds	niedersächsisch
o. ä.	oder ähnliches
o. g.	oben genannt
o. O.	ohne Ortsangabe
o. V.	ohne Verfasserangabe
ÖPNV	Öffentlicher Personen-Nahverkehr
P	Passiva
PAR	Public Administration Review
PKW	Personenkraftwagen
PPP	Public Private Partnership
QJE	Quaterly Journal of Economics
rd.	rund
RdErl.	Runderlaß
RGBl.	Reichsgesetzblatt
Rn.	Randnummer
Rz.	Randziffer
S	Soll
s.	siehe
S.	Seite
s. o.	siehe oben
s. S.	siehe Seite
s. u.	siehe unten
sog.	sogenannt
Sp.	Spalte
Tab.	Tabelle
u.	Und
u. a.	unter anderem/und andere
u. ä.	und ähnliches
u. E.	unseres Erachtens

u. U.	unter Umständen
überarb.	überarbeitete
unveränd.	unveränderte
unwesentl.	unwesentlich
USA	United States of America
usw.	und so weiter
v.	vom
V	Verordnung
VDEW	Vereinigung Deutscher Elektrizitätswerke
verb.	verbesserte
vgl.	vergleiche
VgRÄG	Vergaberechtsänderungsgesetz
VO	Verordnung
VOB	Verdingungsordnung für Bauleistungen
VOF	Verdingungsordnung für freiberufliche Leistungen
VOL	Verdingungsordnung für Leistungen ausgenommen Bauleistungen
Vol.	Volume
vollst.	vollständig
VOP	Verwaltungsführung, Organisation, Personal
VPöA	Verordnung PR Nr. 30/53 des Bundesministers für Wirtschaft über die Preise bei öffentlichen Aufträgen
vs.	versus
VV	Verwaltungsvorschrift
wesentl.	wesentlich
WiSt	Wirtschaftswissenschaftliches Studium
WPg	Die Wirtschaftsprüfung
z. B.	zum Beispiel
z. T.	zum Teil
z. Z.	zur Zeit
ZBB	Zero Base Budgeting
ZBR	Zeitschrift für Beamtenrecht
ZfB	Zeitschrift für Betriebswirtschaft
ZfbF	Schmalenbachs Zeitschrift für betriebswirtschaftliche Forschung
ZP	Zeitschrift für Planung
Ziff.	Ziffer
ZögU	Zeitschrift für öffentliche und gemeinwirtschaftliche Unternehmen

Abbildungsverzeichnis

Tabellenverzeichnis

Literaturverzeichnis

Achterberg, Norbert (1977): Das Leistungsprinzip im öffentlichen Dienstrecht, in: DVBl., 92. Jg., S. 241-250.

Adam, Dietrich (1998): Wiederbeschaffungswertorientierte Bewertung in der Kostenrechnung, in: KRP, 42. Jg., S. 44-47.

Afhüppe, Sven (1998): Kommunen kämpfen mit den Tücken der Budgetierung, in: Handelsblatt vom 2./3.1.1998, S. 5.

Ahner, Heinrich (1970): Betriebs- und volkswirtschaftliche Konsequenzen eines unentgeltlichen Angebotes der öffentlichen Nahverkehrsmittel in Ballungsräumen, München.

Albers, Sönke (1996): Absatzplanung von ÖPNV-Ticketarten bei differenzierter Preispolitik, in: Zeitschrift für Verkehrswissenschaft, 67. Jg., S. 122-137.

Ammons, David N., und Arnold Rodriguez (1986): Performance Appraisal Practices for Upper Management in City Governments, in: PAR, Vol. 46, S. 460-467.

Andree, Ulrich F. H. (1994): Möglichkeiten und Grenzen des Controlling in Kommunalverwaltungen, Göttingen.

Asmuth, Margaret, u.a. (1999): BPflV 1995 und Leistungsgeschehen im Krankenhaus, in: Das Krankenhaus, 91. Jg., S. 456-462.

Aubel, Peter van (1959): Die gemischtwirtschaftliche Unternehmung, in: Handbuch der kommunalen Wissenschaft und Praxis, Bd. 3, hrsg. von Hans Peters, Berlin, Göttingen, Heidelberg, S. 877-892.

Badura, Peter (1998): Wirtschaftliche Betätigung der Gemeinde zur Erledigung von Angelegenheiten der örtlichen Gemeinschaft im Rahmen der Gesetze, in: DÖV, 51. Jg., S. 818-823.

Bals, Hansjürgen (1989): Kostenrechnung Öffentlicher Verwaltungen, in: HWÖ, hrsg. von Klaus Chmielewicz und Peter Eichhorn, Stuttgart, Sp. 826-838.

Baßlsperger, Maximilian (1992): Laufbahnrecht des Bundes und der Länder: Einstellung, Beförderung, Aufstieg, Schriftenreihe des Deutschen Beamtenbundes, Bd. 97, Bonn.

Bätz, Klaus (1979): Administrative Preispolitik öffentlicher Unternehmen: Gebühren und Tarife als
    Mittel zur Lenkung der Nachfrage nach öffentlichen Leistungen, Baden-Baden.

Baudisch, Klaus (1988): Die Wahl des „richtigen" Preistyps bei öffentlichen Aufträgen zu Selbstkos-
    tenpreisen, in: DB, 41. Jg., S. 1583-1586.

Baum, Georg (1999): Trotz Änderungen im Detail: Ministerin Fischer will die Grundstruktur der
    Reform erhalten, in: f & w, 16. Jg., S. 500-502.

Baumol, William J. (1952): Welfare Economics and the Theory of the State, Cambridge (Mass.).

Bea, F[ranz] X[aver], E[rwin] Dichtl und M[arcell] Schweitzer (Hrsg.) (2001): Allgemeine Be-
    triebswirtschaftslehre, Bd. 2: Führung, 8., neubearb. u. erw. Aufl., Stuttgart.

Becker, Bernd (1989): Öffentliche Verwaltung: Lehrbuch für Wissenschaft und Praxis, Percha am
    Starnberger See.

Becker, Wolf-Dieter (1994): Subsidiarität: ein Wort macht Politik, in: FAZ vom 7.6.1994, S. 14.

Becker, Wolf-Dieter, Erich Potthoff und Gerhard Zweig (1988): Einordnung der öffentlichen Unter-
    nehmen in die gemischte Wirtschaftsordnung der Bundesrepublik Deutschland, in: Privatisierung
    und die Zukunft der öffentlichen Wirtschaft, hrsg. von Helmut Brede, Baden-Baden, S. 39-53.

Behrens, Fritz (2000): Fortentwicklung des Dienstrechts im Kontext der Verwaltungsreform, in: A-
    kademie, 45. Jg., S. 87-90.

Beranek, William (1963): Analysis for Financial Decision, Homewood (Ill.).

Berger, Heinz (Hrsg.) (1996): Wettbewerb und Infrastruktur in Post- und Telekommunikationsmärk-
    ten, Baden-Baden.

Berger, Heinz, und Peter Knauth (Hrsg.) (1996): Liberalisierung und Regulierung der Postmärkte:
    Ansatzpunkte für eine Neugestaltung der staatlichen Postpolitik, München.

Berlin, Susanne (1998): Kalkulatorische Zinsen in der Gebührenkalkulation von Regiebetrieben:
    Stellungnahme zur aktuellen Rechtsprechung aus betriebswirtschaftlicher Sicht, in: Preise und Ge-
    bühren in der Entsorgungswirtschaft, hrsg. von Helmut Brede, Baden-Baden, S. 147-177.

Bertelsmann Stiftung (Hrsg.) (1993): Carl-Bertelsmann-Preis 1993: Demokratie und Effizienz in der Kommunalverwaltung, Bd. 1: Dokumentationsband zur internationalen Recherche, 4. Aufl., Gütersloh.

Bertelsmann Stiftung und Saarländisches Ministerium des Innern (Hrsg.) (1999): Kommunales Management in der Praxis, Bd. 4 der Veröffentlichungsreihe „Modern und Bürgernah - Saarländische Kommunen im Wettbewerb: Budgetierung und dezentrale Ressourcenverantwortung", Gütersloh.

Blankart, Charles Beat (1980): Ökonomie der öffentlichen Unternehmen: eine institutionelle Analyse der Staatswirtschaft, München.

Blümel, Willi, Ignaz Bender Ignaz und Thomas Behrens (1993): Flexibilität der Hochschulhaushalte, Speyerer Forschungsbericht Nr. 130, Speyer.

Bohne, Michael (1998): Funktionsfähiger Wettbewerb auf Telekommunikationsmärkten: Herstellung und Erhalt durch das europäische Wettbewerbsrecht, Frankfurt a. M. u. a.

Böhret, Carl (1975): Grundriß der Planungspraxis, Opladen.

Bolsenkötter, Heinz (1998): Entsorgungsbetriebe: Kalkulation, Handelsbilanz, Steuerbilanz, in: Preise und Gebühren in der Entsorgungswirtschaft, hrsg. von Helmut Brede, Baden-Baden, S. 105-126.

Böwing, Andreas (1998): Rechtsfragen bei Netzzugang, Netzbenutzung und Durchleitung, in: Die Energiewirtschaft im Gemeinsamen Markt: rechtliche Probleme, Handlungsmöglichkeiten, hrsg. von Jürgen F. Baur, Baden-Baden, S. 19-34.

Bozem, Karlheinz (1997): Die Elektrizitätswirtschaft auf dem Weg zum Wettbewerb, in: ZögU, Bd. 20, S. 208-212.

Braun, Günther E. (1985): Verantwortungszentren in der öffentlichen Verwaltung, in: Betriebswirtschaftliche Organisationslehre und öffentliche Verwaltung, Speyerer Forschungsberichte Nr. 46, hrsg. von Klaus Lüder, S. 205-231.

– (1988): Synergievorteile des kommunalen Querverbundes, in: VOP, 10. Jg., S. 166-169.

Braun, Günther E., und Klaus-Otto Jacobi (1990): Die Geschichte des Querverbundes in der kommunalen Versorgungswirtschaft, Köln.

Brede, Helmut (1968): Die wirtschaftliche Beurteilung von Verwaltungsentscheidungen in der Unternehmung, Köln, Opladen.

– (1975): Kontrolle, betriebliche, in: HWB, hrsg. von Erwin Grochla und Waldemar Wittmann, 4. Aufl., Stuttgart, Sp. 2218-2220.

– (1976): Betriebsgrößenplanung bei Spitzenbelastung, in: Die Unternehmung, 30. Jg., S. 55-65.

– (1983 a): Öffentliche Betriebe, in: Gablers Wirtschaftslexikon, 11., neubearb. Aufl., Wiesbaden, Sp. 527-531.

– (1983 b): Die Beurteilung der Vorteilhaftigkeit einer Privatisierung, in: Die Fortbildung, 28. Jg., S. 101-104.

– (1984): Auf dem Weg zu einer betriebswirtschaftlichen Theorie der öffentlichen Verwaltungen und Betriebe, in: DBW, 44. Jg., 657-672.

– (1988 a): Die Bedeutung öffentlicher Unternehmen für die Durchsetzung von Innovationen, in: Technischer Fortschritt, Beschäftigung und wirtschaftliches Gleichgewicht: Festvorträge im Fachbereich Wirtschaftswissenschaften zum 250-jährigen Jubiläum der Georgia Augusta und zum 25. Jahrestag der Gründung der Wirtschafts- und Sozialwissenschaftlichen Fakultät in Göttingen, hrsg. von Günter Gabisch, Berlin, S. 167-191.

– (1988 b): Einleitung, in: Privatisierung und die Zukunft der öffentlichen Wirtschaft, hrsg. von Helmut Brede, Baden-Baden, S. 11-25.

– (1989): Ziele öffentlicher Verwaltungen, in: HWÖ, hrsg. von Klaus Chmielewicz und Peter Eichhorn, Stuttgart, Sp. 1867-1877.

– (1991): Interne Budgets im Dienste projektbezogener Planungen und Entscheidungen öffentlicher Verwaltungen, in: Dienstprinzip und Erwerbsprinzip: Fragen der Grundorientierung in Verkehr und öffentlicher Wirtschaft; Festschrift für Karl Oettle zur Vollendung des 65. Lebensjahres, hrsg. von Peter Faller und Dieter Witt, Baden-Baden, S. 170-180.

– (1994 a): Die Reform des Öffentlichen Rechnungswesens - eine Notwendigkeit, in: VOP, 16. Jg., S. 88-91.

– (1994 b): Öffentliche und private Unternehmen im Wettbewerb und in wettbewerblichen Ausnahmebereichen, in: Standortbestimmung öffentlicher Unternehmen in der Sozialen Marktwirtschaft: Gedenkschrift für Theo Thiemeyer, hrsg. von Peter Eichhorn und Werner Wilhelm Engelhardt, Baden-Baden, S. 67-80.

– (1995): Die Bedeutung öffentlicher Unternehmen für die Transformation einer Volkswirtschaft, in: ZögU, Bd. 18, S. 342-349.

– (1997 a): Betriebswirtschaftslehre: Einführung. 6., unwesentl. veränd. Aufl., München, Wien.

– (1997 b): Der Erfolgsbegriff im Neuen Öffentlichen Rechnungswesen, in: Jahresabschluss und Jahresabschlussprüfung: Festschrift zum 60. Geburtstag von Jörg Baetge, hrsg. von Thomas R. Fischer und Reinhold Hömberg, Düsseldorf, S. 311-331.

– (1998 a): Verwaltungsmodernisierung und Verwaltungsbetriebslehre, in: Öffentliche Verwaltung der Zukunft, hrsg. von Klaus Lüder, Berlin, S. 45-57.

– (Hrsg.) (1998 b): Preise und Gebühren in der Entsorgungswirtschaft, Baden-Baden.

– (1998 c): Die Abschreibungsbasis in der Entsorgungswirtschaft, in: Preise und Gebühren in der Entsorgungswirtschaft, hrsg. von Helmut Brede, Baden-Baden, S. 127-146.

– (1998 d): Meinungsäußerungen zum Thema, „Kalkulation von Umweltgebühren", in: BFuP, 50. Jg., S. 723-736.

– (Hrsg.) (2000/2001): Wettbewerb in Europa und die Erfüllung öffentlicher Aufgaben, Baden-Baden.

– (2002): AHP-Verfahren oder Stufenweise Nutzwertanalyse: Untersuchung unter besonderer Berücksichtigung von Sanierungsentscheidungen der öffentlichen Hand, in: Öffentliche Unternehmen im Standortwettbewerb für den Aufbau Ost, hrsg. Von Peter Friedrich, o. O. [München], o. J. [2002], ISBN-Nr. 3-924069-36-0.

– (2003): Zur Einheitlichkeit und Vollständigkeit der Jahresabschlüsse öffentlicher Einrichtungen, in: Öffentliche Verwaltung und Nonprofit-Organisationen, Festschrift für Reinbert Schauer, hrsg. Von Ernst-Bernd Blümle, Helmut Pernsteiner, Robert Purtschert, René Clemens Andeßner. Wien. S. 59-78.

– (2004): Subsidiaritätsprinzip und Marktöffnung in Deutschland, in: Institutionenwandel in Regierung und Verwaltung, Festschrift für Klaus König, hrsg. Von Arthur Benz, Heinrich Siedentopf und Karl-Peter Sommermann, Berlin, S. 117-126.

Brede, Helmut, und Ulrich Peters (1983): Zentrale Bewirtschaftung öffentlicher Rücklagen in den USA, in: Der Gemeindehaushalt, 84. Jg., S. 247-251.

Brede, Helmut, und Ulrich Trogele (1987): Grundzüge des Fund Accounting, in: Doppik und Kameralistik: Festschrift für Ludwig Mülhaupt zur Vollendung des 75. Lebensjahres, Baden-Baden, S. 201-215.

Brede, Helmut, und Günter Püttner (1988): Die wichtigsten Privatisierungsformen und ihre Eignung, ein fortdauerndes öffentliches Interesse am Unternehmen zu wahren, in: Privatisierung und die Zukunft der öffentlichen Wirtschaft, hrsg. von Helmut Brede, Baden-Baden, S. 267-288.

Brede, Helmut, und Torsten Gettwart (1992): Computergestützte Haushaltsplanung: Zwischenbericht über die Weiterentwicklung eines Verwaltungsplanspiels, in: ZP, Bd. 3, S. 43-51.

Brede, Helmut, Wolf Gottschalk und Norbert Liekmeier (Hrsg.) (1997): STAAT und PRIVAT: Grenzziehung - Grenzverschiebung, Frankfurt a. M.

Brückmann, Friedel (1994): Erste Controllingschritte in der Kommunalverwaltung, in: Controlling in Kommunalverwaltungen, hrsg. von Jürgen Bunde und Rolf-Dieter Postlep, Marburg.

Brückner, Heinz (1971): Der Nulltarif - eine gesellschaftliche Utopie?, in: Null-Tarife oder wertgerechte Fahrpreise?, Schriftenreihe für Verkehr und Technik, H. 45, S. 7-17.

Brüggemeier, Martin (1998): Controlling in der Öffentlichen Verwaltung: Ansätze, Probleme und Entwicklungstendenzen eines betriebswirtschaftlichen Steuerungskonzeptes, 3., verb. und aktualisierte Aufl., München.

Brümmerhoff, Dieter (1996): Finanzwissenschaft, 7., völlig überarb. Aufl., München, Wien.

Brüning, Gert (1998): Annuitätsorientierte Kostenrechnung: zur Verrechnung kalkulatorischer Kosten am Beispiel der kommunalen Abwasserbeseitigung, in: ZögU, Bd. 21, S. 137-155.

Budäus, Dietrich (1982): Betriebswirtschaftliche Instrumente zur Entlastung kommunaler Haushalte: Analyse der Leistungsfähigkeit ausgewählter Steuerungs- und Finanzierungsinstrumente für eine effizientere Erfüllung öffentlicher Aufgaben, Baden-Baden.

– (1987): Controlling in der Kommunalverwaltung: Konzeptionen, Grundlagen und praktische Entwicklungstendenzen, in: Doppik und Kameralistik, hrsg. von Peter Eichhorn, Baden-Baden, S. 231-244.

– (1988): Einzelwirtschaftliche Effizienzanalyse privater und öffentlicher Leistungserstellung in der Privatisierungsdiskussion, in: Privatisierung und die Zukunft der öffentlichen Wirtschaft, hrsg. von Helmut Brede, Baden-Baden, S. 203-222.

– (1991): Das interne öffentliche Rechnungswesen in Deutschland, in: Staatliches Rechnungswesen in der Bundesrepublik Deutschland vor dem Hintergrund neuerer internationaler Entwicklungen: Vorträge und Diskussionsbeiträge der Verwaltungswissenschaftlichen Arbeitstagung 1990 des Forschungsinstituts für Öffentliche Verwaltung bei der Hochschule für Verwaltungswissenschaften Speyer, hrsg. von Klaus Lüder, Berlin, S. 195-219.

– (1994): Public Management: Konzepte und Verfahren zur Modernisierung öffentlicher Verwaltungen, Berlin.

Budäus, Dietrich, und Gernod Grüning (1997): Public Private Partnership: Konzeption und Probleme eines Instruments zur Verwaltungsreform aus Sicht der Public Choice-Theorie, in: Public Private Partnership: neue Formen öffentlicher Aufgabenerfüllung, hrsg. von Dietrich Budäus und Peter Eichhorn, Baden-Baden, S. 25-66.

Budäus, Dietrich, und Klaus Buchholz (1997): Konzeptionelle Grundlagen des Controlling, in: DBW, 57. Jg. S. 322-337.

Budäus, Dietrich, und Stefanie Finger (1999): Stand und Perspektiven der Verwaltungsreform in Deutschland, in: Die Verwaltung, Bd. 32, S. 313-343.

Bundesakademie für öffentliche Verwaltung (Hrsg.) (1992): Planungsmethoden in Verwaltung und Wirtschaft, bearbeitet von Jürgen Völkner, 2., neubearb. Aufl., Regensburg u. a.

Bundesverband öffentlicher Banken Deutschlands (2002): www.voeb.de/verbandframe4.de, Statistik 4 (14.11.2002).

Buschor, Ernst (1993): Zwanzig Jahre Haushaltsreform: eine Verwaltungswissenschaftliche Bilanz, in: Das neue Öffentliche Rechnungswesen: betriebswirtschaftliche Beiträge zur Haushaltsreform in Deutschland, Österreich und der Schweiz, hrsg. von Helmut Brede und Ernst Buschor, Baden-Baden, S. 199-269.

– (1994): Von der Kameralistik zur Kosten- und Leistungsrechnung, in: Wirtschaftlichkeit der öffentlichen Verwaltung: Reformkonzepte, Reformpraxis, hrsg. von Konrad Morath, Bad Homburg, S. 24-39.

– (1995): Das Konzept des New Public Management, in: Schweizer Arbeitgeber, 90. Jg., S. 272-276.

Buschor, Ernst, und Klaus Lüder (1994): Thesen zur künftigen Gestaltung des öffentlichen Rechnungswesens, in: Öffentliches Rechnungswesen 2000: Vorträge und Diskussionsbeiträge einer wissenschaftlichen Arbeitstagung der Hochschule für Verwaltungswissenschaften Speyer, hrsg. von Klaus Lüder, Berlin, S. 163-188.

CEEP-Europäischer-Zentralverband der öffentlichen Wirtschaft. Deutsche Sektion (Hrsg.) (1996): Europa, Wettbewerb und öffentliche Dienstleistungen: Beiträge zur öffentlichen Wirtschaft, H. 15, Berlin.

Chmielewicz, Klaus (1989): Öffentliche Unternehmen, in: HWÖ, hrsg. von Klaus Chmielewicz und Peter Eichhorn, Stuttgart, Sp. 1094-1106.

Cronauge, Ulrich (1997): Kommunale Unternehmen: Eigenbetriebe – Kapitalgesellschaften - Zweckverbände, 3., überarb. und erw. Aufl., Berlin.

Damkowski, Wulf, und Claus Precht (Hrsg.) (1998): Moderne Verwaltung in Deutschland: Public Management in der Praxis, hrsg. von Wulf Damkowski und Claus Precht, Stuttgart, Berlin, Köln.

Dänzer, Alfred, und Uwe Pfaff (1999): DRG-Klassifizierungssystem - Ein Zukunftsmodell?: Systembeschreibung, Auswertungen, Handlungsstrategien, in: Das Krankenhaus, 91. Jg., S. 649-653.

Dettmer, Harald, Walter Prophete und Klaus Wegmeyer (1995): Kommunales Haushalts- und Kassenwesen, 3., überarb. u. erw. Aufl., Bad Homburg vor der Höhe.

Di Pietro, Stefano (1992): Erfolgszentren für öffentliche Verwaltungen, Göttingen.

Diederich, Helmut (1989): Ziele öffentlicher Unternehmen, in: HWÖ, hrsg. von Klaus Chmielewicz und Peter Eichhorn, Stuttgart, Sp. 1856-1867.

Diemer, Rolf (1996): Neukonzeption des kommunalen Rechnungswesens: Vergleich des betriebswirtschaftlichen Gestaltungspotentials von Doppik und Kameralistik, Wiesbaden.

Dohmen, Florian (1998): Wirtschaftliche Betätigung der Städte: Rahmenbedingungen und Perspektiven, in: Der Städtetag, 51. Jg., S. 755-759.

Döring, Thomas (1994): Subsidiaritätsprinzip, in: WiSt, 23. Jg., S. 243-246.

Dreyfack, Raymond, und Johannes J. Seibel (1978): Zero-Base Budgeting, Zürich.

Eichhorn, Peter (1966): Zum Begriff der gemischtwirtschaftlichen Unternehmung, in: BFuP, 18. Jg., S. 609-619.

– (1974): Liquiditätsplanung und Gelddisposition in öffentlichen Haushalten, Baden-Baden.

– (1979): Probleme der Eigenfinanzierung bei öffentlichen und gemischtwirtschaftlichen Unternehmen, in: Finanzierung öffentlicher Unternehmen: Festschrift für Paul Münch, hrsg. von Peter Eichhorn und Theo Thiemeyer, Baden-Baden, S. 37-59.

– (1985): Essentialien der Öffentlichen Betriebswirtschaftslehre, in: Betriebswirtschaftliche Erkenntnisse für Regierung, Verwaltung und öffentliche Unternehmen, hrsg. von Peter Eichhorn, Baden-Baden, S. 175-184.

– (1986): Begriff, Bedeutung und Besonderheiten der öffentlichen Wirtschaft und Gemeinwirtschaft, in: Die Unternehmen der öffentlichen Wirtschaft in der Bundesrepublik Deutschland, hrsg. von Helmut Brede und Achim von Loesch, Baden-Baden, S. 13-29.

– (1991): Öffentliches Unternehmen, in: Verwaltungslexikon, hrsg. von Peter Eichhorn u. a., 2., neubearb. Aufl., Baden-Baden, S. 599-602.

– (1993): Rechnungsziele und Rechnungssysteme in Unternehmen und Verwaltungen, in: ZfB, 63. Jg., S. 859-872.

– (1995): Public Private Partnership: Praxis, Probleme, Perspektiven, in: Sozialpolitik und öffentliche Wirtschaft, hrsg. von Lothar F. Neumann und Frank Schulz-Nieswandt, Berlin, S. 173-184.

– (1997): Public Private Partnership und öffentlich-privater Wettbewerb, in: Public Private Partnership: neue Formen öffentlicher Aufgabenerfüllung, hrsg. von Dietrich Budäus und Peter Eichhorn, Baden-Baden, S. 199-207.

– (1998): Sachverständigenrat „Schlanker Staat" kuriert Symptome, in: Blick durch die Wirtschaft vom 20.7.1998, S. 5.

Eichhorn, Peter, und Peter Friedrich (1976): Verwaltungsökonomie I, Baden-Baden.

Eichhorn, Peter, und Werner Noll (1983): Öffentliche Aufgaben im Wandel, in: Aufgaben öffentlicher und gemeinwirtschaftlicher Unternehmen im Wandel, hrsg. von Peter Eichhorn und Paul Münch, Baden-Baden, S. 39-52.

Eichhorn, Peter, u.a. (1991): Verwaltungslexikon, 2., neu bearb. Aufl., Baden-Baden.

England, Robert E., und William M. Parle (1987): Nonmanagerial Performance Appraisal Practices in Large American Cities, in: PAR, Vol. 47, S. 498-504.

Erichsen, Hans-Uwe, und Wolfgang Martens (Hrsg.) (1983): Allgemeines Verwaltungsrecht, 6., neubearb. Aufl., Berlin, New York.

Erkes, Hubert (1985): Instrumente der beweglichen Haushaltsführung im kommunalen Haushaltsrecht und mögliche Reformansätze, in: Der Gemeindehaushalt, 86. Jg., S. 249-255.

Fayol, Henri (1929): Allgemeine und industrielle Verwaltung, München, Berlin.

Foltys-Schmidt, Cornelia (1995): Benchmarking in der kommunalen Versorgungswirtschaft, in: CM, 20. Jg., S. 29-33.

Forsthoff, Ernst (1959): Rechtsfragen der leistenden Verwaltung, Stuttgart.

Freudenberg, Dierk (1994): Das Elend mit der Kameralistik: nichts Neues seit Puechberg; ein erneutes Plädoyer für die Einführung der kaufmännischen Buchführung in der Staatsverwaltung, in: VOP, 16. Jg., S. 404-411.

Friedrich, Peter, und Xiao Feng (1995): Ansätze einer Theorie des Vertragsmanagements der Treuhandanstalt, in: ZögU, Bd. 18, S. 277-297.

Fromme, Friedrich Karl (1997): Vor dem Anfang vom Ende, in: FAZ vom 15.2.1997, S. 1.

Fuchs, Manfred, und Helmut Zentgraf (1981): Betriebsabrechnung in öffentlichen Einrichtungen, 4. Aufl., Göttingen.

Gaentsch, Günter (1992): Aufgaben der öffentlichen Verwaltung, Speyer.

Gawel, Erik (1999): Betriebswirtschaftliche Probleme der Gebührenkalkulation: Interdependenz kalkulatorischer Kostenarten und Verständnis „betriebswirtschaftlicher Grundsätze" als Problem der Bemessung kommunaler Benutzungsgebühren, Berlin.

Gesellschaft für öffentliche Wirtschaft (Hrsg.) (1990): Öffentliche Kreditinstitute in der Bundesrepublik Deutschland und EG-Binnenmarkt: Stellungnahme des Wissenschaftlichen Beirats der Gesellschaft für öffentliche Wirtschaft; Federführung: Peter Eichhorn, Beiträge zur öffentlichen Wirtschaft, H. 6, Berlin.

– (Hrsg.) (1991 a): Die öffentlichen Eisenbahnen in der Bundesrepublik Deutschland angesichts der Vollendung des EG-Binnenmarktes: Stellungnahme des Wissenschaftlichen Beirats der Gesellschaft für öffentliche Wirtschaft, Federführung: Achim vom Loesch, Beiträge zur öffentlichen Wirtschaft, H. 7, Berlin.

– (Hrsg.) (1991 b): Die Unternehmen der öffentlichen Energieversorgung der Bundesrepublik im europäischen Binnenmarkt: Stellungnahme des Wissenschaftlichen Beirats der Gesellschaft für öffentliche Wirtschaft, Federführung: Paul Münch, Beiträge zur öffentlichen Wirtschaft, H. 8, Berlin.

– (Hrsg.) (1992 a): Die Auswirkungen der EG-Richtlinien zum öffentlichen Auftragswesen auf die öffentlichen Unternehmen: Bestandsaufnahme und Verbesserungsvorschläge; Stellungnahme des Wissenschaftlichen Beirats, Federführung: Rudolf Eiermann, Beiträge zur öffentlichen Wirtschaft, H. 10, Berlin.

– (Hrsg.) (1992 b): Die Zukunft der öffentlichen Wirtschaft in der Europäischen Gemeinschaft: Referate einer Vortragsveranstaltung der Gesellschaft für öffentliche Wirtschaft am 2.6.1992 in Leipzig, Beiträge zur öffentlichen Wirtschaft, H. 11, Berlin.

Glasl, Friedrich (1983): Verwaltungsreform durch Organisationsentwicklung, Bern, Stuttgart.

Gornas, Jürgen (1989): Verwaltungskameralistik, in: HWÖ, hrsg. von Klaus Chmielewicz und Peter Eichhorn, Stuttgart, Sp. 1650-1658.

Gornas, Jürgen (1992): Grundzüge einer Verwaltungskostenrechnung: die Kostenrechnung als Instrument zur Planung und Kontrolle der Wirtschaftlichkeit in der öffentlichen Verwaltung, 2. Aufl., Baden-Baden.

Gottschalk, Wolf (1997): Praktische Erfahrungen und Probleme mit Public Private Partnership (PPP) in der Versorgungswirtschaft, in: Public Private Partnership: neue Formen öffentlicher Aufgabenerfüllung, hrsg. von Dietrich Budäus und Peter Eichhorn, Baden-Baden, S. 153-166.

Greiling, Dorothea (1996): Öffentliche Trägerschaft oder öffentliche Bindung von Unternehmen? Eine teleologische Betrachtung am Beispiel der Kredit-, Verkehrs- und Versorgungswirtschaft, Baden-Baden.

Haiber, Thomas (1997): Controlling für öffentliche Unternehmen: Konzeption und instrumentelle Umsetzung aus der Perspektive des New-Public-Management, München.

Hamel, Winfried (1998): Der Dirigismus sitzt im großen Netz, in: FAZ vom 11.11.1998, S. 19.

Hanusch, Horst (1994): Nutzen-Kosten-Analyse, 2., überarb. Aufl., München.

Hauswirth, Iris (1994): Strategisches Controlling: Keine Tagespolitik ohne Zielorientierung, in: Controlling in Kommunalverwaltungen, hrsg. von Jürgen Bunde und Rolf-Dieter Postlep, Marburg.

Hein, Andreas (1998): Privatisierung durch Ausschreibung: ein effizientes Instrument zur Sicherung des öffentlichen Auftrags?, in: ZögU, Bd. 21, S. 397-412.

Heller, Robert F. (1998): Haushaltsgrundsätze für Bund, Länder und Gemeinden: systematische Gesamtdarstellung, Heidelberg.

Hentze, Joachim (1994): Personalwirtschaftslehre, Bd. 1: Grundlagen: Personalbedarfsermittlung, -beschaffung, -entwicklung und -einsatz, 6., überarb. Aufl., Bern u. a.

– (1995): Personalwirtschaftslehre, Bd. 2: Personalerhaltung und Leistungsstimulation, Personalfreistellung und Personalinformationswirtschaft, unter Mitarb. von Joachim Metzner, 6., überarb. Aufl., Bern u. a.

Herppich, Wolfram, Tobias Zuchtriegel, und Walter Schulz (1989): Least-Cost Planning in den USA, in: Zeitschrift für Energiewirtschaft, Bd. 13, S. 136-149

Heuser, Uwe Jean, Gero von Randow und Ute Watermann (1998): Reform findet Stadt, in: Die Zeit vom 16.7.1998, S. 13-15.

Hill, Hermann (1993): Spitzenverwaltungen im Wettbewerb: eine Dokumentation des 1. Speyerer Qualitätswettbewerbs 1992, Baden-Baden.

Hill, Hermann, und Helmut Klages (1995): Lernen von Spitzenverwaltungen: eine Dokumentation des 2. Speyerer Qualitätswettbewerbs 1994, Stuttgart.

Hill, Wilhelm, Raymond Fehlbaum und Peter Ulrich (1994): Organisationslehre: Ziele, Instrumente und Bedingungen der Organisation sozialer Systeme, Bd. 1, 5., überarb. Aufl., Bern, Stuttgart, Wien.

Himmelmann, Gerhard (1988): Politische Bestimmungsmerkmale der Privatisierungsdiskussion in der Bundesrepublik Deutschland, in: Privatisierung und die Zukunft der öffentlichen Wirtschaft, hrsg. von Helmut Brede, Baden-Baden, S. 107-126.

Hoitsch, Hans-Jörg, und Volker Lingnau (1999): Kosten- und Erlösrechnung: eine controllingorientierte Einführung, 3., neubearb. u. erw. Aufl., Berlin u. a.

Homann, Klaus (1995 a): Kommunales Rechnungswesen: Buchführung, Kostenrechnung und Wirtschaftlichkeitsrechnung in Kommunalverwaltungen, 3., überarb. u. erw. Aufl., Siegen.

– (1995 b): Marketing für Kommunalverwaltungen: eine abnehmerorientierte Marketingkonzeption für den kommunalen Bereich, Berlin.

Hosemann, Gerhard (1990): Leistungsbezogene Stromtarife - Zeitgemäß und gerecht: Studie zur angemessenen Gestaltung der Elektrizitätstarife, Erlangen.

Immenga, Ulrich, Natalie Lübben und Hans-Peter Schwintowski (1998): Telekommunikation, vom Monopol zum Wettbewerb, Baden-Baden.

International Federation of Accountants - Public Sector Committee (2000 a): Governmental Financial Reporting, New York (NY).

– (2000 b): International Public Sector Accounting Standards, 8 Volumes, New York (NY).

Internet (2004a): http://www.innovations-report.de/html/berichte/statistiken/bericht-25419.html [vom 26.11.2004]

– (2004b): http://www.destatis.de/basis/d/erwerb/erwerbtab1.php [vom 26.11.2004]

– (2004c): http://dkg.diagramm.com/pdf/228.pdf [vom 29.11.2004]

– (2004d): http://www.bundesbank.de/stat/download/bankenstatistik/s131ATIM82425.PDF [vom 29.11.2004]

Jüngel, Erwin (1995): Das Steuerungs- und Informationspotential des kommunalen Haushalts: Möglichkeiten und Probleme einer Outputorientierung, Münster.

Karlöf, Bengt, und Svante Östblom (1994): Das Benchmarking-Konzept: Wegweiser zur Spitzenleistung in Qualität und Produktivität, München.

Kempf, Dieter (1993): Reform des öffentlichen Rechnungswesens: Weg zu mehr Wirtschaftlichkeit in der öffentlichen Verwaltung?, in: VOP, 15. Jg., S. 334-338.

Kermani (2000): Chaos, Verfall und Liebe zum Leben: eine Stadt ohne Institutionen; wie Karatschi funktioniert, in: FAZ vom 8.4.2000, S. III.

Kirchhoff, Ulrich, und Heinrich Müller-Godeffroy (1996): Finanzierungsmodelle für kommunale Investitionen, 6., erw. u. überarb. Aufl., Stuttgart.

Kirchner, Jens (2002 a): Die Bedeutung der Europäischen Wettbewerbsvorgaben für den Universaldienst im Post- und Telekommunikationssektor, in: ZögU, Bd. 25, 2002, S. 297-310.

– (2002 b): Die Notwendigkeit der Regulierung des Netzzugangs im Telekommunikations- und Postsektor, in: AKADEMIE, 47. Jg., 2002, S. 131-134.

Klostermann, Ulf (1998 a): Controlling zur Unterstützung von Least-Cost Planning im Elektrizitätsunternehmen, Frankfurt a. M. u. a.

– (1998 b): Preiswettbewerb oder Ressourcenschutz, in: Zeitung für kommunale Wirtschaft vom 7.11.1998, S. 8.

Klümper, Bernd, Heribert Möllers und Ewald Zimmermann (1996): Kommunale Kosten- und Wirtschaftlichkeitsrechnung: Fachbuch mit Beispielen und praktischen Übungen und Lösungen, 8., überarb. Aufl., Witten.

Knauss, Fritz (1988): Die Entscheidungen der Bundesregierung zur Privatisierung: ein Sachstandsbericht, in: Privatisierung und die Zukunft der öffentlichen Wirtschaft, hrsg. von Helmut Brede, Baden-Baden, S. 159-176.

Koch, Rainer (1979): Dienstrechtsreform und Leistungsbereitschaft: zur Wirkungsweise eines leistungsbezogenen Anreiz- und Belohnungssystems, in: Leistungsprinzip und Leistungsverhalten im öffentlichen Dienst, hrsg. von Hans-Wolfgang Hoefert und Christoph Reichard, Stuttgart, Berlin, Köln, Mainz, S. 200-218.

Kommunale Gemeinschaftsstelle für Verwaltungsvereinfachung (KGSt) (1984): Das Konzept der Organisationsentwicklung (OE) und seine Anwendung in der kommunalen Organisationspraxis, KGSt-Bericht 2/1984, Köln.

– (1993): Wege zum Dienstleistungsunternehmen Kommunalverwaltung: Fallstudie Tilburg; KGSt-Bericht 19/1992, Köln.

Kommunale Gemeinschaftsstelle (KGSt) (1995): Das Neue Steuerungsmodell, Bericht Nr. 5/1993, Köln.

– (1996): Ein neues Verfahren der Steuerung kommunaler Haushalte: Bericht Nr. 6/1993, Köln.

König, Klaus, und Angelika Benz (Hrsg.) (1997): Privatisierung und staatliche Regulierung: Bahn, Post und Telekommunikation, Rundfunk, Baden-Baden.

Köster, Thomas (1998): Kommunalisierung statt Privatisierung, in: FAZ vom 3.8.1998, S. 17.

Kosiol, Erich (1968): Einführung in die Betriebswirtschaftslehre: die Unternehmung als wirtschaftliches Aktionszentrum, Wiesbaden.

Kühne, Karl (1988): Studien zur Effizienz öffentlicher und privater Unternehmen: vergleichende Übersichten, in: Privatisierung und die Zukunft der öffentlichen Wirtschaft, hrsg. von Helmut Brede, Baden-Baden, S. 223-234.

Küpper, Hans-Ulrich, und Robert Mayr (1993): Vertragsgestaltung und Vertragsmanagement der Treuhandanstalt, in: Treuhandanstalt: das Unmögliche wagen, hrsg. von Wolfram Fischer, Herbert Hax und Hans-Karl Schneider, Berlin, S. 315-353.

Küpper, Hans-Ulrich, Jürgen Weber und André Zünd (1990): Zum Verständnis und Selbstverständnis des Controlling: Thesen zur Konsensbildung, in: ZfB, 60. Jg., S. 281-293.

Lang, Günter (1996): Common Carriage und Third Party Access: zwei Gestaltungsmodelle für den europäischen Energiemarkt, in: WiSt, 25. Jg., S. 138-140.

Langner, Peter (1983): Zero-Base Budgeting und Sunset Legislation, Baden-Baden.

Laux, Helmut (1988 a): Grundprobleme optimaler erfolgsabhängiger Anreizsysteme, in: ZfB, 58. Jg., S. 24-36.

– (1988 b): (Pareto-)Optimale Anreizsysteme bei sicheren Erwartungen, in: ZfbF, 40. Jg., S. 959-989.

– (1988 c): (Pareto-)Optimale Anreizsysteme bei unsicheren Erwartungen, in: ZfbF, 40. Jg., S. 1093-1111.

– (1988 d): Optimale Prämienfunktionen bei Informationsasymmetrie, in: ZfB, 58. Jg., S. 588-612.

Lerch, Achim (1998): Peak-Load Pricing: Preisbildung bei periodisch schwankender Nachfrage, in: WiSt, 27. Jg., S. 539-541.

Loesch, Achim von (1987): Privatisierung öffentlicher Unternehmen: ein Überblick über die Argumente, 2., verb. u. erw. Aufl., Baden-Baden.

– (1997): Die öffentlichen Unternehmen Deutschlands, in: Öffentliche Verwaltung in Deutschland, hrsg. von Klaus König und Heinrich Siedentopf, 2. Aufl., Baden-Baden, S. 285-300.

Lüder, Klaus (Hrsg.) (1986): Entwicklungsperspektiven des öffentlichen Rechnungswesens: Speyerer Forschungsberichte Nr. 48, Speyer.

– (1987): Ein Kaufmännisches Rechnungswesen für die öffentliche Verwaltung?: Plädoyer für das Überdenken der Zweckmäßigkeit des staatlichen Rechnungswesens in der Bundesrepublik Deutschland, in: Doppik und Kameralistik: Festschrift für Ludwig Mülhaupt zur Vollendung des 75. Lebensjahres, hrsg. von Peter Eichhorn, Baden-Baden, S. 245-261.

– (1989): Comparative Government Accounting Study: Interim Summary Report; Speyerer Forschungsbericht Nr. 76, Revised Edition, Speyer.

– (1993): Die zentrale Rolle des Rechnungskonzeptes für die Ausgestaltung des öffentlichen Rechnungswesens, in: Das neue Öffentliche Rechnungswesen: betriebswirtschaftliche Beiträge zur Haushaltsreform im Deutschland, Österreich und der Schweiz, hrsg. von Helmut Brede und Ernst Buschor, Baden-Baden, S. 29-74.

– (Hrsg.) (1994 a): Öffentliches Rechnungswesen 2000, Berlin.

– (1994 b): Neues Steuerungsmodell und öffentliches Rechnungswesen, in: Öffentliches Rechnungswesen 2000: Vorträge und Diskussionsbeiträge einer wissenschaftlichen Arbeitstagung der Hochschule für Verwaltungswissenschaften Speyer, hrsg. von Klaus Lüder, Berlin, S. 189-195.

– (1998 a): Innovationen im öffentlichen Rechnungswesen in Deutschland und Europa, in: Politik und Verwaltung auf dem Weg in die transindustrielle Gesellschaft: Carl Böhret zum 65. Geburtstag, hrsg. von Werner Jann, Klaus König, Christine Landfried und Peter Wordelmann, Baden-Baden, S. 217-226.

– (1998 b): Verpaßte Chance: das Haushaltsrechts-Fortentwicklungsgesetz vom 22.12.1997 und seine Konsequenzen für die Reform des öffentlichen Rechnungswesens, in: DÖV, 51. Jg., S. 285-287.

– (1999): Konzeptionelle Grundlagen des Neuen Kommunalen Rechnungswesens (Speyerer Verfahren), 2., überarb. u. erg. Aufl., Stuttgart.

Lüder, Klaus, Christiane Behm und Ulrich Cordes (1998): Praxiseinführung des Neuen Kommunalen Rechnungswesens (Speyerer-Verfahren): Dokumentation des Modellprojekts „Wiesloch", Stuttgart.

Lüder Klaus, u. a. (1991): Vergleichende Analyse öffentlicher Rechnungssysteme: konzeptionelle Grundlagen für das staatliche Rechnungswesen mit besonderer Berücksichtigung der Bundesrepublik Deutschland, Speyerer Forschungsberichte Nr. 97, Speyer.

– (1993): Vergleichende Analyse öffentlicher Rechnungssysteme: Querschnittsanalyse, Speyerer Forschungsberichte Nr. 89, 2., unveränd. Aufl., Speyer.

Martens, Dirk, Friedrich-Karl Thiel und Harald Zanner (1998): Konzern Stadt: Führung und Steuerung kommunaler Leistungen unter Wettbewerbsbedingungen, Stuttgart.

Maurer, Hartmut (1999): Allgemeines Verwaltungsrecht, 12., überarb. und erg. Aufl., München.

Meier, Hardi (1998): Zauberformel Budgetierung, in: KStZ, 47. Jg., S. 166-170.

Mittaas, Tatjana, und Jens Poll (1999): Das Vergaberecht nach Inkrafttreten des Vergaberechtsände-rungsgesetzes: Überblick zur Rechtssituation seit dem 1. Januar 1999, in: Das Krankenhaus, 91. Jg., S. 884-888.

Mittler, Gernot (1998): Viel Spaß mit dem neuen Kontrahierungszwang, in: FAZ vom 3.4.1998, S. 20.

Monopolkommission (1986): Gesamtwirtschaftliche Chancen und Risiken wachsender Unterneh-mensgrößen, VI. Hauptgutachten 1984/85, Baden-Baden.

Moraing, Markus (1998): Kommunale Wirtschaft zwischen Wettbewerb und Gemeindewirtschafts-recht, in: Der Gemeindehaushalt, 99. Jg., S. 223-229.

Mülhaupt, Ludwig (1990): Grundfragen des öffentlichen Rechnungswesens, in: VOP, 12. Jg., S. 163-166.

Musgrave, Richard A., Peggy B. Musgrave und Lore Kullmer (1990): Die öffentlichen Finanzen in Theorie und Praxis, Bd. 1, 5., überarb. Aufl., Tübingen.

Nell-Breuning, Oswald von (1962): Das Subsidiaritätsprinzip, in: Staatslexikon, Bd. 7, hrsg. von der Görres-Gesellschaft zur Pflege der Wissenschaft, 6., völlig neu bearb. u. erw. Aufl., Freiburg, Sp. 826-833.

o. V. (1995 a): In Großstädten versagt die Kameralistik zuerst, in: Handelsblatt vom 19.1.1995, S. 6.

– (1995 b): „Ämter dürfen kein Eigenleben entwickeln", in: Handelsblatt vom 20.12.1995, S. 3.

– (1995 c): Nicht die Freude war es ..., dtz, in Frankfurter Allgemeine Magazin vom 6.1.1995, S. 4.

– (1996): Mainz führt Budgetierung ein, in: Handelsblatt vom 20.6.1996, S. 6.

– (1997 a): Länder haben Verfassungsbedenken gegen Reform des Haushaltsrechts, in: FAZ vom 25.9.1997, S. 19.

– (1997 b): EU duldet keine Quersubventionen, in: FAZ vom 18.12.1997, S. 16.

– (1998 a): Niedersachsen übernimmt Preussag Stahl AG, in: FAZ 12.01.1998, S. 19.

– (1998 b): Schröder verteidigt Preussag-Stahl-Kauf, in: FAZ vom 5.2.1998, S. 18.

– (1998 c): Verkauf von Preussag Stahl an Niedersachsen und Nord/LB perfekt, in: FAZ vom 6.2.1998, S. 18.

– (1998 d): Gerüchte um Bahn-Pläne zu Preiserhöhungen, in: FAZ vom 18.7.1998, S. 14.

– (1998 e): Kleine Meldungen, in: FAZ vom 26.05.1998, S. 13.

– (1998 f): Haushaltsrecht behindert Kostenkontrolle, in: FAZ vom 11.8.1998, S. 13.

– (1998 g): Karlsruhe untersagt Kieler Regierung den Verkauf von Landesimmobilien, in: FAZ vom 19.9.1998, S. 2.

– (1998 h): Bessere Aussichten für Wettbewerbsklagen für Kommunen, in: FAZ vom 22.10.1998, S. 18.

– (1998 i): Privatisierungsflop?: Nord/LB kauft Salzgitter-Aktien zurück, in: Göttinger Tageblatt vom 30.10.1998, S. 2.

– (1998 j): „Keine Scheinprivatisierung", in: FAZ vom 31.10.1998, S. 14.

– (1998 k): Weiche auf Staat gestellt, in: Kölner Stadtanzeiger vom 20.10.1998, S. 25.

– (1998 l): Ein weiteres unrühmliches Kapitel in der Geschichte der Maxhütte, in: FAZ vom 7.11.1998, S. 18.

– (1998 m): Auf dass die Besten noch besser werden, aber auf Kosten der weniger Guten?, in: FAZ vom 5.11.1998, S. 5.

– (1998 n): Grundlage für wettbewerbsgerechte Strompreise wurde geschaffen, in: FAZ vom 8.4.1998, S. 20.

– (1998 o): Die Trassenpreise der Bahn sollen eine Vollkostendeckung bringen, in: FAZ vom 3.6.1998, S. 27.

– (1998 p): Rexrodt zeigt sich unzufrieden mit Bahnreform, in: FAZ vom 22.9.1998, S. 17.

– (1998 q): Das günstigste Angebot soll den Zuschlag bekommen, in: FAZ vom 25.04.1998, S. 13.

– (1998 r): Abhängigkeit, in: FAZ vom 10.3.1998, S. 16.

– (1998 s): Kosten für Müll und Abwasser 1997 abermals gestiegen, in: FAZ vom 13.1.1998, S. 1.

– (1999): www.presse-service.de vom 21.6.1999.

– (2000 a): Grenzen für kommunale Firmen, in: FAZ vom 21.6.2000, S. 25.

– (2000 b): Neue Vergütungsstruktur im Krankenhaus, in: FAZ vom 1.7.2000, S. 13.

– (2003): Deutschlands Eisenbahnlandschaft wird wieder ein Stück bunter. Gut ein halbes Dutzend
    neuer Anbieter im Personennahverkehr/Erstmals private Fernzüge im Taktverkehr, in: Frankfur-
    ter Allgemeine Zeitung vom 6.12.2002, S. 14.

– (2004): Befristung für Beamte rechtswidrig, in: Frankfurter Allgemeine Zeitung vom 27.10.2004,
    S. 4.

Oechsler, Walter A., und Silke Vaanholt (1997): Dienstrechtsreform - klein aber auch nicht fein!:
    Eine Stellungnahme zur Dienstrechtsreform aus personalwirtschaftlicher Sicht, in: DBW, 57. Jg.,
    S. 529-540.

Oettle, Karl (1976 a): Über den Charakter öffentlich-wirtschaftlicher Zielsetzungen, in: ZfbF, 18. Jg.,
    1966, S. 241-259, wieder abgedruckt in: Grundfragen öffentlicher Betriebe I, hrsg. von Karl Oett-
    le, Baden-Baden 1976, S. 9-35.

– (1976 b): Grenzen und Möglichkeiten einer unternehmungsweisen Führung öffentlicher Betriebe,
    in: Die informierte Unternehmung: Festschrift für Max Rembeck, hrsg. von Hans Rühle von Li-
    lienstern, Berlin 1972 , S. 129-143, wieder abgedruckt in: Grundfragen öffentlicher Betriebe I,
    hrsg. von Karl Oettle, Baden-Baden 1976, S. 55-70.

– (Hrsg.) (1984): Öffentliche Güter und öffentliche Unternehmen: Beiträge zur Relevanz der Theorie
    der öffentlichen Güter für die öffentlichen Unternehmen; Gisbert Rittig zum 80. Geburtstag ge-
    widmet, Baden-Baden.

Ossadnik, Wolfgang (1993): Entwicklung eines Controlling für öffentliche Verwaltungen, in: Die
    Verwaltung, Bd. 26, H. 1, S. 58-68.

– (1998): Mehrzielorientiertes strategisches Controlling, Heidelberg.

Ossadnik, Wolfgang, Oliver Lange und Markus Aßbrock (1997): Investitionsentscheidung und Nutzwertanalyse, in: WiSt, 26. Jg., S. 548-552.

Ossenbühl, Fritz (1989): Verwaltungsrecht, in: HWÖ, Stuttgart, Sp. 1729-1737.

Pass, Gerhard (1998): Die Vergabe und Abwicklung öffentlicher Aufträge - ein Überblick, in: WPg, 51. Jg., S. 600-610.

Paul, Günther (1997): Organisationsentwicklung: Verwaltungen helfen sich selbst, hrsg. von der Bayerischen Verwaltungsschule, 2., überarb. Aufl., Stuttgart u. a.

Pearce, Jone L., und James L. Perry (1983): Federal Merit Pay: A Longitudinal Analysis, in: PAR, Vol. 43, S. 315-325.

Picot, Arnold, und Andrea Schwartz (1998): Benchmarking für Krankenhäuser, in: Moderne Verwaltung in Deutschland: Public Management in der Praxis, hrsg. von Wulf Damkowski und Claus Precht, Stuttgart, Berlin, Köln, S. 258-300.

Picot, Arnold, und Brigitta Wolff (1994): Institutional Economics of Public Firms and Administrations: Some Guidelines for Efficiency-Oriented Design, in: Journal of Institutional and Theoretical Economics, Vol. 150, S. 211-232.

Piduch, Erwin Adolf (1969 ff): Bundeshaushaltsrecht: Kommentar, 35. Ergänzungslieferung, Juli 1998, Stuttgart u. a.

Pillhofer, Gerhard (1983): Praxis der Leistungsbeurteilung in den USA, in: Das Personal, 35. Jg., S. 57-61.

Potthast, Ulrich (1998): Die gelebte Wirklichkeit der Verwaltungsreformen: Erkenntnisse zur Personalentwicklungsarbeit, in: Der Städtetag, 51. Jg., S. 493-498.

Püttner, Günter (1985): Die öffentlichen Unternehmen: ein Handbuch zu Verfassungs- und Rechtsfragen der öffentlichen Wirtschaft, 2. Aufl., Stuttgart, München, Hannover.

Rawls, John (1975): Eine Theorie der Gerechtigkeit, Frankfurt a. M.

Reichard, Christoph (1977): Betriebswirtschaftslehre der öffentlichen Verwaltung, Berlin, New York.

– (1987): Betriebswirtschaftslehre der öffentlichen Verwaltung, 2., völlig neubearb. u. erw. Aufl., Berlin, New York.

– (1998 a): Kommentierung aus wissenschaftlicher Sicht, in: „Schlanker Staat" - Verwaltungsmodernisierung im Bund, Speyerer Forschungsberichte Nr. 183, hrsg. von Klaus König und Natascha Füchtner, Speyer, S. 305-326.

– (1998 b): Personalmanagement, in: Handbuch zur Verwaltungsreform, hrsg. von Bernhard Blanke, Stephan von Bandemer, Frank Nullmeier und Göttrick Wewer, Opladen, S. 166-173.

Reinermann, Heinrich (1974): Wirtschaftlichkeitsanalysen, in: Handbuch der Verwaltung, hrsg. von Ulrich Becker und Werner Thieme, Köln u. a., H. 4.6.

– (1975): Programmbudgets in Regierung und Verwaltung, Schriften zur öffentlichen Verwaltung und öffentlichen Wirtschaft, hrsg. von Peter Eichhorn und Peter Friedrich, Bd. 6, Baden-Baden.

Rennhack, Michael (1998): Wenn Lehrer prämiert werden. Leserbrief in: FAZ vom 28.8.1998, S. 8.

Rezniček, Leonhard (1996): Lean Management für die öffentliche Verwaltung? Eine Analyse anhand der aktuellen Berliner Verwaltungsreform, Berlin.

Riebel, Paul (1994): Einzelkosten- und Deckungsbeitragsrechnung: Grundfragen einer markt- und entscheidungsorientierten Unternehmensrechnung, 7., überarb. u. wesentl. erw. Aufl., Wiesbaden.

Rosen, Harvey S., und Rupert Windisch (1992): Finanzwissenschaft, München, Wien.

Rürup, Bert, und Heiko Körner (1985): Finanzwissenschaft, 2., neubearb. u. erw. Aufl., Düsseldorf.

Ryffel, Hans (1968): Öffentliches Interesse und Gemeinwohl, Berlin.

Saaty, Thomas L. (1980): The Analytic Hierarchy Process, New York (NY).

– (1982): Decision Making for Leaders, Belmont (Cal.).

– (1994): How to Make a Decision: The Analytic Hierarchy Process, in: Interfaces, Vol. 24, No. 6, S. 19-43.

Sandberg, Berit (2001): Grundsätze ordnungsmäßiger Jahresrechnung für Stiftungen. Entwurf eines stiftungsmäßigen GoB-Pendants. Baden-Baden.

Schäfers, Manfred (1998): Deutschland - ein gebührend gebeuteltes Müllwunderland, in: FAZ vom 13.1.1998, S. 3.

Schanz, Günther (1993): Personalwirtschaftslehre: lebendige Arbeit in verhaltenswissenschaftlicher Perspektive, 2., völlig neubearb. Aufl., München.

– (Hrsg.) (1991): Handbuch Anreizsysteme in Wirtschaft und Verwaltung, Stuttgart.

Schauer, Reinbert (1988): Kosten- und Leistungsrechnung für öffentliche Verwaltungen: ein Überblick über die Literatur eines Jahrzehnts, in: DBW, 48. Jg., S. 509-524.

– (1993): Die Eignung verschiedener Rechnungsstile für den managementorientierten Informationsbedarf in öffentlichen Verwaltungen, in: Das neue Öffentliche Rechnungswesen: betriebswirtschaftliche Beiträge zur Haushaltsreform in Deutschland, Österreich und der Schweiz, hrsg. von Helmut Brede und Ernst Buschor, Baden-Baden, S. 143-166.

– (1994): Verwaltungsreform und Reform des öffentlichen Rechnungswesens, in: Öffentliches Rechnungswesen 2000: Vorträge und Diskussionsbeiträge einer wissenschaftlichen Arbeitstagung der Hochschule für Verwaltungswissenschaften Speyer, hrsg. von Klaus Lüder, Berlin, S. 23-43.

– (Hrsg.) (1989): Der kommunale Querverbund aus der Sicht von Theorie und Praxis, Baden-Baden.

Schauer, Reinbert, Peter Marwan-Schlosser, Peter Bodenwinkler und Christian Pracher (1984): Öffentliche Verwaltung, Bd. 1, Linz.

Schedler, Kuno (1995): Der frustrierte Bürokrat - Bild der Vergangenheit, in: Schweizer Arbeitgeber, 90. Jg., S. 291-294.

Schliesky, Utz (1996): Mehr Wirtschaftlichkeit durch ein zusätzliches Verwaltungsverfahren?, in: DÖV, 49. Jg., S. 109-118.

Schmidt, Hans-Jürgen (1995): Betriebswirtschaftslehre für die Verwaltung: eine Einführung, 3., völlig neubearb. und erw. Aufl., Heidelberg.

Schmidt, Reinhard H., und Eva Terberger (1996): Grundzüge der Investitions- und Finanzierungstheorie, 3., vollst. neu bearb. und wesentl. erw. Aufl., Wiesbaden.

Schneider, Dieter (1992): Investition, Finanzierung und Besteuerung, 7., vollst. überarb. u. erw. Aufl., Wiesbaden.

– (1998): Rechnungszweckwidrige wiederbeschaffungswertorientierte Abschreibung, in: KRP, 42. Jg., S. 34-36.

Schneyer, Frank (1997): Besonderheiten deutscher börsennotierter gemischtwirtschaftlicher Aktiengesellschaften, Frankfurt a. M. u. a.

Scholz, Christian (1994): Personalmanagement: informationsorientierte und verhaltenstheoretische Grundlagen, 4., verb. Aufl., München.

Schuppert, Gunnar Folke (1989): Art. 33 Abs. 4, 5, Rz. 52-81, in: Kommentar zum Grundgesetz für die Bundesrepublik Deutschland, Bd. 1, Art. 1-37, bearb. von Axel Azzola u. a., 2. Aufl., Neuwied, Frankfurt a. M.

Schuster, Falko, und Joachim Siemens (1986): Die Organisation des kommunalen Verwaltungsbetriebs, Berlin u. a.

Schwalbach, Matthias (1997): Wettbewerb auf der Schiene: die Vergabe von Fahrplantrassen nach der Bahnreform, Göttingen.

Schweitzer, Marcell (1998): Peer-groups als Instrumente der Qualitätssicherung, in: Akademie, 43. Jg., S. 111-113.

Schweitzer, Marcell, und Hans-Ulrich Küpper (1998): Systeme der Kosten- und Erlösrechnung, 7., überarb. u. erw. Aufl., München.

Seidler, Hanns H. (1996): Globalhaushalte und ihre rechtlichen Schranken. Oder: Das späte Leiden am preußischen Budgetkonflikt, in: Kritische Justiz, 29. Jg., S. 75-87.

Sharkey, William W. (1982): The Theory of Natural Monopoly, Cambridge (Mass.).

Siedentopf, Heinrich (1986): Dienstrechtsreform: eine Bilanz nach 10 Jahren, in: ZBR, 34. Jg., S. 153-158.

Siekmann, Helmut (1998): Verfassungsrechtliche Grenzen der Entgeltpolitik in der Entsorgungswirtschaft, in: Preise und Gebühren in der Entsorgungswirtschaft, hrsg. von Helmut Brede, Baden-Baden, S. 47-78.

Sonnhof, Hans (1980): Verkehrswirtschaft und Verkehrstechnik, in: Elsners Handbuch für den öffentlichen Personen-Nahverkehr, hrsg. von Gottfried Groche und Erich Thiemer, Darmstadt, S. 575-602.

Soukup, Karl (1995): Die Mittelzuführung an öffentliche Unternehmen im Rahmen der Beihilfeaufsicht der EU-Kommission, in: ZögU, Bd. 18, S. 16-41.

Staehle, Wolfgang H. (1999): Management: eine verhaltenswissenschaftliche Perspektive, 8. Aufl., überarb. von Peter Conrad und Jörg Sydow, München.

Statistisches Bundesamt (2001a): Statistisches Jahrbuch 2000 für die Bundesrepublik Deutschland, Stuttgart.

Statistisches Bundesamt (2001 b): Fachserie 14, Finanzen und Steuern, Reihe 6, Personal des öffentlichen Dienstes, Wiesbaden.

Statistisches Bundesamt (2002): Statistisches Jahrbuch 2002, Wiesbaden.

Stein, Ilse (1998): Der Weg zur rückgekoppelten Autonomie, in: Göttinger Tageblatt vom 21.10.1998, S. 13.

Steiner, Peter O. (1957): Peak Loads and Effizient Pricing, in: QJE, Vol. LXXI, S. 585-610.

Streim, Hannes (1987): Der kommunale Lagebericht als Ergänzung der Rechnungslegung von Gemeinden, in: Doppik und Kameralistik: Festschrift für Ludwig Mülhaupt zur Vollendung des 75. Lebensjahres, hrsg. von Peter Eichhorn, Baden-Baden, S. 308-327.

Strittmatter, Marc (1997): Rechtliche Grenzen privatwirtschaftlicher Betätigung der Kommunen im Wettbewerb, Teil 1, in: Verwaltung & Management, 3. Jg., S. 221-226.

Swoboda, Peter (1998): Bewertung zu Wiederbeschaffungspreisen bzw. Anschaffungspreisen, in: KRP, 42. Jg., S. 37-39.

Taylor, Frederick W. (1917): Die Grundsätze wissenschaftlicher Betriebsführung, München, Berlin.

Tettinger, Peter J. (1996): Die rechtliche Ausgestaltung von Public Private Partnership, in: DÖV, 49. Jg., S. 764-770.

– (1998): Entgelte in der Entsorgungswirtschaft-Benutzungsgebühren und privatrechtliche Entgelte als normativ vorgegebene Grundtypen, in: Preise und Gebühren in der Entsorgungswirtschaft, hrsg. von Helmut Brede, Baden-Baden, S. 17-45.

Thiemeyer, Theo (1975): Wirtschaftslehre öffentlicher Betriebe, Reinbek bei Hamburg.

– (1976): Probleme und Besonderheiten der Preispolitik gemeinwirtschaftlicher Betriebe, in: ZfbF, Sonderheft 5, S. 27-39.

– (1980): Öffentliches Interesse und ökonomische Theorie, in: Archiv für öffentliche und freigemeinnützige Unternehmen, Bd. 12, S. 129-141.

– (1986): Öffentliche und gemeinwirtschaftliche Unternehmen in der politischen und wissenschaftlichen Diskussion, in: Die Unternehmen der öffentlichen Wirtschaft in der Bundesrepublik Deutschland: ein Handbuch, hrsg. von Helmut Brede und Achim von Loesch, Baden-Baden, S. 77-97.

– (1990): Vorwort und einleitende Bemerkungen zum Thema, in: Instrumentalfunktion öffentlicher Unternehmen, hrsg. von Theo Thiemeyer, Baden-Baden, S. 5 f.

– (1991): Irrtümer bei der Interpretation der Instrumentalthese öffentlicher Betriebe, in: Dienstprinzip und Erwerbsprinzip: Festschrift für Karl Oettle zur Vollendung des 65. Lebensjahres, hrsg. von Peter Faller und Dieter Witt, Baden-Baden, S. 127-143.

Thiemeyer, Theo, Carl Böhret und Gerhard Himmelmann (Hrsg.) (1983): Öffentliche Bindung von Unternehmen: Beiträge zur Regulierungsdebatte; Gert von Eynern zum 80. Geburtstag gewidmet, Baden-Baden.

Tuschen, Karl Heinz, und Michael Quaas (1998): Bundespflegesatzverordnung: Kommentar mit einer umfassenden Einführung in das Recht der Krankenhausfinanzierung, 4., überarb. u. erw. Aufl., Stuttgart, Berlin, Köln.

Verband Deutscher Verkehrsunternehmen (Hrsg.) (2002): VDV-Statistik 2001, Köln.

Vereinigung Deutscher Elektrizitätswerke (VDEW) e. V., (1999): Strommarkt Deutschland 1998, Frankfurt a. M.

Wallerath, Maximilian (1997): Kontraktmanagement und Zielvereinbarungen als Instrumente der Verwaltungsmodernisierung, in: DÖV, 50. Jg., S. 57-67.

Warnecke, Hans-Jürgen (1996): Die Fraktale Fabrik: Revolution der Unternehmenskultur, 2. Aufl., unter Mitwirkung von Manfred Hüser, Reinbek bei Hamburg.

Weber, Helmut Kurt (1991): Betriebswirtschaftliches Rechnungswesen, Band 2: Kosten- und Leistungsrechnung, 3., neubearb. Aufl., München.

Weber, Jürgen (1998): Einführung in das Controlling, 7., vollst. überarb. Aufl., Stuttgart.

Weber, Jürgen, und Otto Tylkowski (1988): Controlling - eine Chance für öffentliche Unternehmen und Verwaltungen, Stuttgart.

Weber, Karl (1993): Mehrkriterielle Entscheidungen, München, Wien.

Weisbrod, Burton A. (1988): The Nonprofit Economy, Cambridge (Mass.).

Westhof, Peter (1989): Die wettbewerbswidrige Beeinflussung des öffentlichen Beschaffungswesens, Wiesbaden.

Wiesemann, Hermann (1998): Probleme der Verwaltungsgerichtsbarkeit bei der Anwendung betriebswirtschaftlicher Grundsätze zur Ermittlung kommunaler Benutzungsgebühren, in: KStZ, 47. Jg., S. 227-238.

Wiesner, Herbert (1997): Öffentliche Finanzwirtschaft, 10., völlig neubearb. Aufl., Heidelberg.

Wilkens, Ingrid (1999): Private Nonprofit-Organisationen, in: WiSt, 28. Jg., S. 586-590.

Windisch, Rupert (1987): Privatisierung natürlicher Monopole im Bereich von Bahn, Post und Telekommunikation, Tübingen.

Wissenschaftliche Kommission „Öffentliche Unternehmen und Verwaltungen" (1993): Empfehlungen für das öffentliche Rechnungswesen im Rahmen der Haushaltsreform, in: Das neue Öffentliche Rechnungswesen: betriebswirtschaftliche Beiträge zur Haushaltsreform in Deutschland, Österreich und der Schweiz, hrsg. von Helmut Brede und Ernst Buschor, Baden-Baden, S. 287-294.

Witte, Eberhard, und J[ürgen] Hauschildt (1966): Die öffentliche Unternehmung im Interessenkonflikt: betriebswirtschaftliche Studie zu einer Zielkonzeption der öffentlichen Unternehmung, Berlin.

Wolff, Hans Julius (1987): Verwaltungsrecht: ein Studienbuch, Bd. 2: Besonderes Organisations- und Dienstrecht, begr. von Hans J. Wolff, fortgef. von Otto Bachof. Neubearb. von Rolf Stober, 5., neubearb. Aufl., München.

Wolters, Jan (1994): Das Tilburger Modell: auf dem Weg zum Dienstleistungsunternehmen in der Kommunalverwaltung, in: Wirtschaftlichkeit in der öffentlichen Verwaltung: Reformkonzepte, Reformpraxis, hrsg. von Konrad Morath, Bad Homburg.

Wysocki, Klaus von (1965): Kameralistisches Rechnungswesen, Stuttgart.

Zimmermann, Gebhard (1997): Entgeltkalkulation und Controlling in der öffentlichen Verwaltung mit Hilfe der Prozesskostenrechnung, in: Akademie, 42. Jg., S. 72-77.

– (1998): Anschaffungspreisorientierte Abschreibungsbemessung und Unternehmenserhaltung, in: KRP, 42. Jg., S. 41-43.

Zimmermann, Gebhard, und Kay Hempel (1995): Least-Cost Planning in der Elektrizitätswirtschaft, in: ZögU, Bd. 18, S. 437-454.

Zwehl, Wolfgang von (1998): Das stete Ärgernis bei der Gebührenkalkulation, in: KRP, 42. Jg., S. 48-50.

Zwehl, Wolfgang von, und G. Michael Zupancic (1990): Der kommunale Lagebericht - ein Instrument zur Verbesserung der kommunalen Rechnungslegung, in: DÖV, 43.Jg., S. 265-270.

Rechtsquellenverzeichnis

Aktiengesetz (AktG) vom 6. September 1965 (BGBl. I S. 1089), zuletzt geändert durch Art. 3 G v. 24.2.2000 (BGBl. I S. 154).

Bundesbeamtengesetz (BBG) vom 14. Juli .1953 (BGBl. I S. 551), neugefasst durch Bek. v. 31.3.1999 (BGBl. I S. 675), zuletzt geändert durch Art. 4 G v. 19.4.2000 (BGBl. I S. 570).

Bundesbesoldungsgesetz (BBesG) vom 23. Mai 1975 (BGBl. I S. 1173, 1174), neugefasst durch Bek. v. 3.12.1998 (BGBl. I S. 3434), zuletzt geändert durch Art. 1 G v. 19.4.2000 (BGBl. I S. 570).

Bundesbesoldungsordnungen A und B (BBesO A/B - Anlage I des Bundesbesoldungsgesetzes) vom 23. Mai 1975 (BGBl. I S. 1174, 1193), neugefasst durch Bek. v. 3.12.1998 (BGBl. I S. 3434).

Bundesbesoldungsordnung C (BBesO C - Anlage II des Bundesbesoldungsgesetzes) vom 23. Mai 1975 (BGBl. I S. 1174, 1214), neugefasst durch Bek. v. 3.12.1998 (BGBl. I S. 3434).

Bundesbesoldungsordnung R (BBesO R - Anlage III des Bundesbesoldungsgesetzes) vom 23. Mai 1975 (BGBl. I S. 1174, 1216), neugefasst durch Bek. v. 3.12.1998 (BGBl. I S. 3434).

Bundeshaushaltsordnung (BHO) vom 19. August 1969 (BGBl. I S. 1284), zuletzt geändert durch Art. 3 G v. 17.6.1999 (BGBl. I S. 1334).

Bundespersonalvertretungsgesetz (BPersVG) vom 15. März 1974 (BGBl. I S. 693), zuletzt geändert durch Art. 2 § 1 G v. 16.12.1997 (BGBl. I S. 3094).

Bundespflegesatzverordnung (BPflV) vom 26. September 1994 (BGBl. I S. 2750), zuletzt geändert durch G v. 22.12.1999 (BGBl. I S. 2626).

Bundestarifordnung Elektrizität (BTOEltV) vom 18. Dezember 1989 (BGBl. I S. 2255).

Gesetz über die Grundsätze des Haushaltsrechts des Bundes und der Länder (HGrG) vom 19. August 1969 (BGBl. I S. 1273), zuletzt geändert durch Art. 3 Nr. 1 G v. 26.8.1998 (BGBl. I S. 2512).

Gesetz über die Statistiken der öffentlichen Finanzen und des Personals im öffentlichen Dienst (Finanz- und Personalstatistikgesetz - FPStatG vom 21. Dezember 1992 (BGBl. I S. 2119), zuletzt geändert durch Art. 12 Abs. 36 G v. 14.9.1994).

Gesetz zur Änderung der Rechtsgrundlage für die Vergabe öffentlicher Aufträge (Vergaberechtsänderungsgesetz - VgRÄG) vom 26. August 1998 (BGBl. I S. 2512).

Gesetz zur Fortentwicklung des Haushaltsrechts von Bund und Ländern (Haushaltsrechts-Fortentwicklungsgesetz - HRFEG) vom 22. Dezember 1997 (BGBl. I S. 3251).

Gesetz zur wirtschaftlichen Sicherung der Krankenhäuser und zur Regelung der Krankenhauspflegesätze (Krankenhausfinanzierungsgesetz - KHG) vom 29. Juni 1972 (BGBl. I S. 1009), neugefasst durch Bek. v. 10.4.1991 (BGBl. I S. 885), zuletzt geändert durch Art. 4 G v. 22.12.1999 (BGBl. I S. 2626).

GmbH-Gesetz (GmbHG) vom 20. April 1892 (RGBl. S. 477) in der Fassung vom 20.5.1898 (RGBl. S. 846), zuletzt geändert durch G v. 22.6.1998 (BGBl. I S. 1474).

Grundgesetz für die Bundesrepublik Deutschland (GG) vom 23. Mai 1949 (BGBl. S. 1), zuletzt geändert durch Art. 1 G v. 16.7.1998 (BGBl. I S. 1822).

Leitsätze für die Preisermittlung aufgrund von Selbstkosten (LSP) (Anlage zur Verordnung PR 30/53) vom 21. November 1993, zuletzt geändert durch VO v. 13.6.1989 (BGBl. I S. 1094).

Niedersächsische Landeshaushaltsordnung (LHO) in der Fassung vom 20. Juni 1990 (Nds. GVBl. S. 213), zuletzt geändert durch Art. 19 des G v. 21.1.1999 (Nds. GVBl. S.10).

Niedersächsisches Kommunalabgabengesetz (NKAG) in der Fassung vom 11. Februar 1992 (Nds. GVBl. S. 29), zuletzt geändert durch G v. 23.7.1997 (Nds. GVBl. S. 374).

Niedersächsisches Personalvertretungsgesetz (NPersVG) in der Fassung vom 22. Januar 1998 (Nds. GVBl. S. 19), zuletzt geändert durch G v. 17.12.1997 (Nds. GVBl. S. 528).

Rahmengesetz zur Vereinheitlichung des Beamtenrechts (Beamtenrechtsrahmengesetz - BRRG) vom 1. Juli 1957 (BGBl. I S. 667), neugefasst durch Bek. v. 31.3.1999 (BGBl. I S. 654).

Verdingungsordnung für Bauleistungen Teil A (VOB/A): Allgemeine Bestimmungen für die Vergabe von Bauleistungen DIN 1960 in der Fassung vom 30. Mai 2000 (BAnz.-Beilage Nr. 120a v. 30.6.2000).

Verdingungsordnung für Bauleistungen Teil B (VOB/B): Allgemeine Vertragsbedingungen für die Ausführung von Bauleistungen DIN 1961 in der Fassung vom 30. Mai 2000 (BAnz.-Beilage Nr. 120a v. 30.6.2000).

Verdingungsordnung für Bauleistungen Teil C (VOB/C): Allgemeine technische Vertragsbedingungen für Bauleistungen (ATV), Allgemeine Regelungen für Bauarbeiten jeder Art DIN 18299 in der Fassung vom 14.4.1998 (BAnz. Nr. 82 v. 5.5.1998, S. 6414).

Verdingungsordnung für freiberufliche Leistungen (VOF) vom 12. Mai 1997 (BAnz.-Beilage Nr.164a v. 3.9.1997).

Verdingungsordnung für Leistungen ausgenommen Bauleistungen Teil A (VOL/A) vom 12. Mai 1997 (BAnz.-Beilage Nr. 163a v. 2.9.1997).

Verdingungsordnung für Leistungen ausgenommen Bauleistungen Teil B (VOL/B) vom 12. Mai 1997 (BAnz.-Beilage Nr. 163a v. 2.9.1997).

Verordnung PR Nr. 30/53 des Bundesministers für Wirtschaft über die Preise bei öffentlichen Aufträgen (VPöA) vom 21. November 1953 (BAnz. Nr. 244 S. 1), zuletzt geändert durch Änderungs-VO v. 13.6.1989 (BGBl. I S. 1094).

Verordnung über die Aufstellung und Ausführung des Haushaltsplans der Gemeinden (Gemeindehaushaltsverordnung - GemHVO) vom 17. März 1997 (Nds. GVBl. S. 90).

Verordnung über die Laufbahn der Bundesbeamten (Bundeslaufbahnverordnung - BLV) vom 15. November 1978 (BGBl. I S. 1763), neugefasst durch Bek. v. 8.3.1990 (BGBl. I S. 449, 863), zuletzt geändert durch Art. 1 V v. 15.4.1999 (BGBl. I S. 706).

Verordnung über Eigenbetriebe und andere prüfungspflichtige Einrichtungen (ns Eigenbetriebsverordnung - EigBetrVO) vom 15. August 1989 (Nds. GVBl. S. 318), zuletzt geändert durch VO v. 23.10.1996 (Nds. GVBl. S. 435).

Vertrag zur Gründung der Europäischen Gemeinschaft vom 25. April 1957 (BGBl. II S. 766) in der Fassung des Vertrages über die Europäische Union vom 27.2.1992 (BGBl. II S. 1253, 1256), zuletzt geändert durch V v. 2.10.1997 (BGBl. 1998 II, S. 387, berichtigt BGBl. 1999 II, S. 416).

Verwaltungsvorschriften zur Ausführung der Gemeindehaushaltsverordnung (VV-GemHVO) vom 26. Februar 1974 (Nds. MBl. S. 465), zuletzt geändert durch RdERl. v. 17.8.1995 (Nds. MBl. S. 971).

Stichwortverzeichnis